삼례도집주 三禮圖集注
권1~권7

【一】

삼례도집주 【一】三禮圖集注 一

1판 1쇄 인쇄　2023년 9월 12일
1판 1쇄 발행　2023년 9월 27일

—

저　자 ㅣ 섭숭의
역주자 ㅣ 김용천·소현숙·차서연·최진묵
발행인 ㅣ 이방원

—

발행처 ㅣ 세창출판사
　　　신고번호·제1990-000013호 ㅣ 주소·서울 서대문구 경기대로 58 경기빌딩 602호
　　　전화·02-723-8660 ㅣ 팩스·02-720-4579
　　　http://www.sechangpub.co.kr ㅣ e-mail: edit@sechangpub.co.kr

—

ISBN　979-11-6684-212-2　94380
　　　　979-11-6684-211-5　(세트)

—

·이 책은 한국연구재단의 지원으로 세창출판사가 출판, 유통합니다.
·잘못된 책은 구입하신 서점에서 바꾸어 드립니다.

이 번역서는 2019년 대한민국 교육부와 한국연구재단의 지원을 받아 수행된 연구임 (NRF-2019S1A5A7068295).

삼례도집주 三禮圖集注

권1~권7

The Translation and Annotation of "**Sanlitujizhu**"

【一】

섭숭의聶崇義 저

김용천 · 소현숙 · 차서연 · 최진묵 역주

세창출판사

그림[圖]은 날실[經]이고, 글[書]은 씨실[緯]이니, 하나의 날실과 하나의 씨실이 서로 갈마들어 문장을 이룬다. 그림은 식물이고 글은 동물이니, 하나의 동물과 하나의 식물이 서로 필요로 하여 변화를 이룬다. 글만 보고 그림을 보지 않으면 그 소리를 들어도 그 형상을 보지 못하고, 그림만 보고 글을 보지 않으면 그 사람을 보아도 그 말을 듣지 못한다. 그림은 지극히 요약된 것이고 글은 지극히 넓은 것이니, 그림에 나아가서 쉬움을 구하고 글에 나아가서 어려움을 구한다. 옛날의 학자들은 학문하는 데 요점이 있었으니, 왼쪽에 그림을 두고 오른쪽에 글을 두고서, 그림에서 상징[象]을 찾고 글에서 이치[理]를 찾았다. 그러므로 옛사람들은 배우기가 쉬웠고 배우면 또한 공을 세우기 쉬웠으니, 들어서 시행하기만 하면 부절을 맞춘 듯이 일치하였다. 후세의 학자들은 그림에서 벗어나 글에만 나아가서 문사를 숭상하고 설명에 힘썼다. 그러므로 사람이 또한 배우기가 어려웠고 배워도 또한 공을 세우기 어려웠으니, 비록 평소 가슴속에 수많은 문장과 책을 통한 지식이 있더라도 일을 행해야 할 상황에 놓이게 되면, 망망히 향할 바를 알지 못했다. 진(秦)나라 사람이 비록 유학을 버렸지만, 또한 일찍이 도서(圖書)를 버린 적이 없었으니, 진실로 나라를 다스리는 도구는 하루라도 없어서는 안 되기 때문이었다. "圖, 經也, 書, 緯也, 一經一緯, 相錯而成文. 圖, 植物也, 書, 動物也, 一動一植, 相須而成變化. 見書不見圖, 聞其聲不見其形, 見圖不見書, 見其人不聞其語. 圖, 至約也, 書, 至博也, 卽圖而求易, 卽書而求難. 古之學者, 爲學有要, 置圖於左, 置書於右, 索象於圖, 索理於書. 故人亦易爲學, 學亦易爲功, 擧而措之, 如執左契. 後之學者, 離圖卽書,

尙辭務說, 故人亦難爲學, 學亦難爲功, 雖平日胷中有千章萬卷, 及實之行事之間, 則茫茫然不知所向. 秦人雖棄儒學, 亦未甞棄圖書, 誠以爲國之具, 不可一日無也."(鄭樵,『通志』권72,「圖譜略」)

　　각종 의례에 사용하는 명물(名物)에 대한 이해는 단지 문자의 설명만으로는 부족하며 도상의 도움을 필수로 한다. 남송시대 정초(鄭樵, 1104~1162)의 위 발언은 도상과 문자의 상보적 관계를 매우 적절하게 표현한 것이라 할 수 있다.

　　본서는 내부소장(內府所藏) 전증(錢曾) 야시원(也是園) 영송초본(影宋鈔本)에 의거하여 선록(繕錄)한 문연각(文淵閣) 사고전서본(四庫全書本) 섭숭의(聶崇義)『삼례도집주(三禮圖集注)』를 저본으로 삼아 우리말로 옮기고 주해한 것이다. 섭숭의『삼례도집주』는 이미 산일된 당대(唐代)까지의 각종『삼례도』를 수집하고 고증을 가해 완성한 책으로, 예에 관한 도해 가운데 현존하는 가장 오래되고 완전한 형태의 삼례(三禮) 도상(圖像) 저작이다.

1. 섭숭의와『삼례도집주』편찬 과정

　　섭숭의의 행적에 관해서는 주로『송사』권431「섭숭의열전」에 기록되어 있으며,『삼례도집주』맨 앞에 부기된 두엄(竇儼, 921~963)의 원서(原序), 권11「제옥도(祭玉圖)」의 서(序), 권20「목록(目錄)」의 섭숭의 후서(後序) 및『사고전서총목제요』등을 통해서도 그와 관련한 정보를 얻을 수 있다. 하지만 "섭숭의가 세상에 이름을 떨친 것은 실로『삼례도집주』한 책으로 인한 것이다."라고 말해지듯이, 이들 문헌 자료의 내용은 대부분『삼례도집주』찬작에 관한 것이며 그의 자(字)나 호(號), 가계는 물론 생졸 연대조차 명확히 확인할 수 있는 언급이 보이지 않는다.

이들 한정적인 문헌 자료에 의하면, 섭숭의는 하남(河南) 낙양(洛陽) 출신으로, 어린 시절부터 '삼례(三禮)'에 뜻을 두어 예경(禮經) 안에서 칼날을 자유자재로 움직일 만큼 예학(禮學)에 뛰어났으며 경의(經義)에 정통했다. 오대 후한 은제(隱帝) 건우(乾祐) 연간(948~950)에 국자예기박사(國子禮記博士)에 이르렀는데, 이때 『공양춘추(公羊春秋)』를 교정하여 국학에서 판각으로 인행했다. 섭숭의가 예학과 함께 춘추학에도 조예가 깊었음을 알 수 있다. 이어서 후주 세종 현덕(顯德) 연간(954~960)에는 공적을 세워 관직이 국자사업겸태상박사(國子司業兼太常博士)에 이르렀다. 섭숭의는 후한·후주·북송 등의 왕조를 거치면서 20년 동안 학관(學官)의 관직과 예전(禮典)의 일을 함께 관장했고, 세상 사람들은 그의 박학다식함을 칭송했다고 한다.[1]

섭숭의의 『삼례도집주』는 북송 태조 건륭 연간에 완성되어 세상에 유포되었지만, 그 찬술 작업은 이미 오대 후주 시대부터 시작되었다. 오대는 당 제국이 붕괴한 후 정치적으로 혼란한 분열의 시대였지만, 수·당 이래의 예악적 성세의 뒤를 이은 통치자들은 여전히 예악 제도를 국가 통치의 기본 작동 시스템으로 삼았다. 이는 예학에 정통한 섭숭의에게 재능을 꽃피울 수 있는 공간을 제공했다.[2]

오대 마지막 왕조인 후주 세종 현덕(顯德) 3년(956) 겨울 10월, 세종은 교(郊)·묘(廟)의 제사에 사용하는 제기(祭器)와 옥기(玉器) 제작에 법식으로 삼을 만한 바가 없다고 생각해 섭숭의에게 이를 검토하여 도상으

1　『宋史』권431, 「聶崇義列傳」.
2　喬輝, 『歷代三禮圖文獻考索』, 165쪽.

로 그려서 보고하도록 명했다. 이에 섭숭의는 전민(田敏, 880~971) 등과 함께 『주례』「고공기·옥인(玉人)」 등의 예서(禮書)와 완심(阮諶)·정현(鄭玄, 127~200)의 예도(禮圖)(『삼례도』)에 기록된 제도를 검토하여 수십 건의 제기와 옥기를 도상으로 그렸고, 이듬해 현덕 4년(957) 봄에 그 성과를 상주했다. 이에 세종은 국자감과 태상예원(太常禮院)에 명하여 예관(禮官)과 박사를 소집하여 함께 상세하게 고증하도록 했는데, 전대의 제도와 부합하고 전례(典禮)에 의거하였으므로 모든 사람이 찬동했다고 한다. 세종은 다시 소부감(少府監)에 명하여 섭숭의의 양식에 의거해서 이들 예기(禮器)를 제작하도록 했다. 이때 제작된 교(郊)·묘(廟)의 기물은 육준(六尊)·육이(六彝)·육뢰(六罍) 등 제기(祭器) 43개, 창벽(蒼璧)·황종(黃琮)·청규(青圭) 등 옥기(玉器) 10개로 총 53개였는데, 현덕 6년(959)의 교(郊)·묘(廟)의 제사에서 실제로 행용되었다.

이후 세종은 또다시 섭숭의에게 교·묘의 제사에 사용할 제옥(祭玉)의 제도를 참작하여 정하도록 조칙을 내렸고, 한림학사 두엄(竇儼)에게 이를 통괄하도록 했다. 이에 섭숭의는 다시 당시까지 전해지던 각종 『삼례도』를 수집하여 고증을 행했다. 그러나 이 작업은 그사이 왕조 교체가 이루어져 북송 태조 건륭(建隆) 2년(961)에 이르러 비로소 완성되었다. 이듬해 건륭 3년(962) 4월, 섭숭의는 표를 올려 상주했는데, 이때 두엄이 서문을 지었다.[3]

---

3 『宋史』 권431 「聶崇義列傳」에는 '建隆三年四月表上之'라고 하여 섭숭의가 건륭 3년에 『삼례도』를 상주한 것으로 되어 있는데, 原田信은 『삼례도집주』 권20 「목록」의 聶崇義 序에 '至大宋建隆二年四月辛丑, 第叙旣訖'이라고 하였고 『郡齋書錄解題』 권3과 『玉海』 권39 등에도 '建隆 2년'으로 되어 있는 것에 의거하여 『송사』 「섭숭의열전」의 잘못이라고 하였다(「聶崇義『三禮圖』の編纂について」, 125쪽). 그러나 許雅惠는 송 태조 건륭 2년 (961)에 완성했고, 그 이듬해에 조정에 표를 올려 상주한 것으로 해석하였다. 「元·宋<三禮圖>的版面形式與使用」(『臺灣歷史學報』 60, 2017), 64쪽 참조.

태조는 이를 열람한 후 가상하게 여기면서 "섭숭의는 국상(國庠, 국자감)에서 직임을 맡아 충심으로 유업(儒業)에 힘썼고, 고실(故實)을 검토하여 찾고 의와(疑訛)를 바로잡아서 관직을 받들어 책임을 다했으니, 충분히 표창할 만하다. 숭의에게 마땅히 헤아려 포상해 주어야 할 것이며, 진헌한 『삼례도』는 태자첨사(太子詹事) 윤졸(尹拙)로 하여금 35인의 유학자를 모아 다시 함께 참작하여 의론하게 해야 할 것이다."(『宋史』권431,「聶崇義列傳」)라고 하였다. 이처럼 태조는 섭숭의의 고실(故實)에 바탕을 둔 고증적 예학의 방법론을 상찬하면서도, 윤졸에게 유학자들을 소집하여 참의(參議)를 통해 더욱 상세하고 정확하게 할 것을 요구했다.

이에 유학자들 사이에 『삼례도』의 내용에 대한 토론이 전개되었는데, 여기서 윤졸은 섭숭의에게 반박하는 의견을 제시했고, 이에 맞서 섭숭의는 다시 경문을 인용하여 해명했다. 태조는 두 사람의 의견을 공부상서 두의(竇儀, 914~976)에게 내려 보내 재정(裁定)하여 보고하게 했다. 두의는 윤졸의 박의(駁議)와 섭숭의의 답의(答義)를 검토하여 문장에 따라 조목조목 가부를 판단하여 정하고, 두 사람의 설에 주석을 덧붙여 각각 15권으로 만들어서 상주했다. 이에 태조는 조칙을 내려 섭숭의의 『삼례도』를 천하에 반포하여 시행하게 했다.

2. 『삼례도집주』의 판본과 전승

섭숭의 사후 『삼례도집주』는 세상에 크게 유행했을 뿐 아니라 국자감 강당의 벽에 그림으로 그려졌다. 이 국자감 강당의 벽화본이 섭숭의 『삼례도집주』의 최초 전본(傳本)이다.[4] 북송 태종 때의 판국자감(判國子監) 이지(李至, 947~1001)가 찬한 「삼례도기(三禮圖記)」에 의하면, 태조의 명으로 국자감 선성전(宣聖殿) 뒤쪽의 북헌(北軒) 담장에 그려진 섭숭의 『삼례도』는 오랜 세월이 흘러 비바람에 습기가 차서 그림이 흐릿해진 상태였다. 이에 태종은 지도(至道) 2년(996)에 논당(論堂)(명륜당) 위에 벽화를 대신하여 판으로 개작할 것을 명하니, 며칠이 지나지 않아 완성되어 단청이 찬란하게 되었다. 이리하여 섭숭의 『삼례도집주』의 벽화가 판각으로 대체되어 비로소 『삼례도집주』 각본(刻本)이 출현하였다.

그러나 오늘날 섭숭의 『삼례도집주』는 초판본은 물론 국자감의 벽화도 남아 있지 않다. 현존하는 가장 오래된 판본은 남송 효종 순희(淳熙) 2년(1175) 진강부학각(鎭江府學刻) 공문지인본(公文紙印本)이다. 이 판본에는 근 400폭에 달하는 삽도(揷圖)가 그려져 있는데, 그 삽도 전각(鐫刻)의 정밀함 및 판화의 수에 있어 송대 삽도본의 백미이자 중국 판화 역사상 기념비적인 걸작으로 꼽힌다.[5]

원대에 이르러 다시 『삼례도집주』의 각본이 출현했는데, 『사부총간 삼편(四部叢刊三編)』(商務印書館, 1936) '경부(經部)'에 『석성정씨중교삼례도(析城鄭氏重校三禮圖)』의 이름으로 수록되어 있다. 이 판본은 앞의 2권과 권9 끝부분은 모진(毛晉, 1599~1659)의 급고각(汲古閣)에서 송각본(宋刻本)에 의거하여 영초(影抄)한 것이고, 그 나머지 18권은 각본(刻本)이다. 모진과 하작(何焯, 1661~1722)은 이 판본의 각본 부분을 송각(宋刻)이라 하였고, 책 위쪽에는 모씨급고각(毛氏汲古閣)의 '송본(宋本)' '갑(甲)'이라는 장인(藏印)이 찍혀 있다.[6] 권20 뒤쪽에는 왕리(王履)가 찬술한 후

---

4 喬輝는 섭숭의의 졸년을 태조 乾德 3년(965)으로 비정하고, 따라서 이 벽화본은 북송 태조 건덕 연간(963~968)에 그려진 것으로 보았다(『歷代三禮圖文獻考索』, 174쪽 참조).
5 吉藝龍, 「何必衣冠定相襲─聶崇義<三禮圖>的版本與揷圖」(『文津學志』. 2022年 第01期), 1쪽 참조.
6 吉藝龍, 「何必衣冠定相襲─聶崇義<三禮圖>的版本與揷圖」(『文津學志』. 2022年 第01

서(後序)가 있는데, 이 판본의 출현 과정을 상세하게 기술하고 있다. 그러나 이 왕리의 후서에는 '병오'년의 이듬해 봄에 정후(鄭侯)에 의해 이 판본이 완성되었다고 기록할 뿐 그해의 연호가 없으며, 또 이 판본을 간각한 '정후'가 구체적으로 어떤 인물인지 밝히지 않아 간행 연도를 둘러싸고 오랜 동안 논쟁이 일었다.

왕국유(王國維, 1877~1927)는 '병오'는 몽고 정종(定宗) 원년(1246)이 므로 이 책은 정종 2년(1247)의 간본(刊本)이고, '정후'는 그 이름을 알 수 없으며 따라서 그의 신분도 고찰할 수 없다고 하였다.[7] 장원제(張元濟, 1867~1959)도 상해 함분루(涵芬樓)에서 이 판본을 영인하여 『사부총간 삼편(四部叢刊三編)』에 수록하고 발문을 지을 때, 기본적으로 왕국유의 설을 따르면서 '석성'은 하남(河南) 등주(登州) 석천현(淅川縣)이며, 따라서 이 책은 하남에서 간각되었다고 하였다. 이는 이후 『사부총간』이 보급됨에 따라 통설이 되어 학자들에게 커다란 영향을 끼쳤다.[8] 그러나 화철(華喆)과 이명비(李鳴飛)는 이 판본을 주관하여 간각한 '정후'는 『원사』「정정전(鄭鼎傳)」에 기록된 정정(鄭鼎, 1215~1277)으로, 정정은 산서(山西) 양성(陽城)의 정씨(鄭氏) 일족 출신이며, '석성'은 양성현의 명승지인 석성산(析城山)을 가리키며, 따라서 이 책을 간각한 곳은 산서 지역이라고 하였다.[9]

청대에 이르면 각본(刻本)·사본(寫本)·초본(抄本) 등 섭숭의 『삼례도

期), 2쪽 참조.
7 王國維, 『傳書堂藏善本書志·經部·析城鄭氏家塾重校三禮圖』(『王國維先生遺書續篇』 7책, 臺北大通書局, 1976, 2674쪽); 華喆·李鳴飛, 「<析城鄭氏家塾重校三禮圖>與鄭鼎關 係略考」(『文獻』, 2015年 第1期), 9쪽 참조.
8 陳高華, 「元代出版史槪述」(『歷史敎學』 2004年, 第11期), 13쪽 참조.
9 華喆·李鳴飛, 「<析城鄭氏家塾重校三禮圖>與鄭鼎關係略考」(『文獻』, 2015年 第1期), 7~14쪽; 喬輝, 『歷代三禮圖文獻考索』, 175~176쪽 참조.

집주』 판본이 다수 등장한다. 그중 가장 대표적인 것이 강희 19년(1680)의 통지당장판본(通志堂藏板本)이다. 이 판본은 『통지당경해(通志堂經解)』에 수록되어 있는데, 이는 강희 연간에 선진부터 당·원·명대에 이르는 제유(諸儒)의 경설(經說) 138종과 납란성덕(納蘭成德, 1655~1685)의 자찬 2종 등 총 1,800권을 집각한 대형 총서이다. 이 총서는 서건학(徐乾學, 1631~1694)이 서적을 수집하고 납란성덕이 간각했다는 설, 그리고 서건학이 완각한 후 납란성덕의 아버지 납란명주(納蘭明珠, 1635~1708)에게 아부하고자 총서의 이름에 '통지당'이라는 글자를 붙였다는 설이 있다.

또한 청 건륭제 때 편찬한 대형 총서인 『사고전서』와 그에 앞서 건륭제가 생전에 『사고전서』의 완성을 보지 못할 것을 걱정하여 간행한 『사고전서회요(四庫全書薈要)』에서도 섭숭의 『삼례도집주(三禮圖集注)』를 수록하였다. 두 판본 모두 영초순희본(影鈔淳熙本)을 저본으로 한 송본(宋本) 계열에 속한다. 『사고전서』 총교관(總校官) 육비지(陸費墀, 1731~1790)는 회요본 『삼례도집주』에 대해 천록임랑(天祿琳琅) 명(明) 모진(毛晉) 영송초본(影宋鈔本)에 의거하여 선록(繕錄)하고, 통지당본에 의거하여 교감한 것이라고 하였다.[10]

문연각(文淵閣) 『사고전서』본은 '내부소장(內府所藏) 전증(錢曾) 야시원(也是園) 영송초본(影宋鈔本)'에 의거하여 선록한 것이다. 청대의 장서가인 전증(1629~1701)의 『독서민구기(讀書敏求記)』에 의하면, 송참본(宋槧本)은 본래 전증이 소장하고 있던 것인데, 후에 계우용(季寓庸)에게 전

---

10 陸費墀, 『摛藻堂影印四庫全書薈要』(臺灣 世界書局, 1985), "宋國子司業兼太常博士 洛陽 聶崇義 撰. 今依天祿琳琅明毛晉影宋鈔本繕錄, 據通志堂本恭校"; 孫蘊, 「文淵閣<四庫全書>本<三禮圖集注>的版本學價值」(『歷史文獻研究』, 2022年 第2期), 91쪽 참조.

해진 뒤 다시 서건학에게 전해졌고, 후에 다시 전증이 서건학에게 빌려서 초록하고 영송초본으로 만들었다고 한다.[11]

『사고전서총목』『삼례도집주』20권의 제요(提要)에서는 통지당 간본과 영송초본의 판식(板式)을 다음과 같이 비교했다. 통지당본은 한쪽에 한 개 혹은 여러 개의 도상을 그려 넣고 도상의 네 귀퉁이에 이에 대한 설명을 붙여 놓아, 글자의 배열이 들쑥날쑥한 탓에 열람하기 어렵다. 이에 반해서 내부에 소장되어 있는 전증의 영송초본은 쪽마다 한 개의 도상을 그려 넣고 그 뒤에 설명을 붙여 놓아서 비교적 깔끔하게 정리되어 열람하기 쉽다.[12]

3. 『삼례도집주』의 체례 및 고증 방법

섭숭의 『삼례도집주』는 송대 이전까지 전해지던 각종 『삼례도』를 수집하고 고증을 가해서 완성한 책으로, 현존하는 가장 오래되고 완정한 형태를 갖춘 예도(禮圖)이다.

이 책의 가장 앞머리에는 북송 태조에게 헌상할 때 쓴 두엄(竇儼, 921~963)의 원서(原序)가 첨부되어 있다. 이 서문에서는 후주 세종에서 북송 태조에 이르는 시기의 예악제도 진작의 분위기, 섭숭의 생애에 대한 간략한 소개, 『삼례도집주』 편찬 과정 및 집필의 원칙, 두엄 자신이 이 책의 편찬을 통령하고 서문을 짓게 된 경위 등을 기술하고 있다.

이어서 권1에서 권19까지는 『삼례도집주』의 본편으로, 행례에 동

11　孫蘊, 「文淵閣<四庫全書>本<三禮圖集注>的版本學價值」(『歷史文獻研究』, 2022年 第2期), 91쪽 참조.

12　『欽定四庫全書』經部 4, 『三禮圖集注』提要, "通志堂刊本, 或一頁一圖, 或一頁數圖, 而以說附載圖四隙, 行欵參差, 尋覽未便, 惟內府所藏錢曾也是園影宋抄本, 每頁自爲一圖, 而說附於後, 較爲清整易觀, 今依仿繕録焉."

반하는 다양한 기물을 유형화하여 분류하고, 그 아래에 세부 항목을 설정하여 해당 기물의 연원과 제도 등을 기술하였다. 먼저 『주례』·『의례』·『예기』의 이른바 '삼례(三禮)'에서 언급한 복식·궁실·제기·옥기 등의 기물을 면복도(冕服圖)·후복도(后服圖)·관면도(冠冕圖)·궁실도(宮室圖)·투호도(投壺圖)·사후도(射侯圖)·궁시도(弓矢圖)·정기도(旌旗圖)·옥서도(玉瑞圖)·제옥도(祭玉圖)·포작도(匏爵圖)·정조도(鼎俎圖)·준이도(尊彝圖)·상복도(喪服圖)·습렴도(襲斂圖)·상기도(喪器圖)의 총 16개 유형으로 나누어 각각 한 권에 담아서 서술했다. 이 가운데 편폭이 많은 사후도·상복도·상기도는 상·하로 나누어 총 19권이 되게 하였다.

이 19권에서 오른쪽 부분에 행례 때 사용하는 기물의 형상을 도상으로 게시하여 시각적으로 이해할 수 있게 했을 뿐 아니라 왼쪽 부분에는 다양한 문헌 자료를 인용하여 해당 기물에 대해 문자로 고증과 해설을 가함으로써 그 기물의 연원과 제도의 변화를 알 수 있게 하였다. 이리하여 이 책은 '좌문우도(左文右圖)', '도문병거(圖文幷擧)' 체례의 전범을 보여 주었다.

권1 「면복도」, 권2 「후복도」, 권3 「관면도」, 권5 「투호도」, 권6 「사후도 상」, 권9 「정기도」, 권11 「제옥도」, 권15 「상복도 상」, 권16 「상복도 하」의 앞머리에는 각각의 서序가 첨부되어 있다. 여기에서는 그 아래에서 설명하는 유형별 기물의 제도와 형태, 그 기물을 사용하는 의례에 대한 개념, 이와 관련한 문헌 기록, 그리고 행례 절차 등을 개괄적으로 소개하고 있다.

『삼례도집주』의 마지막 권20에는 별도의 「목록(目錄)」을 작성하여 수록했다. 이는 권19까지의 기물의 연혁과 제도 및 도상에 대한 미진한 설명을 보충한 것으로, 『삼례도집주』의 전체 내용을 총괄적으로 요약·정리한 부분이다. 따라서 이「목록」한 권을 일별한다면, 『삼례도집주』 전체의 흐름과 맥락을 짚어 내기에 충분하다. 또한「목록」의 앞머리에는 섭숭의 본인이 쓴 후서(後序)가 실려 있다. 여기에서 섭숭의는 북송 이전에 찬술된 각종 『삼례도』의 문제점, 섭숭의 자신이 새로운 『삼례도』를 찬술하는 과정, 자료의 수집 방법과 그 범위, 고증의 원칙 등을 언급함으로써 『삼례도』를 통해 그 자신이 도달하고자 하는 예제의 이상을 보여 주었다.

섭숭의는 『삼례도집주』 권20「목록」의 '후서'에서 참고한 자료와 고증의 방법에 대해 다음과 같이 말했다.

> 무릇 수집한 주석[集注]은 모두 주공의 올바른 법도로서, 중니(공자)가 정한 것이고, 강성(康成)(정현)이 주를 단 것인데, (가공언의)『주소(注疏)』와 (공영달의)『정의(正義)』를 아울러 의거했습니다. 기물에 대해 명확하게 설명할 수 없는 부분이 있을 경우, 한나라 시대의 법을 인용하여 비유하였습니다. … 또 근래의 예제를 상세하게 살펴서 연혁을 두루 알도록 하였습니다.("凡所集注, 皆周公正經, 仲尼所定, 康成所注, 傍依『疏』『義』. 事有未達, 則引漢法以況之 … 或圖有未周, 則於目錄內詳證以補其闕. 又案詳近禮, 周知沿革.")

또 권1「면복도」의 서(序)에서도 "이제 살펴보건대, '삼례'의 경문(經文)과 주문(注文), 가공언의 『주소(注疏)』와 공영달의 『정의(正義)』 및 제가(諸家)의 예도(禮圖)에 근거하여 면관의 항목 아래에 별도로 각각 그 제도를 밝혀 놓았으니, 고금의 연혁에 관한 일을 알 수 있습니다."라고 하였듯이, 다음과 같은 방식으로 해당 기물을 고증하였다.

① 『주례』·『의례』·『예기』의 이른바 '삼례' 경문을 이용했다.

② 다음으로 '삼례' 경문에 대한 정현의 주와 가공언의 『주례주소』·『의례주소』 및 공영달의 『예기정의』를 이용했다.

③ 이상으로도 기물의 실체를 밝히기 어려울 경우 주대의 유풍이 강하게 남아 있던 한대의 제도를 인용하여 방증하였다.

④ 나아가서는 당대까지의 각종 『삼례도』 및 송대와 가까운 시대의 예제를 살펴서 해당 기물의 연혁까지 파악할 수 있도록 했다.

하라다 마코토(原田 信)에 의하면, 실제 『삼례도집주』 안에서 기물의 고증을 위해 인용한 문헌 자료의 사례는 총 1,213건에 달하는데, 이 가운데 『주례』에서 인용한 것이 482사례(경문 226, 정현의 주 181, 가공언의 소 75), 『의례』에서 인용한 것이 358사례(경문 149, 정현의 주 151, 가공언의 소 58), 『예기』에서 인용한 것이 214사례(경문 115, 정현의 주 54, 공영달의 정의 45)로, 이상이 전체의 약 90%를 차지한다.[13] 이처럼 섭숭의는 기물을 고증할 때 먼저 그 근거를 '삼례'에서 찾았음을 알 수 있다.

그러나 섭숭의는 이들 '삼례'의 경문, 정현의 주, 가공언과 공영달의 『주소』와 『정의』뿐 아니라 한대의 문헌을 비롯해서 당대에 이르는 다양한 문헌을 인용하여 기물을 고증하는 데 활용했다. 특히 채옹(蔡邕, 133~192)의 『독단(獨斷)』, 『숙손통(叔孫通, B.C.245?~B.C.190?)의 『한예기제도(漢禮器制度)』, 응소(應劭, 153~196)의 『한관의(漢官儀)』·『풍속통(風俗通)』뿐 아니라 『상옥서(相玉書)』·『구명결(鉤命決)』·『통괘험(通卦驗)』·

---

13 原田信, 「聶崇義『三禮圖』の編纂について」(『早稲田大學大學院文學研究科紀要』 2分冊, 2010), 122쪽.

『춘추위(春秋緯)』 등의 위서(緯書)에 이르기까지 한대에 저작되었거나 그와 관계된 수많은 문헌을 고증의 자료로 활용하였다.

이처럼 '삼례' 이외에 한대의 문헌 자료를 다수 인용한 것은, "숙손통이 예를 제정할 때 주나라의 법에 많이 의거하였다."[14]고 하였듯이 한나라의 제도 안에 주나라의 예법이 남아 있다는 인식 아래 '삼례'의 경문에 기물의 제도가 명확하게 기록되어 있지 않을 경우 한나라의 제도를 인용하여 추론함으로써[15] 새로운 도상을 만들어 내고자 했기 때문이다.

또 삼국시대 위나라 동파(董巴, ?~?)의 『한여복지(漢輿服志)』, 서진시대 사마표(司馬彪, ?~306)의 『속한서(續漢書)』, 남조 유송의 서광(徐廣, 352~425)의 『거복의주(車服儀注)』를 비롯해서 최영은(崔靈恩)의 『삼례의종(三禮義宗)』, 황간(皇侃, 488~545)·심중(沈重, 500~583)의 예설(禮說), 북주 웅안생(熊安生)의 예설 등 위진남북조 시대의 문헌도 인용하였다. 나아가서는 당대의 자료로서 위동(韋彤)의 『오례정의(五禮精義)』, 소숭(蕭嵩, ?~749)의 『개원의감(開元義鑑)』, 『개원례(開元禮)』 및 『당육전(唐六典)』을 인용하고 있으며, 권20 「목록」 '면복(冕服) 제1', '후복(后服) 제2', '면관(冠冕) 제3'에서는 각 명물의 제도와 관련하여 당 고조 무덕(武德) 연간(618~626)에 반포한 『무덕령(武德令)』의 「의복령(衣服令)」 규정을 인용하고 있어, 섭숭의가 면복·후복·면관 등의 도상을 제작할 때 이것들의 영향을 강

---

14 『三禮圖集注』 권3 「冠冕圖」, '四冕', "叔孫通制禮多依周法"; 같은 책, 권20 「目錄」 后服 제2, '首飾 副', "漢叔孫通制禮, 多依周法. 唯見冕板制度, 不見婦人首飾"; 같은 책, 권20 「目錄」 冠冕 제3, '四冕' 原注, "叔孫通法周制."
15 『三禮圖集注』 권20 「目錄」 聶崇義 後序', "事有未達, 則引漢法以況之"; 같은 책, 권2 「后服圖」, '褘衣', "漢之步摇如周副之象, 故可以相類也."

하게 받았음을 보여 준다.[16]

이렇게 '삼례'의 경문, 정현의 주, 가공언과 공영달의 주소뿐 아니라 한대에서 당대에 이르는 다양한 문헌 자료를 인용하여 고증에 활용했다는 점에서, 섭숭의가 단순히 주대의 예제를 복원하는 데 그 목적을 둔 것이 아니라 시대에 따른 예제의 변화를 수용하여 송대라는 현실에 실질적으로 실행할 수 있는 실용적 측면까지 염두에 두었다고 할 수 있다. 또한 『송사』 「예문지」와 문연각 『사고전서』본에서 이 책의 이름을 『삼례도집주(三禮圖集注)』라고 한 것은 이러한 섭숭의의 고증적 방법론에 비추어 볼 때 매우 적절한 표현이라 할 수 있다.

섭숭의 『삼례도집주』는 기물에 대한 문자적 설명과 더불어 총 380여 폭에 이르는 도상을 그려 넣어 문자와 도상이 서로 상응하게 함으로써 기물의 제도와 형태를 시각적으로 명료하게 이해할 수 있도록 하였다. 권3 「관면도」 '위모(委貌)' 항목에서 "고금의 제도가 혹 문헌에 나타나기도 하는데, 장일(張鎰)의 도상이 겨우 근사할 뿐이다. 이제 오른쪽에 도상을 함께 수록하여 후대 지혜로운 사람들이 선택하기를 기다린다."고 하였으며, 같은 권3 「관면도」 '모퇴(毋追)·장보(章甫)' 항목에서 "옛날의 법식은 알기 어려우니, 문(文, 문헌 기록)에 의거하고 상(象)을 살펴서 오른쪽에 도(圖, 도상)로 갖추어 나타낸다."고 하였듯이, 왼쪽의 문자 설명과 오른쪽의 도상으로 이루어진 '좌문우도(左文右圖)'의 형식을 취했다.

---

16 原田信은 섭숭의는 당대뿐 아니라 송초 당시의 祭器에 대해서도 부분적으로 언급하고 있는데, 이는 송초의 禮樂制度가 당대의 영향을 강하게 받았으며, 양자의 관계성을 보여 주는 것이 고증의 중요한 근거 가운데 하나였을 것이라고 추론했다.(「聶崇義 『三禮圖』의 編纂について」, 『早稻田大學大學院文學硏究科紀要』 2分冊, 2010, 123~124쪽 참조.)

또 『삼례도집주』에서는 일반적으로 하나의 기물에 대한 문자 설명에 하나의 도상을 취하는 '1문(文) 1도(圖)'의 형식을 취했다. 이는 해당 기물의 제도에 대한 다양한 이설이 존재할 경우 그 가운데 하나의 설을 취하거나 여러 설을 종합해서 하나의 도상으로 만든 것으로, 그 도상은 행례 시에 필요한 기물을 직접 제작할 때의 표준이 되므로 통일성을 기하고자 한 것이다. 권4「궁실도(宮室圖)」의 '명당' 항목에서 명당의 제도에 대한 『주례』「고공기(考工記)·장인(匠人)」의 경문, 정현의 주 및 『주례』「춘관(春官)·태사(太史)」 가공언의 소 등에 보이는 다양한 이설을 종합하여 5실(室)·12당(堂)·4문(門)의 명당 도상을 게시한 것이 그 대표적인 사례다.

하지만 때로 하나의 기물에 대해 2개의 도상 혹은 그 이상의 여러 도상을 게시한 경우도 있다.[17] 하나의 문자 설명에 2개의 도상, 즉 '1문 2도'의 형식은 이설이 존재하여 섭숭의 자신이 하나의 설로 확정할 수 없거나 혹은 잘못된 설을 분명히 밝혀 두고자 2개의 도상을 나란히 게시하여 양설을 병존시킨 것이다. 권3「관면도」'태고관(太古冠)' 항목에서 양정(梁正)은 "사설(師說)이 같지 않고, 오늘날의 『전(傳)』과 『소(疏)』에는 2개의 태고관의 상(象)이 있고, 또 아래에 진현관(進賢冠)이 있는데, 모두 옛날 치포관(緇布冠)의 유상(遺象)이라고 한다."고 하였고, 장일은 "구도(舊圖)에 이 세 가지 상이 있었다. 그 본래의 형태와 제도의 크기에 대해서는 들어 보지 못했다."고 하였다. 이에 대해서 섭숭의는 이들의 주장은 모두 경전의 뜻에 근본하지 않은 것이므로 법도가 실추되지 않

---

17 喬輝에 따르면 '一文二圖' 15사례, '一文三圖' 4사례, '一文四圖' 3사례, '一文五圖' 1사례, '一文六圖' 1사례, '二文二圖' 9사례, '二文三圖' 2사례, '三文三圖' 4사례, '四文四圖' 1사례, '有圖無文' 5사례가 있다고 한다.(『歷代三禮圖文獻考索』, 170쪽 참조.)

도록 하기 위해 별도의 도상을 게시한다고 하였다.[18]

　섭숭의는 북송 태조 건륭 3년(962), 한대 이후 당대까지 찬술된 6본의 『삼례도』를 기초로 이에 고증을 가해 『삼례도집주』를 완성하여 헌상하였고, 태조는 조칙을 통해 이 책을 반포하게 하였다. 또 섭숭의 사후에는 태조의 명으로 국자감 선성전(宣聖殿) 뒤쪽의 북헌(北軒)에 『삼례도집주』를 벽화로 그려 넣어 학생들이 열람할 수 있게 하였으며, 태종 지도(至道) 2년(996)에는 논당(論堂)(명륜당) 위에 판으로 벽화를 대신하여 개작하게 하였다. 이는 '지도(至道)의 고사(故事)'로서 이후 지방의 군현학(郡縣學)을 통해 『삼례도집주』를 전국으로 보급시키는 계기가 되어 그 영향력이 더욱 확대되었다.

　그러나 『삼례도집주』의 영향력의 확대와 지식의 보급은 도리어 비난의 칼날이 되어 되돌아왔다. 북송 중기 이후 유창(劉敞)·구양수(歐陽修)·채양(蔡襄) 등에 의해서 금석학이 성행하게 되자, 이를 바탕으로 섭숭의 『삼례도집주』에 서술된 명물 제도에 대한 검증이 이루어져 모순점이 지적되면서 그 신뢰성은 급전직하했다. 그 비난은 휘종 시대에 극에 달했다. 적여문(翟汝文, 1076~1141)은 "섭숭의는 부유(腐儒)의 설을 수집하여 『삼례도』를 저술함으로써 후학을 잘못되게 만들었다."[19]고 맹비난했다. 또 정화(政和) 5년(1115), 휘종은 섭숭의 『삼례도』는 제유(諸儒)의 억설로서 경문에 근거가 없으며, 국자감과 군현학의 벽화는 학자들에게 보여 줄 만한 것이 못 된다는 교서랑(校書郎) 가안택(賈安宅, 1088~?)

18　『三禮圖集注』권3,「冠冕圖」'太古冠', "梁正又云, '師說不同, 今『傳』『疏』二冠之象, 又下有進賢, 皆云古之緇布冠之遺釆.' 其張鎰重修亦云, '舊圖有此三象. 其本狀及制之大小, 未聞.' 此皆不本經義, 務在相沿, 疾速就事. 今別圖於左, 庶典法不墜."

19　翟汝文, 『忠惠集』,「孫繁重刊翟氏公異埋銘」, "聶崇義集腐儒之說, 著『三禮圖』以誤後學."(『文淵閣四庫全書』1129책, 附錄.)

의 주장에 따라 조칙을 내려 국자감에 그려진『삼례도』벽화를 철거하게 했으며, 주현학(州縣學)에 그려진 벽화도 개정하였다.[20]

그러나 송 왕조가 항주로 남천한 후 조정의 의물(儀物)이 유실되고, 휘종 때 새로 만든 예기(禮器)도 대거 산일되자 섭숭의『삼례도』의 전통이 일시적으로 회복되기도 하였다. 섭숭의『삼례도』는 "고제(古制)에 부합하지 않으니, 극히 가소롭다."[21]고 비난하던 고종도 '지도의 고사'에 따라 섭숭의『삼례도』를 강당의 벽에 그려 넣었다.[22] 또『보우수창승(寶祐壽昌乘)』'기복(器服)' 조목에 의하면, 휘종 정화 연간(1111~1118) 의례국(儀禮局)에서 제기(祭器)를 제조할 때 삼대(三代)의 법식에 따라 만들어 그 기물의 제도가 정밀하고 기상이 순고(淳古)하여 고종 소흥 연간(1131~1162)에 이미 반포했지만, 지방의 군현에서는 여전히 섭숭의『삼례도』의 제도를 따르는 경우가 많았다고 한다. 이는 남송 시대에 이르러서도 섭숭의『삼례도』의 영향력이 지속되고 있었음을 방증한다.

섭숭의『삼례도집주』이후 송대에는 예악제도 관련 도상 저작이 줄지어 등장하게 된다. 진상도(陳常道)의『예서(禮書)』, 진양(陳暘)의『악서(樂書)』, 양복(楊復)의『의례도(儀禮圖)』, 양갑(楊甲)의『육경도(六經圖)』가 그것인데, 섭숭의『삼례도집주』는 이들 저작의 선구라고 할 수 있다. 그 영향은 이후에도 이어졌는데, 원대 한신동(韓信同)의『한씨삼례도설(韓氏三禮圖說)』2권, 명대 유적(劉績)의『삼례도』4권, 청대 손풍익(孫馮

---

20 王應麟,『玉海』권56, "政和五年六月丁巳, 校書郞賈安宅言, '崇義圖義皆諸儒臆說, 於經無據, 國子監三禮堂實存圖繪, 下至郡縣學間亦有之, 不足示學者. … 詔『三禮圖』及郡縣學繪畫圖象並改正, 舊所繪兩壁『三禮圖』並毀去."

21 熊克(宋),『中興小紀』권28, "紹興十年 … 甲子上日, '近世禮器大不合古制, 如聶崇義『三禮圖』, 極可笑.'"

22 許雅惠,「宋·元〈三禮圖〉的版面形式與使用－兼論新舊禮器變革」(『臺灣歷史學報』60, 2017), 79쪽 참조.

翼)의 『삼례도』 3권 등의 저작도 그 계발을 받아서 찬작된 것이다. 송대 이후 시대에 따른 예도(禮圖) 및 예제(禮制)의 변화와 전개과정을 고찰하고자 할 때 『삼례도집주』는 그 출발점이 된다고 할 수 있다. 또 송대 이전 대부분의 예도가 망실된 현 상황에서 이를 완정한 형태로 담고 있는 섭숭의 『삼례도집주』는 사료적 가치의 측면에서도 매우 귀중하다고 할 수 있다.

옮긴이들이 중국의 예제와 예학이라는 공동의 관심사로 모여 공부를 시작한 지도 벌써 20년 가까운 시간이 흘렀다. 새까맣던 머리카락이 이제 하나둘 허연색으로 변해 가는 서로의 모습을 바라보면서 시간의 덧없음을 느끼면서도 한편으론 학문의 내공도 그만큼 깊어졌으리라고 믿는다.

그동안 우리의 작업은 주로 중국 정사 예악지(禮樂志)와 『예기』·『의례』·『주례』등 문헌 연구에 집중하여 몇 권의 책을 출간하는 등 나름의 성과를 얻었다. 하지만 복식·거마·기물·건축·음악 나아가서는 해당 시대의 제도와 사상 등 다방면에 걸친 지식을 요하는 '예학'이라는 연구영역의 특성상 문헌만으로는 해결되지 않는 어려움을 느끼곤 했다. 특히 행례의 의절마다 등장하는 옥기·궁시(弓矢)·거기(車旗) 등의 구체적 명물도수(名物度數)에 대한 지식의 필요성을 절감하면서 도상(圖像)과 도해(圖解)를 겸한 섭숭의 『삼례도집주』에 대한 공부를 시작했다. 다행히 2019년에 본서가 한국연구재단의 '명저번역과제'로 선정됨으로써 정기적인 모임을 갖고 작업에 집중할 수 있게 되었다. 과제로 선정해 주신 한국연구재단 관계자분들께 감사의 말씀을 드린다.

지금까지 섭숭의 『삼례도집주』에 관해서는 딩딩(丁鼎) 선생이 송

(宋) 순희(淳熙) 2년(1175) 각본을 저본으로 삼고 석성정씨가숙 '중교삼례도본과 문연각 사고전서본을 참교본(參校本)으로 삼아 점교(點校)·해설한 『신정삼례도(新定三禮圖)』(淸華大學出版社, 2006)가 그 유일한 성과다. 이 문헌의 중요성에 비해 아직까지 전체 번역서가 등장하지 않았다는 것은 그만큼 이 문헌의 번역이 쉽지 않다는 방증이기도 하다. 그 어려움은 우리 번역 팀에도 똑같이 적용되었다. 기본적으로 『예기』·『의례』·『주례』 '삼례'의 전체 맥락을 이해해야 하는 것은 물론이지만, 『삼례도집주』 안에서 인용한 정현의 주, 가공언과 공영달의 『주소』와 『정의』가 정제되지 않은 채로 잘못 인용된 곳도 다수 발견될뿐더러 게시한 도상과 이를 설명하는 문장이 서로 일치하지 않는 등 텍스트 자체의 문제점이 번역을 더욱 어렵게 했다. 이를 역주로 처리하여 문장의 앞뒤 모순을 없애는 작업은 많은 시간을 필요로 했다. 또 수많은 기물의 명칭을 우리말로 표현하는 작업도 중요한 만큼 토론을 통해 최대한 통일성을 기하고자 했다. 덧붙이자면, 『삼례도집주』는 섭숭의가 북송 태조의 명에 따라 찬정하여 올린 칙찬서이다. 따라서 우리말로 옮길 때 원칙적으로 경어체를 사용해야 하지만 문장의 간결성을 기하고자 평어체를 채용하였다. 다만 '신 숭의 안(臣 崇義案)' 등으로 시작하는 문장의 경우에 한하여, 문맥을 자연스럽게 하고자 경어체로 번역하였다.

이제 지난한 번역의 모든 여정을 마치고 탈고를 앞두고 있다. 늘 그렇듯이 하나의 일을 마쳤다는 뿌듯한 성취감보다 생각지도 못한 '망문생의(望文生義)'의 엉뚱한 오역이 들통날까 하는 두려움이 앞선다. 그래도 본서가 예학과 예제의 연구자들에게 조그마한 보탬은 될 수 있을 것이라는 희망으로 위안을 삼아 본다.

공동작업의 성격상 늘 원고 제출 일정을 지키지 못하는 우리의 사정을 이해하고 기다려 주신 세창출판사 편집부 선생님들께 고마움을 전합니다. 꼼꼼한 교열과 윤문으로 책의 완성도를 높여 주신 임길남 선생님께 특히 감사의 말씀 드립니다.

2023년 5월 18일

막바지 봄꽃의 향기를 만끽하며 문원재(文園齋)에서

옮긴이를 대표하여 김용천 씀

삼례도집주【一】

옮긴이 해제 ………………………………………………………… 4

원서原序·김용천 …………………………………………………… 27

권1 면복도冕服圖·차서연 ………………………………………… 43

권2 후복도后服圖·차서연 ………………………………………… 129

권3 관면도冠冕圖·김용천 ………………………………………… 187

권4 궁실도宮室圖·소현숙 ………………………………………… 285

권5 투호도投壺圖·김용천 ………………………………………… 373

권6 사후도상射侯圖上·최진묵 …………………………………… 441

권7 사후도하射侯圖下·최진묵 …………………………………… 475

찾아보기 ……………………………………………………………… 520

삼례도집주【二】

권8 궁시도弓矢圖 · 방향숙

권9 정기도旌旗圖 · 방향숙

권10 옥서도玉瑞圖 · 박윤미

권11 제옥도祭玉圖 · 박윤미

권12 포작도匏爵圖 · 최진묵

권13 정조도鼎俎圖 · 문정희

권14 준이도尊彝圖 · 문정희

삼례도집주【三】

권15 상복도상喪服圖上 · 김용천

권16 상복도하喪服圖下 · 김용천

권17 습렴도襲斂圖 · 김용천

권18 상기도상喪器圖上 · 소현숙

권19 상기도하喪器圖下 · 소현숙

삼례도집주【四】

권20 목록目錄 · 김용천

原序

원서

—

역주 김용천

옛날에 진시황이 법술(法術)을 중시하자 천하 사람들은 형명(刑名)을 귀하게 여겼고, 위(魏) 문제(文帝: 재위 220~226)가 방정하고 엄숙한 것을 싫어하자 민간에서는 변통을 숭상하였으니, 윗사람이 아랫사람을 교화하면 아랫사람은 반드시 그에 따르게 된다. 이 때문에 쌍검(雙劍)으로 절의를 존숭하고① 비백(飛白)으로 풍속을 이루며,② 거문고를 타면서 용모를 꾸미고③ 곡조에 맞추어 손뼉을 치며 기뻐하는 것은④ 자연스러운 도리이다.

후주(後周)의 세종(世宗: 재위 954~959)과 지금의 황제[송 태조: 재위 960~976]께서 요임금과 순임금의 전칙(典則: 典章과 法則)을 회복하고 하나라와 상나라의 예문(禮文: 禮樂과 儀制)을 취합하여 치국의 대도를 성대히하고, 옛날의 제도를 추숭하여 의절과 형상의 전범을 만들어 널리 천하에 고하였다. 늘 안타깝게 생각하노니, 근대 이래로 원대한 것을 지향하지 못하였으니, 개혁하는 바 없이 답습하는 데에 빠져들었으며, 여러 세대에 걸쳐 점차 잘못된 것을 전하면서 천년의 아름다운 법도로 여겼다. 성인과의 거리가 멀어질수록 명칭과 실질이 괴리되어 주색(朱色)과 자색(紫色)이 혼동되고,⑤ 정성(鄭聲)과 아악(雅樂)이 뒤섞였다.⑥ 몹시 애통해 하면서 이를 바로잡으려 하였지만, 명유(名儒)들은 바람에 휩쓸리듯 자신들이 원하는 것만을 따르려고 하였다.

국자사업 겸 태상박사(國子司業兼太常博士) 섭숭의(聶崇義: ?~970?)⑦는 어린 시절[垂髫之歲]⑧부터 예(禮)에 뜻을 돈독히 하여 예경(禮經) 안에서 칼날을 자유자재로 움직였는데,⑨ 항상 (노나라의) 『춘추』가 법도에 어긋나자

중니가 이를 부끄럽게 여겼고,[⑩] 「관저(關雎)」의 시가 이미 혼란해지자 악사인 지(摯)가 이를 근심하였다[⑪]고 말했다. 이제 길흉의 의용(儀容)과 예악의 기물(器物)은 그 제도가 잡다하고 무질서하니, 잘못된 것이 매우 심하다. 집에서 시행하기에도 불가하거늘 위대한 조정에서 어찌 함부로 하는 것을 용납할 수 있겠는가? 섭숭의는 부당한 것을 합당한 것으로 바로잡고, 잘못된 것을 올바른 것으로 되돌리고자 하여 뜻을 같이하는 사람들을 은밀히 찾아가서 그 예(禮)의 도상(圖象)을 제정하려고 하였다. 그러나 학문에 깊이가 다르고 식견에 차이가 있었으니, (속담에) "길가에 집을 지으면 3년이 지나도 완성하지 못한다."고 하였듯이 제설이 분분하면 무슨 주장인들 하지 않는 바가 있겠는가?[⑫]

그때 마침 본조(本朝: 북송)에서 이기(彝器)를 창제하여 거복(車服)에까지 이르렀다. 이에 그 법도를 궁구하여 친히 제도를 만들어 시행하였으니, 계승하기도 하고 개혁하기도 하여 이치에 따라 변화시켜 오직 그 근본에 부합하고자 할 뿐이었다. 당시의 학자들은 섭숭의에게 밝게 탄복하였다. 이어서 삼례(三禮)에 관한 옛 도상을 널리 수집하여 모두 6종의 서적을 얻었는데, 대동소이하여 마치 한 사람의 얼굴과 같았으니, 지극히 합당하고 하나로 귀결되는 말이 어찌 이와 같을 수 있겠는가? '내 누구를 따라야 하는가!'라는 탄식[⑬]은 아마도 이러한 상황에서 생겨났을 것이다.

어찌하면 한때에 빛을 높이 발하고 만세까지 명성을 드리울 수 있을까? 마침내 깊이 연구하여 실마리를 찾아내고, 미루어 고찰하여 상세히 탐구하였으며, 사물의 시초를 궁구하여 사물의 종말을 해명하고, 근본을 체득하여 말단을 바로잡았으니, 몸소 "그림 그리는 일은 흰 비단을 마련한 후에 한다[⑭]."는 가르침을 실천하여 털끝만큼의 어긋남도 없었다. 문장[文]에만 의거하여 시행한다면 그 형태의 법식을 잃을 것을 염려하여 도상[圖]으로 바로잡았으니, 궁음(宮音)과 상음(商音)이 서로 호응하는 듯하였다.

무릇 옛 『삼례도』[舊圖][15] 가운데 옳은 것은 구장(舊章)을 준용하여 따르거나 고전(古典)을 상고하여 시행하였으며,[16] 옳지 않은 것은 이치에 맞게 지적하고 실질로 헤아려 바꾸었으며, 통용되는 경우에는 혜공(惠公) 삭(朔)에 대해 (『춘추좌전』과 『춘추공양전』에서) 서로 들은 바를 기록하고, 태공망 여상(呂尙)에 대해 (『사기』에서) 두 가지 설을 보존해 두었던 방식을 따랐다.[17] 학문이 출중한 사람이 아니면 그 (문장의) 지극함에 이를 수 없고, 지혜가 밝은 사람이 아니면 그 상(象)을 드러낼 수 없다. 그 문장에 의거하여 그 기물을 밝혔으니, 문장과 도상을 미루어 부합시켜 대략 어긋남이 없었으며, 법도를 만들고 제도를 세워 밝게 제시함이 끝이 없었다. 지혜롭지 못하고 부지런하지 못하면 이치상 이루는 바가 없을 것이니, 이미 부지런하고 또 지혜롭다면 어찌 막혀 통하지 않을 수 있겠는가?

식견을 갖고 일에 임하여 마음을 다한다면, 관직을 맡아 만사를 처리할 수 있다. 관직은 일이 같지 않으며, 사람은 재능이 같지 않으니, 재능 있는 사람을 얻으면 성공할 것이고, 재능 있는 사람을 잃으면 실패할 것이다. 예의 도상은 이 책에 이르러 본령을 다하였다. 나라의 예와 일의 본체는 이미 아름다움을 다하였고, 사물의 법도와 문장의 이치는 또 선함을 다하였다. 이 새로운 삼례도[新圖]는 모두 20권으로, 고금의 통례(通禮) 가운데에 덧붙였다. 이 책을 찬술하던 초기에 나 두엄(竇儼: 918~?)에게 조직을 내려 그 일을 총괄하게 하였다. 그러므로 서문을 짓노라.[18]

[昔者秦始皇之重法術, 而天下貴刑名, 魏文帝之惡方嚴, 而人間尙通變, 上之化下, 下必從焉. 是以雙劍崇節, 飛白成俗, 挾琴飾容, 赴曲增抃, 自然之道也. 周世宗暨今皇帝, 恢堯舜之典則, 總夏商之禮文, 思隆大猷, 崇正舊物,

儀形作範, 旁詔四方. 常恨近代以來不能慕遠, 無所釐革, 溺於因循, 傳積世之漸訛, 爲千載之絶軌. 去聖遼夐, 名實謬乖, 朱紫混淆, 鄭雅交雜. 痛心疾首, 求以正之, 而名儒向風, 適其所願. 國子司業兼太常博士聶崇義, 垂髫之歲, 篤志於禮, 禮經之內, 游刃其間, 每謂『春秋』不經, 仲尼恥是, 「關雎」既亂, 師摯慖之. 今吉凶之容, 禮樂之器, 制度舛錯, 失之甚焉, 施之於家, 猶曰不可, 朝廷之大, 寧容濫瀆? 義欲正失於得, 返邪於正, 潛訪同志, 定其禮圖, 而所學有淺深, 所見有差異, '作舍道側, 三年不成', 衆口云云, 何所不至? 會國朝創制彝器, 迨於車服. 乃究其軌量, 親自規模, 舉之措之, 或沿或革, 從理以變, 惟適其本. 時之學者, 曉然服義. 於是博采三禮舊『圖』, 凡得六本, 大同小異, 其猶面焉, 至當歸一之言, 豈容如是? 吾誰適從之歎, 蓋起於斯. 何以光隆於一時, 垂裕於千古? 遂鑽研尋繹, 推較詳求, 原始以要終, 體本以正末, 躬命繢素, 不差毫釐. 率文而行, 恐迷其形範, 以圖爲正, 則應若宮商. 凡舊『圖』之是者, 則率由舊章, 順考古典, 否者, 則當理彈射, 以實裁量, 通者則惠朔用其互聞, 呂望存其兩說, 非其學無以臻其極, 非其明無以宣其象. 遵其文, 譯其器, 文象推合, 略無差較, 作程立制, 昭示無窮. 匪哲匪勤, 理無攸濟, 既勤且哲, 何滯不通? 有以見臨事盡心, 當官御物. 官不同事, 人不同能, 得其能則成, 失其能則敗. 禮圖至此, 能事盡焉. 國之禮, 事之體, 既盡美矣, 物之紀, 文之理, 又盡善矣. 其新圖凡二十卷, 附於古今通禮之中. 是書纂述之初, 詔儼總領其事, 故作序焉.].

① 쌍검(雙劍)으로 절의를 존숭하고: 춘추시대 간장과 막야의 쌍검과 관련
한 복수의 의리로 인해서 후세에 그들의 절의를 존숭하는 풍조가 생겨
났음을 말한다. 간장(干將)과 막야(莫邪)는 부부로서 초나라 왕을 위해
암수의 쌍검을 만들었다. 간장은 웅검(雄劍)은 집안에 감추어 두고 자검
(雌劍)만을 왕에게 바쳤다. 이에 분노한 초나라 왕은 간장을 죽였다. 간
장의 유복자였던 적비(赤比)는 성장한 후 아버지의 복수를 결심했다. 어
느 날 초나라 왕은 어린아이가 자신에게 복수하려는 꿈을 꾸었는데, 천
금의 현상금을 내걸고 그 어린아이를 잡으려 하였다. 이에 적비는 산속
으로 도망쳐 들어갔다. 산에서 한 협객(俠客)을 만났는데, "어린 나이에
왜 그리 슬피 우느냐?"고 물었다. 적비는 "저는 간장과 막야의 아들인
데, 초나라 왕이 우리 아버지를 죽였습니다. 저는 복수하려고 합니다."
라고 대답했다. 협객이 말했다. "왕이 네 머리에 천금의 현상금을 걸었
다는 말을 들었다. 네 머리와 검을 준다면 너를 위해 복수해 주겠다."라
고 말했다. 적비는 "그렇게만 해 주신다면 고맙겠습니다."라고 말하고
곧바로 스스로 목을 베어 양손으로 머리와 검을 받들어서 협객에게 바
쳤다. 협객은 적비의 머리를 들고 초나라 왕을 만났는데, 왕은 크게 기
뻐했다. 협객은 왕의 신임을 얻은 후 검으로 왕을 찔러 죽이고 자살하
였다.(干寶,『搜神記』권11)

② 비백(飛白)으로 풍속을 이루며: 후한 영제(靈帝) 때 낙양의 홍도문(鴻都
門)을 수리하였는데, 장인(匠人)이 흰 흙가루를 묻힌 빗자루로 담장에 글

자를 썼다. 채옹(蔡邕: 132~192)이 여기서 힌트를 얻어 궁전의 편액에 쓰는 새로운 서체를 만들어 냈는데, 이를 '비백(飛白)' 혹은 '비백서(飛白書)'라고 한다. 이 서법의 특징은 먹을 적게 하여 붓 자국에 흰 줄이 생겨서 마치 마른 붓으로 쓴 듯하였다. 위진 시대에 궁궐의 제자(題字)에 널리 유행하였다.

③ 거문고를 타면서 용모를 꾸미고: 전국시대 조나라의 무령왕(武靈王)이 대릉(大陵)으로 놀러나갔다가 처녀가 거문고를 타면서 노래 부르는 꿈을 꾸었다. 다음날 연회에서 왕은 꿈에서 본 여인의 형상을 상상해 말하였다. 이 이야기를 들은 오광(吳廣)은 부인을 통해 자기 딸 왜(娃 : 孟姚)를 왕에게 바쳤다. 오왜(맹요)는 왕의 총애를 받았고, 후에 혜후(惠后)가 되었다. 왕은 처음에 장자 장(章)을 태자로 삼았는데, 왜가 아들 하(何)를 낳자 태자 장을 폐하고 하를 세워 왕[惠文王]으로 삼았다. 오왜가 죽고 사랑도 식자 옛 태자(장)를 가련하게 여기게 되었다. 그래서 둘 모두를 왕으로 삼으려고 했는데 주저하다 미처 결정을 내리지 못했다. 이때 반란이 일어나 부자가 함께 죽게 됨으로써 천하의 웃음거리가 되었다.(『史記』 권43, 「趙世家」 제13)

④ 쌍검(雙劍)으로 ~ 것은: 유사한 문장은 동진 원제(재위 317~322) 시대에 대막(戴邈)이 예의 제도를 부흥시키기 위해 올린 상소문에도 보이는데, 그 요지는 군주 스스로가 솔선수범하여 예의제도를 실천함으로써 백성들을 교화시켜야 한다는 것이다.(『晉書』 권69, 「戴邈傳」, "今天地告始, 萬物權輿, 聖朝以神武之德, 值革命之運, 蕩近世之流弊, 繼千載之絶軌, 篤道崇儒, 創立大業. 明主唱之於上, 宰輔督之於下. 夫上之所好, 下必有過之者焉, 是故雙劍之節崇, 而飛白之俗成, 挾琴之容飾, 而赴曲之和作. 君子之德風, 小人之德草, 實在感之而已.") 또 조위의 고귀향공 때 완적(阮籍: 210~263)이 제유(諸儒)들과 『예

기』「악기(樂記)」의 내용을 변론한 「악론(樂論)」에도 유사한 내용이 보인다.(陳伯君 校注, 『阮籍集校注』, 「樂論」, 82쪽, "其後聖人不作, 道德荒壞, 政法不立, 智慧擾物, 化廢欲行, 各有風俗. 故造始之敎謂之風, 習而行之謂之俗, 楚越之風好勇, 故其俗輕死, 鄭衛之風好淫, 故其俗輕蕩. … 江淮之南, 其民好殘, 漳汝之間, 其民好奔, 吳有雙劍之節, 趙有扶琴之客, 氣發於中, 聲入於耳, 手足飛揚, 不覺其駭.") 군주의 교화[風]가 어떠한가에 따라 민간의 풍속[俗]이 다양하게 나타난다는 것이다.

⑤ 주색과 자색이 혼동되고: 주색은 정색이고 자색은 간색으로 각각 정(正)과 사(邪)를 비유한다. 『논어』「양화(陽貨)」에 "공자가 말했다. '나는 자색이 주색을 빼앗는 것을 미워하며, 정나라 음악이 아악을 어지럽히는 것을 미워한다.'[曰, 惡紫之奪朱也, 惡鄭聲之亂雅樂也.]"고 하였다. 하안(何晏)은 『논어집해(論語集解)』에서 "주색은 정색이고, 자색은 간색 가운데 아름다운 것이다. 사악한 것이 아름다워 정색을 빼앗는 것을 미워한 것이다.[朱, 正色, 紫, 間色之好者. 惡其邪好而奪正色.]"라고 하였다.

⑥ 정성(鄭聲)과 아악(雅樂)이 뒤섞였다: '정성'은 춘추시대 정나라의 음악인데, 공자가 그 음이 음탕하여 '아악'을 해치는 것으로 비판하면서 유가에서 배척하는 음악이 되었다. 『논어』「위령공(衛靈公)」에 "정나라 음악은 추방해야 하며, 말재주 있는 사람을 멀리해야 한다. 정나라 음악은 음탕하고, 말 잘하는 사람은 위태롭다.[放鄭聲, 遠佞人. 鄭聲淫, 佞人殆.]"고 하였다.

⑦ 섭숭의(聶崇義: ?~970?): 하남(河南) 낙양(洛阳) 사람으로, 어린 나이에 『주례』·『의례』·『예기』의 삼례(三禮)를 연구하여 예학(禮學)에 정통했다. 후한(後漢) 고조 유지원(劉知遠: 재위 947~948) 때 국자박사(國子博士)가 되었고, 은제(隱帝) 건우(乾祐) 연간(948~950)에 국자예기박사(國子禮記博士)

가 되었으며, 『춘추공양전』을 교정(校訂)하였다. 후주(後周) 태조 현덕 (顯德) 연간(954)에 국자사업 겸 태상박사(国子司業兼太常博士)로 승진했 다. 당시 교(郊)·묘(廟)에 사용하는 제기(祭器)는 법식이 없었다. 후주의 세종은 섭숭의에게 고실(故實)을 검토하여 그 법식을 그림으로 그려서 보고하도록 하였다. 이듬해에 보고하여 올리자 유사들에게 이에 의거 하여 제조하도록 명했다. 섭숭의는 제기(祭器)의 그림을 모사하고, 이 어서 삼례의 옛 도상을 널리 수집하여 『삼례도집주』를 지었다. 그것 은 후한의 정현(鄭玄)에서 당나라의 장일(張鎰)에 이르는 6가(家)의 『삼 례도』를 저본으로 삼아서 그 시비와 상략을 고찰한 것으로, 북송 태 조 건륭(建隆) 3년(962) 4월에 완성하였다. 한림학사(翰林学士) 두엄(竇儼: 918~?)이 그 서문을 지었다. 북송 태조는 태자첨사(太子詹事) 윤졸(尹拙)· 공부상서(工部尙書) 두의(竇儀) 등에게 상세하게 교정을 가하게 한 후 세 상에 반포하여 시행하였고, 아울러 국자감 강당의 벽에 그 도상을 그 렸다. 그 후 얼마 지나지 않아 세상을 떠났다.(『宋史』 권431, 「聶崇義列傳」 참조.)

⑧ 어린 시절[垂髫之歲]: 『의례』「기석례(旣夕禮)」 정현의 주에 보인다. "아 이가 태어나 3개월이 되면 머리카락을 깎아 추(鬌: 황새머리)를 만드는 데, 남자는 뿔[角] 모양으로 만들고 여자는 굴레[羈] 모양으로 만든다. 이렇게 하지 않을 경우에는 남자는 왼쪽으로 묶고, 여자는 오른쪽으로 묶는다. 커서도 여전히 장식으로 삼아 남겨 두는데 그것을 모(髦: 다팔머 리장식)라고 한다. 부모를 따르는 어린아이의 마음인 것이다.[兒生三月, 鬋髮爲鬌, 男角女羈. 否則男左女右. 長大猶爲飾存之, 謂之髦. 所以順父 母幼小之心.]"

⑨ 칼날을 자유자재로 움직였는데: 『장자』「양생주(養生主)」의 '포정해우

(庖丁解牛)'에 의거한 것으로, 섭숭의의 예학이 최고의 경지에 이르렀음을 칭찬한 말이다. "저 뼈마디에는 틈새가 있고, 칼날에는 두께가 없으니, 두께가 없는 칼날을 그 틈새 사이에 넣으면 넓고 넓어서 그 칼날을 놀리는 데에 반드시 여지가 생기게 된다.[彼節者有閒, 而刀刃者無厚, 以無厚入有閒, 恢恢乎, 其於遊刃, 必有餘地矣.]"

⑩ (노나라의) 『춘추』가 ~ 여겼고: 춘추시대의 각 제후국에는 사실 기록을 위주로 하는 사서(史書)가 존재했다. 그 명칭은 '연지춘추(燕之春秋)', '송지춘추(宋之春秋)', '제지춘추(齊之春秋)' 등 대부분 『춘추』로 불렸으며, 『춘추좌전』 소공 2년 조에 의하면 진(晉)의 한선자(韓宣子)가 노나라에 와서 빙문을 하고, "『역상(易象)』과 노나라의 『춘추』를 보았다.[見『易象』與魯『春秋』.]"고 하였듯이 노나라의 사서도 그 명칭은 『춘추』였다. 그러나 공자는 단순한 역사 사실을 기록한 노나라의 궁정 연대기 『춘추』에 만족하지 않고, 그 노나라의 『춘추』를 자료로 삼아 거기에 자신의 독자적인 이념과 치밀한 논리로 필삭을 가하여 왕도정치의 이상을 제시한 새로운 『춘추』로 재탄생시켰다. 사마천도 "서쪽으로 주 왕실로 가서 역사 기록과 예전의 견문들을 논술하였고, 노나라로 돌아와 『춘추』를 편찬했다. 위로는 은공 원년(B.C.722)부터 아래로는 애공 때의 획린(B.C.481)에까지 이르렀다. 그 (노나라 『춘추』의) 문장을 간략히 하고, 번잡하고 중복된 것을 삭제하여 의리와 법도를 제정하니, 왕도가 갖추어지고 인륜이 온전하게 되었다.[西觀周室, 論史記舊聞, 興于魯而次『春秋』, 上記隱, 下至哀之獲麟, 約其辭文, 去其煩重, 制義法, 王道備, 人事浹.]"라고 하였다.(『史記』 권14, 「十二諸侯年表」)

⑪ 관저(關雎)의 시가 ~ 근심하였다: 『논어』「태백(泰伯)」에 "공자가 말하였다. '악사인 지가 처음 악관이 되었을 때 연주하던 「관저」 마지막 장

의 악곡이 넘실넘실 귀에 가득하구나.'[子曰, '師摯之始, 關雎之亂, 洋洋乎盈耳哉!']"라고 하였다. 사지(師摯)는 노나라의 악사(樂師)로 이름이 지(摯)이다. 정현에 의하면, 당시 주나라의 도가 이미 쇠미해져서 정음(鄭音)과 위음(衛音)이 유행하고 정악(正樂)은 폐기되어 음절을 잃었다. 태사지는「관저」의 음악을 이해하여 처음으로 그 혼란을 다스린 자인데, 넘실넘실 귀에 가득하니, 공자가 이를 듣고 칭송했다.(何晏,『論語集解』권4,「泰伯」, "鄭曰, 周道衰微, 鄭衛之音作, 正樂廢而失節, 魯太師摯, 識「關雎」之聲, 而首理其亂者, 洋洋盈耳, 聽而美之.")『논어』「태백」의 '關雎之亂'의 '亂'은 '악곡의 마지막 장[樂之卒章]'으로 해석하는 설(주희)과 '다스리다[治]'(정현, 하안 등)의 뜻으로 해석하는 설이 있지만 어느 쪽으로 해석하든 문맥의 이해에는 커다란 차이가 없다.

⑫ (속담에) ~ 있겠는가?: 학자들마다 의견이 분분하여 논쟁만 벌이고 결정을 내리지 못하는 것을 비유하여 말한 것이다. 후한 장제(章帝)가 원화(元和) 2년(85), 신하들에게 예제(禮制) 개정에 대한 자문을 구할 때, "속담에 '길가에 집을 지으면 3년이 지나도 완성하지 못한다.'고 하였다. 예제에 통달했다는 학자들은 명분상으로는 논쟁을 벌이고 있다고 말하지만 실제로는 서로 시기하고 질투하여 결론을 내리지 못하는 것이다. 옛날에 요임금이「대장(大章: 요임금의 덕을 칭송한 악곡)」을 지을 때 기(夔) 한 사람이면 충분했다."["帝曰, 諺言'作舍道邊, 三年不成.' 會禮之家, 名爲聚訟, 互生疑異, 筆不得下. 昔堯作「大章」. 一夔足矣."]고 하였다.(『後漢書』권35,「曹褒傳」)

⑬ '내 누구를 따라야 하는가!'라는 탄식:『춘추좌전』희공 5년 조에 "여우 갖옷에 털이 난잡하여 한 나라에 공이 셋이니, 내 누구를 믿고 따를까?[狐裘龍茸, 一国三公, 吾誰適從.]"라고 하였다. 정치적 명령이 통일

되지 못하여 사람들이 누구의 명을 따라야 할지 모르는 상황을 비유하는 말이다.

⑭ 그림 그리는 일은 흰 비단을 마련한 후에 한다: 『논어』「팔일(八佾)」에서 "그림 그리는 일은 흰 비단을 마련하는 것보다 뒤에 하는 것이다.[繪事後素]"라고 한 것에 의거한 말이다. 『주례』「고공기(考工記)」에서도 "무릇 그림 그리는 일은 흰 베를 마련하는 일 이후에 한다.[凡畫繢之事, 後素功.]"고 하였는데, 정현은 "'소(素)'는 흰색이다. 베를 마련하는 일 이후에 하는 것은 물들이기 쉽기 때문이다.[素, 白采也. 後布之爲其易漬汙也.]"라고 하였다. 먼저 깨끗하고 흰 비단을 마련해야 그 위에 오채색의 그림을 그릴 수 있듯이, 학문에서도 기초와 근원에 대한 진지한 탐구가 선행되어야 함을 강조한 것으로 섭숭의의 질박하고 기초를 중시하는 학문 방법을 칭송한 말이다.

⑮ 옛 『삼례도』[舊圖]: 송의 왕응린(王應麟)은 이곳의 '구도(舊圖)'를 수나라 문제 개황 연간에 칙찬한 『삼례도』를 가리키는 것으로 해석하였다.(『玉海』권56,「藝文·圖」, "又詔學士竇儼統領之, 崇義因取三禮圖, 再加考正."에 대한 주에 "三禮舊圖, 是隋開皇中勅官脩撰.") 그러나 '구도'는 특정한 어느 한 책을 가리키는 것이 아니라 섭숭의가 『삼례도집주』 작성에 참조했던 북송 이전 삼례에 관한 다양한 도상을 일괄하여 말한 것으로 생각된다.

⑯ 고전(古典)을 상고하여 시행하였으며: 『상서정의』「요전(堯典)」에 "曰若稽古帝堯"라고 하였다. 공안국의 전(傳)에는 "옛 도를 따라 상고하여 행한 자는 제요였다.[能順考古道而行之者, 帝堯.]"라고 하였고, 공영달의 소(疏)에서는 "'옛 도를 따라 상고했다'고 말한 것은 옛사람의 도에도 잘잘못이 없는 것이 아니며, 당시 시행할 때 또한 가능하고 가능하지 못한 것이 있었으니, 그 일의 시비를 상고하고 당시대에 알맞은 것

인지를 파악한 후 비로소 따라서 시행했다는 뜻이다.[言順考古道者, 古人之道, 非無得失, 施之當時, 又有可否, 考其事之是非, 知其宜於今世, 乃順而行之.]"라고 하였다. 고전의 규정을 그대로 따르는 것이 아니라 현실에 적용할 수 있도록 참작하여 예제를 제정했다는 의미이다.

⑰ 통용되는 ~ 따랐다: 이 문장은 동진 시대 간보(干寶)의 『수신기(搜神記)』 서문에서 "비록 서적에서 선인의 뜻을 고찰하고, 당시대에서 잃어버린 것을 주워 모은다고 해도 한 귀와 한 눈으로 직접 보고 들은 바가 아니니, 또 어찌 감히 실질을 잃어버린 것이 없다고 할 수 있겠는가? 위나라 삭이 나라를 잃은 것에 대해 『춘추좌전』과 『춘추공양전』은 각자 들은 바를 서로 기록하였고, 태공망 여상이 주나라를 섬긴 것에 대해 사마천은 두 가지 설을 보존해 두었다.[雖考先志於載籍, 收遺逸於當時, 蓋非一耳一目之所親聞覩也, 又安敢謂無失實者哉? 衛朔失國, 二傳互其所聞, 呂望事周, 子長存其兩說.]"라고 한 것에 의거한 것이다. 『춘추좌전』 환공 16년 조에 의하면 위나라 공자(公子) 삭(朔)이 태자를 참소하여 죽이고 군주의 지위를 계승하였으니, 이가 혜공(惠公)이다. 좌공자(左公子) 설(泄)과 우공자(右公子) 직(職)이 이에 격분하여 그해 11월 공자(公子) 검모(黔牟)를 내세워 혜공을 공격했다. 이로 인해서 혜공은 나라를 잃고 제나라로 출분했다. 그러나 『춘추공양전』에서는 위나라 혜공이 나라를 잃고 제나라로 출분한 것은 천자에게 죄를 지었기 때문으로 기록하였다. 또 『춘추공양전』 장공 3년 조 하휴(何休)의 주에도 "위나라 삭이 반란으로 출분을 하자 천자는 위나라 공자 류(留)를 새롭게 세웠다."고 하였다. 『춘추좌전』과 『춘추공양전』은 위나라 혜공이 나라를 잃은 원인과 새롭게 세운 군주의 이름을 각기 달리 기록했다. 그래서 "『춘추좌전』과 『춘추공양전』은 각기 들은 바를 서로 기록하였다."고 한 것이

다. 『사기』「제태공세가(齊太公世家)」에는 태공망 여상이 주 문왕에게
귀의하게 된 과정에 대해 두 가지 설을 함께 기록해 두었다. ① "여상
은 일찍이 곤궁하였는데, 늙은 나이에 낚시로 주나라 서백(문왕)에게 벼
슬을 구하였다. … 주나라 서백이 사냥을 갔다가 위수 북쪽에서 태공을
만나 함께 이야기를 나누었는데 크게 기뻐하였다. … 수레에 함께 싣
고 돌아와 스승으로 세웠다.[呂尙盖嘗窮困, 年老矣, 以魚釣奸周西伯. …
於是周西伯獵, 果遇太公于渭之陽, 與語大說. … 載與俱歸, 立爲師.]" ②
"어떤 사람은 다음과 같이 말했다. 여상은 처사로서 바닷가에 숨어 살
았다. 주나라 서백이 유리 땅에 구류되었는데, 산의생과 굉요는 평소
여상과 친교가 있었는데 초빙을 하였다. … 세 사람은 서백을 위해 미
녀와 진귀한 물건을 구하여 은나라 왕 주(紂)에게 바치고 서백을 대속시
켰다. 서백은 탈출하여 나라로 돌아올 수 있었다.[或曰, 呂尙處士, 隱海
濱. 周西伯拘羑里, 散宜生·閎夭素知而招呂尙. … 三人者爲西伯求美女奇
物, 獻之於紂, 以贖西伯. 西伯得以出, 反國.]"

⑱ 두엄(竇儼: 918~?)에게 ~ 짓노라: 자(字)는 망지(望之)로, 계주(薊州) 어양
현(漁陽縣 : 오늘날 天津市 薊縣) 사람이다. 후진(後晋) 천복(天福) 6년(941)에
진사가 되었고, 이후 후진·후한·후주에서 사관(史官)을 역임했다. 후주
세종 현덕(顯德) 4년(957)에 예(禮)·악(樂)·정(政)·형(刑)·권농(勸農)·경무
(經武)의 '치국육강(治國六綱)'을 상언하자 세종이 이를 받아들였다. 북송
태조 건륭(建隆) 원년(960)에 예부시랑(禮部侍郞)으로서 황제의 명에 따라
사사(祠祀)·악장(樂章)·종묘(宗廟)·시호(諡號)를 찬정하였다. 『송사』 권
431,「섭숭의열전」에 의하면, 후주 세종이 섭숭의에게 교(郊)·묘(廟)의
제옥(祭玉)을 참정하도록 조칙을 내렸고, 또 한림학사 두엄에게 이를 총
괄하도록 하였다. 이에 따라 섭숭의는 『삼례도』를 채집하여 고정(考正)

을 가하였고, 북송 태조 건륭 3년(962) 4월에 표를 올렸는데, 이때 두엄
이 서문을 지었다.

三禮圖集注

冕服圖

권1 면복도

역주 차서연

【冕服圖01：序】

　　주나라 천자의 길복(吉服)에는 9가지가 있으니, 면복(冕服)이 6가지이고 변복(弁服)이 3가지로 모두 9가지이다. 그러므로 『주례』「춘관(春官)·사복(司服)①」에 "왕은 호천상제(昊天上帝)②에게 제사 지낼 때에는 대구(大裘)를 입고 면관(冕冠)을 쓰며, 오제(五帝)③에게 제사 지낼 때에도 이와 마찬가지로 한다. 선왕(先王)에게 제사 지낼 때에는 곤면(袞冕)을 입고, 선공(先公)④에게 제사 지내거나 향례(饗禮)⑤·사례(射禮)⑥를 거행할 때에는 별면(鷩冕)을 입으며, 사방의 산천(山川)에 망제(望祭)를 지낼 때에는⑦ 취면(毳冕)을 입고, 사직(社稷)·오사(五祀)⑧에 제사 지낼 때에는 치면(絺冕)을 입으며, 여러 소사(小祀)의 신들에게 제사 지낼 때에는 현면(玄冕)을 입는다. 병혁의 일에는 위변복(韋弁服)을 입고, 조회를 볼 때에는 피변복(皮弁服)을 입으며, 모든 전렵에는 관변복(冠弁服)을 입는다."라고 하였다.

　　또한 (『춘추좌전』 환공 2년 조) 공영달의 소에서는 "『주례』「하관·변사(弁師)」에서 '(변사는) 왕의 5가지 면관을 관장하니, 모두 면관은 현색으로 하고 안감은 주색으로 한다.'라고 하여 단지 현색과 주색만을 언급하였을 뿐 사용하는 재질에 대해서는 언급하지 않았다. 『논어』「자한」에서는 '삼베로 면관을 만드는 것이 예이다.'라고 하였다. 대개 베로 면판을 감싸는데, 윗면은 현색으로 하고 아랫면은 훈색⑨으로 하니, 하늘과 땅의 색을 취한 것이다. 그 길이와 너비에 대해서는 경전에 기록이 없다. 『한예기제도(漢禮器制度)』에는 '면관의 제도는 모두 길이가 1척 6촌이고 너비가 8촌으로, 천자 이하 모두 같다.'라고 하였다. 동파(董巴：？~？)⑩의 『여복지』에는 '너비는 7촌이고 길이는 1척 2촌이다.'라고 하였는데, 황씨(皇氏, 皇侃: 488~545)[11]와 심씨(沈氏, 沈重: 500~583)[12]는 이를 제후의 면관이라고 하였다. 응소(應劭: 153~196)[13]의 『한관의(漢官儀)』에는 '너비는 7촌이고 길이는 8촌이다.'라고 하였는데, 황씨와 심씨는 이를 경대부의 면관이라고 하였다."고 하였다. 만약 이 말에 의거한다면 어찌 동파가 제후의 것만을 기록하고 응소가 경대부의 것만을 기록하였겠는가? 이는 대개 시대에 따라 변하여 크기가 같지 않았기 때문이다. 이제 『한예기제도』에 의거하여 정한다.[14]

(『춘추좌전』 환공 2년 조 공영달의 소에) "면(冕)이라고 하니, 면이란 숙인다[俛]는 뜻이다. 뒤쪽은 높고 앞쪽은 낮아 고개를 숙이고 엎드리는 형상이 되기 때문에 이로 인하여 명칭을 삼은 것이다. 대개 높은 지위에 있는 자는 교만함에서 잘못되니, 지위가 높을수록 뜻을 더욱 낮추게 하고자 하였으므로 이 면관을 제정하여 귀한 자로 하여금 천한 자에게 낮추도록 한 것이다."라고 하였다. 그 복에 대해 (『주례』 「춘관·사복」 가공언의 소에서는) "구설(舊說)에 '천자 9장(章)'이라고 한 것은 대장(大章, 큰 무늬)에 의거하여 말한 것이다. 그 장(章)은 별도로 소장(小章, 작은 무늬)으로 나누는데, 장은 명수(命數)에 의거하여 모두 12로 한도를 삼는다. 상공(上公) 역시 9장인데, 올라가는 용[升龍]은 없고 내려가는 용[降龍]만 있다. 그 소장(小章)은 장마다 별도로 모두 9개씩일 뿐이다. 별면·취면 이하 모두 마찬가지이다. 반드시 소장이 있음을 알 수 있는 것은, 만약 소장이 없다면 치면은 3장인데 고(孤)[15]에는 4명(命)과 6명이 있고, 경·대부는 현면 1장인데 경대부 가운데에는 3명·2명·1명이 있으며, 천자의 경은 6명이고 천자의 대부는 4명이므로 대장 가운데에 소장이 있어야 비로소 명수에 의거할 수 있음이 분명하다."라고 하였다.

또한 (『춘추좌전』 환공 2년 조 공영달의 소에서는) "사마표(司馬彪: ?~306)[16]의

『속한서(續漢書)』「여복지(輿服志)」[17]에 '후한 명제(明帝: 재위 57~75) 영평(永平) 2년(59) 초에 유사(有司)에게 조칙을 내려 『주관(周官)』·『예기(禮記)』·『상서(尙書)』의 문장을 채집하여 면관을 제정하도록 하였는데, (면관은) 모두 앞쪽이 둥글고 뒤쪽이 네모지며, 안감은 주색으로 하고 겉감은 현색으로 하며, 앞쪽에 4촌을 늘어뜨리고 뒤쪽에 3촌을 늘어뜨리는데, 왕은 백옥(白玉)으로 12류를 사용한다. 삼공과 제후는 청옥(靑玉)으로 7류이고, 경·대부는 흑옥(黑玉)으로 5류이니, 모두 앞쪽에는 류가 있지만 뒤쪽에는 류가 없다.'라고 하였다. 이것은 또한 한나라의 제도일 뿐이다."라고 하였다.

이제 살펴보건대, '삼례'의 경문(經文)·주(注), 공영달과 가공언의 소의(疏義) 및 여러 학자들의 예도(禮圖)에서 면관의 항목 아래에 별도로 각각 그 제도를 밝혀 놓았으니, 고금의 연혁에 관한 일을 알 수 있다.

[周天子吉服有九, 冕服六, 弁服三, 凡九也. 故「司服」云, "王祀昊天上帝, 則服大裘而冕, 祀五帝亦如之. 享先王則袞冕, 享先公·饗·射則鷩冕, 祀四望山川則毳冕, 祭社稷·五祀則絺冕, 祭羣小祀則玄冕. 兵事韋弁服, 眡朝皮弁服, 凡甸冠弁服." 又孔疏引, "「弁師」'掌王之五冕, 皆玄冕朱裏.' 止言玄朱而已, 不言所用之物. 『論語』云, '麻冕禮也.' 蓋以布衣版, 上玄下纁, 取天地之色. 其長短廣狹, 則經傳無文. 『漢禮器制度』云, '冕制, 皆長尺六寸, 廣八寸, 天子已下皆同.' 董巴『輿服志』云, '廣七寸, 長尺二寸', 皇氏·沈氏以爲諸侯之冕. 應劭『漢官儀』云, '廣七寸, 長八寸', 皇氏·沈氏以爲卿大夫之冕." 若依此言, 豈董巴專記諸侯, 應劭專記卿大夫? 此蓋隨代變易, 大小不同. 今依『漢禮制度』爲定. "謂之冕, 冕者, 俛也. 後高前下, 有俯俛之形, 故因名焉. 蓋以在位者, 失扵驕矜, 欲令位彌高而志彌下, 故制此冕, 令貴者下賤者也." 其服, "舊說云'天子九章', 據大章而言. 其章別分小章, 章依命數, 則皆十二爲節. 上公亦九章, 無升龍, 有降龍, 其小章章別皆九而已. 鷩冕·毳冕以下皆然. 必知

有小章者, 若無小章, 絺冕三章, 則孤有四命·六命, 卿大夫玄冕一章, 卿大夫中則有三命·二命·一命, 天子之卿六命, 大夫四命, 明大章中有小章, 乃可得依命數." 又"司馬彪『漢書』「輿服志」云, '明帝永平二年初, 詔有司, 采『周官』·『禮記』·『尙書』之文制冕, 皆前圓後方, 朱裏玄上, 前垂四寸後三寸, 王用白玉珠十二旒, 三公·諸侯靑玉七旒, 卿·大夫黑玉五旒, 皆有前無後.' 此亦漢法耳." 今案, 三禮經注·孔賈疏義幷諸家禮圖, 逐冕下別各明其制度, 則古今沿革事可知矣.]

① 사복(司服): 『주례』 춘관의 관직으로, 왕의 길흉의 예복(禮服)을 관장한
다. 중사(中士) 2인 및 부(府) 2인, 사(史) 1인, 서(胥) 1인, 도(徒) 10인으로
구성된다.

② 호천상제(昊天上帝): 손이양은 호천상제를 '호천'과 '상제'의 두 가지로
해석한다. "경문의 '호천(昊天)'은 동지의 원구(圜丘) 제사를 가리키고,
'상제(上帝)'는 하력 정월(1월) 남교(南郊) 및 대려(大旅)의 제사를 가리켜
말한 것이다. 상제는 곧 수명제(受命帝)이다."라고 하였다.(손이양, 『주례
정의』, 1621~1622쪽) 그러나 정현과 가공언은 호천상제를 상제와 동일
한 것으로 해석한다. 『주례』 「천관·장차(掌次)」에 대한 가공언의 소에
"상제에게 대려의 제사를 지낸다는 것은 원구에서 하늘을 제자 지낸다
는 뜻이다. 이를 알 수 있는 것은 아래의 경문에서 별도로 '오제를 제사
지낸다.'고 하였으므로 이곳의 호천상제는 곧 「사복」 및 「대종백」의
'호천상제'와 같은 것임을 알 수 있기 때문이다.[大旅上帝, 祭天於圜丘,
知者, 見下經別云'祀五帝', 則知此是昊天上帝, 卽與「司服」及「宗伯」昊天
上帝一也.]"라고 하였다.

③ 오제(五帝): 하늘에 있으면서 사방과 중앙을 주재(主宰)하는 신으로, '오
방천제(五方天帝)'라고도 한다. 정현에 의하면 동방의 창제(蒼帝) 영위앙
(靈威仰), 남방의 적제(赤帝) 적표노(赤熛怒), 중앙의 황제(黃帝) 함추뉴(含
樞紐), 서방의 백제(白帝) 백초거(白招拒), 북방의 흑제(黑帝) 즙광기(汁光
紀)를 가리킨다.(『주례』 「춘관·소종백」 정현의 주 참조.)

④ 선공(先公): 주나라 후직의 자손으로, 무왕이 창업하기 이전의 선조들을 가리킨다. 정현은 "선공이란 후직의 뒤, 주 문왕의 앞으로 불줄(不窋)에서 제주(諸盩)까지를 지칭한다.[先公, 謂后稷之後, 大王之前, 不窋至諸盩.]"라고 하였다. 이에 대해 가공언의 소에서는 "후직은 비록 공(公)으로서, 왕의 시호를 받지 못했지만 문왕과 무왕의 공이 바로 시조인 후직으로부터 시작하므로 특별히 선왕과 같이 높였다."라고 하였다. 불줄은 후직의 아들이며, 제주는 대왕, 즉 주 문왕의 아버지이다.

⑤ 향례(饗禮): 태뢰(太牢: 牛·羊·豕)를 갖추어 빈객을 접대하는 예를 말한다. 빙례(聘禮)를 거행할 때에는 향례(饗禮)·사례(食禮)·연례(燕禮)의 3가지 의례가 있는데, '향례'가 가장 중하다. '향례'에는 태뢰와 술을 갖추어 9헌(獻) 혹은 7헌이나 5헌의 예를 행한다. '사례'는 밥을 위주로 하여 고기와 술[牢酒]이 없다. '연례'는 음주를 위주로 한다. 향례와 사례는 묘(廟)에서 거행하고, 연례는 침(寢)에서 거행한다. 삼공(三公)에게는 삼향(三饗)·삼사(三食)·삼연(三燕)으로 접대하고, 후백(侯伯)과 자남(子男)에게는 신분에 따라 줄여나간다.(『주례』 「추관·대행인(大行人)」 참조.)

⑥ 사례(射禮): 이곳에서는 '대사(大射)'를 가리킨다. 천자가 제사를 지내기 전에 먼저 대사를 거행하여 제사에 참여할 사람을 뽑는다. 그 의례가 빈사(賓射)·연사(燕射)·향사(鄕射)보다 성대하기 때문에 '대사(大射)'라고 한다. '대사'는 제사를 지내기 전에 제사에 참여할 선비를 뽑는 것이고, '빈사'는 제후가 조회를 보러 왔을 때 천자가 함께 활쏘기를 하는 것이고, '연사'는 휴식을 취하면서 함께 활쏘기를 하는 것이다. '향사'는 주장(州長)이 주의 학교[州序]에서 봄과 가을에 백성을 모아 놓고 활을 쏘는 예를 말한다.

⑦ 사방의 산천(山川)에 ~ 지낼 때에는: 천자가 사방을 향하여 멀리 산천

을 바라보면서 제사 지내는 것을 말한다. 『주례』「춘관·대종백(大宗伯)」에 "나라에 커다란 변고가 있으면 상제에게 여제(旅祭)를 지내고 사방의 산천에 망사(望祀)를 지낸다.[國有大故, 則旅上帝及四望.]"고 하였는데, 가공언의 소에서는 "하나하나 직접 가서 제사 지낼 수 없기 때문에 사방을 향해 바라보면서 제단을 쌓고 멀리서 제사 지낸다. 그러므로 '사망(四望)'이라고 한다.[言'四望'者, 不可一往就祭, 當四向望而爲壇遙祭之, 故云'四望'也.]"라고 하였다. 손이양(孫詒讓)은 『주례정의』에서 다음과 같이 정리하였다. 진수기는 "산천의 제사는 주나라의 예에서는 사망이고, 노나라의 예에서는 삼망이다. 그 나머지 제후들은 경내의 산천을 제사 지내는데, 정해진 수가 없다. 산천 가운데 큰 것으로는 오악·사독만한 것이 없다. 『예기』「왕제」에 '오악에 대한 제사는 삼공의 규모에 준해서 하고, 사독에 대한 제사는 제후의 규모에 준해서 한다.'고 하였다. 멀리 산천을 바라보면서 제사 지내는데, 어찌 이러한 오악·사독 등을 제외시킬 수 있겠는가? 그렇다면 사망은 4가지 일로 한정되는 것이 아니니, 이에 사방의 망이라고 한 것이다."라고 하였다. 살펴보건대, 진수기의 설이 옳다. '사망'이라는 것은 방향을 나누어 바라보면서 제사 지내는 것에 대한 명칭으로 통칭하면 무릇 산천의 제사는 모두 '망'이라고 한다.[陳壽祺云, "山川之祭, 周禮四望, 魯禮三望. 其餘諸侯祀竟內山川, 蓋無定數, 山川之大者, 莫如五嶽·四瀆. 『禮記』「王制」曰, '五嶽視三公, 四瀆視諸侯.' 望祭山川, 豈可舍此有五嶽四瀆等, 則四望非限以四事, 乃謂四方之望也." 案, 陳說是也. '四望'者, 分方望祭之名, 通言之, 凡山川之祭皆曰'望'.]"

⑧ 오사(五祀): 오행의 신으로, 구망(句芒)·축융(祝融)·욕수(蓐收)·현명(玄冥)·후토(后土)를 말한다. 『주례』「춘관·대종백」정현의 주에 "이 오사

는 오관의 신으로 사교(四郊)에 있는데, 사계절에 사교에서 오행의 기운을 맞이하여 오덕(五德)의 제(帝)를 제사 지낼 때에 또한 이 신들을 배향한다. 소호씨(少昊氏)의 아들 중(重)을 구망(句芒)이라 하니, 목(木)에서 배향한다. 해(該)를 욕수(蓐收)라 하니, 금(金)에서 배향한다. 수(脩)와 희(熙)를 현명(玄冥)이라 하니, 수(水)에서 배향한다. 전욱씨(顓頊氏)의 아들 여(黎)를 축융(祝融)·후토(后土)라 하니, 화(火)·토(土)에서 배향한다고 하였다. 『춘추좌전』 소공 25년 조에서도 구망(木正)·축융(火正)·욕수(金正)·현명(水正)·후토(土正)를 '오사'라고 하였다. 그러나 손이양은 이곳 「춘관·사복」의 '오사'는 '사망산천(四望山川)'보다 아래에 기술되어 있으므로 오행의 신보다 등급이 낮은 호(戶: 문의 신)·조(竈: 부엌의 신)·중류(中霤: 방 중앙의 후토신)·문(門: 대문의 신)·항(行: 길신)의 오사(五祀)로 보아야 한다고 주장한다.(손이양, 『주례정의』 권40, 1623~1624쪽 참조.)

⑨ 아랫면은 훈색: 이 설명의 전거가 되는 공영달의 『춘추정의』에는 "상현하주(上玄下朱)"라고 되어 있다. 본래 면관은 '현면주리(玄冕朱裏)'라 하여 윗면은 현색(玄色: 검은색), 아랫면은 주색(朱色: 붉은색)으로 하는 것이 원칙이므로 공영달이 말한 '주(朱)'가 맞는데, 섭숭의가 이를 인용하면서 '훈(纁: 분홍색)'으로 바꾼 이유를 알 수 없다.

⑩ 동파(董巴: ?~?): 삼국시기 위(魏)나라의 관리로 급사중박사기도위(級事中博士騎都尉)를 지냈다. 신비(辛毗) 등과 함께 진언하여 『대한여복지(大漢輿服志)』 1권을 저술하였다.

⑪ 황씨(皇氏, 皇侃: 488~545): 남조 양(梁)나라 오군(吳郡) 사람. 국자조교(國子助敎)와 원외산기시랑(員外散騎侍郎) 등을 지냈다. '삼례(三禮)'와 『논어』·『효경』에 정통하였고 『예기의소(禮記義疏)』와 『예기강소(禮記講疏)』 등을 지었지만 모두 없어졌다. 지금은 청나라 종겸균(鍾謙鈞)의

『고경해휘함(古經解彙函)』에 『논어의소(論語義疏)』, 『옥함산방집일서』
에 『예기황씨의소(禮記皇氏義疏)』가 집일되어 있다.

⑫ 심씨(沈氏, 沈重: 500~583): 남조 양(梁)나라 오흥(吳興) 무강(武康) 사람. 자
는 자후(子厚) 또는 덕후(德厚)이다. 양무제 때 오경박사에 올랐고, 원제
(元帝)가 즉위하자 강릉(江陵)으로 갔다가, 승성(承聖) 3년(554) 서위(西魏)
가 강릉을 공격해 점령하고 소찰(蕭詧)을 세워 후량주(後梁主)로 삼자 머
물러 소찰을 섬기면서 도관상서(都官尙書)가 되어 우림감(羽林監)을 맡
았다. 북주의 무제(武帝)가 명성을 흠모해 글을 보내 초빙하고 오경(五
經)에 대해 토론하게 하면서 종률(鐘律)을 교정하게 했다. 표기대장군
(驃騎大將軍)과 노문박사(露門博士) 등을 역임하고, 경의(經義)를 강의하면
서 학문이 해박해 당시대의 '유종(儒宗)'으로 불렸다. 나중에 다시 양나
라로 돌아와 산기상시(散騎常侍)와 태상경(太常卿)을 지냈다. 『시경』과
『춘추좌전』에 정밀했고, 저서에 『주례의(周禮義)』와 『의례의(儀禮義)』,
『예기의(禮記義)』, 『모시의(毛詩義)』, 『주례음(周禮音)』, 『모시음(毛詩
音)』 등이 있다.

⑬ 응소(應劭: 153~196): 후한 여남(汝南) 남돈(南頓) 사람. 자는 중원(仲遠) 또
는 중원(仲援), 중원(仲瑗)이다. 영제(靈帝) 때 효렴(孝廉)으로 천거되어 영
릉령(營陵令)과 태산태수(泰山太守) 등을 지냈다. 저서에 『한서집해(漢
書集解)』와 『한조박의(漢朝駁議)』, 『율략론(律略論)』, 『한관의(漢官儀)』,
『풍속통의(風俗通義)』 등이 있었지만 대부분 없어지고, 『풍속통의』 일
부만이 한위총서(漢魏叢書)와 사고전서(四庫全書) 등에 전할 뿐이다.

⑭ 이제 『한예기제도』에 의거하여 정한다: 해당 원문은 '한예기제도(漢禮
器制度)'가 아니라 '한예제도(漢禮制度)'로 되어 있으나, 『한예기제도』를
뜻하는 것으로 이해하는 것이 문맥에도 맞고, 이 책 『삼례도집주』의

내용과도 맞는다. 즉 뒤의 '곤면(袞冕)' 항목에서 "면의 제도는 너비 8촌, 길이 1척 6촌이다.[冕制, 廣八寸, 長尺六寸.]"라고 하여 면판의 크기를 규정하는데, 이는 『한예기제도』의 내용을 채택한 것이다.

⑮ 고(孤): 제후국의 왕을 칭하기도 하지만, 주대(周代) 관직으로 삼공의 부관직으로 생각된다. 『주례』에 의하면 소사(少師)·소부(少傅)·소보(少保) 등의 삼고(三孤)가 삼공(三公)의 부직(副職)으로 존재했다고 기술하고 있고, 그 지위는 공(公)과 경(卿)의 사이에 해당된다.

⑯ 사마표(司馬彪: ?~306): 서진 하내(河內) 온현(溫縣) 사람. 자는 소통(紹統)이며, 사마목(司馬睦)의 아들로서 진나라 왕조의 종실이다. 서진 무제 태시(泰始) 연간에 기도위(騎都尉)가 되고, 비서승(秘書丞)으로 옮겼다가 산기시랑(散騎侍郎)까지 올랐다. 광무제에서 헌제에 이르는 200년의 후한 역사를 편년하여 기(紀)·지(志)·전(傳) 80편으로 저술하여 『속한서(續漢書)』라 하였다. 범엽의 『후한서』 출현 이후 사마표의 『속한서』는 점차 사라졌지만, 「율력지(律曆志)」·「예의지(禮儀志)」·「제사지(祭祀志)」·「천문지(天文志)」·「오행지(五行志)」·「군국지(郡國志)」·「백관지(百官志)」·「여복지(輿服志)」의 8지는 『후한서』에 편입되어 오늘날까지 남아 있다.

⑰ 『속한서(續漢書)』 「여복지(輿服志)」: 『후한서』 권40 「여복지」 제30의 원문은 다음과 같다. "효명 황제 영평 2년 초에 유사에게 조직을 내려 『주관』·『예기』·『상서』 「고요편(皐陶篇)」을 모으게 하였는데, 천자의 복식은 구양씨의 설에 따랐고, 공경 이하는 대하후·소하후의 설에 따랐다. 면관은 모두 너비가 7촌이고 길이가 1척 2촌이며, 앞쪽은 둥글고 뒤쪽은 네모지며, (판의) 안쪽은 주색과 녹색으로 하고, 위쪽은 현색으로 하였다. 앞쪽은 4촌을 늘어뜨리고, 뒤쪽은 3촌을 늘어뜨린다. 왕은 백옥으로 12류를 만들고, 그 수(綬)의 색으로 관끈을 만든다. 삼공과 제

후는 7류인데, 청옥으로 류의 구슬을 만든다. 경대부는 5류인데, 흑옥으로 류의 구슬을 만든다. 모두 앞쪽의 류는 있지만 뒤쪽의 류는 없으며, 각각 그 수의 색으로 관끈을 만든다. 옆에는 황색 솜으로 만든 귀막이를 드리운다.[孝明皇帝永平二年, 初詔有司采『周官』·『禮記』·『尙書』「皐陶篇」, 乘輿服從歐陽氏說, 公卿以下從大小夏侯氏說. 冕皆廣七寸, 長尺二寸, 前圓後方, 朱綠裏, 玄上, 前垂四寸, 後垂三寸, 王白玉珠爲十二旒, 以其綬采色爲組纓. 三公諸侯七旒, 靑玉爲珠, 卿大夫五旒, 黑玉爲珠. 皆有前無後, 各以其綬采色爲組纓, 旁垂黈纊.]"

대구(大裘)^①는 검은 새끼양의 가죽으로 만든다. 그 면(冕)^②은 류(旒)^③가 없고 또 겉은 현색^④이고 안은 훈색^⑤이다. 살펴보건대, 정소동(鄭小同)의 『정지(鄭志)』에 "대구의 위에 다시 현의(玄衣)를 걸치는데 갖옷[裘]과 색이 같다."라고 하였는데, 다만 무늬만 없을 뿐이다. 갖옷의 아래에 치마[裳]가 있는데 훈색이다. 주색 폐슬[韍]^⑥과 소색 허리띠[帶]^⑦는 안감이 주색이고, (위와 아래에는) 주색과 녹색으로 끝까지 가선을 두른다. 백옥(白玉)^⑧을 차고, 현색으로 짠 수(綬)^⑨를 한다. 적석(赤舃)^⑩은 흑색으로 코장식[絇]^⑪과 끈장식[繶]^⑫, 가선장식[純]^⑬을 한다.^⑭ 코장식은 구(屨)와 석(舃)의 앞부분을 묶어서 행동의 경계로 삼는다는 뜻이다. 끈장식은 가운데를 (둥글게) 꿰맨 끈이다. 가선장식은 가선이다. 3가지는 모두 흑색이다. 대구 이하의 면관은 모두 앞은 둥글고 뒤는 네모나다. 천자는 아름다운 옥[球玉]⑮으로 홀을 만든다. 왕⑯은 호천상제(昊天上帝)와 오제(五帝)·곤륜(崑崙)⑰·신주(神州)⑱에게 제사 지낼 때 대구를 입는다.

[大裘者, 黑羔裘也. 其冕無旒, 亦玄表纁裏. 案『鄭志』, "大裘之上, 又有玄衣與裘同色", 但無文彩耳. 裘下有裳, 纁色, 朱韍, 素帶, 朱裏, 朱綠終辟, 佩白玉而玄組綬, 赤舃黑絇繶純. 絇者謂拘履舄之頭以爲行戒. 繶, 縫中紃也. 純, 緣也. 三者皆黑色. 大裘已下, 冕皆前圓後方. 天子以球玉爲笏. 王祀昊天上帝·五帝·崑崙·神州, 皆服大裘.]

① 대구(大裘): 천자의 길복인 6가지의 면복(大裘冕·袞冕·鷩冕·毳冕·絺冕·玄冕)과 3가지의 변복(韋弁·皮弁·冠弁)의 하나로, 짐승의 가죽으로 몸을 가리던 모습을 묘사해 만들었다.

② 면(冕): 면관(冕冠)이다. 면복의 가장 중요한 요소로 면관의 몸체는 무(武)라 부르는 머리 둘레를 감싸는 부분과 그 위에 직사각형 면판으로 구성된다. 또 면판의 앞뒤에는 류(琉)를 늘어뜨리고, 양옆에는 충이(充耳)를 늘어뜨린다.(최연우,『면복』, 문학동네, 2015, 33~35쪽 참조.)

③ 류(旒): 끈과 그 끈에 꿰는 옥으로 구성된다. 끈은 '조(藻)'라 하므로, 류를 '옥조(玉藻)'라고도 한다. 류는 면복에서 신분을 구별하는 요소로 황제는 12류, 왕이나 황태자는 9류, 왕세자는 8류, 왕세손은 7류이다.(최연우, 앞의 책, 35~36쪽 참조.)

④ 현색:『주례』「고공기(考工記)·종씨(鍾氏)」에서 새의 깃을 물들이는 것에 대해 말하면서 "3번 물들이면 '훈(纁)'이 되고, 5번 물들이면 '추(緅)'가 되고, 7번 물들이면 '치(緇)'가 된다.[三入爲纁, 五入爲緅, 七入爲緇.]"라고 하였다. '현(玄)'에 관한 내용이 없기 때문에 정현은 '현(玄)'을 5번 물들여서 얻는 추색과 7번 물들여서 얻는 치색의 중간색 즉 6번 물들여서 얻는 색으로 해석하였다. 「고공기·종씨」의 내용은 검은색 계열의 색을 물들이는 방법인데 붉은색 계열인 훈색이 언급된 이유는, 검은색을 물들이고자 할 때 처음부터 검은색 염료에 담그는 것이 아니라 먼저 붉은색 염료에 담가야 하기 때문이다. '훈'은 붉은색 염료에 3번을 담가

얻어지는 색으로 정현은 붉은색 염료에 3번 물들여 얻어진 훈색을 다시 검은색 염료에 3번 물들여서 얻어진 색이 현색인 것으로 추정한 것이다.(김용천,『의례 역주(6)』, 세창출판사, 2013, 270쪽 참조.)

⑤ 훈색: 붉은색 염료에 3번을 담가서 얻어지는 색이 '훈(纁)'인데, 정현은 '훈'을 '천강(淺絳: 엷은 진홍색)'으로 해석했지만 곽박(郭璞)은 '훈'과 '강(絳)'을 같은 색으로 보았다.『이아(爾雅)』「석기(釋器)」에서 "1번 물들인 것을 '전(縓: 분홍색)'이라 하고, 2번 물들인 것을 '정(䞓: 엷은 적색)'이라 하며, 3번 물들인 것을 '훈(纁: 엷은 진홍색)'이라고 한다.(一染謂之縓, 再染謂之䞓, 三染謂之纁.)"고 한 것에 대해 곽박(郭璞)은 '전'은 오늘날의 홍색(紅色)이고, '정'은 엷은 적색(淺赤)이며, '훈'은 진홍색(絳)이라고 하였다. 호배휘(胡培翬)는 '강'은 짙은 적색[大赤]이고, '훈'은 누런빛을 띠는 적색[赤而有黃]이라 하였다. 이들을 종합하면 '훈'은 '강'과 유사하지만 농도가 '강'보다 조금 엷은 붉은색이고, 누런빛을 약간 띠는 것으로 볼 수 있다.(김용천·박례경,『의례 역주(1)』, 세창출판사, 2012, 134쪽 참조.)

⑥ 폐슬[韍]: 신체의 앞을 가리던 역할을 하였다가 실용성은 사라지고 장식성만 남아 후에 예복에 달린 무릎가리개가 되었다.(李正玉·李敬淑,「韓國 蔽膝에 관한 硏究」, 한국의류학회지11-2, 한국의류학회, 1987, 38~39쪽 참조.)

⑦ 소색 허리띠[帶]: 견직물을 사용해 만드는데, 겉감은 흰색이고, 안감은 붉은색으로 하며, 띠의 위와 아래에는 홍색과 녹색으로 가선을 둘렀다. 허리에 두르는 부분인 '요(繞)'와 아래로 늘어뜨린 부분인 '신(紳)'으로 이루어진다.(최연우, 앞의 책, 57~61쪽 참조.)

⑧ 패옥(佩玉): 옥은 덕의 상징으로 패옥은 형(珩), 황(璜), 거(琚), 우(瑀), 충아(衝牙)로 구성된다. 형은 가로로 길쭉한 모양이고 가장 윗부분에 있다. 그 아래에 거 2개와 우 1개가 있는데, 우가 가운데에 있고 거는 양

옆에 있다. 가장 아래에는 황과 충아가 있는데, 가운데에 충아가 있고
황은 양옆에 있다.

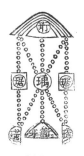

『詩傳圖』

⑨ 수(綬): '인끈'으로, 인장의 꼭지[鈕]에 매는 끈이다. 관원들은 인장을 항
상 몸에 지니고 다녔으나 종이의 사용으로 인장을 가지고 다니지 않
게 되면서 인장을 매던 끈인 '수'는 실용성을 잃고 장식으로 남게 되었
다. 이전에는 길면서도 넓적한 끈에 고리를 내어 사용하였으나 길이가
짧아져 직사각형 형태가 되고 옆구리가 아닌 허리 뒤에 위치하게 되었
다.(최연우, 앞의 책, 48~54쪽 참조.)

『大明會典』

⑩ 적석(赤舃): 『주례』 「천관(天官)·구인(屨人)」에 의하면 바닥을 두 겹으로 만든 신을 '석'이라 하고, 바닥을 홑겹으로 만든 신을 '구(屨)'라고 하였다.(複下曰舃, 禪下曰屨.)

조선의 적석
석주선기념박물관(2004), 『靴鞋履』 133쪽.

⑪ 코장식[絇]: 신의 앞머리 한가운데 있고, 견직물을 둥글게 구부려서 고리 모양으로 만들고 가운데를 비워 구멍을 낸다. 이 구멍은 신 뒤축에 매단 끈인 기(綦)를 통과시켜서 거는 데 쓴다.(최연우, 앞의 책, 67쪽 참조.)

⑫ 끈장식[繶]: 신의 옆볼과 바닥을 잇는 바느질 선 위에 덧대는 가느다랗고 둥근 끈이다. 신 전체에 돌려서 두른다.(최연우, 앞의 책, 67~68쪽 참조.)

⑬ 가선장식[純]: 신의 입구의 둘레에 두르는 끈으로 만든 가선이다.(최연우, 앞의 책, 68쪽 참조.)

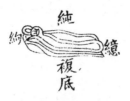

張惠言, 『儀禮圖』(淸)

⑭ 흑색(黑色)으로 코장식[絇] ~ 가선장식[純]을 한다: 그림으로 무늬를 표

현할 때의 배색원칙은 회차(繢次)이고, 자수로 무늬를 표현할 때의 배색 원칙은 수차(繡次)이다. 등급이 높은 신인 석은 웃옷[衣] 무늬를 표현하는 방식인 회차의 원칙을 적용하였고, 등급이 낮은 신인 구(屨)는 치마 [裳]에 무늬를 표현하는 방식인 수차의 원칙을 적용하였다. 이를 통해 석에는 양의 상징성을, 구에는 음의 상징성을 함유시키고자 하였다. 회차에는 반대 방향[對方]의 색끼리 배색하고, 수차에서는 옆에 있는 방향[比方]의 색끼리 배색한다. 회차에서는 현-황, 청-백, 적-흑으로 배색하여 적석에는 구, 억, 준의 장식을 흑색으로 한다.(최연우, 「석(舃)에 적용된 회차(繢次)와 수차(繡次)의 배색원칙」, 『服飾』 64권 6호, 한국복식학회지, 2014, 84쪽 참조.)

⑮ 아름다운 옥[球玉]: 『예기』「옥조」에 "홀(笏)은 천자의 경우 구옥(球玉)으로 만들고, 제후는 상아로 만든다.[笏, 天子以球玉, 諸侯以象.]"고 하였는데, 정현의 주에서는 "'구(球)'는 아름다운 옥이다.[球, 美玉也.]"라고 하였다.

⑯ 왕: 이곳의 왕은 천자(天子)를 가리킨다.

⑰ 곤륜(崑崙): 전설상의 산으로, 곤륜산(昆侖山)을 말한다.

⑱ 신주(神州): 중국을 가리키는 뜻으로, 전국시대 추연(騶衍)이 중국을 '적현신주(赤縣神州)'라고 한 이후 후세 사람들은 중국을 '신주'라고 하였다.

【冕服圖01：02-袞冕곤면】

　　곤면(袞冕)①은 9가지 무늬[章]이다. 『상서』「순전(舜典)」에서 "내가 옛
사람의 모범이 되는 복식제도를 보이고자 하여 일(日: 해)·월(月: 달)·성신
(星辰: 별자리)·산(山)·용(龍)·화충(華蟲: 산꿩)은 (5가지 색으로) 그리고, 종이
(宗彝: 원숭이와 호랑이)·조(藻: 마름풀)·화(火: 불)·분미(粉米: 흰쌀)·보(黼: 도끼)·
불(黻: 弓 글자가 등지고 있는 모양)은 수를 놓았다."②고 하였다. 이는 옛날 천
자 면복의 12가지 무늬이다. 왕이 된 자들이 계속 바뀌어 주(周)나라에 이
르러 일·월·성신을 깃발[旌旅]에 넣었으니, 이른바 '삼신(三辰)'이라 한
다. '기(旂)'는 기(旗)로서, 그 밝음을 나타낸다. 면복의 9가지 무늬의 시작
은 첫 번째가 '용'이고, 두 번째가 '산'이고, 세 번째가 '화충'이고, 네 번째
가 '화'이고, 다섯 번째가 '종이'로서 모두 웃옷에 채색하여 그린다. 다음으

로 여섯 번째가 '조'이고, 일곱 번째가 '분미'이고, 여덟 번째가 '보'이고, 아홉 번째가 '불'로서 모두 치마에 수를 놓는다. 이 9가지 무늬는 (『상서』「순전」과 비교하여) 용을 산보다 올리고, 불을 종이보다 올리니, 그 신령함과 밝음을 높이는 것이다. '용'은 능히 변화시킬 수 있으니 그 신령함을 취하였고, '산'은 사람들이 우러러보는 것을 취하였고, '불'은 그 밝음을 취하였다. '종이'는 옛 종묘에서 사용하던 술잔[彝尊]의 명칭이다. 종이에 호랑이와 원숭이를 그려 넣었고, 이로 인하여 호랑이와 원숭이를 '종이'라 칭하였다. 그러므로 호랑이와 원숭이를 함께 그려서 하나의 무늬로 삼았다. 호랑이는 그 용맹함을 취하였고, 원숭이는 그 지혜를 취하였는데 비를 만나면 꼬리로 코를 막는데 이것이 그 지혜이다. 면관의 제도는 너비가 8촌이고 길이가 1척 6촌이다. 30승의 베를 사용하여 물들인다. 위는 현색의 베로 면판을 덮어 연(延)③을 만들고, 아래는 주색 베를 입는다. 또 뉴(紐)④를 면관에 꿰어서 양옆에 늘어뜨리는데 무(武)의 옆쪽 구멍에 마주 보게 비녀[笄]를 꽂아 튼튼하게 고정되도록 한다. 또 굉(紘)⑤의 한쪽 끝을 먼저 왼쪽 비녀 위에 묶고 다른 쪽 끝을 턱 아래에서 위를 향하게 둘러 오른쪽 비녀 위에서 두른다. 곤면은 12류이고 5가지 색[五采色]⑥ 실로 줄[繩]을 만들고 5가지 색의 옥을 꿴다. 류마다 각각 옥이 12개이고 면관의 앞뒤로 늘어뜨리니⑦ 총 24류로 계산하면 288개의 옥을 사용하고, 5가지 색의 줄에는 12개의 매듭[就]⑧이다. '취(就)'는 완성한다[成]는 뜻이다. 각 매듭의 사이는 모두 1촌이다. 5가지 면복은 모두 현색 웃옷·훈색 치마·주색 폐슬·소색 띠에 주색 안감이며 또 주색과 녹색으로 끝까지 가선을 두른다.【태자첨사(太子詹事) 윤졸(尹拙)이 논하여 "곤면 이하 군신은 모두 충이를 장식합니다. 천자는 주색 솜[朱纊]이고 여러 신하는 청색 솜[青纊]으로 합니다."라고 하였다. 공부상서(工部尙書) 두의(竇儀)⑨가 의론하여 말하였다. "신 의가 살펴보니, 『주례』「하관·변사」에 '(변사는) 왕의 5가지 면관을 관장한다. 모두 현색 면관에 주색 안감이며 면판[延]과 뉴(紐)가 있고 5가지 색 줄에 12개의 매듭이 있고, 모두 5가지 색 옥이 12개이며 옥비녀와 주색 관끈[紘]이 있다. 제후의 옥조는 매듭을 9개로 하고 민옥(瑉玉)은 3가지 색이다. 그 나머지의 일은 왕과 같고, 옥조에는 모두 매듭이 있다. 옥으로 만든 귀막이[玉瑱]⑩와 옥으로 만든 비녀를 한다.'라고 하였습니다. 정현의 주에서는 '후(侯)는 공(公)이 되어야 하니 글자의 오류이다. 그 나머지는 연(延)과 뉴(紐)를 말하는 것으로 모두 현색으로 덮고 주색으로 안감을 하니 왕과 같다. 옥으로 만든 귀막이[瑱]는 귀를 막는 것이다.'라고 하였습니다. 가공언의 소(疏)에서는 '왕에 대해서 옥으로 만든 귀막이라 말하지 않고 여기에서 말한 것은 왕과 제후는 서로 비견하여 의례가 되기 때문이다. 이 때문에 왕은 현색 면관에 주색 안감과 연, 뉴 및 주색 관끈을 말하였으니 제후도 있음이 분명하다. 여러 공에게 옥으로 만든 귀막이를 말하였으니 왕 또한 있음이 분명하다. 이는 서로 미루어 있는 것이다.'라고 하였습니다. 이 경문과 주소의 문장을 살펴본다면 본래 귀막이[充耳]가 있었던 것입니다. 지금 군신의 곤면 이하는 모두 귀막이를 장식하도록 하여 정문(正文)과 합치되도록 청합니다."⑪]

[袞冕九章. 「舜典」曰: "予欲觀古人之象, 日·月·星辰·山·龍·華蟲作繢, 宗彝·藻·火·粉米·黼·黻絺繡." 此古天子冕服十二章. 王者相變, 至周而以日·月·星辰·畫於旌旟, 所謂三辰. 旟, 旗, 昭其明也. 而冕服九章, 初; 一曰龍, 二曰山, 三曰華蟲, 四曰火, 五曰宗彝, 皆畫繢於衣; 次: 六曰藻, 七曰粉米, 八曰黼, 九曰黻, 皆刺繡於裳. 此九章, 登龍於山, 登火於宗彝, 尊其神明也. 以龍能變化, 取其神; 山取其人所仰也; 火取其明也; 宗彝, 古宗廟彝尊名, 以虎蜼畫於宗彝, 因號虎蜼爲宗彝. 故並畫虎蜼爲一章. 虎取其嚴猛; 蜼取其智, 遇雨以尾塞鼻是其智也. 冕制廣八寸, 長尺六寸. 以三十升布染之. 上以玄覆冕爲延, 下以朱衣之. 又以紐綴於冕兩傍垂之, 與武傍孔相當, 以笄貫之, 使得牢固. 又以紘一端先屬於左邊笄上, 以一頭遶於頤下向上, 於右邊笄上遶

之. 袞冕十二旒, 以五采絲爲之繩, 貫五采玉. 每旒各十二玉, 垂於冕前後, 共二十四旒, 計用玉二百八十八, 五采繩十二就. 就, 成也. 每就間蓋一寸. 五冕服皆玄衣, 纁裳, 朱韍, 素帶, 朱裏, 又以朱綠終褘.【太子詹事尹拙議云: "袞冕已下君臣合畫充耳. 天子黈纊, 諸臣靑纊." 工部尙書竇儀議云: "臣儀案, 『周禮』「弁師」'掌王之五冕, 皆玄冕朱裏延紐, 五采繅十有二就, 皆五采玉十有二, 玉笄朱紘. 諸侯之繅斿九就, 瑉玉三采. 其餘如王之事, 繅斿皆就. 玉瑱玉笄.' 注: '侯當爲公字之誤也. 其餘謂延紐, 皆玄覆朱裏, 與王同也. 玉瑱, 塞耳者.' 疏云: '王不言玉瑱, 於此言之者, 王與諸侯互見爲義. 是以王言玄冕朱裏延紐及朱紘, 明諸侯亦有之. 諸公言玉瑱, 明王亦有之. 是其互有也.' 詳此經注疏之文, 則是本有充耳. 今請令君臣袞冕已下並畫充耳, 以合正文."】】

① 곤면(袞冕): 말려 있는[袞] 용을 우두머리 무늬로 하는 옷을 말한다.

② 『상서』「순전(舜典)」에서 ~ 수를 놓았다: 이 내용은 『상서』의 「순전(舜典)」이 아니라 「익직(益稷)」에 보인다.

③ 연(延): 면관의 꼭대기를 덮는 판으로, 연(綖)이라 부른다. 면판의 겉은 직물로 감싸는데, 위는 현색으로 하고 아래는 주색으로 한다. 무와 면판에 쓰는 현색은 하늘을 상징하고 주색은 땅을 상징한다.(최연우, 앞의 책, 34쪽 참조.)

④ 뉴(紐): 무의 위쪽과 아래쪽 각각 양옆에 구멍을 뚫어 위쪽 구멍은 비녀를 꽂고, 아래쪽 구멍은 관끈을 걸게 하는데, 가장자리가 미어지지 않도록 금으로 장식하는 것이다.(최연우, 앞의 책, 34쪽 참조.) 반면 숙손통(叔孫通)은 면관을 쓸 때 형(衡)의 양쪽 옆에 늘어뜨린 끈으로 보아 뉴는 비녀를 꽂는 견해가 일치하지만 면관에 부착하는 위치를 다르게 보았다.

⑤ 굉(紘): 면관에 사용하는 1가닥의 끈으로 비녀가 있을 때 비녀에 걸어서 아래로 느슨하게 늘어뜨린 후 반대편으로 올려 다시 비녀에 묶는다. 비녀가 없을 때는 '영(纓)'으로 고정하는데, 영은 2가닥으로 관모의 양옆 아래쪽에 구멍을 내서 건 후 아래로 늘어뜨려 턱 밑에서 바짝 잡아맨다. 면관은 비녀가 있는 구조로 중국은 붉은색 굉을 관끈으로 사용하다 후대로 가면서 영을 사용하였고, 명나라 때는 굉과 영을 동시에 사용했다.(최연우, 앞의 책, 37~38쪽 참조.)

⑥ 5가지 색[五采色]: 청색, 황색, 적색, 백색, 흑색의 다섯 정색(正色)을 가

리키며 오색(五色)이라고도 한다.(『尙書』「皐陶謨」, "以五采彰施於五色.")

⑦ 면관의 앞뒤로 늘어뜨리니: 정현과 가공언의 설에 근거한 것이나 청나라의 강영(江永)과 손이양은 앞에만 류가 있고 뒤는 없다고 보았다.

⑧ 매듭[就]: 옥을 끈에 꿸 때 옥과 옥이 서로 겹치지 않게 끈을 묶어 매듭을 만드는 것이다. 정현과 가공언 등은 매듭과 매듭 사이의 거리를 1촌으로 보았으나 손이양(孫詒讓) 등은 류와 류 사이의 거리를 1촌으로 보았다.

⑨ 두의(竇儀: 914~966): 송(宋) 태조(太祖) 3년(962)부터 형법 등 법률을 정비하고 편찬하는 일을 맡은 관리로, 963년 『건륭중정형통(建隆重定刑统)』, 『건륭편칙(建隆编敕)』 등 30권의 책을 편찬하는 일을 주도해 한림학사가 되었다. 자는 가상(可象)이며 후진(後晉)의 우간의대부(右諫議大夫)이자 시와 문을 숭상하는 학문[詞學]으로 유명했던 두우균(竇禹鈞)의 장자이다.

⑩ 옥으로 만든 귀막이[玉瑱]: 귀를 막는다는 의미로 황색의 풀솜으로 만들면 주광(黈纊)이라 하고 옥으로 만들면 옥진(玉瑱) 또는 충이(充耳)라한다.

⑪ 공부상서(工部尙書) 두의(竇儀)가 ~ 합치되도록 청합니다: 이 문장은 『송사(宋史)』「여복지(輿服志)」에 보인다.

별면(鷩冕)은 7가지 무늬로, 선공(先公)에 제사 지내거나 향례와 사례[鄉射]를 지낼 때 입는 옷이다. 『주례』「하관·변사」 정현①의 주에서는 "별의의 면관은 끈[繅]이 9류이다."라고 하였다. 또한 5가지 색으로 꼰 줄[五采繅繩]에 5가지 색의 옥을 꿴다. 류마다 각각 12개의 옥을 면관에 늘어뜨린다. 면관의 앞뒤로 모두 18개의 류가 되므로, 계산하면 216개의 옥을 사용한다. 별은 꿩의 이름이니, 곧 화충이다. 화충은 오색②의 동물이다. 그러므로 첫 번째는 화충이고, 두 번째는 불이며, 세 번째는 종이로 모두 웃옷에 그린다. 네 번째는 조이고, 다섯 번째는 분미이며, 여섯 번째는 보이고, 일곱 번째는 불로 모두 치마에 수를 놓는다. 폐슬과 띠, 수(綬), 석(舄)은 모두 곤면의 제도와 같다.

[驚冕七章, 享先公饗射之服. 鄭注「弁師」云, "驚衣之冕, 繅九旒." 亦以五采繅繩貫五采玉, 每旒各十二玉垂於冕, 前後共一十八旒, 計用玉二百一十六. 驚, 雉名, 卽華蟲也. 華蟲, 五色蟲也. 故一曰華蟲, 二曰火, 三曰宗彝, 皆畫於衣. 四曰藻, 五曰粉米, 六曰黼, 七曰黻, 皆刺於裳. 韍・帶・綬・舃皆與袞冕同.]

① 정현(鄭玄: 127~200): 북해군 고밀현 사람으로, 후한 말을 대표하는 경학
가이다. 경조(京兆) 출신의 제오원선(第五元先)을 스승으로 섬겨 『경씨역
(京氏易)』·『공양춘추』·『삼통력(三統曆)』·『구장산술』에 정통했으며,
또 동군(東郡) 출신의 장공조(張恭祖)에게 『주관(周官)』·『예기』·『좌씨
춘추』·『한시(韓詩)』·『고문상서』를 배웠다. 산동 지역에서 더 이상 배
울 만한 사람이 없게 되자 낙양으로 가서 부풍(扶風) 출신의 마융(馬融:
79~166)을 섬겨 고문학을 배웠다. 정현이 마융의 문하를 떠나 집으로 돌
아갈 때, 마융은 문인들에게 "정생(鄭生)이 이제 떠나가니, 나의 도는 동
쪽으로 옮겨가게 되었다.[鄭生今去, 吾道東矣.]"라고 탄식을 했다고 한
다. 정현의 경학은 고문학을 위주로 하면서도 금문학의 경설을 겸채하
여 금고문을 회통시킨 것으로 평가받는다. 특히 정현은 『주례』·『의
례』·『예기』 등 이른바 '삼례(三禮)'의 원융한 예의 체계를 구축하고, 그
체계 속에 모든 경서를 정합적으로 포괄한다는 학문적 영위를 보여 주
어 후대에 '예학(禮學)은 정학(鄭學)'이라고 칭해졌다.

② 오색(五色): 5가지 색[五采]과 같은 의미이다. 또한 다양한 색상을 오색
이라고도 한다.(『노자』, "五色令人目盲, 五音令人耳聾, 五味令人口爽")

취면(毳冕)은 5가지 무늬로, 사방의 산천에 망제를 지낼 때[1] 입는 옷이
다. 살펴보건대, (『주례』「변사」의) 정현의 해석에 의하면 취면은 7류이므
로, 또한 5가지 색의 실을 합해 만든 줄에 5가지 색의 옥을 꿰는데, 류마다
각각 12개의 옥을 사용한다. 앞뒤로 하면 모두 14류이므로 계산하면 168
개의 옥을 사용한다. '취(毳)'는 호랑이와 원숭이를 그린 것이니, 곧 종이(宗
彛)를 말한다. 그러므로 여기서 5가지 무늬는 첫 번째가 종이이고, 두 번
째가 조이며, 세 번째가 분미[2]로 모두 웃옷에 그려 넣는다. 네 번째는 보
이고, 다섯 번째는 불로 모두 치마에 수를 놓는다. 조는 물풀로, 그 무늬
가 화충과 같은 의미를 취한다. 분미는 그 깨끗함을 취하고, 또 그것은 사
람을 기르는 것을 취한다. 분미는 그릴 수 없는 물품이므로, 모두 웃옷과

치마에 수를 놓는다. 불은 여러 무늬를 도끼 형태로 만든다. 살펴보건대, 『주례』「고공기·궤인(繢人)③」(가공언의 소)에서는 채색에 근거하여 말하기를, "백색과 흑색을 보라고 한다."고 하였다. 물건 위에 수를 놓는 것에 근거하면, 쇠도끼 무늬를 만드는 것이다. 칼날 쪽은 백색으로 하고, 도끼 구멍 쪽은 흑색으로 한다. 도끼라 부르는 것은 쇠도끼로 끊고 베는 의미를 취한 것이다. (『주례』「춘관·사궤연」 가공언의 소에서는) "청색과 흑색으로 불의 형태를 만드니, 곧 2개의 '기(己)' 글자가 서로 등을 맞대고 있는 형상④이다. 이는 신하와 백성이 악을 등지고 선을 향하는 것을 취하고, 또 군주와 신하가 떠나고 합하는 뜻을 취한 것이다."라고 하였다.

[毳冕五章, 祀四望山川之服. 案鄭義, 毳冕七旒, 亦合五釆絲繩, 貫五釆玉, 每旒各十二玉, 前後共十四旒, 計用玉百六十八. 毳, 畫虎·蜼, 謂宗彝也. 故此五章初曰宗彝, 二曰藻, 三曰粉米, 皆畫於衣, 四曰黼, 五曰黻, 皆繡於裳. 藻, 水草也, 取其文如華蟲之義. 粉米取其潔, 又取其養人也. 粉米不可畫之物, 故皆刺繡於衣與裳也. 黼, 諸文亦作斧. 案『繪人職』據釆色而言, "白與黑謂之黼." 若據繡於物上, 卽爲金斧之文, 近刃白, 近銎黑. 則曰斧, 取金斧斷割之義也. 靑與黑爲黻形, 卽兩己相背, 取臣民背惡向善, 亦取君臣離合之義.]

① 사방의 산천에 ~ 지낼 때[祀四望山川]: 사망(四望)은 사방을 뜻하기도 하고, 사방의 산천에 제사 지내는 것을 의미하기도 한다. 『주례』「지관·무사(舞師)」정현의 주에서는 사방의 산천에 지내는 제사를 '사망'이라 하였다.(四方之祭祀, 謂四望也.) 한편, 『주례』「춘관·대종백」에서 "나라에 커다란 변고가 있으면 상제에게 여제(旅祭)를 지내고 사방의 산천에 망사(望祀)를 지낸다.[國有大故, 則旅上帝及四望.]"고 하였는데, 정현의 주에서는 '사망'을 오악(五嶽)과 사진(四鎭), 그리고 사독(四瀆)을 지칭하는 것이라고 하였으며, 가공언의 소에서는 "하나하나 직접 가서 제사를 지낼 수 없기 때문에 사방을 향해 바라보면서 제단을 쌓고 멀리서 제사지낸다. 그러므로 '사망(四望)'이라고 한다.[言'四望'者, 不可一往就祭, 當四向望而爲壇遙祭之, 故云'四望'也.]"라고 하였다.

② 분미(粉米): 정현은 '분미(粉米)'를 '흰쌀[白米]'로 해석하여 1가지 무늬로 보았지만, 공안국(孔安國)은 '분(粉)'과 '미(米)'의 2가지의 무늬로 해석하였다. 공안국의 『상서공씨전(尙書孔氏傳)』「익직전(益稷傳)」에 "'분(粉)'은 속빙(粟冰)과 같은 것이고, '미(米)'는 취미(聚米)와 같은 것이다.[粉若粟冰, 米若聚米.]"라고 하였다. 이에 대해 공영달은 '속빙(粟冰)'은 곡식가루가 곡식 낱알 속에 들어 있어서 그 모양이 얼음과 같은 것이며, '취미(聚米)'는 수를 놓아 무늬를 만든 것이 마치 쌀을 모아 놓은 것과 같은 형상이라고 하였다.('粉若粟冰'者, 粉之在粟, 其狀如冰. '米若聚米'者, 刺繡爲文, 類聚米形也) 섭숭의의 『삼례도집주』의 별면 그림에는 공안국의 설에 따

라 두 가지 무늬를 표현하였다.

③ 궤인[繢人]: 수를 놓는 사람을 지칭한다.

④ 2개의 '기(己)' ~ 있는 형상: '불(黻)'은 두 개의 '기(己)' 글자를 서로 등지게 수를 놓는다는 것이 일반적인 해석이지만(『상서』「익직」에 대한 孔安國의 傳·鄭玄의 注·孔穎達의 疏), '아(亞)' 글자의 무늬로 수를 놓는다는 설, 두 개의 '궁(弓)' 글자를 서로 등지게 수를 놓는다는 설 등이 있다. 섭숭의도 『삼례도』에 설명은 '기(己)'가 서로 등지고 있다고 하지만, 별면에서 2개의 '궁(弓)' 글자가 서로 등지고 있는 형태로 표현하였다.

    치면(絺冕)은 3가지 무늬[三章]로, 사직(社稷)과 오사(五祀)에 제사 지낼
때 입는 옷이다. 공안국(孔安國: B.C.156~B.C.74)은 '치(絺)'를 고운 갈포 위
에 수를 놓는 것이라고 하였다. 후정(後鄭: 정현)①은 『주례』「춘관·사복」
의 주에서 '치'를 질(紩)의 뜻으로 읽고, 혹 '치(黹)'로 되어 있기도 하다고
하였다.② 본래 이 두 글자가 사용되었는데, '치'를 취하는 것이 옳다. (후정
이) 이미 '치'를 '질'의 뜻으로 읽었는데,③ '질'은 수를 놓는다[剌]는 뜻이다.
치면의 3가지 무늬 가운데 웃옷에 있는 분미는 그려 넣을 수 없는 물품이
라 웃옷 위에 수를 놓기 때문에 '치'라는 이름을 얻었다.④ 보와 불의 2가지
무늬는 치마에 나란히 수를 놓는다. 그 면관[冕]은 5류이고 또 (류는) 5가지
색의 실로 짠 줄에 12개의 매듭[就]이 있다. 류마다 5가지 색의 옥 12개를

꿰니, 120개의 옥을 사용한다.

[絺¹冕三章, 祭社稷五祀之服. 孔安國以絺爲細葛上刺繡. 後鄭讀絺爲黹, 或作黺. 本有此二文, 取黹爲正. 旣讀絺爲黹, 黹, 刺也. 絺之三章, 粉米在衣是不可畫之物, 乃刺於衣上, 故得絺名. 則黼黻二章準繡於裳也. 其冕五旒, 亦五采藻繩十有二就. 每旒各貫五采玉十二, 用玉百二十.]

---

1 絺:『周禮』「春官·司服」의 경문에는 '希冕'으로 되어 있는데, 鄭玄이 '希'를 '絺'의 뜻으로 읽어야 한다고 해석한 이후 역대 주석가들은 정현의 설에 따라 거의 대부분 '絺冕'으로 쓰게 되었다.

① 후정(後鄭: 정현): 정현(鄭玄: 127~200)을 가리킨다. 후한시대 전기의 정중(鄭衆: ?~83)과 구별하기 위해 정중을 '선정(先鄭)', 정현을 '후정(後鄭)'이라고 칭한다. 또 정중은 환관 출신의 정중(鄭衆: ?~114)과 구별하기 위해 '정사농(鄭司農)'으로도 칭한다.

② 후정은 '치'를 ~ 하다고 하였다: 이 문장은 『주례』「춘관·사복(司服)」에서 "오사를 제사 지낼 때에는 치면을 입는다.(五祀則希冕)"고 한 것에 대한 정현의 주에 "'치(希)'는 치(絺)의 뜻으로 읽는다. 혹 '치(黹)'로 되어 있기도 한데, 글자의 잘못이다.[希讀爲絺, 或作黹, 字之誤也.]"라고 하였다.

③ 이미 '치(絺)'를 ~ 뜻으로 읽었는데: 『상서』「우서·익직」의 "종이·조·화·분미·보·불은 수를 놓았다.(宗彝·藻·火·粉米·黼·黻絺繡.)"에 대한 정현의 주에 "치는 질이다.(絺, 紩也.)"라고 하여 '치(絺)'를 '질(紩)'의 뜻으로 해석한 것을 말한다.

④ 치면의 3가지 ~ 이름을 얻었다: 일반적으로 면복에서 웃옷[衣]은 양이므로 가볍고 위로 올라가는 것을 위주로 하기 때문에 그림을 그려 넣고, 치마[裳]는 음이므로 아래로 가라앉고 무거운 것을 위주로 하여 수를 놓는다.(案「虞書」云, '絺繡.' 鄭云, '絺, 紩也', 謂刺繡於裳, 故鄭云刺以爲裳也. 衣在上陽, 陽主輕浮, 故畫之. 裳在下陰, 陰主沉重, 故刺之也.) 그러나 이 옷은 웃옷에 분미(粉米)를 그림이 아니라 '수를 놓는[絺]' 특징을 드러내기 위해 '치면(絺冕)'으로 이름하였다.

【冕服圖01：06-玄冕현면】

현면(玄冕)은 1가지 무늬[一章]로, 여러 소사(小祀)①를 제사 지낼 때 입는 옷이다. (『주례』「춘관·대종백」) 가공언의 소에 "앞의 4가지 옷(곤면, 별면, 취면, 치면)은 모두 현색이고 그림이 있는데, 이 옷은 그림을 그리지 않아 무늬가 없다. 그 옷은 본래 현색 1가지이므로 현(玄)이라는 이름을 얻은 것이다."② 고 하였다. 1가지 무늬는 오직 치마에 불(黻) 무늬만 수 놓을 뿐이다. 그 면 관은 3류이고 5가지 색 끈[藻]에 12개의 매듭[就]이 있다. 류마다 또한 5가지 색의 옥 12개를 꿰니, 계산하면 72개의 옥을 사용한다. '여러 소사[羣小祀]'는 산림[林], 천택[澤], 높거나 낮은 땅[墳衍], 사방의 모든 물건[四方百物] 등을 가리킨다.

[玄冕一章, 祭羣小祀之服. 賈疏云, "上四衣皆玄而有畫, 此衣不畫而無文. 其衣本是一玄, 故獨得玄名." 一章, 唯裳刺黻而已. 其冕三旒, 五采藻十二就. 每旒亦貫五采玉十二, 計用玉七十二. '羣小祀', 謂林·澤·墳衍·四方百物之屬.]

① 소사(小祀):『주례』에서는 제사의 등급을 대사(大祀), 차사(次祀: 中祀), 소
사(小祀)로 분류하는데, 정현과 정중에 의하면 '대사'에는 천지·종묘의
제사가 있고, '차사'에는 일월성신, 오사(五祀), 오악(五嶽)의 제사가 있
고, '소사'에는 사명(司命)·사중(司中)·풍사(風師)·우사(雨師)·산천(山川)·
백물(百物)의 제사가 있다.『주례』「춘관·사사(肆師)」에 "대사를 거행
할 때에는 옥과 직물[玉帛] 및 순수한 색의 희생을 사용한다. 차사를 거
행할 때에는 직물과 희생을 사용하고, 소사를 거행할 때에는 희생을
사용한다.[立大祀, 用玉帛牲牷, 立次祀, 用牲幣, 立小祀, 用牲.]"고 하였
다. 이에 대해 정중(鄭衆)은 "'대사'는 하늘과 땅을 제사 지내는 것이고,
'차사'는 일월성신을 제사지내는 것이고, '소사'는 사명 이하를 제사 지
내는 것이다.[大祀, 天地. 次祀, 日月星辰. 小祀, 司命已下.]"라고 하였
고, 정현은 "'대사'에는 또 종묘가 있고, '차사'에는 또 사직·오사·오악
이 있고, '소사'에는 또 사중·풍사·우사·산천·백물이 있다.[玄謂大祀
又有宗廟, 次祀又有社稷·五祀·五嶽, 小祀又有司中·風師·雨師·山川·
百物.]"고 하였다. 또 정현은『주례』「춘관·사복」의 주에서는 '소사'로
임택(林澤)·분연(墳衍)·사방백물(四方百物) 등을 들고 있다.
② 앞의 4가지 ~ 얻은 것이다:『주례』의 가공언 소에는 이 문장이 보이지
않는다.『주례』「춘관·사복」에서 "여러 소사를 제사 지낼 때에는 현
면을 착용한다.[祭羣小祀則玄冕.]"고 하였는데, 가공언의 소에는 단지
"제복의 웃옷은 본래 현색인데, 이제 현면은 1가지 무늬이기 때문에 그

대로 '현'으로 명칭을 삼은 것이다. 웃옷 위에 그림이 없고, 1가지 무늬
는 치마에 불 무늬를 수 놓을 뿐이므로 '현'이라고 한 것이다.[以其祭服
衣本是玄, 今玄冕一章, 仍以玄爲名, 明衣上無畫, 一章者剌黻於裳而已,
是以謂玄焉.]"라고 했을 뿐이다.

위변복(韋弁服)은 왕 및 제후·경대부의 병복(兵服)이다. (『주례』「춘관·
사복」) 정현의 주에 "위변(韋弁)은 붉은 가죽[韎韋]①으로 변(弁)을 만들고,
또 그것으로 윗옷과 치마를 만든다. 『춘추좌전』성공(成公) 16년 조에 '진
(晉)의 극지(郤至)는 적황색 가죽의 부주(韎注)②를 입었다.'라고 한 것이 이
것이다. 오늘날 오백(伍伯)③의 제의(緹衣)④는 고대 병복의 남겨진 색[遺色]
이다."라고 하였다. '부주(韎注)'에 대해서 가규(賈逵)⑤와 복건(服虔)⑥은 '부
(韎)'를 발등이라고 하고, '주(注)'는 '닿다[屬]'라는 뜻으로, 바지처럼 만들
어 발등까지 닿는 것이라 하였다. 정현은 '부'를 '폭(幅)'이라 하고, '주'를
'닿는다[屬]'라고 하였다. 붉은 가죽을 직물[布帛]의 폭처럼 이어서 윗옷
을 만들고 치마는 소색이다. 가공언의 소에서 "오(伍)는 항(行)이고, 백(伯)

은 우두머리[長]이다.”라고 하였고, 정현은 한대(漢代) 숙위의 항장이 이 중적(重赤)의 옷을 입는다고 하였으니 이것이 고대 병복에서 적색의 남겨진 형상이다. 천자도 5가지 색의 옥 12개를 변에 꿰매 장식한다. 제후 이하는 각 명수에 의거해 옥으로 장식한다. 피변의 옥 장식도 그렇다.

[韋弁服者, 王及諸侯·卿·大夫之兵服. 後鄭云“韋弁, 以韎韋爲弁, 又以爲衣裳. 『春秋傳』曰, ‘晉郤至衣韎之跗注.’ 是也. 今時伍伯緹衣, 古兵服之遺色矣.” 其‘跗注’, 賈·服等以‘跗’爲足跗, ‘注’爲屬[1], 袴而屬於跗. 後鄭讀‘跗’爲幅, ‘注’爲屬. 以韎韋如布帛之幅, 而連屬以爲衣, 而素[2]裳. 賈疏云“伍, 行也. 伯, 長也.” 謂鄭見漢時宿衛者之行長服此重赤之衣, 是古兵服赤色之遺象也. 天子亦以五采玉十二飾弁之縫. 諸侯以下各依命數玉飾之. 皮弁玉飾亦然.]

---

1 屬: 저본에는 ‘注’로 되어 있으나 『주례』「춘관·사복」 가공언의 소에 근거하여 섭숭의의 오기로 판단하고 ‘屬’으로 교감하였다.
2 素: 저본에는 ‘表’로 되어 있으나 『주례』「춘관·사복」 가공언의 소에 근거하여 ‘素’로 교감하였다.

① 붉은 가죽[韎韋]: 『자림(字林)』에서 "위(韋)는 부드러운 가죽(柔皮)"이라
고 하였고, 『설문』에서는 "매(韎)는 꼭두서니 띠풀로 가죽을 물들인 것
이다.[茅蒐染韋]"라고 하였다. 가죽을 꼭두서니 띠풀로 물들였기 때문
에 그 성질이 부드럽다. 매(韎)는 또 적황색이다. 『석명(釋名)』에는 "적
황색의 가죽으로 변(弁)을 만드는데 이를 위변(韋弁)이라 한다.[以韎爲韋
弁, 謂之韋弁.]"라고 하였다.(호배휘, 『의례정의』, 1053쪽 참조.)

② 부주(跗注): 『춘추좌전』 두예의 주에서 '부주'는 융복(戎服)으로서 바지
처럼 만들어 발등을 덮고, 바지와 연결된다고 하였다.(『春秋左傳注疏』 卷
28 「成公16年」 "跗注, 戎服, 若袴而屬於跗, 與袴連.")

③ 오백(伍伯): 『후한서』에서는 역졸(役卒)을 의미하고,(『後漢書』 卷29 「興服
上」 "大車, 伍伯璅弩十二人.") 『주례』 「춘관·사복」 정현의 주에는 군대의
우두머리로 보았다.(『周禮注疏』 「春官·司服」 "伍, 行也 ; 伯, 長也. 謂宿衛者之
行長, 見服纁赤之衣, 是古兵服赤色, 遺象至漢時, 是其兵服赤之驗也.")

④ 제의(緹衣): 『설문』에는 '적황색 비단[帛丹黃色]으로 보았고, 『주례』
「춘관·사복」의 위변복(韋弁服)에 대한 정현의 주에서 병복의 남겨진 색
으로 보았으며, 가공언은 훈적색(纁赤色)으로 고대 병복의 적색이 남겨
진 모습이라고 하였다.(『周禮』 「春官·司服」, "凡兵事, 韋弁服." 鄭玄 注, "今時
伍伯緹衣, 古兵服之遺色." 賈公彦 疏, "纁赤之衣, 是古兵服赤色遺象.")

⑤ 가규(賈逵, 30~101): 후한대 경학자로, 섬서(陝西) 흥평(興平) 사람이다. 자
는 경백(景伯)이고, 가의의 9세손이다. 유흠(劉歆)에게 배웠으며, 『춘추

좌전』 및 오경(五經)에 해박하고 『경전의고(經傳義詁)』를 저술하였다.

⑥ 복건(服虔, ?~?): 후한대 경학자로, 하남(河南) 형양(滎陽) 사람이다. 초명은 중(重) 또는 기(祇)고, 자는 자신(子愼)이다. 태학(太學)에 들어가 수업하고, 효렴(孝廉)으로 천거되어 구강태수(九江太守)를 지냈다. 고문 경학을 숭상하여 금문 경학자인 하휴(何休)의 설을 비판했다. 저서에 『춘추좌씨전해(春秋左氏傳解)』가 있는데, 동진(東晉) 때 그의 『춘추좌씨학(春秋左氏學)』이 학관(學官)에 세워졌으며, 남북조 시대에는 그의 주석(注釋)이 북방에 성행했다. 그러나 공영달이 『춘추정의(春秋正義)』를 저술할 때 『춘추좌씨전』은 두예(杜預)의 주만 채용함으로써 그의 주석은 없어지게 되었다. 옥함산방집일서에 『춘추좌씨전해의(春秋左氏傳解誼)』와 『춘추성장설(春秋成長說)』, 『춘추좌씨고맹석아(春秋左氏膏盲釋痾)』 등의 저술이 수록되어 있으며, 황청경해속편(皇淸經解續編)에도 이이덕(李貽德)이 찬한 『춘추좌전가복주집술(春秋左傳賈服注輯述)』이 들어 있다.

　　『의례』「사관례(士冠禮)」에 "피변복(皮弁服)은 소색 주름치마[素積]·치색 띠[緇帶, 치색으로 가선 장식을 한 띠]·소색 폐슬[素韠]을 착용한다."라고 하였다. (정현의) 주에서 "(피변은) 백색 사슴의 가죽으로 관을 만드는데, 상고시대를 본뜬 것이다."라고 하였으니 여기서 상고시대는 아직 직물[布帛]이 없어서 짐승의 깃털과 가죽으로 옷을 만들었음이 분명하다. 또 (정현의 주에서) "적(積)은 주름[辟]과 같다. 소색으로 치마를 만들고 그 허리 가운데를 주름잡아 좁히는 것이다. 또한 15승의 베를 사용하여 웃옷을 만드는데, 피변의 색을 본뜬다."라고 하였다. 대개 천자는 소색 띠에 소색 폐슬을 하는데, (소색 띠는) 안감이 주색이고, 주색과 녹색으로 끝까지 가선을 두른다. 백옥을 차고, 백석(白舃)을 신는데, 신발의 코장식과 끈장식, 가선장식은 모두 청색으로 한다. 또 『주례』「하관·변사」에 "왕의 피변은 솔기[會①]를 5가지 색으로 만들고 기(璂)②를 만들며, 밑장식[邸]을 상아로 만들고, 비녀를 옥으로 만든다."라고 하였다. 정현의 주에서 "회(會)는 솔기[縫中]이다. 기(璂)는 기(綦)로 읽는데, 기(綦)는 (끈을) '묶다[結]'이다. 저(邸)는 밑장식[下柢]③을 이른다."라고 하였다. 양정(梁正: ?~?)④과 장일(張鎰: ?~703)⑤의 『삼례도』에 "피변의 솔기는 12개이다."라고 하였는데, 가공언의 소에는 『시경·기욱(淇奧)』의 "가죽 변의 솔기에 옥으로 장식한 것이 별 같네."를 인용하여 "변의 12개 솔기에 5가지 색의 옥을 간격을 두고 묶어 형상이 별과 같다."고 말하였다. 또 피변 안쪽의 정수리에 상아뼈로 밑장식[柢]을 만든다. 삼왕에 이르기까지 질박함을 중요하게 여기고 바꾸지 않았으므로 왕은 매일 조회를 볼 때[視朝] 입고, 여러 공(公)과 생구(甥舅)는 학사를 시찰[視學]하거나 채소를 놓고 제사 지낼 때[祭菜] 모두 입는다. (『주례』「춘관·사복」) 가공언의 소에 "피변과 위변은 같지만, 색이 다를 뿐이다."라고 하였다.

[「士冠禮」, "皮弁服素積, 緇帶, 素韠." 注云, "以白鹿皮爲冠, 象上古也." 此明上古未有布帛, 衣其羽皮也. 又云"積猶辟也. 以素爲裳, 辟蹙其要中也. 亦用十五升布爲衣, 以象弁色." 蓋天子素帶, 素韠, 朱裏, 終綠, 終辟, 佩白玉, 白鳥, 靑絢繶純. 又「弁師」云"王之皮弁, 會五采玉璂, 象邸玉笄." 注云"會, 縫中也. 璂讀爲綦, 綦, 結也. 邸謂下柢." 梁正·張鎰圖云"弁縫十二." 賈疏引『詩』"會弁如星", 謂於"弁十二縫中結五采玉, 落落而處, 狀似星也." 又於弁內頂上以象骨爲柢. 至三王重質不變, 故王服之以日視朝, 燕諸公·甥舅視學·祭菜, 皆服焉. 賈疏云"皮弁·韋弁同, 但色異耳."]

① 솔기[會]: 가죽이 겹치는 부분을 꿰맨 솔기를 가리킨다.

② 기(璂): 끈에 여러 가지 색의 옥을 꿰어 변을 장식하는 것이다. 『주례』 「하관·변사」 정현의 주에 "피변의 솔기[縫中]에 5가지색 옥을 12개씩 꿰어 장식을 만들고 '기'라 한다.[皮弁之縫中, 每貫結五采玉十二以爲飾, 謂之璂.]"라 하였다. 아래 그림에서 옥으로 장식한 끈이 '기'이다.

산동성(山東省) 추현(鄒縣) 출토 명대(明代) 9기(璂) 공(公)과 경(卿)이 쓰던 통천관. 출처: 中國織繡服飾全集編輯委員會(2004), 『中國織繡服飾全集 4』, 249쪽.

일본 류큐왕국(琉球王國) 쇼씨왕조의 통천관(18세기). 출처: 국립고궁박물관(2014), 『류큐 왕국의 보물』, 62쪽.

③ 저(邸)는 밑장식[下柢]: 『주례』 「하관·변사」에 정현의 주에서 "저(邸)는 아래의 틀이다. 상아로 그것을 만든다."라고 하였고, 가공언의 소에서 "피변 안의 정수리에 상아로 틀을 만든다."라고 하였으므로 '저(邸)'는 가죽으로 만든 피변의 형태를 유지하기 위해 안쪽 윗부분에 받쳐주는 틀을 말하는 것으로 보인다.(『周禮注疏』 「夏官·弁師」 鄭玄 注, "邸, 下柢也. 以象骨爲之." 賈公彦 疏, "弁內頂上, 以象骨爲柢.")

④ 양정(梁正: ?~?): 섭숭의가 참조하였던 6가지 예도(禮圖) 가운데 하나인 『양씨삼례도』의 저자이지만, 생몰년이나 행적 등은 알 수 없다.

⑤ 장일(張鎰: ?~703): 당나라 소주(蘇州) 사람으로, 자는 계숙(季叔) 또는 공도(公度)이다. 삼례(三禮)에 뛰어나 『삼례도(三禮圖)』를 지었다. 그 밖의 저서에 『맹자음의(孟子音義)』와 『오경미지(五經微旨)』가 있다.

　　사냥을 할 때에는 관변복(冠弁服)을 입는다. 정현은 (『주례』「춘관·사복」의 주에서) "관변(冠弁)은 위모(委貌)이다."라고 하였다. '위(委)'는 편안하다[安]는 뜻이니, 이것을 입는 것은 용모를 편안하고 바르게 하기 위한 것이다. 색으로 말한다면 '현관(玄冠)'이라 하므로 『의례』「사관례」에서는 "주인은 현관·조복(朝服)[①]·치색 띠·소색 폐슬을 한다."라고 하였다. 이에 대한 정현의 주에서는 "현관은 위모이다. 조복은 15승[②]의 베로 짠 웃옷과 소색 치마이다."라고 하였다. 백석(白舄)은 양로례(養老禮)[③]와 신하들에게 연례(燕禮)를 베풀 때도 신는다.[④] 제후의 경우 기내(畿內)에 있거나 기외(畿外)에 있거나 상관없이 조례(朝禮)를 행할 때 모두 이 복장을 입는다. 천자와 제후의 경대부가 자신의 묘(廟)에서 제사 지낼 때에도 모두 똑같이 이 복장을 입는데, 다만 백구(白屨)로 구별한다. 그렇다면 주나라의 위모, 은나라의 장보(章甫), 하나라의 모퇴(毋追)는 모두 치색 베[緇布]를 사용하여 만들기 때문에 현관이라는 명칭이 있는 것이다. (하·은·주) 삼대의 제후들은 각각 조복을 입고 도를 행하였다.

[田獵則冠弁服. 後鄭云, "冠弁, 委貌也." 委, 安也, 服之所以安正容體也. 若以色言之則曰'玄冠', 故「士冠禮」云, "主人玄冠·朝服·緇帶·素韠." 其注云, "玄冠, 委貌也. 朝服, 則十五升緇布衣·素裳." 白舃, 養老·燕羣臣亦服之. 其諸侯不限畿內·畿外視朝行道皆服之. 天子諸侯之卿大夫祭其廟亦皆同服之, 但白屨爲別. 然則周之委貌, 殷之章甫, 夏之毋追, 並用緇布爲之, 故有玄冠之名. 三代諸侯各爲朝服以行道.]

① 조복(朝服): 정현의 주에 의하면 제후가 자기의 신하들과 날마다 조회를 볼 때 입는 복장으로, 현관, 현단, 치색 띠, 소색 폐슬이 일습이다.(『儀禮注疏』卷1「士冠禮」"主人玄冠, 朝服, 緇帶, 素韠." 鄭玄注: "諸侯與其臣, 皮弁以視朔, 朝服以日視朝.")

② 15승: 『의례』「사관례」 정현의 주에 1승은 80올[縷]이므로 15승은 1,200올이라고 하였다.(『儀禮注疏』卷1「士冠禮」鄭玄注: "朝服者, 十五升布衣而素裳也.") 삼베[麻布] 가운데 가장 고운 것을 의미한다.

③ 양로례(養老禮): 양로례에서 백석을 신는 예는 찾을 수 없으나, 향음주례에서 백구를 신는 예는 보인다. (『儀禮』「鄕飮酒禮·記」"鄕朝服而謀賓·介." 鄭玄 注: "朝服, 冠玄端, 緇帶, 素韠, 白屨.")

④ 신하들에게 연례(燕禮)를 ~ 때도 신는다: 『의례』「연례·기」에서 정현은 조복 일습으로 관(冠: 玄冠), 현단(玄端), 치색 띠(緇帶), 소색 폐슬[素韠], 백구(白屨)라고 하여 '백석'이 아닌 '백구(白屨)'로 설명하였다.(『儀禮』「燕禮·記」"燕, 朝服於寢." 鄭玄 注: "朝服者, 諸侯與其群臣日視朝之服也, 謂冠玄端·緇帶·素韠·白屨也.") 그러나 가공언은 『주례』「천관·구인」의 "천자와 제후는 길사(吉事)에 구(屨)가 아닌 석(舃)을 신는다."라는 문장을 인용하여 제후는 조복에 백석(白舃)을 신어야 하고, 백구(白屨)는 신하가 신어야 한다고 하였다.(『儀禮』「燕禮·記」賈公彦 疏: "案「屨人」注'天子·諸侯吉事皆舃', 諸侯朝服素裳·素韠, 應白舃, 而云白屨者, 引「士冠禮」成文, 其實諸侯當白舃 其臣則白屨也.") 따라서 섭숭의는 가공언 소에서 지적한 내용을 따라 따라 '백석(白舃)'으로 수정한 것으로 보인다.

(『주례』「춘관·사복」정현의 주에) "'단(端)'은 바르다[正]는 뜻을 취한 것이다.① 사(士)의 현단(玄端)은 웃옷 몸판[衣身, 길]의 길이가 2척 2촌이고, 소매[袂]도 2척 2촌이다."라고 하였다. 지금(宋代)은 양 가장자리에 소매를 각각 한 폭씩 웃옷 몸판에 붙이기 때문에 너비와 길이가 모두 같다. 그 소맷부리[袪]는 1척 2촌이고, 대부 이상은 그보다 치수를 늘리는데, 대개 반 정도를 더한다. 그러므로 소매는 3척 3촌이고 소맷부리는 1척 8촌이다." 『주례』「춘관·사복」에서 "재복(齋服)②에 현단이 있다."라고 하였다. 장일의 『삼례도』에서는, "천자가 재계할 때, 현색 웃옷·현관(玄冠)·현색 치마·흑색 폐슬을 하고, 소색 허리띠에 주색과 녹색으로 끝까지 가선을 두르며, 백옥(白玉)을 차고 흑석(黑舃)에 적색으로 코장식과 끈장식, 가선장식

을 한다. 제후는 오직 산현옥(山玄玉)을 차고 연거(燕居)에는 주색 치마·주색 폐슬을 하고, 적석(赤舃)에 흑색으로 코장식과 끈장식, 가선장식을 하는 것으로 구별한다. 경·대부는 소색 치마이고, 상사(上士)는 현색 치마, 중사(中士)는 황색 치마, 하사(下士)는 여러 색이 섞인 치마[雜裳]인데 앞은 현색이고 뒤는 황색이다. 대부 이상은 아침저녁으로 입고, 사는 저녁에만 입는다. '저녁[夕]'은 지금의 신시(申時: 오후 4시) 이후에 정사를 보는 것과 같다."라고 하였다.

[端, 取其正也. 士之玄端, 衣身長二尺二寸, 袂亦長二尺二寸. 今以兩邊袂各屬一幅於身, 則廣袤同也. 其祛尺二寸, 大夫以上侈之, 蓋半而益一. 然則其袂三尺三寸, 祛尺八寸. 「司服」云, "齊有玄端."[1] 張鎰『圖』云, "天子齊, 玄衣·玄冠·玄裳·黑韠, 素帶朱綠終辟, 佩白玉, 黑舃赤絇繶純. 諸侯唯佩山玄玉, 爲別燕居朱裳·朱韠·赤舃·黑絇繶純. 卿大夫素裳. 上士玄裳. 中士黃裳. 下士雜裳, 前玄後黃. 大夫以上朝夕服之, 唯士夕服之. 夕者, 若今晡上視事耳."]

---

1   齊有玄端: 『周禮』 「春官·司服」의 원문은 "其齊服, 有玄端素端."으로 되어 있다.

① 단(端)이란 바르다[正]는 ~ 취한 것이다: '현단'은 현색의 베를 사선으로
재단하지 않고 정폭(正幅, 온폭)을 그대로 사용하여 만든다. 정폭을 그대
로 옷을 만드는 것은 그 바름[正]을 취한 것으로, '단(端)'은 바름[正]의
뜻과 통한다. 이에 비해 직물을 비스듬하게 재단하는 '사(斜)'는 '사(邪)'
와 통한다.(『周禮』「春官·司服」, "玄端, 素端." 鄭玄注: "端者, 取其正也." 賈公彥
疏: "端, 正也, 故以正幅解之也."; 『禮記』「玉藻」鄭玄注: "正, 不邪也. 直而不邪謂
之正.") '현단'은 웃옷만을 말하기도 하지만, '현단복'과 같은 의미로 쓰
여 이 웃옷을 입을 때 부속되는 복식 일습을 의미하기도 한다.(錢玄, 『三
禮辭典』, 305쪽 및 崔圭順, 『中國歷代帝王冕服研究』, 26~27쪽 참조.)

② 재복(齋服): 사(士)가 연향과 제사 지낼 때 착용하는 복장이다.(『周禮』「春
官·司服」賈公彥疏: "其齊服有玄端者, 則「士冠」'上士玄裳, 中士黃裳, 下士雜裳',
「特牲」士之享祭之服也.")

삼공팔명(三公八命)[1] 이하는 취면(毳冕)을 입는다. 살펴보건대, 『주례』「하관·사인(射人)[2]」에 "(사인은) 삼공(三公)·고(孤)·경(卿)의 조위(朝位)를 관장한다. 삼공은 북쪽을 바라보고, 고는 동쪽을 바라보며, 경·대부는 서쪽을 바라본다."라고 하였고, (가공언의 소에) "삼공은 신하 중에 가장 높으므로 북쪽으로 몸을 굽혀 (남쪽을 바라보는) 군주에게 답하는 것이다."[3]라고 하였다. 그 벽옥을 잡는 것은 자작과 남작의 제도가 같으므로 취면을 입는 것도 자작과 남작이 같다. 비록 취면은 5가지 무늬[4]를 따르지만, 그 류(旒)와 소장(小章)은 모두 각각의 명수에 의거하니 이것이 (지위에 따라) 몸을 굽히거나 펴는 것을 말한다. 옥조[玉繰, 옥과 끈]도 모두 3가지 색이고 각 끈마다 8개의 매듭[成]으로 8류이다. 각 류마다 8개의 옥이니 계산하면 민옥

128개를 사용한다. 여러 학자들의 『삼례도』에는 모두 삼공의 면복을 싣지 않았다. 신 숭의가 생각건대, 『주례』「하관·변사」(정현의) 주에 "명받은 작위 가운데 오직 고의 끈만 4개의 매듭[就]에 32개의 옥을 사용한다."라고 하였다. 왕의 3고 6명에 의해 추측해보면, 위로 삼공에 이르기까지 옥조[繅玉]의 형태와 제도, 색상과 무늬의 개수 등에 대해 언급한 대로 알 수 있다. 그러므로 특히 상공곤면(上公袞冕)의 오른쪽에 그림을 그려 넣었으니, 또한 안과 밖의 순서이다.

[三公八命而下服毳冕者. 案「射人」"職掌三公孤卿之位. 三公北面, 孤東面, 卿大夫西面." 以"三公臣中最尊, 故屈使北面答君也." 其摯執璧與子·男同制, 故服毳冕與子男同也. 雖從毳冕五章, 其旒與小章皆依命數, 此所謂屈而伸者也. 玉繅亦皆三彩, 每繅八成, 則八旒, 每旒八玉, 計用瑌玉百二十八. 諸家『禮圖』皆不載三公之冕. 臣崇義案「弁師」注於"命爵之中獨着孤繅四就, 用玉三十二." 仰推王之三孤六命, 上極三公, 繅玉形制, 彩繪章數, 觸類可知. 故特圖於'上公袞冕'之右, 亦內外之次也.]

① 삼공팔명(三公八命): 명(命)은 주대 왕과 제후의 관직서열을 의미하는 것으로 왕의 삼공(三公)은 8명(命), 경(卿)은 6명(命), 대부(大夫)는 4명(命)이었다. 이들이 제후에 봉해지면 1(命)을 더했다. 따라서 삼공으로 봉작을 받아 상공(上公)이 되면 9명(命)이 되어 성곽, 깃발, 의복 등 예의는 모두 9를 절도로 삼아 성곽은 사방 9리, 궁실은 사방 9백보로 만들게 된다.(『周禮』「春官·典命職」 참조)

② 사인(射人): 하관 대사마(大司馬)의 속관으로, 조위(朝位)와 사례(射禮) 등의 일을 관장한다.

③ 삼공은 북쪽을 ~ 답하는 것이다: 삼공이 북쪽을 보는 것은 삼공이 신하 중에서는 가장 높으므로 군주가 남면하는 것에 대한 답례의 성격을 갖는다. 고(孤)가 서쪽에 자리하고 동쪽을 바라보는 것은 서쪽이 빈객의 자리이고 고는 직책이 없으므로 빈객으로 존중해 주는 것이다. 경대부가 서쪽을 보는 것은 경대부는 직책이 있어 동쪽에 위치하여 군주를 보필할 주도적인 자리에 위치하는 것이다. (『周禮注疏』「夏官·射人」 賈公彥 疏, "三公特北面者, 君南面答陽, 臣之北面答君, 三公臣中最尊, 故屈之使北面, 答君之義. 孤東面者, 西方者賓位, 以孤無職, 尊而賓客之, 故在西也. 卿大夫西面者, 以其皆有職, 故在東, 在東近君, 居主位也.")

④ 5가지 무늬: 취면은 5개의 무늬가 있는데 종이(宗彝)인 호랑이와 원숭이 무늬를 우두머리로 삼아 웃옷에 종이·조·분미의 3개의 무늬를 그리고, 치마에 보와 불 2개의 무늬를 수 놓았다.

『주례』「춘관·사복」에 "공(公)은 곤면(袞冕) 이하의 복식을 입는다."라
고 하였다. (정현의) 주에서는 "공의 곤면으로부터 경·대부의 현면까지는
모두 천자를 조빙(朝聘)하거나 천자의 제사를 도울 때 입는 복이다. 제후의
경우 (앞선) 두 왕조의 후예[二王後]①가 아니라면 그 나머지 제후는 모두 현
면을 입고서 제사 지낸다."라고 하였다. 또 『주례』「하관·변사」에 "여러
공들의 옥조의 끈[繅]은 9개의 매듭[就]이고 민옥(瑉玉)은 3가지 색이며 그
나머지는 왕과 같다. 옥조에는 매듭이 있고, 옥 귀막이와 옥 비녀를 한다."
라고 하였다. (정현의) 주에서 "3가지 색은 주색, 백색, 창색(蒼色)이다. 그 나
머지 연(延)과 뉴(紐)는 모두 현색으로 덮고, 안은 주색으로 왕과 같다. 옥조
의 끈과 매듭은 모두 3가지 색이고, 끈마다 9개의 매듭으로 9류이다. 각 류

는 9개의 옥이니 계산하면 162개의 옥을 사용한다."라고 하였다. 5가지 면관의 판은 모두 너비가 8촌이고 길이가 1척 6촌이며, 앞은 둥글고 뒤는 네모나다. 또 『예기』 「근례(覲禮)」 (정현의) 주에 "공의 곤면은 내려오는 용이 있고, 올라가는 용은 없다."라고 하였다. 또 『예기』 「명당위(明堂位)」 (정현의) 주에 "폐슬[敝]에 산과 불을 그리지만, 용은 그리지 않는다."라고 하였다. 『예기』 「제의(祭儀)」에는 "제후의 면관은 청색 관끈[紘]이다."라고 하였다. 『예기』 「옥조(玉藻)」에 "홀(笏)은 제후라면 상아이다."라고 하였다. 또 "(제후의) 서(荼)②는 앞쪽은 굽어 있고 뒤쪽은 곧다."라고 하였다. 장일의 『삼례도』에서 "그 현색 웃옷에 훈색 치마를 입고, 주색 폐슬과 소색 허리띠를 하는데, (허리띠는) 주색과 녹색으로 끝까지 가선을 두른다. 산현옥을 차고, 주색으로 짠 수를 한다. 적석(赤舃)에 흑색으로 코장식, 끈장식과 가선장식을 한다."라고 하였다. 그 방백 및 왕의 자제로 나아가 후백(侯伯)에 봉해진 사람이 이 복식을 입을 수 있다. 왕을 조회하거나 제사를 돕게 될 때도 입는다.

[「司服」云, "公之服, 自袞冕而下." 注云, "自公袞冕至卿・大夫之玄冕, 皆朝聘天子及助祭之服. 諸侯非二王後, 其餘皆玄冕而祭." 又「弁師」云, "諸公之繅九就, 瑉玉三采, 其餘如王之事, 繅斿皆就, 玉瑱・玉笄." 注云, "三采, 朱白蒼. 其餘延紐皆玄覆, 朱裏, 與王同. 繅就, 皆三采. 每繅九成, 則九斿. 每斿九玉, 計用玉百六十二." 其五冕之版亦廣八寸, 長尺六寸, 前圓後方. 又「覲禮」注云, "公袞有降龍, 無升龍." 又「明堂位」注, "敝畫山火而無龍." 「祭義」云, "諸侯冕而靑紘." 「玉藻」云, "笏, 諸侯以象." 又曰, "荼, 前屈後直." 張鎰『圖』云, "其服玄衣纁裳, 朱敝, 素帶, 朱綠終辟, 佩山玄玉, 朱組綬, 赤潟, 黑絢繶純." 其方伯及王之子弟, 出封侯伯, 皆得服之, 朝王助祭焉.]

① 두 왕조의 후예[二王後]: 『춘추좌씨전』 두예의 주에 "주(周)가 천하를 얻은 후에 하(夏)와 은(殷) 두 왕조의 후예를 봉했고, 또 순(舜)의 후예를 봉해 이를 모두 삼각(三恪)이라고 한다."라고 하였다. 앞선 두 왕조의 후예를 봉하고 작위로서 왕의 지위를 주는 것은 존중함을 표현한 것이다. 공영달의 소에서 "주 무왕이 황제의 후손을 계(薊)에, 요의 후손을 축(祝)에, 순의 후손을 진(陳)에 봉한 것을 '삼각'이라고 하고, 하후씨의 후손을 기(杞)에, 은의 후손을 송(宋)에 보낸 것을 '이왕후'라고 하여 삼각과 이왕후를 별개의 것으로 보기도 하였다.

② 서(荼): 음은 '서지(舒遲)'라고 할 때의 '서(舒)'로 읽으며, 제후들이 잡는 홀(笏)이다. 『예기』 「옥조」에 "천자는 정(珽)을 꽂으니 천하에 방정한 도를 보이는 것이다."라고 하였고, 정현의 주에서 "정(珽)은 정연(珽然)하여 굽은 바가 없음을 뜻한다."라고 해석하였다. 제후의 서는 앞쪽은 굽어 있고 뒤쪽을 곧게 만들어 천자에게만 굽히는 의미이고, 대부는 앞뒤가 굽어 있어 겸양하지 않는 바가 없음을 보인다.(『禮記注疏』 卷29 「玉藻」 "天子搢珽, 方正於天下也. 諸侯荼, 前詘後直, 讓於天子也. 大夫前詘後詘, 無所不讓也." 鄭玄注: "此亦笏也. 謂之'珽', '珽'之言珽然無所屈也. '荼', 讀爲'舒遲'之'舒'. 舒懦者, 所畏在前也. '詘', 謂圜殺其首, 不爲椎頭. 諸侯唯天子詘焉. 是以謂笏爲荼. '大夫', 奉君命出入者也, 上有天子, 下有己君, 又殺其下而圜.")

『주례』「춘관·사복」에 "후와 백은 별면 이하의 복식을 입는다."라고
하였다. 『주례』「하관·변사」(정현의) 주에서는 "후와 백의 끈[繅]은 7개
의 매듭을 하고, 끈과 옥은 모두 3가지의 색이다."라고 하였다. 끈마다 7
개의 매듭으로 7류이다. 류마다 또 7개의 민옥(珉玉)을 꿰니, 계산하면 98
개의 옥을 사용한다. 폐슬·허리띠·수·석은 모두 상공(上公)과 같다. 왕이
호천상제에게 제사 지낼 때와 제사를 돕거나 왕을 뵐 때 모두 이 복식을
입는다. (앞선) 두 왕조[二王]의 후예와 방백왕(方伯王)의 자제로 봉해져 후
와 백이 된 자는 모두 이 복식을 입고서 왕이 선공에 대한 제사 지내는 일
과 향례와 사례에 참여한다.

[「司服」云, "侯伯之服, 自鷩冕而下." 「弁師」注云, "侯伯繅七就, 繅玉皆

三采", 每繅七成, 則七斿. 每斿亦貫七珉玉, 計用玉九十八. 軝, 帶, 綬, 舄皆
與上公同. 王祀昊天上帝, 助祭及朝王皆服之. 王者之後·方伯王之子弟封爲
侯伯者, 皆服之以助王祭先公及饗·射.]

『주례』「춘관·사복」에 "자·남은 취면 이하의 복식을 입는다."라고
하였다. 또『주례』「하관·변사」(정현의) 주에서는 "자·남의 끈[繅]은 5개
의 매듭이고, 옥조는 모두 3가지의 색이다."라고 하였다. 끈마다 5개의 매
듭으로 5류이다. 류마다 또 5개의 민옥을 꿰니, 계산하면 50개의 옥을 사
용한다. 폐슬·허리띠·수·석은 모두 후·백과 같다. 대개 왕을 조회할 때와
왕이 호천상제에게 제사를 지내거나 선왕과 선공에게 제사를 지내는 것
을 돕거나, 향례와 사례를 지낼 때, 사방의 산천에 망제(望祭)를 지낼 때 및
자·남이 사방의 산천에 망제를 지낼 때 모두 이 복식을 입는다. 왕자의 후
계자, 방백, 왕의 자제로서 봉해져 후·백이 된 자는 모두 이 복식을 입고
서 왕이 사방의 산천에 망제를 지내는 것을 돕는다.

[「司服」云, "子男之服, 自毳冕而下." 又「弁師」注云, "子男繅五就, 繅玉皆三采", 每繅五成, 則五斿. 每斿亦貫五珉玉, 計用五十. 韍, 帶, 綬, 舃皆與侯伯同. 若朝王及助王祀昊天上帝·祭先王先公, 饗射, 祭四望山川及自祭四望山川皆服之. 王者之後, 方伯, 王之子弟封爲侯伯者皆服之, 以助王祭四望山川.]

【冕服圖01：15-絺冕치면】

『주례』「춘관·전명(典命)」에 "공의 고(孤)는 4명(命)이니,^① 겉을 가죽으로 꾸민 속백[皮帛]^②을 가지고 소국의 군주를 만난다.^③"라고 하였다. 또 『주례』「춘관·사복」에는 "고는 치면(絺冕) 이하의 복식을 입는다."라고 하였다. 『주례』「하관·변사」 정현의 주에는 "고의 끈[繅]은 4개의 매듭을 하고, 옥조는 모두 주색과 녹색으로 32개의 옥을 사용한다."라고 하였다. 그 복은 3가지 무늬^④이고, 현색 웃옷, 훈색 치마, 주색 폐슬, 소색 띠는 현색과 화색(華色; 黃色)으로 늘어뜨린 부분까지 가선을 두르고[裨垂]^⑤ 수창옥을 차고 치색으로 짠 수를 하고,^⑥ 적석에 흑색으로 코장식과 끈장식, 가선장식을 한다. (왕이) 사직에 제사 지내는 것을 도울 때 착용한다. 또 장일의 『삼례도』에는 "천자의 고와 경은 모두 6명(命)이니, 치면 삼장

(三章)을 입는 것은 (공의 고와) 같으나, 소장(小章)은 6개를 그린다.⑦ 상공 및 왕의 삼공·두 왕조의 후예·이백·구주의 목·후백·왕의 동성으로 봉해져 후백이 된 자가 왕이 사(社)에 제사 지내는 것을 도울 때 입는다."라고 하였다. 또 『예기』「옥조」에는 "홀은 대부의 경우 물고기 수염 무늬[魚鬚文] 대나무로 만든다."라고 하였다. 고도 이와 같다.

「典命」云, "公之孤四命, 以皮帛視小國之君." 又「司服」云, "孤之服, 自絺冕而下." 鄭注「弁師」云, "孤繅四就, 繅玉皆朱綠, 用玉三十二." 其服三章, 玄衣, 纁裳, 朱韍, 素帶, 玄華褲垂, 佩水蒼玉, 緇組綬, 赤舄, 黑絇繶純. 服以助祭社稷. 又張鎰『圖』云, "天子孤及卿皆六命, 則同絺冕之服三章, 小章則畫六. 上公及王之三公·二王之後·二伯·九州之牧·侯伯·王之同姓封爲侯伯者, 服之以助王祭社." 又「玉藻」云, "笏, 大夫魚鬚文竹." 孤亦同焉.

① 공의 고(孤)는 4명(命)이니: 『주례』 「춘관·전명(典命)」에 따르면 '고(孤)'
는 왕(천자)의 신하로서의 고와 상공(上公)의 신하로서의 고가 있다. 전
자는 6명(六命)이고 후자는 4명(四命)으로, 여기서는 후자 즉 상공의 고
를 말한 것이다. 상공의 고에 대해 정사농(鄭司農)은 "9명 상공(上公)이
고(孤)와 경(卿) 1인을 둘 수 있다.[九命上公得置孤卿一人.]"라고 하였다.
「춘관·전명」을 바탕으로 명수(命數)를 정리하면 다음의 표와 같다.

	왕(주 천자)		제후		
	陽爵	陰爵	大國(上公)	次國(侯伯)	小國(子男)
9命	上公				
8命		三公			
7命	侯伯				
6命		孤·卿			
5命	子男				
4命		大夫	上公의 孤		
3命		上士	上公의 卿	侯伯의 卿	
再命		中士	上公의 大夫	侯伯의 大夫	子男의 卿
1命		下士	上公의 士	侯伯의 士	子男의 大夫
不命					子男의 士

② 겉을 가죽으로 꾸민 속백[皮帛]: 『주례』 「춘관·대종백」에 따르면 제
후는 옥으로 된 육서(六瑞)를 간직하고 제신은 짐승으로 된 육지(六摯)를
간직하는데, 육서란 왕의 진규(鎭圭), 공의 환규(桓圭), 후의 신규(信圭),

백의 궁규(躬圭), 자(子)의 곡벽(穀璧), 남의 포벽(蒲璧)을 말하고, 육지란 고의 피백(皮帛), 경의 고(羔), 대부의 안(雁), 사의 치(雉), 서인의 목(鶩), 공상(工商)의 계(雞)를 말한다.[以玉作六瑞以等邦國, 王執鎭圭, 公執桓圭, 侯執信圭, 伯執躬圭, 子執穀璧, 男執蒲璧. 以禽作六摯以等諸臣, 孤執皮帛, 卿執羔, 大夫執鴈, 士執雉, 庶人執鶩, 工商執雞.] 여기서 '서(瑞)'와 '지(摯)'는 모두 알현 및 상견례 때 지녀야 하는 물건을 뜻한다. 또한 지(摯)의 경우에는 명수(命數)와 상관없이 작(爵)에 따라 정해지나 명수에 따라 꾸밈에 차이를 둔다. 이때 고가 지녀야 하는 피백(皮帛)에 대해 정현의 주에서는 "피백은 비단을 묶고 가죽을 입혀서 꾸민 것이다. 가죽은 호랑이와 표범 가죽이다.[皮帛者, 束帛而表以皮爲之飾. 皮, 虎豹皮.]"라고 하였다.

③ 소국의 군주를 만난다: 여기서 소국의 군주는 자와 남을 말하며, 만난다는 것은 먼저 명에 따라 안부를 묻고[聘享]하고, 재차 폐백을 들고 뵙는[贄見] 것을 말한다. 『주례』「춘관·전명」해당 경문에 대한 가공언의 소에서는, 이것이 『주례』「추관·대행인(大行人)」의 "대국의 고는 피백(皮帛)을 가지고 소국의 군주를 이어서 만난다.[凡大國之孤, 執皮帛以繼小國之君.]"라는 의미라고 하였다. 또한 정현 주에서 "이는 군주의 명으로 와서 안무를 묻는[來聘] 것이다. 고는 존귀하여 이미 안부를 묻고[聘享] 다시 직접 폐백을 들고 뵐[贄見] 때는 속백을 가지고 갈 뿐이니 표범가죽을 입혀서 꾸민다. 소국의 군주를 이어서 만난다는 것은 다음으로 만난다는 말이다.[此以君命來聘者也. 孤尊, 旣聘享, 更自以其贄見, 執束帛而已, 豹皮表之爲飾. 繼小國之君, 言次之也.]"라고 풀이한 내용을 덧붙였다.

④ 3가지 무늬: 치면은 3개의 무늬가 있는데, 웃옷에 분미(粉米)를, 치마에

보(黼)와 불(黻)을 수 놓는다. 본래 웃옷에는 그림을 그리고, 치마에는 수를 놓는 것이 원칙이나, 분미의 경우에는 그림을 그릴 수 없어 수를 놓으므로 이 옷의 명칭이 '치면(絺冕)'이다. 자세한 내용은 앞의 '[冕服圖 01 : 05-絺冕]' 참조.

⑤ 현색과 화색으로 ~ 가선을 두르고:『예기』「옥조」에 가선으로 꾸민 띠 [帶]의 경우, 군주는 주색(朱色)과 녹색(綠色), 대부는 현색(玄色)과 화색 (華色), 사는 치색(緇色)의 가선을 두른다. 정현의 주에서 화색(華色)은 황색이며[華, 黃色也], 군주는 끝까지 가선을 두르고[上以朱下以綠終之] 대부는 늘어뜨린 부분까지 가선을 두르며[裨垂] 사는 늘어뜨린 부분의 아래에 가선을 두른다고[裨垂之下] 하였다. 상공의 고는 왕(천자)의 대부와 같은 4명(命)이므로 대부와 같은 띠를 하는 것이다.

⑥ 수창옥을 차고 ~ 수를 하고:『예기』「옥조」에 "공과 후는 산현옥(山玄玉)을 차고 주색으로 짠 수를 한다. 대부는 수창옥(水蒼玉)을 차고 치색으로 짠 수를 한다. 세자는 유옥(瑜玉)을 차고 잡다한 색의 수를 한다. 사는 연민(瓀玟)을 차고 적황색으로 짠 수를 한다.[公侯佩山玄玉而朱組綬, 大夫佩水蒼玉而純組綬, 世子佩瑜玉而綦組綬, 士佩瓀玟而緼組綬.]" 라고 하였다. 이때 대부가 차는 수창옥은 진호(陳澔)의 『예기집설(禮記集說)』에 따르면 물의 푸른색과 같다는 뜻이며[如水之蒼也], 치색 수는 「옥조」경문에 '순조수(純組綬)'라고 되어 있는데, 정현이 "순(純)은 마땅히 치(緇)가 되어야 한다[純當爲緇]"라고 한 것에 따라 치색으로 해석된다. 상공의 고는 왕(천자)의 대부와 같은 4명(命)이므로 대부와 같은 옥과 수를 하는 것이다.

⑦ 소장(小章)은 6개를 그린다: 왕(천자)의 고는 6명(命)이고 상공의 고는 4명으로 그 명수(命數)가 다르나 둘 다 치면의 3개의 무늬가 있는 옷을

입는다. 이때 양자를 구분하는 것이 소장(小章)이다. 소장은 무늬 각각의 개수로서 명수에 따르니, 천자의 고가 입는 치면은 각각의 무늬를 6개씩, 상공의 고가 입는 치면은 4개씩 그려 차이를 두는 것이다.

【冕服圖01：16-卿大夫玄冕경대부현면】

　　『주례』「춘관·사복」에 "경대부는 현면 이하의 복식을 입는다."라고
하였다. (정현의) 주에서 "천자를 조빙할 때와 제사를 도울 때 입는다. 제후
는 (앞선) 두 왕조의 후예가 아닌 나머지는 모두 현면을 입고 (자신의 사당에
서) 제사 지낸다."라고 하였다. 또 『주례』「하관·변사」 (정현의) 주에 "3명
인 경의 끈[繅]은 3개의 매듭을 하고, 옥조는 또한 주색과 녹색이며, 18개
의 옥을 사용한다. 재명인 대부의 끈은 2개의 매듭을 하고, 옥조는 또한
주색과 녹색이며, 8개의 옥을 사용한다."①라고 하였다. 왕조의 대부 및 상
공의 경과 같은 경우에는 3개의 매듭이 있는 옥조를 사용할 수 있고, 공의
대부 및 자·남의 경으로 재명인 자는 2개의 매듭인 옥조를 함께 사용할
수 있다. 그 복은 모두 현면에 1가지 무늬②이나 소장(小章)은 각각 명수대

로 한다.③ 현색 윗옷, 훈색 치마, 주색 폐슬, 소색 띠는 현색과 화색(황색)으로 늘어뜨린 부분까지 가선을 두르고 수창옥을 차며, 치색으로 짠 수를 하고 적석에 흑색으로 코 장식과 끈장식, 가선 장식을 한다. 이백, 구주의 목, 왕의 동성으로 후백에 봉해진 자가 왕이 여러 소사(小祀)를 지내는 것과 시삭(視朔)④과 조일(朝日)⑤을 도울 때 모두 입는다.

[「司服」云, "卿大夫之服, 自玄冕而下." 注云, "朝聘天子及助祭之服, 諸侯非二王之後, 其餘皆玄冕而祭." 又「弁師」注云, "三命之卿繅三就, 繅玉亦朱緑, 用玉十八. 再命之大夫繅再就, 繅玉亦朱緑, 用玉八." 若王朝之大夫·上公之卿, 得用三就之繅玉, 公之大夫·子男之卿再命者, 得同再就之繅玉. 其服皆玄冕一章, 小章各依命數. 玄衣, 纁裳, 朱韍, 素帶, 玄華韠垂, 佩水蒼玉, 緇組綬, 赤舃, 黑絇繶純. 二伯·九州之牧·王之同姓封爲侯伯者, 助王祭羣小祀·視朔·朝日, 皆服之.]

① 3명의 경 ~ 옥을 사용한다: 3명(命)의 경과 재명(再命)의 대부는 상공의
경과 대부를 의미한다. 『주례』「춘관·전명」을 따르면 상공의 경과 대
부는 현면을 입더라도 명수의 차이로 인하여 면관의 옥조에 차이가 있
어 끈과 옥의 색은 주색과 녹색의 2가지로 같지만, 옥의 수가 다르다.
명수(命數)에 대해서는 앞의 [冕服圖01 : 15-締冕] 역주 ①의 표 참조.

② 현면에 1가지 무늬: 현면의 웃옷에는 무늬가 없고 치마에 불(黻) 1가지
무늬만 수 놓는다. 현색 웃옷[玄衣]에 무늬가 없어 색상 그대로 '현면(玄
冕)'이라 이름하였다. 자세한 내용은 앞의 [冕服圖01 : 06-玄冕] 참조.

③ 소장(小章)은 각각 명수대로 한다: 3명인 자와 재명인 자가 모두 현면에
1가지 무늬가 있는 옷을 입더라도, 소장의 개수는 명수(命數)를 따르기
때문에 차이가 있다. 3명은 소장이 3개이고, 재명은 소장이 2개이므로,
명수에 차등을 둔다. 자세한 내용은 앞의 [冕服圖01 : 15-締冕] 역주 ⑦
참조.

④ 시삭(視朔): 천자와 제후가 매월 초하루에 조묘(祖廟)에 제사를 지내 조
상에게 고한 후에 태묘(太廟)에서 정사를 논하는 것을 말한다.

⑤ 조일(朝日): 『주례』「천관·장차」 정현의 주에서 춘분 때 동문(東門) 밖
에서 해에 절하고 사교(四郊)에서 오제(五帝)에게 제사지내는 것[朝日,
春分拜日於東門之外, 祀五帝於四郊.]이라 하였다.

弁爵

　작변(爵弁)의 제도는 면관과 같고, 다만 류가 없는 것이 다른 점이다. 『의례』「사관례」(정현의) 주에서 "작변은 면관의 다음 등급이다."라고 하였으니 존비(尊卑)가 면관의 다음임을 말하였다. 장일은 순서를 위변의 아래로 놓았으니 또한 옳지 않다. 그 변판(弁板)도 너비가 8촌이고 길이는 1척 6촌이며, 앞은 둥글고 뒤는 네모지다. 변 위에 대면(大冕)을 덮는데 모두 30승의 베를 사용한다. 그 색은 붉으면서 약간 검어 참새의 머리[爵頭] 색과 같고 안쪽은 (면관과 같이) 또한 훈색이다. 1명인 대부의 면관은 류가 없어 그 제도는 작변과 같고 다른 점이 없다. 면이라는 이름을 얻은 것은 1명인 대부의 면관은 비록 류가 없으나 또한 앞쪽 1촌 2분이 숙여져 면관의 칭호를 얻었다. 그 작변은 앞뒤가 평평하므로 면의 명칭을 얻지 못하였다. 또 「사관례」에서 "작변복은 훈색 치마[纁裳], 순의(純衣: 검은색 비단 옷옷),① 치색 띠, 적황색 폐슬[靺韐]이다."라고 하였고, (정현의) 주에서는 "군주의 제사에 참여할 때 입는 옷이다."라고 하였다. 만일 자신의 사당에 제사 지낸다면② 현관을 쓰고 현단을 입는다. 순의는 비단옷[絲衣]이다. 웃옷은 모두 베로 만드는데, 오직 면복과 작변복만 비단을 사용한다. 매겹(靺韐)은 적황색 폐슬이다. 사(士)는 적황색 폐슬[縕韍]과 검은색 형[幽衡]③을 차는데 혁대에 매단다. 사는 꼭두서니[茅蒐]로 염색하므로 그로 인해 (매겹이라) 이름하였다. 또 사는 연민옥(瑞玟玉)을 차고 적황색으로 짠 수를 하며, 훈구(纁屨)를 신는데 흑색으로 그 코장식과 끈장식, 가선장식을 한다.

[爵弁制如冕, 但無旒爲異. 「士冠禮」注云, "爵弁者, 冕之次", 謂尊卑次冕也. 張鎰退于韋弁之下, 亦非宜也. 其弁板亦廣八寸, 長尺六寸, 前圓後方. 弁上覆大冕, 俱用三十升布. 其色赤而微黑, 如爵頭, 然裏亦纁色. 一命大夫之冕亦無旒, 其制與爵弁不殊. 得名冕者, 一命大夫之冕雖無旒, 亦前低一寸二分, 故得冕稱. 其爵弁則前後平, 故不得冕名. 又「士冠禮」云: "爵弁服, 纁裳, 純衣, 緇帶, 靺韐." 注云, "此與君祭之服." 如自祭廟則服玄冠·玄端. 純衣, 絲衣也. 衣皆用布, 唯冕與爵弁服用絲耳. 靺韐, 縕韍也. 士縕韍·幽衡, 合韋爲之. 士染以茅蒐, 因以名焉. 又士佩瑞玟玉, 而縕組綬, 纁屨, 黑絢繶純.]

① 순의(純衣): 정현은 모두 비단옷[絲衣]으로 해석하여 『주례』「지관·매
씨(媒氏)」의 '순백(純帛)'과 『논어(論語)』「향당(鄕黨)」의 '금야순(今也純)'
에 대해 모두 "순(純)은 사실 치(緇)의 글자이다. 옛날에 치(緇)는 재(才)
의 뜻으로 발음하였다.[純, 實緇字也. 古緇以才爲聲.]"라고 하였다. '치
(緇)'는 '재(才)'의 뜻으로 발음하는데, '재(才)'는 곧 '紂(검은색)'이다. 피
변복(皮弁服) 이하 심의(深衣) 등의 옷은 모두 베로 만드는데, 이 순의(純
衣)는 검은색의 비단으로 만든다는 뜻이다.(김용천·박례경 역주, 『의례역주
(1)』, 142쪽. 각주 55 참조.)

② 만일 자신의 ~ 제사 지낸다면: 대부는 치면(緇冕)을 쓰고 군주의 제사를
도우며, 작변(爵弁)을 쓰고 자신의 사당에서 제사를 지낸다. 사는 작변
(爵弁)을 쓰고 군주의 제사를 도우며, 현관(玄冠)을 쓰고 자신의 사당에
서 제사를 지낸다.(『禮記』「雜記上」, "大夫冕而祭於公, 弁而祭於己. 士弁而祭
於公, 冠而祭於己. 士弁而親迎, 然則士弁而祭於己, 可也.")

③ 검은색 형[幽衡]: 형(衡)은 형(珩)이라고도 한다. 패옥의 가장 위에 있는
가로 형태의 옥으로, 사(士)의 패옥은 형만 있는 구조로 보인다. 패옥의
구성과 형태는 [冕服圖01 : 01-大裘冕] 역주 ⑧ 참조.

『주례』「춘관·사복」에 "사는 피변(皮弁) 이하의 복식을 입는다."라고 하였다. 또 『주례』「하관·변사」 정현의 주에서 "위변과 피변의 솔기[會]에 매듭 장식①이 없다."라고 하였다. 『의례』「사관례」에서 "피변복에는 소색 주름치마와 치색 띠와 소색 폐슬을 한다."라고 하였다. 군주가 시삭 (視朔)할 때 입는 복장과 같다. 『예기』「옥조」에서 "(사는) 연민옥(瑌玫玉)을 차고 적황색으로 짠 수를 한다."라고 하였다. 또 "사의 홀은 대나무에 상아로 밑을 장식하여 만들어도 된다."라고 하였다. 상공(上公)의 위변과 피변이라면 기(璂)는 9개의 옥이고, 후와 백은 7개의 옥, 자와 남은 5개의 옥이며, (옥은) 모두 3가지 색이다. 4명인 고(孤)는 기가 4줄이고, 3명인 경은 기가 3줄이고, 2명인 대부는 기가 2줄로 (옥은) 모두 2가지 색이다. 제후는 피변과 백색 베로 만든 웃옷, 소색 치마, 백색 폐슬, 소색 띠는 주색과 녹색으로 가선을 끝까지 하며, 산현옥을 차고, 백석(白舄)은 청색으로 코장식과 끈장식, 가선장식을 한다. 경·대부라면 백구(白屨)를 신는다. 제후가 왕을 조회할 때 및 제후들끼리 서로 조빙할 때와 시삭할 때, 왕조의 신하 또한 이 옷을 입고 왕을 조회한다. 그 위변복은 이미 군복으로 사용하고 있으며 군주와 신하의 복장이 같고 제도는 앞에서 이미 설명하였으므로 따로 그리지 않는다.

[「司服」云, "士之服自皮弁而下." 又「弁師」注云, "韋弁·皮弁之會無結飾."「士冠禮」云, "皮弁服, 素積·緇帶·素韠." 與君視朔之服同.「玉藻」云, "佩瓀玟玉[1]而縕組綬." 又云, "士笏竹本象可也." 若上公韋弁·皮弁, 琪飾九玉, 侯伯七玉, 子男五玉, 皆三采. 孤四命, 琪飾四, 三命之卿, 琪飾三, 再命之大夫, 琪飾二, 皆二采. 諸侯皮弁·白布衣·素裳·白韠·素帶, 朱緑終裨, 佩山玄玉·白舄, 青絇繶純. 卿·大夫則白屨. 諸侯朝王及自相朝視朔則服之, 王朝之臣亦服以朝王. 其韋弁服旣爲軍容, 君臣同服, 制度已見於上, 更不別圖.]

---

1 瓀玟玉:『禮記』「玉藻」에는 '玉'의 글자는 없다.

① 매듭 장식: 옥과 옥이 겹치지 않게 끈 사이를 묶어 매듭지어 주는 것으로, 사와 대부는 옥이 없기 때문에 매듭장식도 없다. 『주례』「하관·변사」에 "1명의 대부의 면은 류가 없고 사는 면 대신 작변을 쓴다. 그 위 변과 피변의 솔기에는 묶는 장식이 없다.[一命之大夫, 冕而無旒, 士變冕爲爵弁.]"라고 하였다.

『예기』「옥조」에서 "조복을 입고 날마다 내조(內朝)①에서 조회를 본다."라고 하였다. 정현의 주에서는 "조복은 관(冠)을 쓰고, 현단에 소색 치마를 입는 것이다."라고 하였다. 또한 『예기』「왕제」에서 "주나라 사람들은 현의(玄衣)를 입고 양로의 예를 행하였다."②라고 하였는데, (정현의) 주에서는 "천자의 연복(燕服)③으로 제후의 조복을 삼는다."라고 하였다. 「왕제」에서 말한 현의는 곧 이 현단을 말한다. 장일의 『삼례도』에서는 "치복과 현복은 소색의 폐슬과 소색의 띠를 하는데, (띠는) 주색과 녹색으로 끝까지 가선을 두른다. 산현옥(山玄玉)을 차며, 백석(白舄)은 청색으로 코장식과 끈장식, 가선장식을 한다. 천자의 경은 이 옷을 입고 제후의 연례에 참여하고, 제후의 고와 경대부는 이 옷을 입고 군주를 조회한다."라고 하였다.

　[「玉藻」云, "朝服以日視朝於內朝", 鄭云, "朝服, 冠玄端素裳也." 又「王
制」云, "周人玄衣而養老", 注云, "天子燕服, 爲諸侯朝服." 彼云玄衣卽此玄
端也. 張鎰『圖』云, "緇·玄二服, 素韠素帶, 朱綠終裨, 佩山玄玉, 白舃靑絇繶
純. 天子之卿服以從燕諸侯, 諸侯之孤·卿大夫服以朝君."]

① 내조[內朝]: 정현은 천자와 제후에게 모두 3개의 조정이 있는데, '내조'
는 노침(路寢)의 문 밖에 있는 정조(正朝)를 가리킨다고 하였다.

② 주나라 사람들은 ~ 예를 행하였다: 이 내용은 『예기』「왕제」뿐 아니
라「내칙」에도 기록되어 있다.[『禮記』「王制」, "周人冕而祭, 玄衣而養
老.";「內則」, "周人冕而祭, 玄衣而養老."]

③ 연복(燕服): 황제가 퇴조하여[燕居] 편안하게 입는 옷[便服]이다. 『시경』
「주남(周南)·갈담(葛覃)」의 "내 사복도 빨고[薄汙我私]"에 대해 모전(毛
傳)에서는 "사(私)는 연복이다.[私, 燕服也.]"라고 하였으며, 진환(陳奐:
1786~1863)은 『모시전소(毛詩傳疏)』에서 "연복은 한가로이 거처할 때 입
는 옷이다.[燕服, 謂燕居之服也.]"라고 하였다. 송나라의 이상교(李上交)
도 연복을 일상복[常服]으로 설명하고 있다.(『近事會元』 "燕服, 蓋古之褻服
也, 今亦謂之常服.")

【冕服圖01 : 20-士玄端사현단】

　『의례』「사관례」에 "현단은 현색 치마·황색 치마·여러 색이 섞인 치마에 치색 띠, 작색(爵色, 검붉은색)의 폐슬을 착용한다."라고 하였다. (정현의) 주에서는 "이는 날이 저물 무렵 조정에서 석례를 행할 때 입는 옷이다."라고 하였고, 가공언의 소에서는 "날이 저물 무렵 군주에게 석례를 행할 때 입는 옷이다."라고 하였다. 현단은 곧 조복(朝服)으로, 15승의 베로 만든 옷이다. '조복'이라고 하지 않고 '현단'이라고 말한 것은 색을 드러냄으로써 그 바름을 취하고자 하였다. 위에서 "주인은 현관을 쓰고 조복을 입는다."라고 하였는데, 이곳에서 오직 '현단'만 언급하고 '현관'은 말하지 않은 것은 단지 관례를 치르는 자에게 3번 관을 씌우는데, 처음에 치포관(緇布冠)을 씌우고, 다음으로 피변(皮弁)을 씌우며, 다음으로 작변(爵弁)을 씌우니 현관은 씌우지 않기 때문에 '현관'을 언급하지 않은 것이다.① 또 제후의 사는 3등급의 치마가 있어, 상사는 현색 치마이고 중사는 황색 치마이며, 하사는 여러 색이 섞인 치마로 앞이 현색이고 뒤가 황색이다. 다만 현색은 하늘의 색이고 황색은 땅의 색이므로 하늘은 높고 땅은 낮기 때문에 상사는 현색 치마이고 중사는 황색 치마이며 하사는 여러 색(현색과 황색)이 섞인 치마이다. 다시 현색과 황색을 사용하는 경우 앞이 양이고 뒤는 음이기 때문에 앞이 현색이고 뒤가 황색임을 알 수 있다.

[「士冠禮」云, "玄端, 玄裳·黃裳·雜裳, 緇帶, 爵韠." 注云, "此暮夕於朝之服." 賈疏云謂, "嚮暮之時夕君之服也." 玄端, 卽朝服, 十五升布衣也. 不言朝服而言玄端者, 欲見色而取其正也. 上云, "主人玄冠朝服." 此唯云玄端不言玄冠者, 但冠者三加冠, 始加緇布, 次皮弁, 次爵弁, 不加玄冠, 故不言也. 又說諸侯之士有三等之裳, 上士玄裳, 中士黃裳, 下士雜裳, 前玄後黃. 但玄是天色, 黃是地色, 天尊地卑, 故上士玄裳, 中士黃裳, 下士雜裳. 還用玄黃者, 以前陽後陰, 故知前玄後黃也.]

① 위에서 "주인은 ~ 않은 것이다: '위'는 [冕服圖01 : 09-冠弁服]에서 『의
례』「사관례」의 "주인은 현관·조복·치색 띠·소색 폐슬을 한다[主人玄
冠, 朝服, 緇帶, 素韠.]"라는 내용으로 현단과 함께 '현관'을 언급하였다.
'이곳'은 [冕服圖01 : 20-士玄端]의 『의례』「사관례」의 내용으로 '현관'
이 없이 현단만을 언급한 것을 말한다. 관례를 치르는 자는 작변복, 피
변복, 현단복을 입는다. 머리에 쓰는 관을 복장의 명칭으로 삼아 작변
복에는 작변을 쓰고, 피변복에는 피변을 쓴다. 그러나 현단은 '현관'으
로 복장의 명칭을 삼지 않았는데, 이에 대해 정현은 현단에 '치포관'을
쓰기 때문이라고 설명하였다.(『儀禮注疏』 卷1「士冠禮」 鄭玄注: "不以玄冠名
服者, 是爲緇布冠陳之.") 관례를 치르는 자는 현단과 함께 치포관을 착용
하므로 '현관'에 대한 언급이 없이 '현단'만을 기록한 것이다.

三禮圖集注

后服圖

권2 후복도

—

역주 차서연

【后服圖02：序】

　　(『주례』「천관·내사복(內司服)①」에) "(내사복은) 왕후의 6가지 의복을 관장하니, 휘의(褘衣)·요적(揄狄)·궐적(闕狄)·국의(鞠衣)·전의(展衣)·단의(褖衣)이다."라고 하였다. (「천관·내사복」 가공언의 소에서는) "위의 6가지 옷은 모두 소사(素沙)②로 안감을 만들어 드러나도록 한다. 다만 부인의 옷은 치마를 (웃옷과) 달리하지 않으므로 위와 아래가 연결되어 있으니, 이 소사도 위와 아래가 연결되어 있다. 왕의 길복은 9가지가 있는데, 위변(韋弁)·피변(皮弁)·현단(玄端) 3가지는 상복(常服)으로서 왕후의 국의 이하 3가지 옷과 같다. 다만 왕의 제복은 6가지가 있는데 왕후의 제복은 오직 3가지 적(褘衣·揄狄·궐적)이 있을 뿐이니 어째서인가? 천지·산천·사직 등의 제사에 왕후와 부인은 모두 참여할 수 없으므로 3가지 옷만 있을 뿐이다. 외신(外神)③의 제사에 왕후와 부인이 참여할 수 없음을 분명히 알 수 있는 것은, 『주례』「천관·내재(內宰)」를 살펴보면, '(종묘의) 제사를 지낼 때, (왕후가 시동을 향하여) 강신[祼]④의 예를 행하고 희생고기를 진헌하며[獻] (내재는 왕후를) 돕는다.'라고 하였는데, 천지의 제사에는 강신[祼]의 예를 행하지 않으며, 오직 종묘의 제사에서만 행한다. 내종친[內宗]과 외종친[外宗]이 왕후를 돕는 것은 모두 종묘의 제사를 말하는 것이고 외신의 제사를 말하는 것이 아니다. 그러므로 왕후는 외신의 제사에 참여하지 않음을 알 수 있으니, 부인에게는 바깥일이 없기 때문이다. 그렇다면 『예기』「애공문(哀公問)」에서 공자가 '(부인은) 천지와 사직의 주인이 된다.'라고 한 것은 그곳에서는 부부가 한 몸임을 보고서 말한 것이다."라고 하였다.

또 생각건대, (가공언의 소에서) "정현[後鄭]이 '6가지 의복이 여기에서 갖추어졌다.'라고 한 것은 여러 경전에서 부인의 옷을 말한 곳이 많지만 문장이 모두 갖추어지지 않았는데, 그 6가지 옷이 오직 이곳에서만 문장이 갖추어졌기 때문이다. 정현이 이를 말한 것은 또한 6가지 옷의 색을 미루어 차례 짓고자 했기 때문이다. 이 때문에 아래에서 궐적은 적색이고, 요적은 청색이며, 휘의는 현색이라고 하였다. 왕후의 6가지 옷은 그 색에 무늬가 없으므로 그 색으로 미루어 차례지었기 때문에 '미루어 차례짓는다'라고 말한다. 국의는 누룩[麴塵]을 상징함으로 그 색이 황색이고, 단의는 남자의 단의와 같이 그 색이 흑색이니 2가지를 근본으로 삼아 오행의 색이 아래를 따르고 위를 향해 받아들인 것이다. 수(水)의 색은 흑(黑)으로 단의는 흑색을 상징한다. 수는 금(金)에서 생겨나 단의(褖衣)의 위에 전의(襢衣: 展衣)가 있으니 전의는 금의 색인 백색을 상징한다. 금은 토(土)에서 생겨나고 토의 색은 황(黃)으로 국의는 황색을 상징한다. 토는 화(火)에서 생겨나고 화의 색은 적(赤)이니 국의의 위에 궐적이 있으니 궐적은 적색을 상징한다. 화는 목(木)에서 생겨나고 목의 색은 청(靑)이니 궐적의 위에 요적이 있고 청색을 상징한다. 오행의 색이 이미 6가지 색에서 다 나왔고, 오직 하늘의 색인 현색이 있는데 휘의는 가장 위에 있어 하늘의 색인 현색을 상징한다. 이는 아래로부터 그 색을 미루어 차례짓는 것이다."라고 하였다. 3가지 적에서 오직 휘만 '의'라고 말한 것은 휘의는 이 6가지 옷의 우두머리이기 때문에 옷을 드러낸 것이다.

『후한서』「여복지」에 "황후가 묘(廟)에 배알할 때 위는 감색이고 아래는 조색[皁]을 입고, 누에를 칠 때 위는 청색이고 아래는 옥색[縹]을 입는데, 모두 심의의 제도⑤로【서광(徐廣)은 "바로 홑옷[單衣]이다."라고 하였다.】, 가체[假結]·보요(步搖)·비녀[簪]·귀걸이[珥]를 한다.【위로 태황태후와 황태후의 수식에 "가는 털[髢]을 잘라 만든 궤결(蔮結), 비녀와 귀걸이를 하는데, 이(珥)는 귀걸이[耳璫]로 구슬을 늘어뜨린다. 비녀는 대모(瑇瑁)로 체(揥, 빗치개)처럼 만드는데 길이는 1척이고 끝에 꽃모양 장식[華勝]을 만든다. 위는 봉황작(鳳凰爵)을 만드는데, 비취로 모우(毛羽)를 만든다. 아래에는 백구슬[白珠]이 있고 황금섭(黃金鑷)을 드리우고 좌우를 가로지르는 1개의 비녀를 꽂아 궤결을 놓는다. 여러 비녀와 귀걸이는 제도가 같지만, 그 체는 등급이 있다." 아래에는 "부인은 물고기로 체를 해야 한다."라고 하였다. 『시경』「용풍(鄘風)」에 상아나 뼈로 체를 만드는데 이것이 등급인가? 체는 또 적(摘)으로 되어 있는데, 음은 죽(竹)과 혁(革)의 반절이다.】 보요는 황금으로 산제(山題)를 만들고 백구슬을 꿰어 계수나무가지[桂枝]처럼 서로 얽고 1개의 작(爵)과 9개의 화(華), 곰[熊]·호랑이[虎]·붉은 큰곰[赤羆]·천록(天祿)·벽사(辟邪)·남산풍대특(南山豐大特)의 6가지 짐승을 만든다. 『시경』「용풍·군자해로(君子偕老)」에서 "부(副)에 비녀[笄]를 꽂고 아름다운 옥 장식[珈] 6개를 드리웠네."라고 하였다.【작(爵)·수(獸)는 모두 비취로 모우를 만들고, 금제(金題)와 백주당요(白珠璫繞)는 비취로 화(華)를 만든다. 부는 지금의 보요(步搖)와 같다. 『석명(釋名)』에서 "황후의 부는 그 위에 늘어뜨린 구슬이 있으니 보(步)는 곧 요(搖)이다."라고 하였다."】『후한서』「여복지」에 "승여(乘輿)는 황적색이고, 수(綬)는 4가지 색으로 황(黃)·적(赤)·표(縹)·감(紺)이다. 순황규(淳黃圭)는 길이가 2장 9척 9촌 5분이고 오백수이다. 태황태후와 황태후는 그 수(綬)가 모두 승여와 같다."라고 하였다. 채옹(蔡邕)의 『독단(獨斷)』에 "왕후는 적색 수이다."라고 하였다. 후한의 등황후(鄧皇后)가 풍귀인(馮貴人)에게 적색 수를 사여하고 다시 보요와 환패(環佩) 각 1개씩을 추가로 사여하였다.【무릇 먼저 1올을 합하여 길쌈해 1사(絲)를 만드니, 4개의 사가 1부(扶)이고 5개의 부가 1수(首)이며 5개의 수로 문(文)을 이룬다. 문의 색이 맑은 것이 규(圭)가 된다. 1개의 규를 만들 때 수(首)가 많은 것은 실이 가늘고, 적은 것은 실이 거친데, 너비는 모두 1척 6촌이다.】 생각건대, 『주례』

「천관·퇴사」에 "(퇴사는) 왕후의 머리 장식을 관장하니, 부(副)⑥·편(編)⑦·차(次)⑧를 제작한다."라고 하였는데, 이름과 제도는 3개의 등급이 있고 비록 대대로 변천된 내력이 있으나 여러 전례를 참고하고 옛 『삼례도』를 참작하여 의미를 구해 고금의 법도를 비슷하게 볼 수 있다. 그 모양과 형태, 제도를 응용하고 옛 구(屨)와 석(舃)은 각각 6가지 옷의 아래에 그림으로 그리고 풀어주었다.

[「內司服」“掌王后之六服, 褘衣·揄狄·闕狄·鞠衣·展衣·褖衣.”“此上六服, 皆以素沙爲裏, 使之張顯. 但婦人之服不殊裳, 上下連, 則此素沙亦上下連也. 王之吉服有九, 韋弁·皮弁·玄端三等常¹服, 與后鞠衣以下三服同. 但王祭服有六, 后祭服唯有三翟耳, 何者? 天地·山川·社稷之等, 后·夫人皆不與, 故三服而已. 必知外神后夫人不與者, 案「內宰」云'祭祀祼獻, 則贊.' 天地無祼, 唯宗廟有. 內宗·外宗佐后, 皆云宗廟, 不云外神. 故知后於外神不與, 以其婦人無外事故也. 若然「哀公問」孔子云, '以爲天地·社稷主'者, 彼見夫婦一體而言也.” 又案, “後鄭云, '六服備於此'者, 以諸經傳言婦人之服多矣, 文皆不備, 其六服唯此文爲備. 鄭言此者. 亦欲推次六服之色故也. 是以下云闕翟赤·揄翟青·褖衣玄者. 以王后六服其色無文, 故須推次其色, 言推次. 以鞠衣象鞠塵, 其色黃, 褖衣與男子褖衣同, 其色黑, 二者爲本. 以五行之色從下向上以次推之, 水色旣黑, 褖衣象之黑矣. 水生於金, 褖衣上有襢衣, 則襢衣象之金色白. 金生於土, 土色黃, 鞠衣象之黃矣. 土生於火, 火色赤, 鞠衣上有闕翟, 則闕翟象之赤矣. 火生於木, 木色青, 闕翟上有揄翟象之青矣. 五行之色已盡六色, 唯有天色玄, 褘衣最在上, 象天色玄. 是自下推次其色然也.” 三翟唯褘言

<hr>

1 常: 저본에는 '裳'으로 되어 있으나, 『주례』「천관·내사복」가공언의 소에 의거하여 '常'으로 교감하였다.

衣者, 褘衣是六服之首, 故以衣目之也.

　　案『漢志』"皇后謁廟服紺上皁下, 蠶上青下縹, 皆深衣制.【徐廣曰, "卽單衣也."】隱領·袖緣以條. 假結·步搖·簪·珥.【上太皇太后·皇太后首飾云"翡翠蔮結,[2] 簪珥, 珥,[3] 耳璫[4]垂珠也, 簪以瑇瑁爲擿,[5] 長一尺, 端爲華勝, 上爲鳳凰爵, 以翡翠爲毛羽, 下有白珠, 垂黃金鑷, 左右一橫簪之, 以安蔮結. 諸簪珥, 皆同制, 其擿有等級焉." 下云"夫人魚須擿." 「鄘風」以象骨爲擿, 是其等級與? ‘擿’又作‘摘’, 音竹革反.】步搖以黃金爲山題, 貫白珠爲桂枝相繆, 一爵九華, 熊·虎·赤羆·天祿·辟邪·南山豐大特六獸.『詩』所謂"副笄六珈"者也.【爵·獸皆以翡翠爲毛羽, 金題白珠璫繞以翡翠爲華云. 副若今步搖.『釋名』曰"皇后副其上有垂珠, 步則搖也."】『續漢志』云, "乘輿黃赤綬, 四采, 黃赤縹紺, 淳黃圭, 長二丈九尺九寸五分, 五百首. 太皇太后·皇太后其綬皆與乘輿同." 蔡邕『獨斷』曰, "皇后赤綬." 後漢鄧皇后賜馮貴人赤綬, 又加賜步搖·環佩各一具.【凡先合單紡爲一絲, 四絲爲一扶, 五扶爲一首, 五首成文. 文采淳爲一圭. 首多者絲細, 少者絲麤, 廣尺六寸.】案『周禮·追師』"掌后首服爲副·編·次." 名制有三等, 雖代有沿革, 稽諸典禮, 參於舊『圖』, 以意求之, 則古今之法, 髣髴而見矣. 其委貌形制, 古屨舃, 各於六服之下, 圖而解之.】

<hr>

2　結:『後漢書』「輿服志」에는 이 글자가 없지만 섭숭의는 뒤에 ‘蔮結’과 같게 하고자 추가한 것으로 보인다.
3　珥:『後漢書』「輿服志」에 근거하여 보충하였다.
4　璫: 저본에는 ‘當’으로 되어 있으나『後漢書』「輿服志」에 근거하여 ‘璫’으로 교감하였다.
5　擿:『後漢書』「輿服志」에는 ‘摘’으로 되어 있으나 섭숭의는『詩經』「庸風·君子偕老」에 근거하여 ‘擿’로 본 듯하다.

① 내사복(內司服): 궁중 봉인(縫人)의 우두머리로, 왕후의 6가지 옷[六服] 및 내·외명부의 예복을 관장한다. 엄인(奄人)이 담당한다.

② 소사(素沙): 6가지 옷의 안감이다. 『주례』「천관·내사복」정현의 주에 "소사는 오늘날의 백전(白縛)이다.[素沙者, 今之白縛也.]"라고 하였고, 가공언의 소에서는 "소사는 옷의 명칭이 아니다.[素沙者, 此非服名.]"라고 하였다.

③ 외신(外神): 천지(天地)·사망(四望)·산천(山川)·사직(社稷)·오사(五祀)의 신을 '외신(外神)'이라 하고, 이 외신에 대한 제사를 '외제사(外祭祀)'라고 한다. 조상신은 '내신(內神)'이므로 조상신을 제사 지내는 종묘의 제사는 '내제사(內祭祀)'가 된다.(『주례』「천관·외옹(外饔)」 가공언의 소 참조.)

④ 강신[祼]: 울창주를 땅에 뿌리고 시동에게 술을 올려 귀신이 내려오기를 청하는 의식을 말한다. 천지의 제사에서는 '강신'의 의식이 없으며, 종묘 제사에서만 '강신'의 예를 행한다. 천자와 제후의 종묘 제사에서는 강신의 의식을 행하고[祼], 피와 날고기를 올리고[獻], 희생의 익힌 고기를 올리며[肆] 동시에 찰기장 밥·메기장 밥을 올리는[饋食] 순서로 진행된다.

⑤ 심의의 제도: 남자는 웃옷과 치마가 분리된 형태라면, 부인들은 웃옷과 치마를 연결한 심의와 같은 형태이다.

⑥ 부(副): 왕후의 머리 장식으로, 왕념손(王念孫)은 부(副), 편(編), 차(次)의 3가지를 모두 다른 사람의 머리카락을 취하여 자기의 머리카락과 합쳐

서 만든 가체 계열로 보았으며 부(副) 위에는 별도의 장식물이 있다고 하였다. 구분은 명확하지 않지만, 정현에 따르면, '부(副)'는 왕후가 왕을 따라 제사 지낼 때 착용하는 머리 장식으로 보았다.(孫詒讓, 『周禮正義』 권15, 611쪽 참조.)

⑦ 편(編): 왕후의 머리 장식으로, 머리카락을 엮어서 줄세워 묶는 형태이다. 정현은 왕후가 양잠할 때 머리 장식으로 보았으며(孫詒讓, 앞의 책, 611쪽 참조.) 가공언은 당시의 가계(假紒)로 보았다.(『儀禮注疏』「少牢饋食禮」, 賈公彦疏, "編, 編列髮爲之, 若今假紒.")

⑧ 차(次): 왕후의 머리 장식으로, 정현은 왕후가 한가로이 거처하거나 왕을 뵐 때 착용하는 머리장식으로 보았고(孫詒讓, 앞의 책, 611쪽 참조.) 가공언은 가체[髮髢]로 보았다.(『儀禮注疏』「少牢饋食禮」, 賈公彦疏, "次, 次第髮長短爲之, 所謂髮鬄.")

휘의(褘衣)①는 꿩이 그려진 옷으로, 그 색은 현색이다. 정현[後鄭]은 소색 바탕에 5가지 색으로 꿩의 형상을 조각해 만들게 하였는데, 5가지 색으로 그린 것을 옷 위에 꿰매서 무늬로 삼았다. 왕후는 왕을 따라 선왕(先王)에게 제사 지낼 때 입는다. 상공(上公)의 두 왕후, 노부인(魯夫人)은 군을 도와 종묘(宗廟)에 제사 지낼 때 모두 이 옷을 입는다. 수식은 또한 부(副)이다. 『주례』「천관·퇴사」에 "(퇴사는) 왕후의 머리 장식을 관장하니, 부(副)를 만든다."라고 하였다. (『시경』「용풍·군자해로」의) 주에서 "부는 후부인의 머리장식[首飾]으로 머리카락을 엮어[編髮] 만든다. 계(笄)는 가로지르는 비녀이다. 옥장식[珈]은 비녀 장식 가운데 가장 성대한 것으로 존비를 구별하기 위해서이다."라고 하였다. 정현은 (『주례』「천관·퇴사」에서) "부는 덮는[覆] 것을 말하니, 머리를 덮어 장식하는 것을 이른다."라고 하였고, (『시경』「용풍·군자해로」에서) "옥장식은 더한다는 말이다. 지금 보요(步搖) 위의 장식인데, 옛 제도의 내용은 듣지 못했다."라고 하였다. (『시경』「용풍·군자해로」의) 공영달의 소에서 "왕후의 가로지른 비녀는 모두 옥으로 만드는데 오직 제복(祭服)에만 형(衡, 가로지른 비녀)이 있어 부의 양쪽 곁에서 귀에 해당하게 늘어뜨리고, 그 아래 5가지 색의 귀막이끈[紞]에 귀막이옥[玉瑱]을 단다. 편(編)과 차(次)라면 그 가로지르는 비녀가 없다. 옥장식이라 말한 것은 옥으로 장식한 비녀로, 후부인의 수식을 더욱 존귀하게 하는 것이다. 이러한 구별 및 옥장식을 한 가로지른 비녀는 오직 후부인만 있고, 경대부 이하는 없기 때문이 존비를 구분한다고 하는 것이다."라고 하였다. 또 (공영달은) "옥장식이란 말은 더한다는 것으로 '가(珈)'라는 글자는 옥(玉)을 따르고 부(副)로 말미암아 비녀[笄]를 하고서 이 장식을 더하기 때문에 '가(珈)'라고 한다. 한나라의 보요가 주나라 부의 형상이기 때문에 서로 같다고 할 수 있다. 고금의 제도는 반드시 모두 같지 않으므로 '옛 제도의 내용은 듣지 못했다'라고 한 것이다. '6개의 옥장식'이라 한 것은 장식이 6개가 있어야 한다. 다만 (장식을) 하는 곳은 고찰할 수 없다. 여기서 말한 '6'에 근거하면 후·백의 부인이 6개가 되고, 왕후는 비록 많고 적음의 문장이 없다."라고 하였으니 후백의 부인으로 미루어 보면 (왕후는) 12개가 마땅하다. 지금 단지 그림에 6개이지만 나머지 제도로 알 수 있다. 또 『주례』「천관·구인」(정현의) 주에 "현석(玄舃)이 높음이 되니 휘의의 석이다."라고 하였다. 무릇 석과 치마는 같은 색이다. 여기서 웃옷과 같은 색이라는 것은 부인은 한결같음[專一]을 숭상하고 덕을 겸비하지 않기 때문에 웃옷과 치마를 연결하며 그 색을 다르게 하지 않으므로 "현석이 높음이 되니 휘의의 석이다."라고 한 것이다. 현석이 휘의에 짝이라면 청석(靑舃)은 요적과 짝이 되고, 적석(赤舃)은 궐적과 짝이 된다. 또 (정현의 주에) "국의 이하는 모두 구(屨)이다."라고 한 것은 6가지 옷의 3가지 적은 3가지 석과 짝하니 아래 문장의 명부(命夫)와 명부(命婦)는 오직 구라고 말하고 석이라 말하지 않았으므로 국의 이하는 모두 구임을 알 수 있다. 또 (정현의 주에서) "석과 구는 코장식[絇]과 끈장식[繶], 가선장식[純]의 장식이 있다."라고 한 것에 대해 (가공언의 소에) "끈장식이라고 하는 것은 옆[牙]과 바닥[底]이 서로 만나는 솔기로, 그 사이를 황색 가닥으로 꿰맨다. 코장식은 구의 머리 부분을 말하는데, 황색 가닥으로 코를 만든다. 코장식은 잡는다[拘]는 의미로, 잡고 붙들어 행동의 경계로 삼아 사람으로 하여금 눈길을 낮추어 망령되게 보지 않도록 하는 것이다. 가선장식은 황색 가닥으로 (발이 들어가는) 입구의 가선을 만든 것을 이른다."라고 하였다. 무릇 석의 장식은 회차(繢次)[2]와 같아 현석은 황색으로 코장식과 끈장식, 가선장식을 하는 것은 현색과 황색은 천지의 색으로 상대되어 회차의 장식으로 삼은 것이다. 적색으로 코장식과 끈장식, 가선장식을 하는 것은 왕의 흑석(黑舃)에 장식이다. 적색과 흑색은 남북의 상대되는 색으로 또한 회차의 장식이다. 흑색으로 코장식과 끈장식, 가선장식을 하는 것은 왕의 적석에 장식이다. 청색으로 코장식과 끈장식, 가선장식을 하는 것은 왕의 백석(白舃)에 장식이다. 청색과 백색은 동서가 마주 보는 방향으로 또한 회차의 장식이다. 왕후의 적석도 흑색으로 장식하고 왕후의 청석도 백색으로 장식한다. 그러나 작변의 훈구(纁屨)는 흑색의 코장식과 끈장식, 가선장식을 하는데, 흑색과 훈색은 남북의 상대되는 색으로 회차를 사용해 구의 장식을 삼으니 제복을 높이는 것이다. 무릇 구의 장식은 수차(繡次)[3]로 이는 대략 피변의 백구(白屨)라면 흑색으로 코장식과 끈장식, 가선장식을 삼는다. 백과 흑은 서쪽과 북쪽으로 옆의 방향이니 수차로 장식을 삼은 것이다. 또 왕후의 황구(黃屨)는 백색으로 코장식과 끈장식, 가선장식을 하고, 백구는 흑색으로 코장식과 끈장식, 가선장식을 하며, 흑구(黑屨)는 청색으로 코장식과 끈장식, 가선장식을 하니 이 3가지는 국의 이하의 구이다. 그렇다면 구와 석은 왕에게 3등급이 있고, 왕후는 6등급이 있다. 상공 이하 부인이 입는 휘의도 현석이다.

[褘衣, 翬雉衣也, 其色玄. 後鄭以爲素質五采, 刻爲翬雉之形, 五色畫之綴衣上, 以爲文章. 后從王祭先王則服. 上公二王后·魯夫人助君祭宗廟皆服之. 首飾亦副. 『周禮·追師』"掌王后之首服, 爲副." 註云"副者, 后夫人之首飾, 編髮爲之. 笄, 衡笄也. 珈, 笄飾之最盛者, 所以別尊卑也." 後鄭云"副之言覆也, 所以覆首爲之飾." "珈之言加也. 今步搖上飾也, 古之制所有未聞." 孔疏云"王后之衡笄, 皆以玉爲之, 唯祭服有衡, 垂於副之兩傍當耳, 其下以五色紞懸玉瑱. 若編·次則無衡其笄. 言珈者, 以玉飾笄, 后夫人首服尤尊者. 此別及衡笄以珈, 唯后夫人有之, 卿大夫已下則無, 故云別尊卑也." 又云"珈之言加者, 以珈字從玉, 由副旣笄, 而加此飾, 故謂之珈. 漢之步搖如周副之象, 故可以相類也. 古今之制不必盡同, 故'古制得有未聞'者. 以言'六珈', 必飾之有六. 但所施不可考. 據此言'六', 則侯伯夫人爲六, 王后雖多少無文." 以侯伯夫人推之, 宜十二. 今但圖六, 則餘法可知. 又「屨人」注云"玄舃爲上, 褘衣之舃也." 凡舃與裳同色. 此與衣同色者, 以婦人尙專一, 德無所兼, 故連衣裳不異其色, 故云"玄舃爲上, 褘衣之舃也." 旣玄舃配褘衣, 則靑舃配揄翟, 赤舃配闕翟. 又云"鞠衣以下, 皆屨"者, 六服之三翟, 旣以三舃配之, 則下文命夫命婦, 唯言屨, 不言舃, 故知鞠衣已下皆屨也. 又云"舃·屨有絇有繶有純飾也"者, "言繶是牙底相接之縫, 綴黃絛於其中. 絇謂屨頭, 以黃絛爲鼻. 絇, 拘也, 取拘持爲行戒, 使人低目不妄視也. 純謂以黃絛爲口緣." 凡舃之飾如續次, 玄舃·黃絇繶純者, 玄黃天地色相對, 爲續次之飾也. 赤絇繶純者, 王黑舃之飾也. 赤

黑南北相對, 亦續次之飾也. 黑絇繶純者, 王赤舃之飾也. 青絇繶純者, 王白舃之飾也. 青白東西對方, 亦續次之飾也. 后之赤舃亦黑飾, 后之青舃亦白飾也. 若然爵弁纁屨黑絇繶純, 黑與纁南北相對, 用續次爲屨飾者, 尊祭服也. 凡屨之飾如繡次, 此約皮弁白屨, 黑絇繶純爲飾, 白與黑西北次方, 爲繡次之飾. 又后黄屨白絇繶純, 白屨黑絇繶純, 黑屨青絇繶純, 此三者鞠衣已下之屨也. 然則屨舃王有三等, 后有六等也. 上公以下夫人得服褍衣者, 亦玄舃也.]

① 휘의(褘衣): 왕후가 입는 옷 중에서 가장 높은 등급으로, 현색에 5가지 색으로 적문을 넣었다. 휘(翬)는 『주례』「천관·내사복」 정현의 주에 이(伊)와 락(雒) 이남에서 소색 바탕에 5가지 색을 갖추어 모두 무늬를 갖춘 것으로 보았다.(『周禮注疏』「天官·內司服」鄭玄注: "狄, 當爲翟. 翟雉名, 伊雒以南, 素質五色, 皆備成章曰翬.")

휘의를 입은 송(宋)의 인종황후(仁宗皇后)와 신종황후(神宗皇后) 초상
출처: 中國織繡服飾全集編輯委員會(2004), 『中國織繡服飾全集 3』434, 437쪽.

② 회차(繢次): 오방색에서 반대방향[對方]에 있는 색끼리 배색하는 방법이다.(최연우, 「석(舃)에 적용된 회차(繢次)와 수차(繡次)의 배색원칙」, 『服飾』64(6), 한국복식학회, 84쪽 참조.)

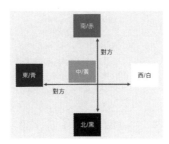

③ 수차(繡次): 오방색에서 옆에 있는 방향[比方]에 있는 색끼리 배색하는 방법이다.(최연우, 위의 논문, 84쪽 참조.)

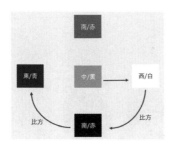

【后服圖02：02-揄(褕)翟요적】

정현은 '유적(揄狄)'을 '요적(搖翟)'①으로 읽었으니 꿩[雉]의 이름이다.
청색 바탕에 5가지 색이므로 증(繒)②에 요적(揄翟)의 형상을 새기고 5가지
색으로 칠해 상의의 위에 꿰매서 문장으로 삼는다. 그렇다면 요적의 상의
는 그 색이 청색이다. 왕후는 왕을 따라 선공에게 제사 지낼 때 입으며 수
식과 패옥[佩], 수는 휘의와 같다. 청석에 백색으로 코장식과 끈장식, 가선
장식을 한다. 후백의 부인은 군을 도와 종묘에 제사 지낼 때 입으며 수식
은 또한 부이다.

[後鄭讀揄狄爲搖翟, 雉名. 靑質五采, 故刻繒爲揄翟之形, 而五采畫之, 綴
於衣上以爲文章. 然則揄翟之衣其色靑. 后從王祭先公則服之, 首飾佩綬與褘
衣同, 靑舄白絇繶純. 侯伯夫人助君祭宗廟亦服之, 首飾亦副.]

① 요적(搖翟): 정현은 『주례』「천관·내사복」의 주에서 요(搖)를 강(江)과 회(淮) 이남에서 청색 바탕에 5가지 색을 갖추어 모두 무늬를 이룬 것으로 보았다.(『周禮注疏』「天官·內司服」鄭玄 注, "江·淮而南, 靑質五色, 皆備成章曰搖.") 요치(搖翟)라는 꿩문을 청색 바탕에 새기고 5가지 색으로 칠해 붙여 만든다. 송나라에서 황비(皇妃)는 꿩 무늬를 9줄[等]로 수 놓았다. 폐슬은 치마의 색을 따르고 요적 2줄을 넣는다. 대대는 웃옷의 색을 따르는데, 주색 안감이 아니고 가선의 위는 주색 금(錦)으로, 아래는 녹색 금으로 만든다. 혁대는 청색 상의를 따르고 백옥으로 만든 2개의 패옥과 주색 2개의 대수(大綬)와 함께 갖춰 입는다. (『宋史』 卷151 「輿服志」 <輿服3> "褕翟, 靑織爲搖翟之形, 靑質五色九等, 素紗中單黼, 領羅縠褾襈, 皆以朱色, 蔽膝隨裳色, 以緅爲領緣, 以搖翟爲章二等. 大帶隨衣色不朱裏, 紕其外, 上以朱錦, 下以綠錦. 紐約用靑組, 革帶以靑衣之, 白玉雙佩, 純朱雙大綬, 章采尺寸與皇太子同.")

② 증(繒): 누에고치로 만드는 견직물의 총칭이다.(史游, 『急就篇』 卷2 <錦繡縵紼離雲爵> "繒者, 帛之總名, 謂以絲織者也.")

    살펴보건데, 휘의와 요적 2가지 적 무늬의 옷은 살펴보면, 모두 증에 꿩
의 형상을 새기고 또 5가지 색으로 칠해 옷에 꿰맨다. 이 옷도 증에 꿩의
형상을 새겨서 만드는데, 5가지 색으로 칠하지 않기 때문에 '궐적(闕翟)'①
이라 한다. 그 옷의 색은 적색이고 모두 적색의 증에 꿩의 형상을 만들어
새기고 그 무늬를 옷 위에 꿰맨다. 정현은 (『주례』「천관·내사복」의 주에서)
"지금 세상에 규의(圭衣)가 있는데 모두 3가지 적 무늬의 옷(휘의, 요적, 궐적)
의 남은 풍속이다."라고 하였다. (가공언의 소에) "정현은 한나라 때 있던 규
의가 규(圭)의 형상으로 새겨 옷에 꿰맨 것으로 보았다. 이것이 『주례』의
3가지 적 무늬의 옷이 증에 꿩의 형상을 별도로 새기고 옷에 꿰맨 것으로
인하여 한나라 풍속에서 숭상함이 있었기 때문에 '3가지 적 무늬의 옷의

남겨진 풍속이다.'라고 한 것이다." 수식과 패옥, 수는 한결같이 2가지 적
무늬의 옷과 같고, 적석에 흑색으로 코장식과 끈장식, 가선장식을 한다.
그 자남의 부인이 군주를 따라 종묘에 제사 지낼 때도 모두 입는다.

[案褘·揄二翟, 皆刻繪爲雉形, 又以五采畫之, 綴於衣. 此亦刻繪爲雉形,
不以五色畫之, 故云闕翟. 其衣色赤, 俱刻赤色之繪爲雉形, 間以文綴於衣上.
後鄭云 "今世有圭衣, 蓋三翟之遺俗也." "鄭君見漢時有圭衣, 刻爲圭形綴於
衣上, 是由『周禮』有三翟, 別刻繪爲雉形, 綴於衣上, 漢俗尙有故云'三翟之遺
俗也'." 首飾佩綬一如二翟, 赤舃黑絢繶純. 其子男夫人從君祭宗廟, 亦皆服
之.]

① 궐적(闕翟): 휘의와 요적이 직물에 꿩의 모양을 새기고 5가지 색으로 칠한 다음 잘라 붙인다면, 궐적은 색을 칠하는 과정이 없이 꿩의 형상을 새긴 다음 바로 옷에 붙인다. 그러므로 '색이 빠져 있다[闕]'는 의미이다.

국의(鞠衣)①는 왕후가 잠사(蠶事, 桑)를 알리는 옷이다. 생각건대, 정현이 "국의는 황색의 뽕잎을 본뜬 옷이다."라고 하였고,(진호의 주에) "색이 누룩빛[鞠塵]과 같아 뽕잎이 처음 나오는 것을 본뜬 것이다."라고 하였다. 『예기』「월령(月令)」에 "3월에 선제(先帝)에게 국의를 바치고 잠사를 고한다."②라고 하였다. 또 저 (정현의) 주에서 "선제는 태호(太昊)의 족속이다."라고 하였으니 천제(天帝)가 아님을 알 수 있는 것은 '선(先)'이라 말하고 '상(上)'이라 하지 않았으므로 천(天)이 아님을 알 수 있다. 봄에 오직 태호의 족속에게 제사를 지내 국의를 신위[神坐]에 바치는 것은 양잠을 행함에 복을 구하기 위해서이다. 양잠의 공은 이미 크니 명당에서 오방의 제(帝)에게 모두 제사를 지내므로 '족속[之屬]'으로 겸하였다. 또 공영달과 가공언의 소에서 "계춘(季春)③에 양잠을 하니 왕후의 옷 중에서 선제에게 양잠을 고하는 옷이다. 국(鞠)은 풀의 이름으로, 꽃색이 황색이기 때문에 계추(季秋)④의 달을 '국에 황색 꽃이 있다'라고 하므로 여기서 국의는 황색이다."라고 하였다. 또 (『주례』「천관·내사복」 가공언의 소에) "'누룩빛[鞠塵]'이라 하고 '누룩[麴]'이라 하지 않았으나 옛 글자는 통용된다."라고 하였다. 또 (가공언의 소에) "'뽕잎이 처음 나오는 것을 본뜬 것'이라는 것은 처음 나오는 뽕잎으로 양잠을 하기 때문에 옷색으로 상징화하였다. 그 머리장식은 편(編)을 사용하는데, 정현은 '머리카락을 차례로 묶어 만드는 것을 말한다.'라고 하였으니 그 남겨진 형상은 지금 가계(假紒)와 같다."라고 하였다. 그 패옥과 수는 3가지 적 무늬의 옷과 같고, 황구에 백색으로 코장식과 끈장식, 가선장식을 한다. 구는 석과 형태와 제도는 대체로 같고, 오직 홑바닥인 것이 다르다. 그러므로 『주례』「천관·구인」(정현의) 주에서 "겹바닥을 석(舃)이라 하고, 홑바닥을 구(屨)라 한다."라고 하였다. 겹[複]은 중첩된 것으로, 아래를 바닥이라 한다. 그러므로 홑바닥인 것을 구(屨)라 이름하고, 중첩된 바닥을 석(舃)이라 이름한다. 고(孤)의 처가 남편을 따라 군주를 도와 종묘에 제사 지낼 때도 모두 입는다. 다만 귀막이끈[紞]은 3가지 색이고, 귀막이옥[瑱]은 아름다운 돌[美石]로 만드는 것이 다르다. 3가지 색은 소색·청색·황색이다. 그러함을 아는 것은 『시경』「제풍(齊風)·저(著)【(음은) 직(直)과 거(居)의 반절이다.】」의 시에서 "저(著)에서 나를 기다리네, 귀막이[充耳]는 소색으로 만들었네."에 대해 정현은 "나[我]는 시집가는 사람이 자기를 말한 것이다. 저(著)에서 나를 기다린다는 것은 군자를 따라 나가서 저에 이르는 것을 말한다. 내가 군자를 보니 귀막이[充耳]는 소색으로 만들었다."라고 하였으니 옥을 매는 끈을 소색으로 만든 것을 이른다. 또 아래에 "귀막이는 청색으로 만들었네."와 "귀막이는 황색으로 만들었네."라고 하였으니 신하[人臣]가 3가지 색에 근거하므로 아내도 그렇다. 또 "장식은 경화(瓊華)이네."라고 하였는데, 상(尙)은 장식[飾]이고, 경(瓊)은 아름다운 돌이며, 화(華)는 돌의 색이므로 신하는 아름다운 돌임을 알 수 있다. 저기서 모전(毛傳)은 '소(素)'가 '상아로 만든 귀막이옥'이라 하였는데, 정현이 따르지 않은 것은 '소'가 상아로 만든 귀막이옥이라면 아래 문장에서 어찌 '경영(瓊英)'으로 고치는 일이 있겠는가? 그러므로 정현은 소색·청색·황색을 모두 귀막이끈[紞]의 색으로 삼았다. 혹자는 "국의 이하 왕후의 귀막이끈은 모두 3가지 색이다."라고 하였다.

[鞠衣者, 后告桑之服也. 案, 後鄭云"鞠衣, 黃桑之服." "色如鞠塵, 象桑葉始生." 「月令」"三月, 薦鞠衣於先帝, 告桑事." 又彼注云"先帝, 太昊[1]之屬." 知非天帝者, 以其言先不言上, 故知非天. 春時唯祭太昊之屬, 薦鞠衣於神坐, 爲蠶求福也. 以蠶功旣大, 總祭五方帝於明堂, 故云'之屬'以該之." 又孔·賈疏云以"季春將蠶, 后服之告先帝養蠶之服. 鞠者, 草名, 華色黃, 故季秋之月云'菊有黃華', 是鞠衣黃也." 又云"'鞠塵', 不爲麴者, 古字通用也." 又云"'象桑葉始生'者, 以其桑葉始生則養蠶, 故服色象之. 其首服用編, 後鄭云'謂編列髮爲之.' 其遺象若今假紒矣."其佩綬如三翟, 黃屨白絇繶純. 屨之與舃, 形制大同, 惟禪底爲異耳. 故「屨人」注云"複下曰舃, 禪下曰屨." 複, 重也, 下謂底也. 然則禪底者名屨, 重底者名舃. 孤之妻從夫助君祭宗廟, 亦皆服之. 但紞用三采, 瑱用美石爲異. 三采, 素·青·黃也. 知然者, 「齊風·著【直居切.】」詩云"俟我於著乎而, 充耳以素乎而." 後鄭云"我, 嫁者自謂也. 待我於著, 謂從君子出至於著. 我視君子則以素爲充耳." 謂懸瑱之紞爲素色. 下又云"充耳以

1   太昊: 『예기』 『월령』에는 '大皥'로 되어 있다.

靑"·"充耳以黃", 據人臣三色, 妻亦然也. 又云"尙之以瓊華", 尙, 飾也, 瓊, 美石, 華, 石色, 故知人臣用美石也. 彼毛以'素'爲'象瑱', 鄭不從者, 必若素是象瑱, 下文何得更云'瓊英'之事乎? 故鄭以素·靑·黃, 皆爲紞色也. 或曰"鞠衣以下, 后紞亦三朶."]

① 국의(鞠衣): 양잠을 상징하는 뽕잎이 처음 나오는 색인 황색이다. 황색
라(羅)로 만들고, 폐슬과 대대, 혁대, 석은 모두 웃옷 색을 따르고 나머
지는 휘의와 같되 다만 꿩 무늬가 없는 것이 특징이다. 친잠을 할 때 입
는다.(『宋史』 卷151 「輿服志」 <輿服3> "鞠衣, 黃羅爲之, 蔽膝·大帶·革·舃隨衣色,
餘同褘衣, 唯無翟文, 親蠶服之")

국의를 입은 송(宋)의 선조소헌황후(宣祖昭憲皇后) 초상.
출처: 中國織繡服飾全集編輯委員會(2004), 『中國織繡服飾全集 3』 433쪽.

② 3월에 선제(先帝)에게 ~ 일을 고한다: 『예기』「월령」에는 "선제에게 국
의를 바친다.[是月也, 天子乃薦鞠衣于先帝.]"라고만 되어 있어 이 내용

전체는 『주례』「천관·내사복」을 인용한 것이다.(『周禮』「天官·內司服」, "鞠衣, 黃桑服也. 色如鞠塵, 象桑葉始生.「月令」三月薦鞠衣于先帝告桑事.")

③ 계춘(季春): 음력 3월로, 『예기』「월령」에 "계춘의 달에 태양은 위(胃, 서방의 별자리)에 있고, 저녁에는 성(星, 남방의 별자리)이 남중하고, 새벽에는 견우(牽牛, 북방의 별자리)성이 남중한다.[季春之月, 日在胃, 昏七星中, 旦牽牛中.]"라고 하였다.

④ 계추(季秋): 음력 9월로, 『예기』「월령」에는 "계추의 달에 태양은 방(房, 동방의 별자리)에 있고, 저녁에 허(虛, 북방의 별자리)가 남중하며, 새벽에 유(柳, 남방의 별자리)가 남중한다. [季秋之月, 日在房, 昏虛中, 旦柳中]"라고 하였다.

전의(展衣)①는 백색이다. 왕후가 예로써 왕 및 빈객(賓客)을 뵐 때 입는
데, 패옥과 수는 위(국의)와 같다. 위에 머리 장식도 편(編)이고, 백구에 흑
색으로 코장식과 끈장식, 가선장식을 한다. 정현은 '전(展)'이 '단(襢)'이 되
어야 한다고 하였다. 살펴보건대, 『예기』「상대기(喪大記)」에 "세부(世婦)
는 (복의로) 단의(襢衣)를 사용한다."라고 하였으니 (『주례』「천관 · 내사복」 정현
의 주에) "단(襢)은 '단(亶)'을 말한다. 단(亶)은 진실함[誠]이다."라고 하였다.
살펴보건대, 『시경』「용풍 · 군자해로」 및 이 문장은 모두 '전(展)'으로 되
어 있어 여기서는 경을 바르게 보았다. 정현이 '단(襢)'으로 읽어야 한다고
한 것은 '단(襢)'은 의(衣)를 따라 옷에 의미를 두었기 때문이다. 『이아』에
서 '단(亶)'과 '전(展)'은 오직 훈이 진실함으로 같아 전(展)은 말의 진실함이

고 단(亶)은 행동의 진실함이니, 행동을 귀하게 여기고 말을 천하게 여긴 것이다. '단(襢)'이라는 글자는 '단(亶)'이 소리가 되어 행동의 진실함이 있다는 의미이기 때문에 '단(襢)'을 따른 것이다. 이는 또 경과 대부의 부인이 남편을 따라 군주를 도와서 종묘에 제사 지낼 때 입는다. 『예기』「제의(祭義)」를 살펴보면, "군주가 희생을 끌고 가면, 부인은 앙제(盎齊)의 술동이를 (시(尸)의 자리 앞에) 진설한다. 군주가 시(尸)에게 술을 따르면, 부인은 두(豆, 제물을 담는 그릇)를 올린다. 경과 대부는 군주를 돕고 명부(命婦)는 부인을 돕는다."라고 한 것이 이것이다.

[展衣色白. 后以禮見王及賓客之服, 佩綬如上. 上首服亦編, 白屨黑絢繶純. 後鄭云'展'當爲'襢'者, 案「喪大記」云"世婦襢衣."[1] "襢之言亶也. 亶, 誠也." 案『詩』「鄘風·君子偕老」及此文皆作'展', 並是正經. 鄭必讀爲'襢'者, 以'襢'從衣而有衣義. 『爾雅』'亶'·'展'雖同訓爲誠, 展者言之誠, 亶者行之誠, 貴行賤言. '襢'字以'亶'爲聲, 有行誠之義, 故從'襢'也. 此亦卿大夫之妻從夫助君祭宗廟得服之. 案「祭義」曰"君牽牲, 夫人奠盎, 君獻屍, 夫人薦豆, 卿大夫相君, 命婦相夫人." 是也.]

---

1 世婦襢衣: 『예기』「상대기」에는 '世婦以襢衣'로 되어 있다.

① 전의(展衣): 백색의 옷으로, '襢衣'로 되어 있는 경우도 있으나 발음은 '전의'로 읽는다.

단의(褖衣)①는 흑색이다. 왕후가 집에서 왕을 뵐 때 단의를 입고, 차(次)를 한다. 살펴보건대, 『주례』「천관·퇴사」(정현의) 주에 "차는 머리를 길고 짧게 차례대로 만드는 것으로 피체(髲髢, 가체)②라고 한다."라고 하였다. 가공언의 소에서는 "『의례』「소뢰궤사례」에서 '주부는 피체를 한다.'라고 하였으니, 곧 이것이 차이다."라고 하였다. 체(髢)와 체(髢)는 음이 '지(地)'로 같다. 저(『의례』「소뢰궤사례」) 주에서 "옛사람들은 신분이 낮은 사람과 형별을 받은 사람의 머리카락을 잘라 그것을 만들었다."라고 하였다. 노나라 애공 17년 위나라 장공(莊公)의 설을 살펴보면, "장공이 성 위에서 기씨(己氏) 아내의 머리카락이 아름다운 것을 보고서 사람을 보내어 그 머리를 깎아 (대머리로 만들고서 그 자른 머리로) 여강(呂姜)의 체(髢, 다리)로 만들게 한 일이 있었다."라고 하였는데, 두우는 "여강은 장공의 부인이다. 체는 피(髲, 가체)이다."라고 하였다. 이것으로 말하면 다른 사람의 머리카락을 취해 체를 만드는데, 다른 사람의 머리카락으로 체를 만들어 사용하지 않고 스스로 만드는 것이 계(紒)이다. 그렇다면 『시경』「용풍·군자해로」시에 "검은 머리 구름 같아서 체가 어울리지 않네."라고 하였고, 모전(毛傳)에서 "'진(鬒)'은 검은 머리이다. '구름 같다[如雲]'는 것은 아름답고 길다는 것이다. '설(屑)'은 깨끗함이다."라고 하였다. (정현의) 전(箋)에는 "체는 피이다. '체가 보이지 않네[不屑髢]'는 체로써 잘 보이지 않는 것이다."라고 하였다. 이것이 다른 사람의 머리카락으로 체를 만들어 사용하지 않고 자기 머리카락만 함께 합쳐 정결하게 계를 만든 것이다. 『후한서·여복지』에서 '대수(大手)'로 설명했으니 계는 모두 이것을 말한다. 그 패옥과 수는 위와 같고, 흑구에 백색으로 코장식과 끈장식, 가선장식을 한다. 사의 아내가 남편을 따라 제사를 도울 때 입는다. 부인의 단의가 흑색인 것은 남자의 현단(玄端)③으로 인해 시작되었기에 또한 '단의(褖衣)'라고 이름하였다. 아는 사람들은 『의례』「사관례」에 "작변복(爵弁服)·피변복(皮弁服)·현단복(玄端服)을 방 안에 진설한다."를 살펴보고, 『의례』「사상례(士喪禮)」에 "(동쪽) 방에다 습(襲)에 필요한 옷 등을 진설한다."에 이르면 또한 "작변복·피변복·단의"라고 하였다. 여기서 단의는 현단에 해당하는 것으로 말이 변한 것이다. 관례 때 현단은 웃옷과 치마가 분리되고, 죽어서 습을 할 때 현단은 웃옷과 치마를 연결하니 부인의 단의와 같다. 그러므로 비록 남자의 현단이라도 '단의'라고 이름한 것이다. 또 (『예기』「잡기(雜記)」에서) 자고의 습에 단의에 훈염(纁袡)을 사용한 것이 보이는데, 정현은 『의례』「사혼례(士昏禮)」의 주에서 "염(袡)도 가선[緣]이다."라고 하였으니 단의에 훈색 가선은 여기서 부인이 시집갈 때의 옷이지 또한 일상복[常衣]은 아니다. 지금 자고의 습을 할 때에 부인의 옷을 사용함을 비웃은 것이다. 단지 훈염과 현의는 상대되는 물건으로 남자의 단의는 흑색이고, 남자의 단의가 흑색이라면 부인의 단의도 흑색임을 알 수 있다.

[褖衣色黑. 后接豫見王之時則服褖衣及次. 案「追師」注云"次者, 次第髮長短爲之, 所謂髲髢也." 賈疏云"所謂「少牢」‘主婦髲鬄’, 卽此次也." 髲髢同音‘地’. 彼注云"古者或剔賤者·刑者之髮而爲之." 案魯哀公十七年說衞莊公"自城上見已氏之妻髮美, 使髡之, 以爲呂姜髢." 杜云"呂姜, 莊公夫人, 髢, 髮也." 以此言之, 是取他髮爲髢也, 則有不用他髮爲髢自成紒者. 故「鄘風·君子偕老」詩曰"鬒髮如雲, 不屑髢也." 傳云"‘鬒’, 黑髮也. ‘如雲’言長美. ‘屑’, 絜也." 箋云"髢, 髲也. 不絜髮者, 不用髮爲善也." 是不用他髮爲髲, 同合己髮, 絜爲紒者也. 『漢志』說‘大手’, 紒蓋謂此也. 其佩綬如上, 而黑屨白絇繶純. 士妻從夫助祭亦服之. 婦人褖衣之黑, 始因男子之玄端, 亦名‘褖衣’. 知者, 案「士冠禮」"陳服於房, 爵弁服·皮弁服·玄端服." 至於「士喪禮」"陳襲事於房", 亦云"爵弁服·皮弁服·褖衣". 此褖衣當玄端處, 所以變言之者. 冠時玄端, 衣裳別, 及死而襲, 玄端連衣裳與婦人褖衣同. 故雖男子玄端, 亦名‘褖衣’也. 又見子羔襲用褖衣纁袡, 鄭注「士昏禮」云"袡, 亦緣也." 褖衣纁緣, 是婦人嫁時之服, 亦非常衣也. 今子羔襲之, 故譏用婦服. 但纁袡與玄衣相對之物, 則男子褖衣黑矣. 男子褖衣旣黑, 則婦人褖衣黑可知矣.]

① 단의(褖衣): 흑색의 옷으로 붉은색 가선이 둘러져 있다.(『儀禮』卷35「士喪禮」"褖衣"鄭玄注: "黑衣裳, 赤緣謂之褖.")

② 피체(髲髢 가체): 다른 사람의 머리카락을 이용해 자신의 머리 모양을 풍성하게 하는 가체 계열을 말한다. 『의례』「소뢰궤사례」에 '피석(被錫)'에 대해 정현은 '피체(髲髢 가체)'의 뜻으로 옛날에 천한 사람이나 형벌을 받은 사람의 머리카락을 잘라내어 부인의 계에 덧씌워 장식으로 삼은 것으로『주례』에서 말하는 '차(次)'라고 하였다.(『儀禮』「少牢饋食禮」"主婦被錫, 衣移袂." 鄭玄 注: "被錫, 讀爲髲髢 古者或剔賤者刑者之髮, 以被婦人之紒爲飾, 因名髲髢焉. 此周禮所謂次.") 『의례』정현의 주와 가공언의 소에는 '髢'가 '鬄'로 되어 있는데, 『주례』「천관·퇴사」정현의 주에서는 '髢'와 '鬄'를 함께 사용하고 있으며,('所謂髲髢', '主婦髲鬄') 가공언의 소에서는 '髢'로 되어 있다.('所謂髲髢', '主婦髲髢') 이 두 글자와 그 음에 대해서 육덕명(陸德明)은 "어떤 본에는 ('髢'가) '鬄'로 되어 있으며, (그 음은) 대(大)와 허(許)의 반절(反切)이다. 유창종(劉昌宗)은 음이 '지(地, dì)'라고 하였다.(『經典釋文』권8,「周禮音義 上 天官冢宰下」追師, "本又作鬄 大計反. 劉音地.")고 하였다. 이에 따르면 '鬄'와 '髢'는 서로 통용되는 글자이며, 그 음에 대해서 섭숭의는 유창종의 설을 따른 것이다. 다만 '鬄'와 '地'는 그 음이 모두 'dì'로, 우리 음으로는 모두 '체'로 표기하기로 한다.

③ 현단(玄端): 현색의 웃옷 일습으로 [冕服圖01 : 10-玄端] 참조.

　훈염(纁袡)은 시집가는 여자가 입는 옷에 해당한다. 『의례』「사혼례」에서 "신부는 차(次)를 하고 순의(純衣)①를 입고 방 안에서 남쪽을 향해 선다."라고 하였는데, (정현의) 주에서 "차는 머리 장식으로 오늘날의 피(髲, 가체)이다."라고 하였다. 『주례』에 퇴사는 부·편·차·순의(純衣)·사의(絲衣)를 관장한다. (『의례』「사혼례」정현의 주에) "이 옷도 현색이다. 염(袡)은 가선[緣]이니 염이라는 글자는 나아간다[任]는 뜻이다. 그 비단옷[絲衣]에 훈색 가선을 해서 음기가 위로 양에게 나아가는 것을 상징한다."라고 하였고, (가공언의 소에) "교제시켜 의지하는 의미가 있음을 취한 것이다. 무릇 부인은 염을 사용하는 옷이 일상적이지 않아 성대한 혼례에 이 옷을 입는다."라고 하였다. 『예기』「상대기」에서 "(부인의) 복의(復衣)에는 염을 하지

않는다."②라고 하였으니 일상적인 옷이 아님이 분명하다. 『시경』「소남
(召南)·하피농의(何彼襛矣)」에도 무왕의 딸은 신분이 낮은 제후(齊侯)의 아
들에게 시집갔지만, 수레와 옷은 그 남편에게 얽매이지 않아 왕후보다 한
등급을 낮추어 수레는 염적거(厭翟車)이고, 옷은 요적에③ 훈염을 더하였으
며, 머리 장식도 부로 하였다.

[繡袡, 當嫁之女所服也.「士昏禮」云"女次, 純衣繡袡, 立於房中, 南面."
注云"次, 首飾, 今之髲也."『周禮』追師掌爲副·編·次·純衣·絲衣也. "此衣
亦玄色, 袡, 緣也, 袡之爲言任也. 以繡緣其絲衣, 象陰氣上任於陽也." "取交
接有依之義. 凡婦人不常施袡之衣, 盛昏禮爲此服耳."「喪大記」曰"復, 不以
袡." 明非常衣也. 『詩』武王女下嫁齊侯之子, 車服不繫其夫, 下王后一等, 乘
厭翟, 服褕翟, 加繡袡, 首飾亦副.]

① 순의(純衣): 옅은 진홍색 가선 장식을 한 검은색의 비단 웃옷이다. 그러
나 정현은 관례에서 작변복에 입는 순의를 '비단옷[絲衣]'으로 해석하
였다([冕服圖01 : 17-雀弁] 역주 ① 참조). 『예기』「상대기」에 "사는 작변복
을 입고, 사의 처는 세의(稅衣)를 입는다.[士以爵弁, 士妻以稅衣.]"고 하
였고, 『주례』「천관·내사복」 정현의 주에서는 이를 인용하면서 '세의
(稅衣)'는 '단의(褖衣)'로 써야 한다고 하였다. 따라서 이 경문의 '순의(純
衣)'는 곧 세의(稅衣)나 단의(褖衣)로 보인다. 작변복이 사(士)의 최고 등급
복장인 것과 마찬가지로, 사의 처일 경우 최고 등급 복장은 차(次)를 하
고 순의(純衣, 褖衣)를 입는 것이다. 이는 본래 제사를 도울[助祭] 때에 입
는 복장인데, 정현에 따르면 친영(親迎)할 때에 입는 것은 한 등급을 올
려서 귀하고 성대함을 보이는 것(『周禮』「天官·追師」, "「昏禮」, 女純衣, 攝盛
服耳")으로 보았다. 『예기』「잡기상(雜記上)」에 의하면, 자고의 상에 염
을 할 때 세의(稅衣)에 훈염(纁袡)이 한 벌을 이루자, 증자는 부인의 복장
으로 염을 하는 것이 아니라고 비난하였다.(子羔之襲也, 繭衣裳與稅衣纁袡
爲一 … 曾子曰, "不襲婦服") 이렇게 보면 '세의훈염(稅衣纁袡)'은 곧 '순의훈
염(純衣纁袡)'이며, '세(稅)'와 '단(褖)'은 통용되는 글자이다. 그러나 『예
기』「잡기상」 정현의 주에는 "세의는 현단과 같은데, 웃옷과 치마를 이
어지게 하는 것이다.[稅衣, 若玄端而連衣裳者也.]"라고 하였고, 가공언
도 이 경문에서 웃옷만 말하고 치마를 언급하지 않은 것은 부인의 복장
은 웃옷과 치마를 달리하지 않기 때문이라고 하였으며[不言裳者, 以婦

人之服不殊裳, 是以「內司服」皆不殊裳], 『주례』「천관·내사복」정현의 주에서는 "부인은 웃옷과 치마를 이어지게 하고, 그 색을 달리하지 않는다[連衣裳不異其色]"라고 하였다. 이렇게 보면 정현과 가공언은 이 경문의 '순의훈염(純衣纁袘)'은 훈색의 가선 장식을 한 현색의 비단 웃옷이며, 치마 역시 현색으로 한다고 본 것이다. 이에 반하여 오계공(獒繼公)은 '순의훈염(純衣纁袘)'에 대해 웃옷과 치마를 이어지게 하지만 그 색은 달리하는 것으로 '치의(緇衣)'에 '훈상(纁裳)' 다시 말해 '치색의 웃옷에 가선 장식을 한 훈색의 치마를 입는 것'으로 해석하고, 부인의 복장에서 웃옷과 치마의 색을 달리하는 것은 시집갈 때의 특별한 예라고 하였다.(김용천, 박례경 역주, 『의례 역주【一】-사관례·사혼례·사상견례』, 세창출판사, 2012, 326쪽 참조.)

② (부인의) 복의(復衣)에는 ~ 하지 않는다: 이 문장의 정현 주에서는 "염(袘)은 시집갈 때의 높은 등급의 옷[上服]이다."라고 하였으므로 일상적인 옷이 아님을 알 수 있다.

③ 무왕의 딸은 ~ 옷은 요적(褕翟)에: 이 내용은 『시경』「소남·하피농의」에 대한 모전과 정현의 주의 내용이다. 무왕의 딸은 왕후보다 한 등급 낮추어 후(后), 비(妃), 공주(公主)가 타는 수레인 염적거(厭翟車)에 말의 얼굴을 장식하고[勒面] 수를 놓은 머리끈[繢總]을 하며 요적(褕翟)을 입어[『詩經』「國風·召南·何彼襛矣」毛傳: "何彼襛矣, 美王姬也, 雖則王姬亦下嫁於諸侯, 車服不繫其夫, 下王后一等, 猶執婦道以成肅雝之德也." 箋云"下王后一等, 謂車乘厭翟·勒面·繢總服則褕翟."] 남편의 신분이 아닌 공주 신분의 수레를 타고 옷을 입음을 알 수 있다.

　이는 사모(師母)와 보모[姆母, 유모]가 입는 옷이다. 『의례』「사혼례」에
서 "보모[姆]는 리(纚, 머리싸개)와 비녀를 하고, 초의(宵衣)를 입고서 신부의
오른쪽에 선다."라고 하였는데, (정현의) 주에서 "보모는 부인이 나이가 50
이 되어서도 자식이 없어 쫓겨나 다시 시집을 갈 수 없는데, 부도(婦道, 부
인의 도)로써 남을 가르칠 수 있는 자이다. 오늘날의 유모(乳母)와 같은 경우
이다. 리는 머리를 싸는 싸개이다. 계(笄)는 오늘날의 비녀[簪]이다. 리(纚)
는 또한 너비는 온폭이고, 길이는 6척이다. 초(宵)는 '소의주초(素衣朱綃, 소
색 웃옷에 주색 초로 만든 깃)'의 '초(綃)'로 읽는다. 『노시(魯詩)』에서 초(綃)[①]를
기(綺)[②]의 종류로 보았다. 보모도 현의(玄衣)로【곧 단의(褖衣)이다.】 초로 깃
을 만들었기 때문에 이로 인해 이름을 삼고 또 서로 구별한 것이다. 보모

가 신부의 오른쪽에 있는 것은 신부의 예를 전달하기 위해서이다."라고
하였다. 가공언은 풀어서 "부인이 나이가 50이 되면 음도(陰道)가 끊어지
고 자식이 없으면 쫓겨난다.【이것이 7가지 쫓겨남③ 중의 하나이다.】 그러나 7
가지 쫓겨남 중에 나머지 6가지 쫓겨남은 덕행이 없어 남을 가르치는 것
을 감당하지 못하는 경우이다. 그러므로 자식이 없어 쫓겨나 다시 시집갈
수는 없지만 부도로써 남을 가르칠 수 있는 사람을 취해 남겨서 보모로 삼
는다. 이미 신부를 가르쳤으므로 신부를 따라 남편 집으로 향한다. 리도
관(冠)과 같이 머리를 묶고 또 증(繒)으로 머리를 싸는 것이니 너비는 온폭
이고 길이는 6척으로 머리를 싸서 계(紒)를 만든다. 보모가 신부와 다른 점
은 (신부는) 리와 차가 있지만 보모는 리는 있지만 차가 없다. 초(宵)는 『시
경』에 '소의주초(素衣朱綃)'의 '초'로 읽어야 하는데, 『시경』 「당풍(唐風)·
양지수(揚之水)」에 '소의주수(素衣朱繡)'에 정현의 전(箋)은 '수(繡)'를 갈라서
'초(綃)'로 삼았다.④ 이 주는 저 (정현의) 전에서 파자(破字)의 의미에 근거했
기 때문에 바로 '소의주초(素衣朱綃)'를 근거로 삼은 것이다. 보모도 현의이
고, 초로 깃을 만들어 이로 인해 이름으로 삼았다. 이 옷은 비록 초의(綃衣)
라고도 하고, 또 순의(純衣)와 함께 단의(褖衣)도 되지만, 초로 깃을 만들었
기 때문에 초의(綃衣)라는 이름을 얻었으니 또 서로 구별한 것이다.【윗 문장
에서 신부는 순의라고 하고 여기서 보모는 초의라고 하였으니 비록 이것은 단의임이 같
지만, 순의와 초의라고 서로 구별하여 이름하였다.】 '보모가 신부의 오른쪽에 있
는 것은 신부의 예를 전달하기 위해서이다'라는 것은 『예기』 「소의(少儀)」
를 살펴보면 "(군주를 대신해) 폐백을 받을 때는 (군주의) 왼쪽으로부터 받고,
군주의 명령을 (다른 사람에게) 전달할 때는 오른쪽으로부터 전달한다."라고
하였다. 부인의 도[地道]는 오른쪽을 숭상하는 의미이므로, 보모가 신부의
오른쪽에 있는 것이다.

[此師·姆母所著之衣也.「士昏禮」云"姆纚笄宵衣, 在其右." 注云"姆, 婦人年五十, 無子而出, 不復嫁, 能以婦道教人者. 若今時乳母矣. 纚, 韜髮纚也. 笄, 今時簪也. 纚, 亦廣終幅, 長六尺. 宵, 讀爲素衣朱綃之綃.『魯詩』以綃爲綺屬. 姆, 亦玄衣【卽褖衣也.】以綃爲領, 因以爲名, 且相別耳. 姆在女右, 當詔以婦禮." 賈公彥釋曰"婦人年五十陰道絶, 無子出之【此七出之一也.】然就七出之中餘六出, 是無德行不堪教人者, 故取無子而出, 不復嫁能以婦道教人者, 留以爲姆. 旣使教女, 因從女向夫家也. 纚亦如冠, 韜髮又纚以繒, 廣終幅, 長六尺, 以韜髮而紒之. 姆所異於女, 有纚有次, 姆則有纚無次. 宵讀爲『詩』素衣朱綃之綃, 案『詩』「唐風」云'素衣朱繡' 鄭箋破繡爲綃. 此注據彼箋破字之義, 故直云'素衣朱綃'以爲證也. 姆亦玄衣, 以綃爲領, 因以爲名者. 此衣雖言綃衣, 以亦與純衣同是褖衣, 用綃爲領, 故因得名綃衣也, 且相別耳.【謂上文女曰純衣, 此姆曰宵衣, 雖同是褖衣, 而純衣·宵衣名相別也.】'姆在女右, 當詔以婦禮'者, 案『禮記』「少儀」云"贊幣自左, 詔辭自右." 地道尊右之義, 故姆在女右也.]

① 초(綃): 정련하지 않은 생사로 직조한 직물로[『說文解字』「糸部」, "綃, 生絲也. 从糸肖聲."], 생초(生綃)라고도 한다. 얇고 가벼우면서도 빳빳한 질감으로 실이 가늘어 얇고 반투명해 보이는 특징이 있다.(강순제 외 7명, 『한국복식사전』, 민속원, 2015, 698쪽.)

② 기(綺): 무늬가 있는 비단[繒]을 의미한다.(『說文解字』「糸部」, "綺, 文繒也, 从糸奇聲.") 평직 바탕에 무늬 부분은 능직(조직점이 연속되면서 대각선의 능선이 나타나는 형태)이나 주자직(표면에 나타나는 조직점을 적게 해 분산된 형태), 부직 등 다양하게 짜 넣어 무늬가 있는 얇은 단색 직물이다.(심연옥, 『한국직물 오천년』, 고대직물연구소 출판부, 2002, 79쪽.)

③ 7가지 쫓겨남: 첫째는 부모에게 순종하지 않는 것, 두 번째는 음란한 것, 세 번째는 시기하는 것, 네 번째는 자식이 없는 것, 다섯 번째는 몹쓸 병을 앓는 것, 여섯 번째는 말이 많은 것, 일곱 번째는 도둑질을 하는 것이다.(『儀禮注疏』「士昏禮」賈公彦의 疏, "云婦人有七出, 不順父母出, 淫出, 妬出, 無子出, 惡疾出, 多言出, 竊盜出.")

④ 초(綃)는 『시경』에 ~ '초(綃)'로 삼았다: 『시』「당풍·양지수」에는 본래 '소의주수(素衣朱繡)'로 되어 있는데, 정현은 전(箋)에서 "수(繡)는 초(綃)가 되어야 한다.[繡, 當爲綃.]"라고 하였고, 섭숭의는 정현이 수(繡)라는 글자를 파자하여 초(綃)라고 한 것으로 여기고 '소의주초'로 기록하였다.

옛날의 멍에[駕]는 4필의 말[四馬]에 주(輈: 끌채)는 위가 구부러져 형(衡: 가로대)과 연결된다. 주는 원(轅: 끌채)이고 형은 軶(軶: 가로지른 나무)이다. 원(轅)은 진(軫: 수레 뒤턱 가로장)으로부터 앞으로 점점 구부려져 올라가 형에 이른다. 주는 형의 위에 있어 아래를 향해 걸리게 한다. 형이 주의 아래 있어 집의 대들보와 같으므로 『시경』「진풍(秦風)·소계(小戎)」에서는 '양주(梁輈: 구부정한 끌채)'라고 하였다. 먼저 참마(驂馬)[1]의 안쪽 비(轡, 고삐)를 수레의 식(軾, 앞턱 나무)에 묶고, 또 유환(游環, 돌아다니는 고리)을 참마의 바깥 비에 꿰어 움직이는 앞쪽 틈이 복마(服馬)[2]의 등쪽에 있게 해서 참마가 바깥으로 나가는 것을 제어한다. 또 복마의 바깥에 각각 한 가닥의 가죽을 형 뒤에 매고, 진에도 매어 복마의 겨드랑이에 있게 하여 협구(脅驅)라고 부르며 참마가 안으로 들어오는 것을 제어한다. 2마리의 복마는 원을 끼고 그 목에 액을 짊어진다. 2마리의 참마 곁에는 인(靷, 가슴걸이)을 설

치해 돕게 한다. 이 음판(陰版)의 앞에 【음판은 수레바퀴를 가리는 것이다.】 가죽
으로 인을 만들어 참마의 가슴과 앞에서 묶고 안으로 음판과 연결하며 바
깥으로 축(軸, 바퀴축)과 묶어 끌게 한다. 그렇다면 이 수레의 가로 길이는
6척 6촌으로 단지 2마리의 복마만 수용할 뿐이니 2마리 참마의 목은 형
이 닿지 않기 때문에 별도로 하나의 인을 만들어 말의 가슴을 묶어 수레
축을 끌게 한다. 또 현(羈, 말뱃대끈)이 말의 등에 있어 2개의 인을 걸어 잡
는다.③ 『의례』「사혼례」를 살펴보면, 신랑은 묵거(墨車)를 타고 【사는 잔거
(棧車)④이고, 대부는 묵거이다. 사위는 여기서 사의 아들이라도 묵거를 타는 것은 (혼례
는) 귀하고 성대하기 때문이다.⑤ 대부 이상은 가죽으로 만든 만(鞔, 수레 끄는 줄)에 칠
을 한다. 사의 잔거도 칠을 하지만, 가죽으로 만든 만이 없어 대부와 다르다. 만의 음은
막(莫)과 간(幹)의 반절이다.】『주례』「고공기(考工記)」에서 "잔거를 덮어【음은
엄(掩)이다.】장식한 수레가 사치스럽다."라고 하였다. 그렇다면 대부 이상
은 모두 가죽으로 만든 만으로 그 수레를 장식하는 것인가? 또 칠한 장식
이 있으므로 식거(飾車, 장식한 수레)라는 명칭을 얻었다. 사는 신분이 낮아
수레에 비록 칠을 하더라도, 가죽으로 장식할 수 없으니 묵거 및 식거라고
이름할 수 없다. 그러므로 오직 잔거라고 이름할 뿐이다. 만약 자신이 경
이상이면 다시 다르게 장식하여 옥(玉)·금(金)·상(象, 상아)으로 이름한다.
5가지 색으로 곡(轂, 바퀴통 중심축)을 칠하고 조각[篆]으로 묶은 것을 하전
(夏篆)이라 하며, 오직 5가지 색으로 곡을 칠하고 조각이 없는 것을 하만(夏
縵)이라 하니 이것도 5가지 등급이 있다. 『주례』「지관·건고(巾車)」를 살
펴보면, "옥로(玉路)는 제사 지낼 때, 금로(金路)는 동성을 봉할 때, 상로(象
路)는 이성을 봉할 때, 혁로(革路)는 4개의 위(衛)를 봉할 때, 목로(木路)는 번
국(蕃國)을 봉할 때 사용한다. 고는 하전(夏篆)이고 경은 하만(夏縵)이며, 대
부는 묵거(墨車)이고 사는 잔거(棧車)이며, 서인은 역거(役車)이다."라고 하

였다.【목로(木路)는 가죽으로 만든 만이 있지만 칠한 장식이 없으므로 목로라고 이름하였다. 역거는 네모난 상자에 그릇 등을 실을 수 있어 사역한다는 것을 말한다.】 지금 사가 대부의 묵거를 타서 귀하고 성대함을 보인다면 대부는 경의 하만을 타야 하고, 경은 고의 하전 이상을 타야 하는데, 목로는 질박하여 장식이 없어 고가 탈 수 없다. 다만 예가 없으면 같게 적용하므로 고는 다시 하전을 타니 역시 높이는 의미이다. 만약 서인이 사의 잔거를 타야 한다면 제후와 천자의 존귀함을 가치하더라도 성대하게 할 수 없다. 「건고」에 의거하여 스스로 본래 수레를 타야 한다. 옥로는 제사가 아니면 탈 수 없어 친영에는 금로를 타야 한다. 가치하여 성대하게 한다고 말한 것은 사는 관례 때 아버지와 같아지는데, 혼례 때도 같다. 여기서 적자를 높여 모두 아버지와 같게 하고, 서자는 1등급을 낮춰야 한다.【아래에 설명한 비를 잡고 막는다는 모두 이와 같다. 그러나 『신도(新圖)』는 여기서 묵거 2대를 그렸으니 하나는 지금의 방법이고, 하나는 옛날의 방법이다. 태자첨사(太子詹事) 윤졸(尹拙)이 지금 수레를 논하면서 "이 목록에서 징험되어 보이는 바 베풀어진 방법을 감당하지 못하니 산삭해도 좋을 듯합니다."라고 하였다. 공부상서(工部尙書) 두의(竇儀)가 논하여 "신 두의가 『신도』에 그려진 것을 살펴보니 모두 대략 『삼례도』의 정문이고, 또 여러 예제 가운데 역대 연혁에 그려지지 않은 것은 오직 이 멍에부[駕部] 수레의 방법으로 지금 세상에 마땅한 바로 두루 살피고, 이것이 도리에 맞지 않으면 다른 논의에 이르게 하십시오. 뱀을 그리는 남은 힘을 아껴 말을 타는[馭馬] 옛 제도를 밝히는 것이 좋을 듯합니다. 이제 지금의 수레는 산삭해야 합니다."라고 하니 이에 두의의 논의를 따랐다.】

[古駕四馬, 輈上曲, 句衡. 輈, 轅也, 衡, 軛也. 轅從軫已前稍曲而上至衡. 輈居衡上, 向下句之. 衡居輈下, 如屋之梁然, 『詩』所謂'梁輈'也. 先以驂馬內轡繫於軓, 又有游環貫驂馬之外轡, 游移前郤在服馬之背, 以止驂馬之外出. 又服馬之外各以一條皮上繫於衡後, 繫於軓在服馬脇, 謂之脇驅, 以止驂馬之

內入. 二服夾轅, 其頸負軛. 兩驂在旁施靷助之. 是於陰版之前,【陰版, 揜軓也.】以皮爲靷前約驂馬之胷, 內繫於陰版, 外繫於軸以引之. 然則此車衡長六尺六寸, 止容二服而已, 兩驂頸不當衡, 故別爲一靷, 以約馬胷引車軸也. 又以韅在馬背拘持二靷, 案「士昏禮」壻乘墨車【士棧車, 大夫墨車. 壻是士子, 得乘墨車者, 攝盛故也. 大夫已上革鞔而漆之. 士棧車亦漆之, 但無革鞔與大夫爲異耳. 鞔音莫幹反.】「考工記」曰“棧車欲弇,【音掩.】飾車欲侈.” 然則大夫以上, 皆革鞔以飾其輿? 又有漆飾, 故得飾車之名. 士卑車雖有漆, 無革飾, 不得名墨車及飾車也. 故唯以棧車爲名耳. 若然自卿以上更有異飾, 而名玉·金·象. 以五采畫轂, 而篆約謂之夏篆, 唯用五采畫轂無篆者, 謂之夏縵, 又有此五等之車. 案「巾車」云“玉路以祀, 金路同姓以封, 象路異姓以封, 革路以封四衛, 木路以封蕃國. 孤夏篆, 卿夏縵, 大夫墨車, 士棧車, 庶人役車.”【木路有革鞔無漆飾, 故名木路. 役車謂方箱可載任器, 以供役者也.】今士乘大夫墨車爲攝盛, 則大夫當乘卿之夏縵, 卿乘孤之夏篆以上, 木路質而無飾, 不可使孤乘之. 但禮窮則同, 故孤還乘夏篆, 亦尊之義也. 若然庶人當乘士之棧車與, 則諸侯·天子之尊, 不假攝盛. 依「巾車」自乘本車矣. 玉路, 非祭祀不可乘, 以親迎當乘金路矣. 以攝盛言之, 士冠與父同, 則昏禮亦同. 是尊適子皆與父同, 庶子宜降一等也.【下設轡執靮, 皆同此. 然『新圖』此畫墨車二乘, 一是今法, 一是古法. 太子詹事尹拙議今車云“當是目驗所見, 不堪垂法, 刪去可也.” 工部尙書竇儀議云“臣儀詳『新圖』所畫, 皆約『三禮』正文, 且於諸制之中不畫歷代沿革, 唯此駕部車之法, 徧見今世所宜, 以茲不倫, 致其異議. 未若惜畫蚍之餘力, 明馭馬之古規. 今已刪去今車.” 乃從儀議.】】

① 참마(驂馬): 4마리의 말이 이끄는 수레에서 바깥쪽에 있는 2마리의 말이다.

② 복마(服馬): 4마리의 말이 이끄는 수레에서 안에 있는 2마리의 말이다.

③ 옛날의 멍에[駕] ~ 걸어 잡는다: 이 내용을 바탕으로 수레의 구조는 아래 그림과 같다.

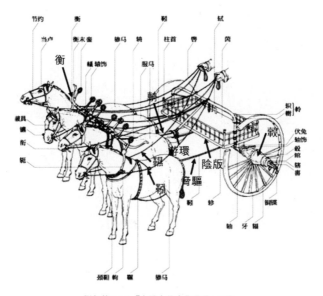

劉永華(2013), 『中國古代車輿馬具』 IX쪽.

④ 잔거(棧車): 『주례』 「춘관·건고」의 잔거에 대해 정현은 "가죽으로 수레의 양옆을 씌우지 않고 칠을 한 것이다.[不革鞔而漆之.]"라고 하였다.

⑤ 사의 아들이라도 ~ 성대하기 때문이다: 대부는 묵거(墨車)를 타고 사는 잔거(棧車)를 타는데, 사가 혼례에서 친영할 때에는 한 등급을 올려서 대부가 타는 묵거를 탄다. 사의 잔거도 검은 칠을 하는데, 묵거에 비해 짐승의 가죽으로 수레 덮개[車輿]를 장식하는 가죽으로 만든 끈[革鞃]이 없다.

남자는 (수레를) 서서 타니 그 수레는 덮개가 있지만 휘장[帷裳]이 없다. 부인은 (수레를) 앉아서 타니 덮개와 휘장이 있다. 『의례』「사혼례」의 설을 살펴보면, "신랑은 묵거(墨車)를 탄다."의 아래에 "신부의 수레 또한 같게 하는데, 첨(裧)이 있다."라고 하였고, (정현의) 주에서 "'또한 이와 같다'는 것은 수레의 등급이 같다는 뜻이다. 첨은 수레의 휘장이다.【위(幃)와 통한다.】『주례』「춘관·건거」에서는 '용(容)'이라고 하였다. 수레에 '용'이 있다면 덮개가 있는 것이다."라고 하였다. 『시경』「위풍(衛風)·맹(氓)」에서 "기수(淇水)는 넘실넘실, 수레 유상(帷裳, 휘장)을 적셨네."라고 하였으니 동용(童容)①이다. 공영달의 『예기정의』에서 "유상은 일명 동용이다."라고 하였으므로 「건고」에서 "중적(重翟)·염적(厭翟)·안거(安車)는 모두 장식 덮개[容蓋]가 있다."라고 하였다. 정정은 "용(容)은 첨거(襜車)를 말하니【첨(裧)과 첨(襜)은 같고, 또 첨(襜)이라고도 하니 모두 창(昌)과 렴(廉)의 반절이다.】산동 지역

의 유상은 동용이라고도 하는데, 「맹」 시에서 '수레 유상을 적셨네.'라고
한 것이다."라고 하였다. 이는 산동 지역에서 유상이라 이름하였으니, 그
장막[帷]으로 수레의 곁을 가려 치마와 같이 용의 장식으로 삼았기 때문
에 유상이라 한 것이다. '동용'이라 하기도 하는 것은 그 위에는 덮개의 사
방을 아래로 늘어뜨려 첨(裧)이라 하는 것이 있기 때문이다. 그러므로 『예
기』 「잡기」에서 "상여의 덮개[輤]에는 첨을 한다."라고 하였는데, (정현의)
주에서 "첨은 상여 덮개[鼈甲]의 가장자리 장식이다."라고 한 것이 이것이
다. 그러므로 동용과 첨이 구분되니 정정이 "용은 첨거를 말한다."라고 한
것은 동용이 있으면 반드시 첨(幨)이 있어야 하므로 '첨거'라고 부르는 것
이다. 오직 부인의 수레만 그렇다. 왕후는 처음에 중적을 타고, 왕녀가 제
후에게 시집갈 때 염적을 타며 요적을 입는다. 정현은 (『주례』 「건거」의 주에
서) "중적은 적(翟)과 치(雉)의 깃털을 중첩시키고, 염적은 그 깃털을 가려
서로 핍박하게 한다."라고 하였으니 서로 가려 그 본질을 압박해 수레를
가리는 것이므로 모두 장식 덮개[容蓋]가 있다. 『구도(舊圖)』 이하는 (혼례
의) 합근례(合巹禮)에서 보여 박[匏]을 깨서 만들고 손잡이 끝을 실로 이었
는데, 그 제도는 박으로 만든 잔[匏爵]과 같기 때문에 다시 드러내지 않았
다.【태자첨사 윤졸이 논하여 "지금 『신도』에서 끝부분을 금으로 장식하지 않아 『통전
(通典)』에서 인용하여 '양한과 진, 송, 제의 황후는 오직 중적을 타서·금으로 5개의 끝부
분을 칠하는데, 원(轅, 끌채)이 하나이고 곡(轂, 바퀴통)이 2개이며, 상(箱, 수레 몸체)이
2개이다. 후위(後魏)에 이르러 염적을 비로소 설명함에 또한 끝부분을 금으로 장식하였
다.'라고 하였다. 또 '8개의 비(轡, 고삐)는 칠하지 않는다.'"라고 하였다. 공부상서 두의
가 논하여 "신 두의가 지금 『신도』에서 수 놓은 머리끈[繢緫]·큰 띠[鞶]·띠[帶]·수레[車]
는 장식하지 않는 것으로 모두 이미 정하였습니다. 그 휘장에 적과 치를 그리는 것은 단
지 종류로 구하는 것입니다. 신도 조사하고 탐구하였으나 8개의 비가 빠진 본 의미를 찾

지 못했습니다. 청컨대, 명해서 그리도록 하십시오."라고 하였다.】

[男子立乘, 其車有蓋, 無帷裳. 婦人坐乘, 有蓋, 有帷裳. 案「士昏禮」說"壻乘墨車", 下云"婦車亦如之, 有裧." 注云"亦如之者, 車同等. 裧, 車裳帷,【幨通.】『周禮』謂之容. 車有容, 則有蓋."「衞·氓」詩云"淇水湯湯, 漸車帷裳." 童容也. 孔義云"帷裳一名童容." 故「巾車」云"重翟·厭翟·安車皆有容蓋." 先鄭云"容謂幨車【裧與襜同, 又或作襜, 皆昌廉反.】山東謂之帷裳, 或云童容, 卽「氓」詩云'漸車帷裳'." 是山東名帷裳也, 以其帷障車之傍, 如裳以爲容飾, 故謂之帷裳. 或謂之童容者, 其上有蓋四傍垂而下謂之裧. 故「雜記」云"其輤有裧," 注云"裧, 謂鼈甲邊緣." 是也. 然則'童容'與'裧'別, 而先鄭云"容謂幨車"者, 以其有童容者, 必有幨, 故謂之爲幨車也. 惟婦人之車爲然也. 王后始乘重翟, 王女下嫁諸侯乘厭翟, 服則褕翟. 後鄭云"重翟, 重翟雉之羽, 厭翟, 次其羽使相迫也." 謂相次厭其本以蔽車也, 皆有容蓋. 『舊圖』以下著合蠡, 破瓟爲之, 以線連柄端. 其制一同匏爵, 故不重出.【太子詹事尹拙議云"今『新圖』不以金飾諸末, 乃引『通典』云'自兩漢·晉·宋·齊皇後, 唯乘重翟, 金塗五末, 輈一, 轂二, 箱二. 至後魏始說厭翟, 亦金飾諸末.' 又云'不畫八鸞者.'" 工部尙書竇儀議云"臣儀今詳『新圖』繢總·鞶·帶·車末之飾, 皆已正矣. 其帷裳所畫翟·雉, 但云以類求之. 臣亦檢尋未見本義, 所闕八鸞. 請令畫之."】】

① 동용(童容): 휘장[帷裳]과 같은 의미로, 고대 여성이 타는 수레의 장식한 덮개를 의미한다.

筥

『의례』「사혼례」에 "동틀 무렵, 찬자는 며느리에게 시부모를 뵙도록 해 준다. 며느리는 대추[棗]와 밤[栗]을 담은 계(筥, 폐백 바구니)①를 들고 문 안으로 들어가 서쪽 계단을 통해 (당 위로) 올라가 (시아버지의 자리 앞으로) 나아가서 배례를 한 후 (바구니를) 시아버지의 자리 위에 내려놓는다."②라고 하였다. 또 "(며느리는) 계단을 통해 내려와 (종자에게 생강이나 계피를 넣어) 말린 고기[腶脩]를 담은 폐백 바구니를 받아들고 (다시 당 위로) 올라가 (시어머니의 자리 앞으로) 나아가서 북쪽을 향해 배례를 한 후에 폐백 바구니를 시어머니의 자리 위에 내려놓는다."라고 하였다. 아래 「사혼례·기」에서 "폐백 바구니는 겉이 치색(緇色)이고 안이 훈색(纁色)이다."라고 하였고, (정현의) 주에서 "피(被)는 겉[表]이다. 폐백 바구니에 옷을 입히는 것은 며느리가 시부모를 뵐 때에는 꾸밈[飾]으로 공경함을 삼기 때문이다."라고 하였다. 가공언은 또 위에 주석을 풀면서 "폐백 바구니는 대나무 그릇에 옷을 입히는 것으로 글자가 대나무를 따랐기 때문에 대나무 그릇임을 알 수 있다. 그 형태는 모두 지금의 둥구미[筥]나 밥그릇[筥蘆]과 같다,【음은 허려(墟盧)이다.】 한나라 때 둥구미나 밥그릇이 있었으므로 폐백 바구니를 거론한 것이다. 다만 한나라 법에서 지금과 다른 것은 제거하여 그 형상을 알 수 없다."라고 하였다. 또는 『도』 가운데 둥구미의 형태와 같이 그 입구를 약간 덮고 조금 얕은 것이 보여서 지금 만드는 방법을 취해 폐백 바구니의 음을 '번(煩)'으로 하였다. 또 『구도』에서는 피변의 '변'과 같이 읽고 증(繒)을 입히며 한 되[斗]를 수용한다.

[「士昏禮」"質明, 贊見婦於舅姑. 婦執笲棗栗, 自門入, 升自西階, 進拜, 奠於舅席[1]." 又"降階, 受笲腶脩, 升, 進, 北面拜, 奠於姑席[2]." 下「記」云"笲, 緇被纁裏." 注云"被, 表也. 笲有衣[3]者, 婦見舅姑以飾爲敬." 賈又釋上注云"笲, 竹器而衣者, 以字從竹, 故知是竹器也. 其形蓋如今之筥·筲蘆矣.【音墟盧.】漢時有筥·筲蘆, 故擧之以況笲也. 但漢法去今遠, 其狀無以知之." 或見『圖』中如筥狀其口微弇而稍淺, 今取以爲法, 笲音'煩'. 又『舊圖』讀如皮弁之'弁', 以繒衣之, 容一斗.]

1 奠於舅席: 저본에는 '奠於舅席'으로 되어 있으나, 『의례』 「사혼례」에는 '奠於席'으로 되어 있다.
2 奠於姑席: 저본에는 '奠於姑席'으로 되어 있으나, 『의례』 「사혼례」에는 "奠於席'으로 되어 있다.
3 衣: 저본에는 '表'로 되어 있으나, 『의례』 「사혼례」 정현의 주에 의거하여 '衣'로 교감하였다.

① 계(筓): 폐백 바구니로, 고대에 견과류를 담는 대나무로 만든 그릇이다. 혼례에서 며느리가 시부모를 처음 뵐 때 사용할 대추(棗), 밤(栗), 생강이나 계피를 넣어 말린 고기(腶脩) 등을 담는 데에 사용한다.(김용천, 박례경 역주, 앞의 책, 352쪽 참조.)

② 동틀 무렵 ~ 위에 내려놓는다: 손으로 폐백 바구니를 들고 시아버지의 자리 앞까지 나아가 동쪽을 향해 서서 배례를 하는 것이다. 학경(郝敬)은 옛날에 부인들은 배례를 할 때 머리를 바닥에 대지 않기 때문에 폐백 바구니를 손에 든 채로 배례를 한 후 자리 위에 내려놓는 것이라고 하였다.(김용천, 박례경 역주, 위의 책, 352쪽 참조.)

橋

『의례』「사혼례·기」에 "폐백 바구니[笄]는 겉이 치색이고 안이 훈색으며 교(橋, 시렁)에 더한다."라고 하였다. (정현의) 주에서 "시렁은 폐백 바구니를 올려놓는 기구인데, 그 제도에 대해서 듣지 못하였다."【거(庪)는 거(居)와 위(委)의 반절이다.】라고 하였다. 『구도』에서는 "교거(橋擧)의 교(橋)와 같이 읽고 나무로 만드니 지금의 보안(步案)과 같다. 높이는 5척이고 아래 부분에 받침대[跗]가 가로로 교차되며, 폐백 바구니를 올리는 부분도 가로로 교차되어 있다."①라고 하였으니 이는 한나라의 제도이다. 주나라의 제도를 듣지 못하였으므로 지금도 한나라의 제도에 의거하여 사용한다.

[「昏禮·記」云"笄, 緇被纁裏加於橋." 注云"橋所以庪笄. 其制未聞.【庪居委反.】『舊圖』云"讀如橋擧之橋, 以木爲之, 似今之步案. 高五尺, 下跗午貫, 擧笄處亦午爲之." 此則漢法也. 旣周制無聞, 今亦依用.]

① 아래 부분에 ~ 교차되어 있다: 이 형태에 대해 학경(郝敬)은 교(橋)를 폐
백 바구니의 덮개[笲蓋]로, 다리처럼 높게 구부러져 있는데 그것으로
폐백 바구니의 위를 덮고 받들어서 올린다고 설명하면서, 『예기』「곡
례 상」에서 "자리를 들 때에는 다리처럼 높게 저울대처럼 평평하게 든
다[奉席如橋衡]"고 한 것을 예로 들었다. 그러나 호배휘(胡培彙)는 『의
례』「사혼례·기」에 "교(橋) 위에 더한다.[加于橋]"라고 하였으므로 폐
백 바구니의 덮개[笲蓋]로 보는 것은 잘못이라고 비판하고, '교(橋)'라는
글자 자체가 '나무[木]'를 따랐으므로, 나무로 만든 기구임이 분명하다
고 보아 옛 『삼례도』의 설명을 따라야 한다고 하였다.(김용천, 박례경 역
주, 앞의 책, 400쪽 참조.)

三禮圖集注

冠冕圖

권3 관면도

—

역주 김용천

　　양정(梁正)은 완심(阮諶)과 정현(鄭玄) 등의 『삼례도』를 중수하면서 동
자(童子)의 복식을 관변(冕弁)의 끝에 서술하고, 치포(緇布)・피변(皮弁) 등의
복식과 연결시키지 않았다. 장일(張鎰)의 『삼례도』에서는 동자복(童子服)
을 치포관(緇布冠)의 아래에 연결시켜 은나라의 후(冔)와 하나라의 수(收)를
모두 기술하지 않았다.① 통천관(通天冠)과 원유관(遠遊冠) 이하는 삼례(三
禮)의 경의(經義)에 보이지 않지만, 별도로 (주나라의 변) 아래 부분에 배열하
였다. 이제 살펴보건대, 『의례』「사관례」에서 "장차 관을 쓸 사람은 채의
(采衣)를 입고, 머리를 땋아 묶어 상투를 튼다[紒]."고 하였으니, '장차 관을
쓸 사람'은 곧 20세의 동자(童子)이다. 장차 관례(冠禮)를 행할 때는 처음에
치포관(緇布冠)을 씌우고, 이어서 피변(皮弁)을 씌우고, 이어서 작변(爵弁)을
씌운다. 그 일을 진행하는 순서에 근본해서 말한다면, 장차 관을 쓸 사람
의 복식을 치포관의 앞에 서술하여 배열하는 것이 이치상 타당하다. 이제
이에 의거하여 순서를 정해서 동자의 복식을 올려서 앞머리에 두었다. 아
래에서 양정의 고관(古冠)에 대해 두 가지 형태를 따라 게시한 것은 예(禮)
의 유래를 알 수 있기를 바랐기 때문이다.②

　　[梁正修阮・鄭等『圖』以童子之服繫冕弁之末, 不連緇布・皮弁等服. 張鎰
『圖』以童子服連緇布冠下盡殷冔・夏收. 以通天遠遊已下爲不出三禮經義,
別編於下卷. 今案「士冠禮」云, "將冠者采衣, 紒.", 其將冠者, 即童子二十者
也. 將行冠禮, 始加緇布, 次加皮弁, 次加爵弁. 若本其行事, 敍將冠之服, 列

於緇布之上, 於理爲當. 今依而次之, 仍升童子之服爲卷首. 下梁之古冠, 庶得

兩從, 知禮之自也.]

① 장일(張鎰)의 『삼례도』에서는 ~ 기술하지 않았다: '후(冔)'는 은나라 때
관(冠)의 명칭이고, '수(收)'는 하나라 때 관의 명칭이다. 『의례』「사관
례」에서 "주나라에서는 변(弁)을 썼고, 은나라에서는 후(冔)를 썼고, 하
나라에서는 수(收)를 썼다.[周弁, 殷冔, 夏收.]"고 하였는데, 정현의 주에
서 "'후(冔)'의 명칭은 무(幠)에서 나왔다. '무'는 덮는다[覆]는 뜻으로 스
스로를 덮고 문식함을 말한다. '수(收)'는 머리카락을 거두어들인다는
뜻이다. 그 제도의 차이에 대해서는 또한 들어 보지 못했다.['冔'名出於
幠, '幠', 覆也. 言所以自覆飾也. '收', 言所以收斂髮也. 其制之異亦未聞.]"
고 하였다. 채옹(蔡邕)의 『독단(獨斷)』권하에서는 "면관을 주나라에서
는 '작변'이라고 하였고, 은나라에서는 '후'라고 하였으며, 하나라에서
는 '수'라고 하였다. 모두 30승의 검은 베로 관의 몸체를 만드는데, 너
비는 8촌이고, 길이는 1척 2촌이다. … 하나라의 (수)는 순수한 흑색이
며, 또한 앞쪽은 작고 뒤쪽은 크다. 모두 수(收)가 있는데, 그것으로 비
녀를 지탱한다.[冕冠, 周曰爵弁, 殷曰冔, 夏曰收. 皆以三十升漆布爲殼,
廣八寸, 長尺二寸.…夏純黑(而赤), [亦]前小後大. 皆有收以持笄.]"고 하
였다. 이에 대해서 아래 [冠冕圖03 : 18-周弁]에서는 "하나라와 은나라
의 예가 망실되어 그 제도가 주나라와 다른지 같은지에 대해서 들어 보
지 못했다는 뜻이다. 그러므로 아래에 하나라와 은나라의 두 관의 형상
을 도상으로 나타내지 않았는데, 장일(張鎰)도 또한 생략하고 취하지 않
았다.[謂夏殷禮亡, 其制與周異同未聞. 故下不圖夏殷二冠之象, 張鎰亦略

而不取.]"고 하였으니, 섭숭의와 장일의 『삼례도』에서 이 '후'와 '수'의 도상을 모두 수록하지 않았던 것이다.

② 아래에서 양정의 고관(古冠)에 ~ 바랐기 때문이다: 섭숭의가 태고관(太古冠)에 대한 양정과 장일의 주장이 경전의 뜻에 근본하지 않았음을 비판하고, 법도가 실추되지 않도록 하기 위해 별도로 2개의 도상을 게시한 것을 말한다. [冠冕圖03 : 03-太古冠(新增)]에서 "양정(梁正)은 또 '사설(師說)이 같지 않고, 오늘날 『(傳)』과 『소(疏)』에는 두 가지 태고관(太古冠)의 형상이 있고, 또 아래에 진현관(進賢冠)이 있는데, 모두 옛날 치포관(緇布冠)의 남아 있는 형상이라고 하였다.'라고 하였다. 장일(張鎰)이 (옛 『삼례도』를) 중수할 때도 또한 '옛 『삼례도』에 이 세 가지 형상이 있었다. 그 본래의 형태와 제도의 크기에 대해서는 들어 보지 못했다.'라고 하였다. 이는 모두 경전의 뜻에 근본하지 않고, 서로 답습하여 급히 일을 이루고자 하는 데에 힘쓴 것이다. 이제 왼쪽에 별도로 도상을 그려 넣어서 법도가 실추되지 않기를 바란다.[梁正又云, '師說不同, 今 『傳』『疏』二冠之象, 又下有進賢, 皆云古之緇布冠之遺象." 其張鎰重修亦云, "舊『圖』有此三象. 其本狀及制之大小, 未聞." 此皆不本經義, 務在相沿, 疾速就事. 今別圖於左, 庶典法不墜]"고 하였다.

【冠冕圖03：01-童子服동자복】

동자(童子)는 채의(采衣)①를 입고, 머리를 땋아 묶어 상투를 튼다[紒].②
그러므로 『의례』 「사관례」에 "장차 관을 쓸 사람은 채의를 입고, 머리
를 땋아 묶어 상투를 튼다."고 하였고, 정현의 주에서는 "'채의'는 아직 관
례를 치르지 않은 자가 입는 옷이다."라고 하였다. 『예기』 「옥조」에 "동
자의 예절에서는 짙은 검은색[緇色]의 베로 만든 웃옷에 비단으로 가선
장식을 하고, 허리띠의 늘어뜨린 부분[紳] 및 매듭[紐]을 비단으로 만들
고, 비단으로 머리카락을 묶는데, 모두 붉은 비단을 사용한다."고 하였
다. '계(紒)'는 머리카락을 묶는 것이다. 『의례주소』 「사관례」 가공언의 소
에 "'장차 관을 쓸 사람[將冠者]'이란 곧 동자로서 나이 20이 된 자를 말한
다. 그가 아직 관례를 치를 때에 이르지 않았기 때문에 '장차 관을 쓴다.'고

한 것이다. 동자는 저고리와 바지를 비단으로 만들지 못하는데다[不帛襦
袴],③ 갖옷으로 만든 하의도 입지 못한다. 그러므로 짙은 검은색의 베로
만든 웃옷에 비단으로 가선장식을 하는 것이다. 또 허리띠[大帶] 및 허리
띠의 아래로 늘어뜨린 부분을 묶는 매듭[紐]을 비단으로 만든다. 그러므
로 '허리띠의 늘어뜨린 부분 및 매듭을 비단으로 만든다.'고 한 것이다. 매
듭[紐]의 길이는 허리띠의 늘어뜨린 부분[紳]과 나란하다. 또 '비단으로 머
리카락을 묶는다.'는 것은 이 상투를 비단 끈으로 동여맨다는 뜻이다. '계
(紒)'는 머리카락을 묶는 것을 말한다. 『시』「제풍(齊風)·보전(甫田)」에 '뿔
처럼 머리카락을 모아 묶으니, 쌍 상투로다.[總角卯兮]'라고 한 것이 이것
이다."라고 하였다. 모두 붉은 비단으로 장식하는 것은 동자는 화려한 문
식을 숭상하여 장차 어른이 되어 문덕(文德)이 있을 것임을 보여 주고자 하
므로 모두 비단을 사용하는 것이다. 한번은 문식을 내고 한번은 질박하게
하는 뜻을 보여 주는 것이다. 저고리·바지와 짙은 검은색의 베옷을 입는
것은 질박함이다. 흑색의 홑 바닥 신발[黑屨]④을 신는데, 코 장식[絇]은 없
지만, 푸른색으로 솔기 장식[繶]과 가선장식[純]을 한다. 또 노식(盧植)은
"동자의 상투[紒]는 칼끝머리의 고리와 유사하다."고 하였다.

[童子采衣, 紒. 故「士冠禮」云, "將冠者, 采衣紒", 注云, "采衣, 未冠者所
服." 「玉藻」云, "童子之(飾)[節]¹也, 緇布衣, 錦緣, 錦紳幷紐, 錦束髮, 皆朱
錦也." 紒, 結髮也. 賈疏云, "將冠者, 卽童子二十者也. 以其冠事未至, 故
言'將冠'. 童子旣不帛襦袴·不裘裳, 故以錦爲緇布衣緣飾. 又以錦爲大帶
及結紳之紐, 故云'錦紳幷紐也.' 紐長與紳齊, 又以錦爲之束髮, 總此紒.

---

1 (飾)[節]: 저본에는 '飾'으로 되어 있으나, 『예기』「玉藻」에 '節'로 되어 있는 것에 의거하여 교
   감하였다. 陳澔는 "節은 예절의 뜻이다.[節, 禮節也.]"라고 하였다.(『禮記集說』「玉藻」)

紒謂結髮也. 『詩』云, '總角卯兮', 是也." 皆用朱錦飾者, 以童子尙華, 示
將成人有文德, 故皆用錦. 示一文一質之義. 衣襦袴幷緇布, 是質也. 黑
屨·無絇·青繶純. 又盧植云, "童子紒似刀環."]

① 채의(采衣): 관례를 치르지 않은 미성년자의 복장을 말한다. 검은색 베
로 만든 웃옷에 비단으로 가선을 둘러 문식을 한다. 따라서 문식하였다
는 의미로 '채의(彩衣)'라고도 한다.

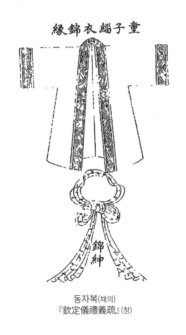

동자복(채의)
『欽定儀禮義疏』(청)

② 상투를 튼다[紒]: '계(紒)'는 관례를 치르지 않은 미성년자의 머리 장식
으로, 머리를 땋아 묶어서 상투를 트는 것을 말한다. 보통 양쪽 귀 뒤로
한 개씩의 머리 다발을 묶고 끈[總]으로 동여매어 장식하는데, 그 모습
이 동물의 머리에 두 개의 뿔이 돋아나 있는 것처럼 보이기 때문에 '총

각(總角)'이라고 한다.

③ 동자는 저고리와 바지를 비단으로 만들지 못하는데다[不帛襦袴]: '유고(襦袴)'는 저고리와 바지를 말한다. 10세의 남자 아이는 비단으로 만든 저고리와 바지를 입지 못하는데, 그 옷이 너무 더워서 음기를 해치기 때문이라고 한다. 『예기』「내칙」에 "열 살이 되면 집을 나가 밖의 스승에게 찾아가서 배우고, … 비단으로 저고리와 바지를 만들지 않는다.[十年, 出就外傅,…衣不帛襦袴.]"고 하였다. 정현의 주에는 "비단으로 저고리와 바지를 만들지 않는 것은 너무 따뜻해서 음기를 손상시키기 때문이다.[不用帛爲襦袴, 爲大溫, 傷陰氣也.]"라고 하였다.

④ 흑색의 홑 바닥 신발[黑屨]: 아래 바닥을 겹으로 만든 신발을 '석(舃)'이라 하고, 아래 바닥을 홑겹으로 만든 신발을 '구(屨)'라고 하여 구분한다. 『주례』「천관·구인(屨人)』 정현의 주에 "바닥을 겹으로 만든 신발을 '석(舃)'이라 하고, 바닥을 홑으로 만든 신발을 '구(屨)'라고 한다.[複下曰舃, 禪下曰屨.]"고 하였다.

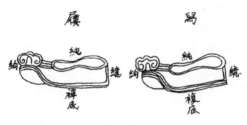

석(舃)과 구(屨)
黃以周, 《禮書通故》(淸)

【冠冕圖03：02－緇布冠치포관(三制)】

　　옛『삼례도』에 "(사의 관례에서) 처음 관을 씌울 때 짙은 검은색 베로 만
든 관을 사용한다.① 오늘날의 무사관(武士冠)②은 치포관의 남아 있는 형상
이다. 크기의 제도에 대해서는 들어 보지 못했다."라고 하였다.

　　[舊『圖』云, "始冠, 緇布. 今武士冠, 則其遺象也. 大小之制未聞."]

① 처음 ~ 사용한다: 사의 관례(冠禮)에서는 세 차례 관을 씌워 주는데, 이
를 '삼가(三加)'라고 한다. 첫 번째는 치포관(緇布冠)을 씌워 주고, 두 번
째는 피변(皮弁)을 씌워 주고, 세 번째는 작변(爵弁)을 씌워 준다. 피변은
치포관보다 존귀하고, 작변은 또 피변보다 존귀하다.

② 무사관(武士冠): 무사나 군인들이 쓰는 관을 말한다.

【冠冕圖03：03-太古冠태고관(新增)】

양정(梁正)은 또 "사설(師說)이 같지 않고, 오늘날 『전(傳)』과 『소(疏)』에
는 두 가지 태고관(太古冠)의 형상이 있고, 또 아래에 진현관(進賢冠)①이 있
는데, 모두 옛날 치포관(緇布冠)의 남아 있는 형상이라고 하였다."라고 하
였다. 장일(張鎰)이 (옛『삼례도』를) 중수할 때도 또한 "옛『삼례도』에 이 세
가지 형상이 있었다. 그 본래의 형태와 제도의 크기에 대해서는 들어 보지
못했다."라고 하였다. 이는 모두 경전의 뜻에 근본하지 않고, 서로 답습하
여 급히 일을 이루고자 하는 데에 힘쓴 것이다. 이제 왼쪽에 별도로 도상
을 그려 넣어서 법도가 실추되지 않기를 바란다.

[梁正又云, "師說不同, 今『傳』『疏』二冠之象, 又下有進賢, 皆云古之緇
布冠之遺象." 其張鎰重修亦云, "舊『圖』有此三象. 其本狀及制之大小, 未
聞." 此皆不本經義, 務在相沿, 疾速就事. 今別圖於左, 庶典法不墜.]

① 진현관(進賢冠): 옛 치포관(緇布冠)에서 변화된 것으로, 후한 이후 주로 문관들이 쓰던 관이다.(『후한서』「여복지」; 『진서』「여복지」) 채옹의 『독단』 등에 의하면 천자는 통천관을 쓰고, 제후왕은 원유관을 쓰고, 공·후는 진현관을 썼는데[天子冠通天冠, 諸侯王冠遠遊冠, 公·侯冠進賢冠.], 한대의 진현관은 1량(梁)에서 3량(梁)까지 3가지 종류가 있었다.

치포관(緇布冠)은 관례(冠禮)에서 첫 번째 관을 씌울 때 씌우는 관이다. 『의례』「사관례·기(記)」에 "태고 시대에는 흰 베로 만든 관을 썼는데, 재계할 때는 그것을 짙은 검은색으로 물들였다. 관끈 장식[緌]①에 대해서, 공자는 '나는 그런 것에 대해 들어 본 적이 없다.'고 하였다."②고 하였다. 이는 주로 대부와 사의 경우 관끈 장식이 없음을 말한 것일 뿐이다. 제후의 경우, 첫 번째 관을 씌울 때 치포관을 씌우고 채색으로 문식한 관끈 장식[繢緌]③을 매다는데, 그 규항(缺項)④에 푸른색 끈목으로 만든 관끈[靑組纓]을 연결하여 묶는 것은 사의 경우와 동일하다. 사의 경우는 푸른색 끈목으로 만든 관끈을 턱 아래에서 묶지만, 관끈 장식은 없다. 사 이상은 관례를 마치면 (그 관을) 폐기하여 버리고 다시 착용하지 않는다. 그러나 서인은 (관례를 마친 후에도) 여전히 그 관을 착용한다. 그러므로 『시』「소아·도인사(都人士)」에 "저 도읍 사람들이여, 사초의 껍질로 만든 도롱이를 입고 치포관을 쓰고 머리를 묶고 다니네.⑤"라고 하였으니, 저 도읍의 사람 가운데 선비로서 걸어가는 자가 있었는데, 짙은 검은색 베로 관을 만들어 쓰고 그 머리카락을 묶어서 지탱하였음을 말한 것이다.

[緇布冠, 始冠之冠也. 「記」曰, "太古冠布, 齊則緇之. 其綾也, 孔子曰, '吾未之聞也.'" 此主謂大夫士無綾耳. 諸侯始加緇布冠, 績綾, 其頰項青組纓, 則與士同. 其士以青組纓結於頤下, 無綾. 自士已上, 冠訖則弊去之, 不復著也. 然庶人猶著之. 故『詩』云, "彼都人士, 臺笠緇撮." 謂彼都邑人有士行者, 以緇布爲冠, 撮持其髮.]

① 관끈 장식[緌]: '유(緌)'는 관의 끈이 아래로 늘어뜨려진 부분을 가리킨다. 『예기정의』「내칙」정현의 주에 "'유'는 관끈의 장식이다.[緌, 纓之飾也.]"라고 하였는데, 공영달의 소에서는 "관끈을 턱 아래에서 묶어 관을 고정하고, 묶은 나머지는 흩어져 아래로 늘어뜨려지는데, 이것을 '유(緌)'라고 한다.[結纓頷下, 以固冠, 結之餘者, 散而下垂, 謂之緌.]"고 하였다. 치포관의 제도를 보면, 관의 테두리가 있는데 이를 '무(武)'라고 하고, 무 위에 정수리를 덮는 부분이 있는데 앞쪽에서 뒤쪽으로 머리를 가로지른다. '무'의 양측에 관을 묶는 2개의 끈이 있는데, 턱 아래에서 묶어서 관을 고정한다. 이를 '영(纓: 관끈)'이라 한다. '영'을 묶고 난 나머지 끈은 아래로 늘어뜨리는데, 이를 '유(緌)'라고 한다.

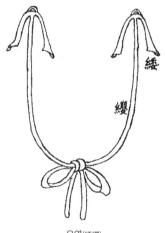

유영(緌纓)
黃以周, 『禮書通故』(청)

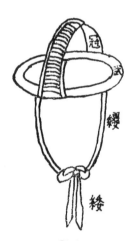

유(緌)
楊天宇, 『儀禮譯注』

② 공자는 ~ 하였다: 이에 대해서 정현은 "'유(緌)'는 관끈의 장식이다. '들어 보지 못하였다.'고 한 것은 태고 시대에는 질박함을 숭상하였으므로 아마도 장식이 없었을 것이라는 뜻이다.[緌, 纓飾. 未之聞, 大古質, 蓋亦無飾.]"라고 해석하였다.(『의례』「사관례·기」정현의 주)

③ 채색으로 문식한 관끈 장식[繢緌]: 그림을 그려 넣어 문식한 붉은색의 비단 관끈을 말한다. 『예기』「옥조」에 "치포관에 채색으로 문식한 관끈 장식이 있는 것은 제후의 관이다.[緇布冠繢緌, 諸侯之冠也.]"라고 하였고, 정현의 주에서는 "제후의 치포관에는 관끈 장식이 있으니, 존귀한 자의 문식이다.[諸侯緇布冠有緌, 尊者飾也.]"라고 하였다.

④ 규항(頍項): '규항'의 실체에 대해서는 정설이 없다. 정현과 호배휘의 설명에 따르면, '규항'은 치포관을 머리에 고정하기 위한 치포관의 부속물이다. 치포관에는 관을 고정하는 비녀[笄]가 따로 없고, 관을 묶을 수 있는 관끈[紘]도 없다. 이 때문에 규항으로 관을 고정한다. 규항의 네 귀퉁이마다 두 갈래로 된 작은 끈[綴]이 있어 치포관을 쓸 때 이 끈을

규항(頍項)
黃以周, 『禮書通故』(청)

관의 테두리[武]에 묶어서 규항을 관과 연결한다. 또한 규항의 양 끝에 매듭을 하나씩 맺고, 이 매듭에 조그만 끈[纓]을 꿴다. 그리고 머리에 규항을 두른 후 끈[纓]을 목 뒤에서 턱 앞으로 오게 하여 묶어서 치포관을 머리에 고정한다.

⑤ 저 도읍 사람들이여 ~ 다니네: 『모시정의』「소아·도인사」모형(毛亨)의 전(傳)에 "臺(삿갓)는 더위를 막기 위한 것이고, 笠(도롱이)은 비를 막기 위한 것이다. '緇撮'은 치포관이다.[臺所以禦暑, 笠所以禦雨也. 緇撮, 緇布冠也.]"라고 하여 '대(臺: 삿갓)'와 '립(笠: 도롱이)'을 두 가지로 보았다. 이에 반하여 정현(鄭玄)의 전(箋)에서는 "臺는 夫須(沙草)이다. 도읍의 사람이 사초의 껍질로 도롱이를 만들어 입고, 짙은 검은색 베로 관을 만들어 썼다는 뜻이다.[臺, 夫須也. 都人之士以臺皮爲笠, 緇布爲冠.]"라고 하여 '대(臺)'를 도롱이를 만드는 재료로 해석하였다. 공영달(孔穎達)의 소(疏)에서는 "저 도읍의 인사 가운데 선비로서 걸어가는 자가 있었는데, 사초로 도롱이를 만들어 입고 짙은 검은색의 베로 관을 만들어 쓰고, 그 머리카락을 묶어서 지탱하니, 이는 검소하고 절약하는 것이다.[彼都邑之人有士行者, 以臺草爲笠, 緇布爲冠, 以撮持其髮, 是儉而且節.]"라고 하였다.

『예기정의』「단궁 상」에 "옛날에는 관을 세로로 꿰맸는데, 오늘날에는 가로로 꿰맨다."고 하였다. 정현의 주에는 "'축(縮)'은 세로[從]의 뜻이다. '형(衡)'은 횡(橫: 가로)의 뜻으로 읽는다."고 하였고, 공영달의 소에서는 "'축(縮)'은 곧다[直]는 뜻이다. '옛날[古]'은 은나라 이전을 말한다. (은나라 이전에는) 질박함을 숭상하여 길관(吉冠)과 흉관(凶冠) 모두 세로로 곧게 꿰맸다. 세로로 곧게 꿰매면 주름이 적게 된다. 그러므로 하나하나 앞뒤로 세로로 곧게 꿰맸다."라고 하였다. 그 관은 너비가 3촌이다.[1] 정수리의 앞뒤로 내려와서 (관의) 양쪽 끝머리가 모두 관의 테두리 아래에 있는데, 바깥쪽을 향해 내었다가 반대로 구부려서 관의 테두리에서 꿰매니, 주름이 셋이다. 모두 눌려서 엎드려 있는 형상이다.[2]

'오늘날[今]'은 곧 주나라를 가리킨다.[3] 주나라는 문식을 숭상하여 주름을 많이 잡고, 다시 하나하나 세로로 곧게 꿰매지 않았다. 다만 주름을 많이 만들고,【(襵의) 음은 '輒'이다.】아울러 가로로 꿰맸다. 그러므로 주나라의 길관(吉冠)은 주름을 많이 잡고 가로로 꿰맸다. 또 관의 양쪽 끝머리가 모두 관의 테두리 위에 있으니, 안쪽으로 향했다가 반대로 구부려서 꿰맸다. 길과 흉은 서로 변하는 것이니, 그 상관(喪冠)은 질박하게 하여 주름을 오히려 듬성하게 하고, 오른쪽으로 세로로 곧게 꿰맸다. 관의 양쪽 끝머리가 모두 관의 테두리 아래에 있으니, 바깥쪽으로 향해 내었다가 반대로 구부려서 관의 테두리에서 꿰맸다. 그러므로 눌려서 엎드린다는 명칭을 얻는다.④ 길관(吉冠)의 경우는 왼쪽으로 주름을 잡고 가로로 꿰맸다. 이 문장의 뜻을 자세히 살펴본다면, 법식이 뚜렷해질 것이다. 양정(梁正)은 크기의 제도에 대해서는 들어 보지 못했다고 말했으니, 한결같이 어찌 그리 고루한가! 장일(張鎰)은 고금의 합리적인 설을 버렸으니, 이에 버려 두어 그림을 그리지 않았다. 이제 (『예기』「단궁 상」·『의례』「상복」의) 경문과 공영달·가공언 소의 기술에 의거하여 도상으로 나타내었다.

[「檀弓」曰, "古者冠縮縫, 今也衡縫." 注云, "縮, 從也. 衡, 讀爲橫." 孔疏云, "縮, 直也. 古謂殷已上. 質, 吉凶冠皆直縫.[1] 直縫者, 辟積少, 故一一前後直縫之." 其冠廣三寸, 落頂前後, 兩頭皆在武下, 向外出反屈之, 縫於武, 辟積三. 皆厭伏. 今卽周也. 周尙文, 多辟積, 不復一一直縫. 但多作襵【音輒】幷橫縫之. 故周吉冠多辟襵而橫縫. 又以冠兩頭皆在武上, 向內反屈縫之. 旣吉凶相變, 其喪冠質猶疏辟襵, 而右直縫之. 以兩頭皆在武下, 向外反屈縫於武, 故得厭伏之名. 其吉冠則左辟襵, 而橫縫之. 詳此文義, 法式顯然. 梁正言大小之制未聞, 一何固也. 張鎰棄古今之順說, 斯焉舍諸. 今依經疏述而圖之.]

---

1   古謂殷已上. 質, 吉凶冠皆直縫:『禮記正義』「檀弓 上」공영달의 소에는 "古者, 自殷以上也. 殷以上質, 吉凶冠皆直縫('옛날'은 은나라 이전을 가리킨다. 은나라 이전에는 질박함을 숭상하여 길관과 흉관 모두 세로로 곧게 꿰맸다.)"으로 되어 있다.

① 그 관은 너비가 3촌이다: 『의례주소』「상복」가공언의 소에서는 관의
너비가 2촌이라고 하였고(冠廣二寸, 落頂前後, 兩頭皆在武下, 鄕外出, 反屈之,
縫於武而爲之, 兩頭縫, 畢鄕外.), 장일의 『삼례도』에서도 "관의 너비는 2촌
이니, 관은 양(梁: 관 테두리의 앞쪽에서부터 덮어서 관의 뒤쪽까지 이르는 부분)
을 가리킨다.[冠廣二寸, 冠謂梁.]"고 하였다.

② 정수리의 앞뒤로 ~ 형상이다: 이 문장에서 아래까지는 모두 『의례주
소』「상복」가공언의 소를 토대로 설명한 것이다. 그러나 황이주(黃以
周)는 '축봉(縮縫)'과 '횡봉(橫縫)'은 모두 주름을 꿰매는 방식을 가지고 말
한 것이지 관의 테두리에 꿰매는 것을 말한 것이 아니라고 하여 가공언
의 설을 비판했다.(『禮書通故』 권49, 2303쪽 참조.) 또 이곳 섭숭의의 『삼례
도』 도상은 위의 [冠冕圖03 : 04-緇布冠]의 '치포관(태고축봉자)'과 거의
유사한 형태로 횡봉이 아니라 축봉으로 되어 있다. 황이주는 아래 그림

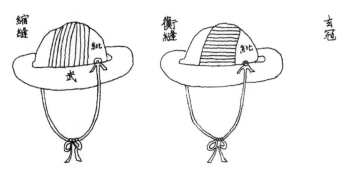

축봉(縮縫) · 횡봉(橫縫)
黃以周, 『禮書通故』(청)

과 같이 구분하였다.

③ '오늘날[今]'은 곧 주나라를 가리킨다: 공영달 역시 '오늘날'을 '주나라'로 해석했지만, 황이주는 '금(今)'은 『예기』가 작성되던 때를 가리키는 것이라고 하여 공영달의 설을 비판했다.(黃以周, 『禮書通故』 권49, 2303쪽 참조.)

④ 눌러서 엎드린다는 명칭을 얻는다: '눌러서 엎드려 있다는 명칭[厭伏]'이란 '압관(厭冠)' 즉 상관(喪冠)을 가리킨다. 『예기』 「곡례 하」에 "압관(厭冠)을 쓰고 있으면 대궐 문에 들어가지 못한다.[厭冠, 不入公門.]"고 하였는데, 정현의 주에서는 "'압(厭)'은 '복(伏: 엎드린다, 납작하다)'의 뜻과 같다. 상관(喪冠)은 눌러서 엎드려 있는 모양이다.['厭', 猶伏也, 喪冠厭伏.]"라고 하였다. 진호(陳澔)도 "'압관(厭冠)'은 상관(喪冠)이다. 길관(吉冠)에는 머리싸개[纚]가 있고 양(梁)이 있는데, 상관에는 그것이 없다. 그러므로 눌러서 붙은 모양이다[厭帖然]. 이는 모두 흉복이기 때문에 대궐 문에 들어갈 수 없는 것이다.[厭冠, 喪冠也. 吉冠有纚有梁, 喪冠無之, 故厭帖然也. 此皆凶服, 故不可以入公門.]"라고 하였다.(『禮記集說』 「曲禮下」)

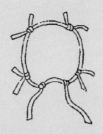

　'頍'는 (『의례』「사관례」의) 경문에는 '缺'로 되어 있다. 『의례주소』「사
관례」 정현의 주에 "'缺'는 '有頍者弁(유규자변: 頍를 장식한 피변이여)'①이라
고 할 때의 '頍(머리장식)'의 뜻으로 읽는다. 치포관에는 비녀[笄]가 없으니,
'규'를 착용하여 머리카락의 가장자리를 둘러서 턱 아래 중앙에서 묶고,
귀퉁이에 네 개의 끈[綴]을 만들어 그것으로 관을 고정한다. 목 가운데에
고리[紐]가 있는데, 또한 규를 고정하기 위해 만든 것이다."라고 하였다.
가공언의 소에서는 "'규항(頍項)은 규(頍)의 양쪽 끝머리에 모두 고리가 있
어서 별도로 끈으로 고리 안에 꿰는 것을 말한다."라고 하였다.

　목 위에서 묶기 때문에 '규항(頍項)'이라고 하는 것이다. 이미 목에서 규
를 묶었다면, 규 위의 4개의 끈은 머리의 네 모서리와 맞닿아 있으니, 4개
의 끈으로 위로 관의 테두리[冠武]에 이어 붙인다. 그렇게 한 후 관의 규
(頍)가 안정될 수 있다. 별도로 끈으로 목 중앙의 고리를 꿰고 그것을 묶어
서 규가 견고해질 수 있음을 말한다. 그러므로 (정현의 주에서) "규를 고정시

키기 위해 만든 것이다."라고 한 것이다.

['頍', 經作'缺'. 注"讀如'有頍者弁'之'頍'. 緇布冠, 無笄, 著頍, 圍髮際結項中, 隅爲四綴, 以固冠也. 項中有繼, 亦由固頍爲之." 賈釋曰, "頍項者, 謂於頍兩頭皆有繼, 別以繩穿於繼中." 於項上結之, 因名頍項. 旣結頍於項, 則頍上四綴, 當首之四隅, 以四綴上屬於冠武, 然後得冠頍之安穩. 謂別以繩穿項中之繼, 結之因得頍之牢固. 故云"亦由固頍爲之".]

① '有頍者弁(유규자변: 頍를 장식한 피변이여):『시』「소아·규변(頍弁)」에 "규(頍)를 장식한 피변이여, 이는 무엇을 하려고 썼는가?[有頍者弁, 實維伊何?]라고 하였는데, 모형(毛亨)의 전(傳)에는 "'규(頍)'는 변(弁)의 모습이다. '변(弁)'은 피변이다.[頍, 弁貌. 弁, 皮弁也.]"라고 하였고, 단옥재(段玉裁)는 '규(頍)'를 '머리를 들고 있는 모습[擧頭貌]으로 해석하였다. 이에 따르면 '有頍者弁'은 '머리를 치켜들고 있는 듯한 피변이여'라는 뜻이 된다. 그러나 호배휘(胡培翬)는 '규(頍)의 형상이 권책(卷幘)에서 생겨났다'는 전제에서 '규(頍)'는 별도의 물건이지 피변의 모습을 뜻하는 것이 아니라고 하면서『삼가시(三家詩)』에서는 '규(頍)'를 '비녀가 없는 치포관[蔮]'으로 해석하였다고 하였다.[頍象生於卷幘, 則頍是一物, 非爲弁貌. 蓋注『禮』多用『三家詩』,『三家詩』或釋頍爲蔮也.](胡培翬,『儀禮正義』권1, 46쪽, 참조.) '규항(頍項)'에 대해서는 앞의 [冠冕圖03：04-緇布冠] 역주 ④ 참조.

규항(頍項)
黃以周,『禮書通故』(청)

전한시대 공심전에 보이는 규(頍)의 사용법
孫機,『中國古輿服論叢』

『의례』「사관례」에 "푸른색 끈목으로 만든 두 가닥의 관끈[靑組纓]을 규항[頍] 위에 연결하여 묶는다."고 하였다. 이는 치포관에는 비녀[笄]가 없으므로 두 가닥의 끈을 규항에 양쪽으로 서로 연결시키는 것을 말한다. 연결한 후에는 늘어뜨려진 끈을 턱 아래에서 묶는다. 그러므로 정현의 주에 "비녀가 없는 관①의 경우, 관끈[纓]②을 사용하는데 그 양쪽 가닥을 묶는다.③"고 하였다.

[「士冠禮」云, "靑組纓, 屬於頍." 此謂緇布冠無笄, 乃以二條之組兩相屬於頍. 旣屬訖, 則以所垂條者於頤下結之. 故註云, "無笄者, 纓而結其條也."]

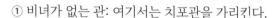
① 비녀가 없는 관: 여기서는 치포관을 가리킨다.

② 관끈[纓]: '영'은 두 가닥의 끈으로, 관의 양쪽 옆에서 내려 턱 아래에
서 묶는다. 비녀가 있는 관 즉 면(冕), 변(弁), 현관(玄冠) 등에는 관끈으로
'굉(紘)'을 사용하고, 비녀가 없는 치포관에는 '영(纓)'을 사용한다. 비녀
가 있으면 관을 머리에 고정하는 역할을 비녀가 하므로 관끈은 장식의
역할만 하게 된다. 따라서 한 가닥으로 된 '굉(紘)'을 사용한다. 그러나
비녀가 없으면 끈이 관을 고정하는 역할을 해야 하므로 두 가닥을 써서
양쪽에서 내려 턱 아래에 단단히 묶어 맨다.

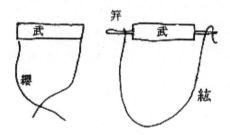

굉(紘)과 영(纓)
谷田孝之,『中國古代喪服の基礎的研究』

③ 양쪽 가닥을 묶는다: 두 가닥의 끈을 양쪽에서 내려 턱 아래에서 묶는
다는 뜻이다.

纚

　　『의례』「사관례」에 "짙은 검은색의 머리싸개[緇纚]는 너비는 온폭
(2척 2촌)을 그대로 사용하고, 길이가 6척이다."라고 하였는데, 정현의 주에
서는 "'머리싸개'는 너비가 온폭이고, 길이가 6척이니, 머리카락을 감싸서
묶기에 충분하다."라고 하였다. 이는 머리싸개로 머리카락을 감싸는 일을
마치면 이어서 상투를 튼다는 뜻이다.

　　[「士冠禮」曰, "緇纚, 廣終幅, 長六尺", 註云, "纚一幅長六尺, 足以韜髮而
結之." 此謂用纚韜髮訖, 乃爲紒矣.]

① 纚: 陸德明은 '纚'의 음은 所와 買의 反切이며, 또 所와 綺의 反切이라
고 하였다.(『經典釋文』권8「周禮音義 上 天官冢宰下」'追師')

『의례』「사관례」정현의 주에 "피변(皮弁)은 흰 사슴의 가죽으로 만드는데, 태고 시대를 본뜬 것이다."라고 하였다. 또 옛『삼례도』에서 "사슴 가죽의 황백색의 옅은 털로 만든다. 높이는 1척 2촌이다."라고 하였다. 『주례』에 의하면, 왕 및 제후·고(孤)·경·대부의 피변은 솔기[會] 위에 다섯 가지 채색·세 가지 채색·두 가지 채색의 옥으로 기(璂)① 장식을 하고, 밑장식[邸]은 상아로 만든다.② 오직 사의 피변에만 이러한 문식이 있음을 말하지 않았다. 무릇『삼례도』안에서 한 기물을 거듭 설명한 것은 그 본지가 같지 않기 때문이다. 이는『의례』「사관례」의 삼가(三加)③에서 두 번째로 피변을 씌우는 일을 풀이한 것이다. 이 때문에 (피변이) 거듭 나온 것이다.④ 다른 것들도 모두 이와 마찬가지이다.

[「士冠禮」注云, "皮弁, 以白鹿皮爲之, 象太古." 又舊『圖』云, "以鹿皮淺毛黃白者爲之. 高尺二寸."『周禮』王及諸侯·孤·卿·大夫之皮弁, 會上有五采·三采·二采玉璂象邸. 唯不言士之皮弁有此等之飾. 凡於『圖』中重見者, 以其本旨不同也. 此解「士冠禮」三加, 次加皮弁, 是以重出. 他皆類此.]

① 기(璂): 천자의 피변에서 솔기 부분의 옥 장식을 말한다. 『주례』「하
관·변사(弁師)」 정현의 주에 "'회(會)'는 솔기이다. '기(璂)'는 '박차기(薄
借綦)'라고 할 때의 '기(綦)'의 뜻으로 읽으니, '기(綦)'는 묶는다[結]는 뜻
이다. 피변의 솔기마다 다섯 가지 채색의 옥 12개를 꿰어 묶어서 문식
을 삼는데, 그것을 '기(綦)'라고 한다.['會', 縫中也. '璂'讀如'薄借綦'之'綦.'
'綦', 結也. 皮弁之縫中, 每貫結五采玉十二以爲飾, 謂之'綦'.]"고 하였다.

천자 피변
黃以周, 『禮書通故』(청)

② 밑장식[邸]은 상아로 만든다: 『주례주소』「하관·변사(弁師)」 정현의 주
에 "'저(邸)'는 아래의 틀이다. 상아로 그것을 만든다.['邸', 下柢也. 以象

骨爲之.]"라고 하였고, 가공언의 소에는 "피변 안의 정수리에 상아로 밑바닥을 만든다.[弁內頂上, 以象骨爲柢.]"라고 하였다.

③ 삼가(三加): 관례(冠禮)를 행할 때 치포관, 피변, 작변의 순서로 세 차례 관을 씌워 주는 것을 말한다.

④ 이 때문에 (피변이) 거듭 나온 것이다: 앞의 [冠冕圖03 : 09-皮弁]에서 이미 '피변'에 대해 설명하였는데, 이곳에서 또 거듭 '피변'을 설명하였다.

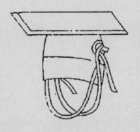

작변(爵弁).『의례』「사관례」정현의 주에 "(작변은) 면관(冕冠)의 다음 등급이다. 그 색은 적색에 옅은 흑색을 띠어서 마치 참새의 머리색과 같다."라고 하였다. 30승의 베로 만드는데, 또한 길이는 1척 6촌, 너비 8촌이다. 앞쪽은 둥글고 뒤쪽은 네모졌는데, 류(旒: 오채색의 옥을 꿴 술)가 없고 앞뒤로 평평하다.

[爵弁. 鄭云, "冕之次也. 其色赤而微黑, 如爵頭然." 用三十升布爲之, 亦長尺六寸, 廣八寸. 前圓後方, 無旒而前後平.]

笄

　『의례』「사관례」에 "피변(皮弁)을 고정하는 비녀[笄]와 작변(爵弁)을
고정하는 비녀[笄]가 있다."고 하였는데, 정현의 주에서는 "비녀[笄]는 오
늘날의 잠(簪: 비녀)①이다."라고 하였다. 양정(梁正)과 완심(阮諶)의 『삼례
도』에서는 "사(士)는 짐승의 뼈로 만들고, 대부(大夫)는 상아로 만든다."고
하였다.

　[「士冠禮」云, "皮弁笄, 爵弁笄", 註云, "笄, 今之簪也." 梁正・阮氏『圖』
云, "士以骨, 大夫以象."]

① 잠(簪: 비녀) : '잠자(簪子)'라고도 한다. 머리카락을 묶거나 관을 고정하는 바늘 형태의 머리 장식을 말한다. 주대에는 일반적으로 '계(笄)'라고 칭했는데, 진한 이후 '잠(簪)'으로 개칭하였다. 유희(劉熙)의 『석명(釋名)』 「석수식(釋首飾)」에 "잠(簪)은 비녀이니, 비녀로 관을 머리카락에 연결시킨다.[簪, 兓也, 以兓連冠於髮也.]"고 하였다. 비녀는 신석기시대에 출현했는데, 처음에는 대부분 원추형이었다. 상나라 때 이르러 비녀 머리에 처음으로 각종 문양을 장식하면서 이후 더욱 정치해졌다. 주나라·한나라 때의 비녀는 비녀 머리에 터키석을 상감하여 장식했다. 처음에는 돌이나 짐승의 뼈를 이용했는데, 후에는 대나무, 옥, 상아, 금은 등으로 장식했다.(孫晨陽·張珂, 『中國古代服飾辭典』, 172쪽 '簪' 항목 참조)

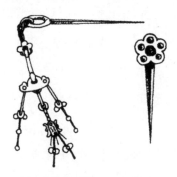

잠(簪)
孫晨陽·張珂, 『中國古代服飾辭典』

紘

　『의례』「사관례」에 "짙은 검은색 끈목으로 만든 관끈[緇組紘]은 가장자리를 누런빛을 띠는 진홍색[纁]으로 한다."고 하였다. 이는 피변과 작변은 모두 비녀가 있으므로 이 관끈[紘]을 사용한다는 뜻이다. 먼저 한 가닥의 끈을 왼쪽 비녀 위에서 묶어 고정하고, 이어서 턱 아래로 두르고, 오른쪽으로 위를 향하여 올려서 비녀에 연결시킨 후 구부려서 묶고, 나머지를 아래로 내려뜨려 장식으로 삼는다. '가장자리를 누런빛을 띠는 진홍색으로 한다.'는 것은 가운데를 짙은 검은색으로 하고, 가장자리를 누런빛을 띠는 진홍색으로 하여 옆으로 짠다는 뜻이다. 옛 『삼례도』에는 관끈[紘]의 양쪽 끝에 별도로 가는 띠를 내었는데, 매우 잘못된 것이다.

　「士冠禮」云, "緇組紘, 纁邊." 此謂皮弁·爵弁皆有笄, 故設此紘也. 先以組一頭於左笄上繫定, 乃繞頤下, 右相向上屬於笄, 屈繫之, 垂餘爲飾. 纁邊者, 以緇爲中, 以纁爲邊, 側而織之也. 舊『圖』紘兩頭別出細帶, 甚誤.]

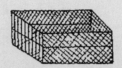

『의례주소』「사관례」정현의 주에 "둥근 모서리의 네모진 상자를 '협(篋)'이라고 한다.①"고 하였으니, 네모지게 만들고 그 모서리를 깎아서 둥글게 한 것을 말한다. 또『의례주소』「사관례」의 경문에 "(이상 기술한 것들을) 둥근 모서리의 네모진 상자[篋]에 함께 넣어 둔다."고 하였다. 정현은 치포관 이하 모두 6가지 물건을 둥근 모서리의 네모진 상자에 함께 넣어 둔다는 뜻이라고 하였다.② 그러므로 가공언의 소에 "치포관은 규항에 연결되어 있으니 함께 첫 번째 물건이고, 짙은 검은색의 머리싸개는 길이 6척이니 두 번째 물건이고, 피변의 비녀가 세 번째 물건이고, 작변의 비녀가 네 번째 물건이고, 가장자리를 누런빛을 띠는 진홍색으로 한 짙은 검은색 끈목으로 만든 관끈이 피변과 작변에 각각 하나씩 있으므로 두 개의 물건이니, 앞의 4개와 합하여 6개의 물건이 된다."고 하였다.

[「士冠禮」註云, "隋方曰篋", 謂方而殺其角也. 又經云, "同篋." 鄭以緇布冠已下凡六物同篋. 故賈釋云, "緇布冠屬於頍, 共爲一物, 緇纚長六尺, 二物也, 皮弁笄三物也, 爵弁笄四物也, 其緇組紘纁邊, 皮弁爵弁各有一, 則爲二物. 通四爲六物也."]

① 둥근 모서리의 ~ 한다: 『의례』「사관례」 정현의 주에는 '隨方曰篋'으로
되어 있는데, '隨'와 '隋'는 모두 '橢(길고 둥근 형태)'와 통하는 글자로 타원
형을 뜻한다. 『예기정의』「월령」 정현의 주에 "隋曰寶, 方曰窆.(둥글게
파서 들어가는 것을 '寶'라고 하고, 네모지게 파서 들어가는 것을 '窆'라고 한다.)"라
고 하였고, 공영달의 소에는 "'隋'는 네모진 것과 유사하지만 네모진 것
이 아니고, 둥근 것과 유사하지만 둥근 것이 아니다.[隋者, 似方非方, 似
圓非圓.]"라고 하였다. 이곳 『삼례도』의 '협(篋)' 도상은 네모진 장방형
으로 되어 있으나, 『흠정의례의소』와 황이주의 『예서통고』에는 모서
리가 둥글게 표현되었다.

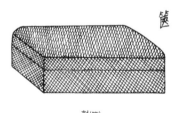

협(篋)
黃以周, 『禮書通故』(청)

② 정현은 ~ 하였다: 『의례』「사관례」 정현 주의 원문은 "同篋, 謂此上凡
六物.('방형의 둥근 모서리 상자에 함께 넣어 둔다.'는 것은 이상의 여섯 가지 물건을
함께 넣는다는 뜻이다.)"이다.

『의례』「사관례」에 "빗[櫛]은 단(簞)에 넣어 둔다."고 하였는데, 정현의 주에 "'단(簞)'은 사(笥)이다."라고 하였다. 또 『예기』「곡례 상」정현의 주에는 "둥근 대광주리를 '단(簞)'이라 하고, 네모진 대광주리를 '사(笥)'라고 한다."고 하였으니, 사(笥)와 단(簞)은 네모지고 둥근 차이가 있다. 이곳 『의례』「사관례」정현의 주에서 "단(簞)은 사(笥)이다."라고 한 것은 함께 하나의 물건이 되는 것으로, 정현이 그 유사한 것(밥을 담는 대광주리)을 든 것이다.①

[「士冠禮」云, "櫛實于簞", 註云, "簞, 笥也." 又「曲禮」註云, "圓曰簞, 方曰笥", 笥與簞方圓有異. 此云"簞, 笥也", 共爲一物者, 鄭擧其類也.]

① 정현이 그 유사한 것(밥을 담는 대광주리)을 든 것이다: 『예기』「곡례 상」
   정현의 주에 "'단사(簞笥)'는 밥을 담는 대광주리로, 둥근 것을 '단(簞)'이
   라고 하고 네모난 것을 '사(笥)'라고 한다.['簞笥', 盛飯食者, 圜曰簞, 方曰
   笥.]"라고 하였다. 섭숭의는 정현이 밥을 담는 유사한 대광주리로 '단'
   과 '사'를 들었을 뿐이라고 해석한 것이다.

사(笥)와 단(簞)
黃以周, 『禮書通故』(청)

　　『의례』「사관례」에 "작변·피변·치포관은 각각 별도의 상자[匴]① 안
에 넣어 두는데, (3명의 유사들이) 이것들을 나누어 들고 당 위 서쪽 모서리
흙 받침대[西坫]②의 남쪽에서 대기한다."고 하였다. 정현의 주에서는 "'산
(匴)'은 대나무로 만든 그릇의 명칭으로, 오늘날의 관상(冠箱: 관을 넣어 두는
상자)이다."라고 하였다. 옛『삼례도』에는 그림을 그려 넣어 둥글게 만들
었는데, 양정(梁正)이 고쳐서 네모지게 하였다.③ 옛『삼례도』에는 '산(匴)'
이 작변(爵弁)의 아래에 있었는데, 이제 경문에 의거하여 '단(簞)'의 뒤에 두
었다.

　　[「士冠禮」云, "爵弁·皮弁·緇布冠, 各一匴, 執以待于西坫南." 註云, "匴,
竹器名. 今之冠箱也."舊『圖』畫而圓, 梁正改而方. 舊匴在爵弁之下, 今依經
次於簞後.]

① 상자[匴]: '산(匴)'은 관례에서 관을 넣어 두는 대나무 상자를 말한다.

② 당 위 서쪽 ~ 흙 받침대[西坫]: '점(坫)'은 당 위 동·서 양쪽 모서리에 흙을 쌓아 올려서 만든 대(臺)로서 이곳에 술잔이나 물건을 놓아둔다. 당 위 동쪽 모서리에 있는 것을 '동점(東坫)', 서쪽 모서리에 있는 것을 '서점(西坫)'이라고 한다.

③ 옛 『삼례도』에는 ~ 네모지게 하였다: 진상도(陳常道)의 『예서(禮書)』에서도 양정의 설에 따라 '산(匴)'을 네모지게 그렸다. 그러나 황이주는 정현의 설에 따르면 거(筥: 둥근 대광주리)처럼 둥글게 그리는 것이 옳다고 하였다. 『의례』 「사관례」 정현의 주에 "고문에 '匴'은 '篹'으로 되어 있다.[古文'匴'爲'篹'.]"고 하였는데, 『예기』 「상대기(喪大記)」 정현의 주에는 "'산(篹)'은 대나무로 만든 '거(筥)'이다['篹', 竹筥也.]"라고 하였다. 『모시』 「소남(召南)·채빈(采蘋)」 모형(毛亨)의 전(傳)에 "네모진 대광주리를 '광(筐)'이라 하고, 둥근 대광주리를 '거(筥)'라고 한다.[方曰筐, 圓曰筥.]"고 하였고, 『의례』 「빙례」 정현의 주에도 "거는 둥근 대광주리이다.[筥者圓]"라고 하였다. 따라서 대나무로 만든 거(筥)의 일종인 '산(篹)'은 둥근 상자로서, 황이주에 의하면 청대의 모롱(帽籠)과 유사하다. '모롱'은 모자를 담는 상자 형태의 기물로, 모자의 형태가 바뀌는 것을 방지하기 위한 것이다.(黃以周, 『禮書通故』 권49, 2486쪽 참조)

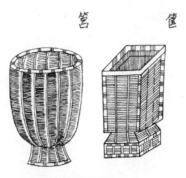

거(筥)와 광(筐)
黃以周, 『禮書通故』(청)

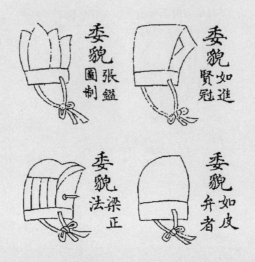

위모(委貌)는 현관(玄冠)이라고도 칭한다. 그러므로 『의례』「사관례」에 "주인은 현관을 쓰고 조복을 입는다."라고 하였는데, 정현의 주에는 "현관은 위모이다."라고 하였다. 옛 『삼례도』에서는 "위모. 진현관은 위모의 남아 있는 형상이다."[①]라고 하였고, 『후한서』「여복지」에는 "위모(委貌)와 피변(皮弁)의 관은 제도가 같다."[②]고 하였다.

장일(張鎰)의 『삼례도』를 살펴보건대, 제후가 조복(朝服)을 착용할 때 쓰는 현관(玄冠), 사가 현단복(玄端服)을 착용할 때 쓰는 현관(玄冠), 제후의 관변(冠弁)[③] 이 세 가지 관은 주나라 천자가 쓰던 위모(委貌)와 형태와 제도가 서로 같으니, 그렇다면 진현관이 그 남아 있는 형상이라고 한 것이나 피변과 제도가 같다고 한 것과는 한참 차이가 난다. 양정(梁正)은 완심(阮諶)의 『삼례도』본(本)에 의거하여 위모와 이전의 3가지 법식을 도상으로 나타냈는데, 형태와 제도가 또 다르다.

신 숭의는 이 위모의 4가지 형상을 상세히 살펴보았는데, 대체로 후대에 법도를 어지럽혀서 때에 따라서 만들어 낸 것입니다. 고금의 제도가 혹 문헌의 기록에 나타나기도 하는데, 장일의 도상이 겨우 근사할 뿐입니다. 이제 오른쪽에 도상을 함께 수록하여 후대 지혜로운 사람들이 선택하기 를 기다립니다.

[委貌, 一名玄冠. 故「士冠禮」云, "主人玄冠·朝服", 注云"玄冠, 委貌也." 舊『圖』云, "委貌. 進賢冠其遺象也."『漢志』云, "委貌與皮弁冠同制." 案張 鎰『圖』諸侯朝服之玄冠, 士之玄端之玄冠, 諸侯之冠弁, 此三冠與周天子委 貌形制相同, 則與進賢之遺象, 皮弁之同制者, 遠相異也. 其梁正因阮氏之本, 而圖委貌與前三法, 形制又殊. 臣崇義詳此委貌之四狀, 蓋後代變亂法度, 隨 時造作. 古今之制或見乎文. 張氏僅得之矣. 今並圖之於右, 冀來哲所擇.]

① 진현관은 위모의 남아 있는 형상이다: '진현관'은 옛 치포관(緇布冠)에서 변화된 것으로, 후한 이후 주로 문관들이 쓰던 관이다.(『후한서』「여복지」;『진서』「여복지」) 채옹의 『독단』 등에 의하면 천자는 통천관을 쓰고, 제후왕은 원유관을 쓰고, 공·후는 진현관을 썼는데(天子冠通天冠, 諸侯王冠遠遊冠, 公·侯冠進賢冠.), 한대의 진현관은 1량(梁)에서 3량(梁)까지 3가지 종류가 있었다.

進賢冠
(片岡 理,「蔡邕『獨斷』の研究(6)」,『史適』7, 1986)

② 위모와 피변의 관은 제도가 같다: 『후한서』 권40, 「여복지 하(輿服志下)」에 "위모관과 피변관은 제도가 같다. 길이는 7촌이고, 높이는 4촌이고, 형태는 엎어 놓은 술잔과 같아서 앞쪽은 높고 넓으며, 뒤쪽은 낮고 뾰족하니, 이른바 하나라의 모퇴(母追)·은나라의 장보(章甫)이다. 위모는 검은 비단으로 만들고, 피변은 사슴 가죽으로 만든다.[委貌冠·皮弁冠同制. 長七寸, 高四寸, 制如覆杯, 前高廣, 後卑銳, 所謂夏之母追·殷

之章甫者也. 委貌以皁絹爲之, 皮弁以鹿皮爲之.]"고 하였다.

③ 제후의 관변(冠弁): '관변복(冠弁服)'은 천자가 사냥할 때[甸服], 제후가 매일 조회를 볼 때[視朝] 착용하는 의복이다. 『주례』「춘관·사복(司服)」에 "무릇 사냥을 할 때는 관변복을 착용한다.[凡甸, 冠弁服.]"고 하였는데, 정현의 주에는 "'전(甸)'은 사냥한다[田獵]는 뜻이다. '관변'은 위모인데, 그 복장은 검은색 베로 만든 웃옷을 입고, 또한 허리 부분에 주름을 잡은 흰색 치마를 입는다. 제후는 이 옷을 조회 볼 때의 의복으로 삼는다.[甸, 田獵也. 冠弁, 委貌, 其服緇布衣, 亦積素以爲裳, 諸侯以爲視朝之服.]"고 하였다.

옛 『삼례도』에 "하나라에서는 '모퇴(母追)'【('母追'의) 음은 '牟堆'이다.】를 썼고, 은나라에서는 '장보(章甫)'를 썼고, 주나라에서는 '위모(委貌)'를 썼다.【위모의 제도에 대해서는 앞에서 이미 설명하였다.】후대에 전해지면서 기묘한 뜻으로 고쳐서 새롭게 하고 그 명칭을 바꾸었을 뿐이다. 그 제도는 서로 유사하여 모두 검은 베로 관의 몸체를 만들고, 짙은 검은색으로 그 위를 꿰매었다. 관의 앞쪽은 너비가 4촌 높이가 5촌이고, 뒤쪽은 너비 4촌 높이 3촌이다. '장보(章甫)'는 이마 앞의 챙이 커서 그 몸체를 밝게 한 것이고, '모퇴(母追)'는 제도가 주나라의 위모와 동일하다. 은나라의 관은 이마 앞의 챙이 커서 앞쪽으로 나와 있고, 하나라의 관은 이마 앞의 챙이 작고 들어가 있다."고 하였다.

신 숭의는 살펴보건대, 『예기정의』「교특생」에 "'위모'는 주나라의 도이다. '장보'는 은나라의 도이다. 모퇴는 하후씨의 도이다."라고 하였고, 공영달의 소에는 "(하·은·주) 삼대에서 항상 쓰고서 도를 행하던 관이니,

모두 치포(緇布: 짙은 검은색의 베)로 만들지만 그 형태는 스스로 구별된다.”
고 하였습니다. 이미 모두 치포로 만든다고 하였으므로, 치포관은 위모 등
을 가리키는 것입니다. 대체로 베에는 거칠고 세밀한 것이 있으니, 각각
하나의 명칭으로 삼은 것입니다. 또 『후한서』 「여복지」에는 “(위모는) 길
이가 7촌이고 높이가 4촌이고, 형태는 엎어 놓은 술잔과 같아서 앞쪽은 높
고 뒤쪽은 낮고 뾰족하니, 이른바 하나라의 모퇴·은나라의 장보이다.”라
고 하였습니다. 【‘모퇴(毋追)’에는 엎어 놓은 술잔의 형상이 있다.】 다만 옛날의 법
식은 알기 어려우니, 문헌의 기록에 의거하여 형상을 살펴서 오른쪽에 도
상으로 갖추어 나타내어 오늘날까지 남아 있는 형태와 거의 부합시켰습
니다. 다른 것들도 모두 이와 마찬가지입니다.

[舊『圖』云, “[夏曰]¹毋追【音牟堆.】, 殷曰章甫, 周曰委貌.【委貌制已見上.】
後代轉以巧意改新, 而易其名耳. 其制相比, 皆以漆布爲殼, 以緇縫其上.
前廣四寸高五寸, 後廣四寸高三寸. 章甫, 委大章其身也, 毋追制與周委
貌同. 殷冠委大臨前, 夏冠委前小損.” 臣崇義案, 「郊特牲」曰, “委貌, 周
道也. 章甫, 殷道也. 毋追, 夏后氏之道也.” 孔疏云, “三代恆服行道之冠,
俱用緇布, 其形自別.” 旣言俱用緇布爲之, 則緇布冠是委貌等矣. 蓋布有
麤縟, 各爲一名. 又『漢志』云, “長七寸, 高四寸, 制如覆杯, 前高廣, 後卑
銳. 所謂夏之毋追·殷之章甫者也.”【毋追有覆杯之狀.】 但古法難識, 依文觀
象, 備圖於右, 庶合遺制. 他皆類此.]

1　[夏曰]: 저본에는 ‘夏曰’ 두 글자가 없으나, 『儀禮』 「士冠禮·記」에 “委貌, 周道也. 章甫, 殷道
也. 毋追, 夏后氏之道也.”라고 한 것에 의거하여 보충하였다.

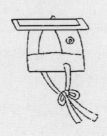

　　살펴보건대, 『예기정의』「왕제」공영달의 소와 옛 『삼례도』에서는 "(冕冠을) 주나라서는 '변(弁)'이라 하였고, 은나라에서는 '후(冔)'라고 하였고, 하나라에서는 '수(收)'라고 하였다."고 하였다. 3가지 관의 제도는 서로 유사하지만 약간 다르다. 모두 30승의 검은 베로 만들었는데, 모두 너비는 8촌이고, 길이는 1척 6촌이며, 앞쪽은 둥글고 뒤쪽은 네모진데, 류(旒: 오채색의 옥을 꿴 술)가 없다. (주나라의 변은) 적색에 옅은 흑색을 띠어서 마치 참새의 머리색과 같으며, 앞쪽은 크고 뒤쪽은 작다. 은나라의 후(冔)는 검은색에 옅은 흰색을 띠며, 앞쪽은 작고 뒤쪽은 크다. (하나라의) '수(收)'는 순수한 흑색이며, 또한 앞쪽은 작고 뒤쪽은 크다. 3가지 관은 아래쪽에 모두 수(收: 머리카락을 묶는 부속물)①가 있어서 동도립(東道笠) 아래쪽의 수(收)와 같다.

　　또 『후한서』「여복지 하」에 "'작변(爵弁)'은 면(冕)이라고도 칭하니, 너비는 8촌, 길이는 1척 2촌이다. 참새와 유사한 형태이며, 앞쪽은 작고 뒤쪽은 크다. 관 위를 비단으로 둘러 씌웠는데 참새의 머리색과 같으며, 수

(收)가 있어 그것으로 비녀를 지탱하니, 이른바 하나라의 수(收)·은나라의 후(冔)라는 것이다. 천지·오교(五郊)·명당에서 제사 지낼 때 「운교무(雲翹舞)」의 악무를 추는 악인들이 이 관을 쓴다. 『예기』 「명당위」에서는 '붉은 방패와 옥으로 장식한 도끼를 들고, 면(冕)을 쓰고서 「대하(大夏)」의 악무를 춘다.'②고 한 것은 이 관을 두고 말한 것이다."라고 하였다.

또 살펴보건대, 『의례』 「사관례」에 "주나라에서는 '변(弁)'을 썼고, 은나라에서는 '후(冔)'를 썼고, 하나라에서는 '수(收)'를 썼다."고 하였는데, 정현의 주에는 "그 제도의 차이에 대해서는 들어 보지 못했다."라고 하였다. 하나라와 은나라의 예가 망실되어 그 제도가 주나라와 다른지 같은지에 대해서 들어 보지 못했다는 뜻이다. 그러므로 아래에 하나라와 은나라의 두 관의 형상을 도상으로 나타내지 않았는데, 장일(張鎰)도 또한 생략하고 취하지 않았다.

[案 「王制」疏與舊 『圖』云, "周曰弁, 殷曰冔, 夏曰收." 三冠之制, 相似而微異, 俱以三十升漆布爲之, 皆廣八寸, 長尺六寸, 前圓後方, 無旒. 色赤而微黑, 如爵頭然. 前大後小.[1] 殷冔黑而微白, 前小後大.[2] 收純黑, 亦前小後大. 三冠下皆有收, 如東道笠下收矣. 又 『後漢志』云, "爵弁, 一名冕, 廣八寸, 長尺二寸, 如爵形, 前小後大. 繪其上似爵頭色, 有收持笄. 所謂夏收·殷冔者也. 祠天地·五郊·明堂, 雲翹舞樂人服之. 『禮』曰, '朱干玉戚, 冕而舞 「大夏」', 此之謂也." 又案 「士冠禮」云, "周弁·殷冔·夏收", 注云, "其制之異未聞." 謂夏殷禮亡, 其制與周異同未聞. 故下不圖夏殷二冠之象, 張鎰亦略而不取.]

---

1 前大後小: 『後漢書』권40 「輿服志下」와 蔡邕의 『獨斷』卷下에는 '前小後大'로 되어 있다.
2 前小後大: 蔡邕의 『獨斷』卷下에는 '前大後小'로 되어 있다.

① 수(收: 머리카락을 묶는 부속물): 이곳의 '수(收)'는 하나라의 관을 지칭하는 것이 아니라 머리카락을 묶는 관의 부속물을 가리킨다. 『예기』 「왕제」 정현의 주에 "'수(收)'는 머리카락을 수렴하는 도구를 말한다.['收', 言所以收斂髮也.]"라고 하였다. 채옹(蔡邕)의 『독단(獨斷)』 권하에 "면관을 주나라에서는 '작변'이라 하였고, 은나라에서는 '후'라고 하였고, 하나라에서는 '수'라고 하였다. 모두 30승의 검은 베로 관의 몸체를 만드는데, 너비는 8촌이고, 길이는 1척 2촌이다. … 하나라의 (수)는 순수한 흑색이며, 또한 앞쪽은 작고 뒤쪽은 크다. 모두 수(收)가 있는데, 그것으로 비녀를 지탱한다.[冕冠, 周曰爵弁, 殷曰冔, 夏曰收. 皆以三十升漆布爲殼, 廣八寸, 長尺二寸.…夏純黑(而赤), [亦]前小後大. 皆有收以持笄.]"고 하였다.

책(幀)-耳
(澤 章敏, 「蔡邕 『獨斷』の硏究(7)」, 『史適』 8, 1987)

② 붉은 방패와 ~ 「대하(大夏)」의 악무를 춘다: 오늘날 『예기』 「명당위」

에는 '대무(大武)'의 악무를 추는 것으로 되어 있다. "당 위에 올라 「청묘(清廟)」의 시를 노래하고, 당 아래에서 죽관(竹管)으로 「상(象)」을 연주하여 행한다. 붉은 방패와 옥으로 장식한 도끼를 들고 면복을 입고서 「대무(大武)」의 악무를 추고, 피변(皮弁)에 흰색 주름치마[素積]를 입고 석의(裼衣)를 드러내고서 「대하(大夏)」의 악무를 춘다.[升歌「清廟」, 下管「象」, 朱干玉戚, 冕而舞「大武」, 皮弁素積, 裼而舞「大夏」.]"고 하였다.

『후한서』「여복지 하(輿服志下)」에 "통천관①은 높이가 9촌이며, 정면은 곧게 서 있는데 정수리 부분이 조금 비스듬히 기울어 뒤로 젖혀져 있고, 이어서 곧바로 아래로 내려가서 철로 권(卷: 관 테두리)과 양(梁: 관의 중심 부분)②을 만들며, 앞쪽에는 산 모양의 장식이 있고, 전통(展筩)③이 있다. 천자가 평상시 쓰는 관이다. 옷은 심의(深衣)를 입는다. 만일 포(袍)를 입을 경우, 오시(五時)의 색깔을 따랐다.【한나라는 진나라의 것을 계승했지만, 예(禮)에 명문 규정이 없다.】어떤 사람은 '주공이 성왕을 안고[抱] 한가로이 거처하였기 때문에 포(袍)를 제정하였다.'고 하였다."라고 하였다. 양쪽을 보존해 두는 것은 도상의 제도가 혹 달라서 오히려 하나의 법을 보존할 수 있기 때문이다. 다른 것들도 모두 이와 마찬가지이다.

[『後漢志』云, "通天冠高九寸, 正竪, 頂少斜郤, 乃直下爲鐵卷梁, 前有山, 有展筩. 乘輿常服. 服深衣制, 如有袍隨五時(五)[1]色【漢受於秦, 禮無文.】或曰, '周公抱成王燕居, 故施袍.'." 兩存者, 圖制或殊, 更存一法, 他皆類此.]

1 (五): 저본에는 '五'가 있으나, 『후한서』「여복지 하」에 의거하여 衍文으로 처리하였다.

① 통천관: 진(秦)에서 유래한 관으로, 진이 전국을 통일한 후 본래 자신들이 쓰던 통천관을 황제의 평상복에 쓰는 관으로 사용하였다. 한대에도 역시 진나라를 따랐고, 위진·남북조 시기의 각 왕조도 통천관을 계속 사용했다. 다만 처음에는 평상시에 쓰던 관이었는데 후에는 점차 조복(朝服)에 쓰는 관으로 변했다. 즉 통천관은 상관(常冠)에서 조관(朝冠)으로 등급이 높아진 것이다. 통천관을 조복에 쓰는 경향은 이미 한대부터 나타났다. 다만 이때는 조복에도 쓰고 상복에도 썼다. 위진·남북조 시기의 각 왕조도 이와 마찬가지였다. 통천관복이 상복으로 착용되지 않고 조복으로만 규정된 것은 북제(北齊) 때부터다.(『後漢書』권40, 「輿服志下」, "通天冠 … 乘輿所常服."; 『獨斷』卷下, "通天冠, 天子常服, 漢受之秦."; 『晉書』권25, 「輿服志」, "通天冠, 本秦制.…乘輿所常服也."; 『南齊書』「輿服志」: "通天冠, 黑介幘, … 乘輿常·朝所服.")

② 권(卷: 관 테두리)과 양(梁: 관의 중심부분): '권(卷)'은 무(武)라고도 하며, 관의 테두리를 말한다. '양(梁)'은 관 위쪽의 구부러진 중앙부분을 지탱하기 위해 관의 장축선 방향으로 넣은 중심 부분을 말한다. 그 형태가 들보와 유사하여 '양(梁: 들보)'이라 한 것이다. 철로 만든다. 『예기』 「옥조」 정현의 주에 "'무(武)'는 관권(冠卷)이다. 옛날에는 관(冠)과 권(卷)이 달랐다.['武', 冠卷也. 古者冠·卷殊]."라고 하였다.

③ 전통(展筩): 관 앞면에 날아오르는 듯한 뿔 모양의 장식물로, 통천관, 법관 등의 예관에 장식한다.

通天冠의 展篃(沂南畫像石)
(澤 章敏, 「蔡邕『獨斷』の硏究(7)」, 『史適』8, 1987)

원유관(遠遊冠). 『후한서』「여복지 하(輿服志下)」에 "관의 형태는 통천 관과 같은데, 전통(展筩)은 있지만 산제(山題)①가 없다."고 하였다. 또 살펴 보건대, 『당육전(唐六典)』에 "원유의 3량관(梁冠)을 쓰고, 검은색의 개책(介 幘)②에 푸른색의 관끈장식[青緌]을 하는 것은, 제후왕(諸侯王)이 쓰는 것이 다. 태자 및 친왕의 경우라면 (관 위에) 금부선(金附蟬)③ 9수를 붙이고, 진주 와 비취를 달며, 관끈에는 비취색의 관끈장식[翠緌]을 하고, 무소뿔로 만 든 잠도(簪導: 관을 고정하는 장식물)④를 꽂는다."⑤고 하였다.

[遠遊冠. 『後漢志』云, "如通天冠, 有展筩, 無山題." 又案『唐典』云, "遠 遊三梁冠, 黑介幘, 青緌, 諸王服之. 若太子及親王卽加金附蟬九首, 施珠翠, 纓翠緌, 犀簪導."]

① 산제(山題): 고대 부인들의 머리장식인 보요(步搖: 걸어갈 때 흔들리기 때문에 붙은 명칭)의 받침대이다. 황금으로 만드는데, 그 형태가 산과 유사하며, 위쪽으로 나무 가지를 연이어서 이마 앞에 두른다. 사용할 때는 머리카락 안에 삽입하고 비녀로 고정한다. 그 형태가 산과 유사하기 때문에 '산제'라는 명칭이 생겨났다.(孫晨陽·張珂, 『中國古代服飾辭典』, 282쪽 '山題' 항목 참조)

② 개책(介幘): '책'은 머리를 감싸는 두건을 말한다. 채옹의 『독단(獨斷)』 권하에 "'책'은 옛날 비천한 자들이나 일을 집행할 때 관을 쓰지 못하는 자들이 착용하던 것이다.[幘者, 古之卑賤執事不冠者之所服也.]"라고 하였다. 『진서』「여복지」에 "'책'은 옛날 천한 사람이나 관을 쓰지 못하는 자들이 쓰던 관이다. … 『한주(漢注)』에 '진현관을 쓰는 자는 이(耳)를 길게 해야 하니, 오늘날의 개책이다. 혜문관(惠文冠)을 쓰는 자는 이를 짧게 해야 하니, 오늘날의 평상책이다.'라고 하였다. … 개책은 문리들이 쓰고, 평상책은 무관들이 쓴다.[幘者, 古賤人不冠者之服也. …

책(幘)-耳
(澤 章敏, 「蔡邕『獨斷』の 硏究(7)」, 『史適』8, 1987)

『漢注』曰, '冠進賢者, 宜長耳, 今介幘也. 冠惠文者, 宜短耳, 今平上幘也.' … 介幘服文吏, 平上幘服武官也.]"고 하였다. 『수서』「예의지」에서는 "'책'은 존비와 귀천이 모두 착용한다. 문관은 이(耳: 책의 후반 부분)를 길게 하니 이를 '개책(介幘)'이라 하고, 무관은 이를 짧게 하니 이를 '상책(上幘)'이라 한다.['幘', 尊卑貴賤皆服之. 文者長耳, 謂之介幘, 武者短耳, 謂之平上幘.]"고 하였다.

③ 금부선(金附蟬): 황금으로 매미의 형상을 조각하여 관의 이마 정중앙에 붙인 장식물로, 한대에는 시중(侍中)·중상시(中常侍), 당대에는 산기상시(散騎常侍)가 썼다. '황금[金]'은 견고함의 뜻을 취한 것이고, '매미[蟬]'는 높은 곳에 살면서 이슬처럼 깨끗한 것을 먹는 뜻을 취한 것이다. 최표(崔豹)의 『고금주(古今注)』「여복(輿服)」에 "매미는 그 맑고 비어 변화를 인식하는 뜻을 취한 것이다. 높은 지위에 있는 자는 문식이 있으면서도 스스로 빛내지 않고, 무력이 있으면서도 남에게 과시하지 않으니, 맑고 비움으로 스스로를 다스려서 때를 알고 움직인다.[蟬取其淸虛識變也. 在位者, 有文而不自耀, 有武而不示人, 淸虛自牧, 識時而動也.]"라고 하였다. 『한서』「연날왕유단전(燕剌王劉旦傳)」에 "낭중으로 시종을 하는 자로서 초우(貂羽)와 황금부선(黃金附蟬)을 착용하는 자를 모두 '시중'이라 칭한다.[郎中侍從者, 著貂羽, 黃金附蟬, 皆號侍中.]"고 하였는데, 안사고(顏師古)의 주에 "'부선(附蟬)'은 황금 매미의 장식을 관 앞쪽에 부친 것이다. … 초우와 부선은 또 천자의 시중이 관에 장식하는 것이다.[爲金附蟬, 爲金蟬以附冠前也. … 而貂羽附蟬, 又天子侍中之飾.]"라고 하였다.

④ 잠도(簪導: 관을 고정하는 장식물): 간략히 '도(導)'라고도 칭하고 또 '계도(筓導)' 혹은 '낙빈(掠鬢)'이라고도 한다. 남자가 머리카락을 묶거나 관을 고

정할 때 사용한다. 옥이나 돌[玉石]·무소의 뿔[犀角]·상아 혹은 대모(玳瑁) 등으로 만든다. 그 형태가 비녀[簪]와 유사한데, 비녀에 비해 납작하고 평평하다. 수건으로 머리카락을 묶은 후, 남은 머리카락이 있으면 잠도로 끌어당겨 수건 안으로 넣고, 사용을 마치면 머리카락 사이에 꽂는다. 후한 이후 일반적으로 사용되었으며, 관직의 등급을 나타내는 용도로 사용되었다. 남북조 시대에 크게 유행했지만, 당대 이후 그 명칭만 남아 있었고 상용되지는 못했다. 유희(劉熙)의 『석명(釋名)』「석수식(釋首飾)」에 "잠(簪)은 세운다[建]는 뜻이니, 머리카락에 관을 세우는 도구이다. … '도(導)'는 귀밑털을 다듬어서 두건의 안으로 들어가게 하는 도구이다.[簪, 建也, 所以建冠於髮也…導,所以導擽鬢髮, 使入巾幘之裏也.]"라고 하였다.(孫晨陽·張珂, 『中國古代服飾辭典』, 327쪽 '簪導' 항목 참조)

⑤ 원유의 3량관(梁冠)을 쓰고 ~ 를 꽂는다: 이 문장은 『구당서』 권45「輿服志」의 "遠遊三梁冠, 黑介幘, 青綬, 皆諸王服之. 親王則加金附蟬."과 『唐六典』 권26, '內直郎' 條의 "遠遊三梁冠, 加金附蟬九首, 施珠翠, 黑介幘, 髮纓翠緌, 犀簪導."를 정리한 것이다.

　　『후한서』「여복지 하(輿服志下)』에 "고산관(高山冠)은 '측주(側注)'라고
도 한다. 관의 형태는 통천관과 같은데. 정수리 부분이 비스듬히 기울어
뒤로 젖혀져 있지 않고 곧게 세워져 있으며, 산제(山題)나 전통(展筩)이 없
다."고 하였다. 채옹(蔡邕)의 『독단(獨斷)』에 "철로 권(卷: 관 테두리)과 양
(梁: 관 테두리의 앞쪽에서부터 덮어서 관의 뒤쪽까지 이르는 부분)을 만들며, 높이는
9촌이다."라고 하였다. 호광(胡廣: 91~172)은 "고산관은 대체로 제(齊)나라
왕의 관이다. 진나라가 제나라를 멸망시키고, 그 군주의 관을 근신(近臣)에
게 하사하였다. 알자(謁者)가 그 관을 썼다."고 하였다. 또 『사기』「역생열
전(酈生列傳)」에는 "역생이 고조를 알현하였는데, 그의 관은 측주(側注)였
다."고 하였다.① 위굉(衛宏)의 『한구의(漢舊儀)』에서는 "천자는 고산관에
책이(幘耳)를 쓴다. 붉은색의 관끈을 다는데, 안쪽에 흰색 비단을 댄다.【붉
은색의 관끈이다.】"고 하였다.

　　[『漢志』曰, "高山冠, 一曰側注. 冠制如通天, 頂不斜郤, 直竪, 無山題·展

箎." 蔡邕『獨斷』曰, "鐵爲卷梁, 高九寸." 胡廣曰, "高山冠, 蓋齊王冠也. 秦滅齊, 以其君冠賜近臣. 謁者服之." 又『史記』"酈生謁高祖, 其冠側注." 『漢舊儀』曰, "乘輿冠高山冠幘耳. 赤丹紈裏.【丹色之縑.】"]

① 『사기』 「역생열전(酈生列傳)」에는 ~ 하였다: 『사기』 권97, 「역생열전 (酈生列傳)」에 "(패공이) 사자에게 '어떤 사람인가?'라고 물었다. 사자가 대답했다. '형상은 대유와 유사하니, 유자의 옷을 입고 측주(側注)를 썼습니다.'[問使者曰, '何如人也?' 使者對曰, '狀貌類大儒, 衣儒衣, 冠側注.']"라고 하였다. 서광(徐廣)은 "측주관(側注冠)은 일명 고산관(高山冠)이라고도 하니, 제왕(齊王)이 쓰던 관인데, 알자(謁者)에게 하사하였다.[側注冠一名高山冠, 齊王所服, 以賜謁者.]"고 하였다.(裴駰, 『史記集解』, 「酈生列傳」)

『후한서』「여복지 하(興服志下)」에 "장관(長冠)은 '재관(齋冠)'이라고도 한다. 앞쪽의 높이는 7촌, 너비는 3촌이니, 눈목이 촘촘한 옻칠을 한 견직물[漆纚]로 만든다. 형태는 판과 같은데, 대나무로 안쪽을 만든다. 처음 고제(高帝: 劉邦)가 미천했을 때 대나무 껍질로 만들고, 그것을 '유씨관(劉氏冠)'이라 하였으니, 초나라 관의 형태이다. 종묘 등 각종 제사를 지낼 때 이 관을 쓰는데, 모두 검은색의 옷[袀玄]을 착용한다."라고 하였다.【'袀'은 居와 匀의 반절이다. 『독단』에 "(袀은) 검은 빛을 띤 푸른색의 비단이다."라고 하였다. 『오도부(吳都賦)』의 주에 "균(袀)은 검은 옷이다.[皁服]"라고 하였다.】

[『後漢志』云, "長冠, 一曰(齊)[齋]¹冠. 前高七寸, 廣三寸, (而後)²促漆纚

---

1 (齊)[齋]: 저본에는 '齊'로 되어 있으나, 『後漢書』 권40, 「興服志 下」에 의거하여 '齋'로 교감하였다.
2 (而後): 저본에는 '而後' 두 글자가 있으나, 『後漢書』 권40, 「興服志 下」에 의거하여 衍文으로 처리하였다.

권3 관면도冠冕圖 253

爲之. 制如版, 以竹爲裏. 初高帝微時, 以竹皮爲之, 謂之劉氏冠, 楚冠制也. 祀宗廟諸祀則冠之, 皆袀玄”.【袀居勻反. 『獨斷』曰, “紺繒也.” 『吳都賦』注云, “袀, 皁服也.”】】

法
冠

법관(法冠). 『후한서』「여복지 하(輿服志下)」에 "주후관(柱後冠)①이라고
도 한다. 높이는 5촌이고, 눈목이 촘촘한 견직물로 전통(展筩)을 감싸고,
철로 권(卷: 관 테두리)②과 주(柱: 관 뒤쪽의 돌출 기둥)③를 만든다."라고 하였으
니, 그 곧고 흔들리지 않음을 취한 것이다. 또 『구당서』「여복지(輿服志)」
에 "법관(法冠)은 일명 해치관(獬豸冠)이라고도 한다. 철로 주(柱)를 만들고,
위쪽에 두 개의 구슬을 꿴다."고 하였다. 어떤 사람은 "해치(獬豸)는 신양
(神羊)으로서, 구부러짐과 곧음을 구별함을 취한 것이다. 초나라 왕이 해치
를 잡아서 그것으로 관을 만들었다. 진나라가 초나라를 멸망시키고 그 군
주의 관을 법을 집행하는 자에게 하사하였다."라고 하였다. 시어사(侍御
史)·정위(廷尉)·정감평(正監平)이 모두 이 관을 썼다.

[法冠.『後漢志』, "一曰柱後冠. 高五寸, 以纚爲之展筩, 以鐵爲卷柱", 取
其直而不橈也. 又『唐志』云, "法冠, 一名獬豸冠. 以鐵爲柱, 上施珠二枚." 或
曰, "獬豸, 神羊, 取別曲直. 楚王獲之, 故以爲冠. 秦滅楚, 以其君服賜執法
者." 侍御史·廷尉·正監平皆服之.]

① 주후관(柱後冠): 법관(法冠)의 별칭으로, 주후사(柱後史)라는 문서 관리직
이 이 관을 착용해서 붙은 이름이라고 한다. 채옹의 『독단』에는 '주후
혜문(柱後惠文)'으로 되어 있고, 『서초(書鈔)』 「설관부(設官部)」에 인용된
『한관의(漢官儀)』에는 "주나라에서는 '주하사(柱下史)'라고 했는데 노담
(老耼)이 그 관직을 맡았으며, 진나라에서는 '어사(御史)'로 바꾸었다. '주
하사'는 일명 '주후사(柱後史)'라고도 하는데, 관에 철로 주(柱)를 만들었
기 때문이다."라고 하였다.

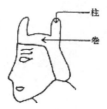

法冠의 卷과 柱
(澤 章敏, 「蔡邕『獨斷』の研究(7)」, 『史適』8, 1987)

② 권(卷: 관 테두리): 관의 테두리, 곧 무(武)를 가리킨다.
③ 주(柱: 관 뒤쪽의 돌출 기둥): 관의 뒤 부분 상단에 돌기한 기둥 장식을 말한다.

　　건화관(建華冠).『후한서』「여복지 하(輿服志下)」에 "철로 관의 주(柱: 관 뒤쪽의 돌출 기둥)와 권(卷: 관 테두리)을 만들고, (그 철제 기둥이) 구리로 만든 커다란 구슬[珠] 9매의 속을 꿴다.① 관의 앞면은 둥글다."고 하였다. 또 도요새의 깃털[鷸羽]로 정수리 부분을 장식한다.② 천지(天地)·오교(五郊)를 제사 지낼 때 팔일무(八佾舞)를 추는 사람들이 이 관을 썼다.

　　[建華冠.『後漢志』云, "以鐵爲柱卷, 貫大銅珠九枚, 前圓." 又飾以鷸羽於頂. 祀天地·五郊, 八佾舞人服之.]

① (그 철제 기둥이) 구리로 만든 커다란 구슬[珠] 9매의 속을 꿴다: 『진서(晉書)』 권25, 「여복지」에 "건화관은 철로 주(柱)와 권(卷)을 만들고, 구리로 만든 커다란 구슬 9매를 꿰는데, 옛날에는 잡다한 나무로 만든 구슬을 사용했다.[建華冠, 以鐵爲柱卷, 貫大銅珠九枚, 古用雜木珠.]"고 하였으므로, 나무 구슬을 사용하다 한대부터 구리로 만든 커다란 구슬을 사용한 것으로 보인다. 아래로부터 순차적으로 크기가 작아지는 구리로 만든 구슬 9매를 철로 만든 관 뒤쪽의 돌출 기둥이 꿰는 구조의 관이다.(熊谷滋三, 「蔡邕『獨斷』の硏究(7)」, 『史滴』8, 1987, 115쪽 참조)

② 도요새의 깃털[鷸羽]로 정수리 부분을 장식한다: 도요새는 비가 내리는 것을 미리 알 수 있는 새로, 그 깃털을 장식하여 만든 관이 휼관(鷸冠)이다. 옛날에는 천문을 담당하는 자가 이 관을 썼다고 한다.

　　무관(武冠). 『후한서』 「여복지 하(輿服志下)」에 "무변대관(武弁大冠)이라고도 하는데, 무관(武官)들이 관으로 쓴다. 그 형태는 옛 치포관의 형상이다. 시중(侍中)·중상시(中常侍)는 황금당(黃金璫)①의 장식물을 더하고, 매미 장식을 관 앞에 붙여[附蟬] 무늬를 내고, 담비 꼬리[貂尾]로 장식을 한다. 호광(胡廣: 91~172)은 '조나라 무령왕(B.C.325~B.C.299)이 호복(胡服)을 본떠서 금당(金璫)으로 머리를 장식하고, 앞에는 담비 꼬리를 꽂아서 귀한 신분임을 드러냈다. 진나라가 조나라를 멸망시키고 그 관을 근신에게 하사하였다.'고 하였다."라고 하였다. 황금의 매미와 담비꼬리로 장식한 것은 황금은 견고하고 단단하여 백번을 두드려도 닳지 않는 뜻을 취한 것이고, 매미는 높은 데 살면서 이슬을 마시며 밥을 먹지 않는 뜻을 취한 것이며, 담비는 안으로는 굳세고 세차지만 밖으로는 온화하고 부드러우며, 털빛이 짙은 자색을 띠어서 밝게 빛을 발하지 않는 뜻을 취한 것이다.

[武冠.『後漢志』云, "一曰武弁大冠, 武官冠之. 其制古緇布之象也. 侍中·中常侍加黃金璫, 附蟬爲文, 貂尾爲飾. 胡廣曰, '趙武靈王效胡服, 以金璫飾首, 前戴貂尾, 爲貴職. 秦滅趙以其冠賜近臣.'" 以金蟬貂尾飾者, 金取堅剛, 百鍊而不耗, 蟬取居高, 飮露而不食, 貂取內勁捍, 而外溫潤, 毛采紫蔚而不彰灼.]

① 황금당(黃金璫): 관의 앞이마 정면에 휘장으로 붙인 황금의 장식물을 말한다.

黃金璫의 '蟬文飾'
(北川俊昭,「蔡邕『獨斷』の研究(7)」,『史適』8, 1987)

술씨관(術氏冠)은 곧 휼관(鷸冠)이다. 『전한서(前漢書)』「오행지(五行志)」 안사고(顔師古)의 주(注)에 "도요새[鷸]는 하늘에서 비가 내리려는 것을 미리 아는 새이다. 그러므로 천문을 담당하는 자가 휼관을 관으로 썼다."①고 하였다. 오나라의 제도로서, 그 장식이 제비가 날개를 펼치고 날아오르는 듯한데 네 겹으로 되어 있고, 높고 낮음에 규범이 있으며, 도요새 깃을 그려 넣어 문식을 하였으니, 감색 빛이다. 또 안사고의 주에 "이 술씨관(述氏冠)은 곧 휼관이다."라고 하였는데, 새로운 『삼례도』에서 잘못 '술사관(術士冠)'으로 제목을 붙였다.

태자첨사(太子詹事) 윤졸(尹拙: 891~971)이 의론하여 "옛 『삼례도』에는 모두 술씨관(述氏冠)으로 되어 있습니다. 이어서 살펴보건대 안사고(顔師古)의 『간류정속(刊謬正俗)』②에서 '정(鄭)나라 자화(子華)의 아우 자장(子臧)이 송(宋)나라로 출분했는데, 휼관(鷸冠) 모으기를 좋아하였다.③'고 하였습니다."라고 말하였다. '간(刊)'의 글자는 본래 황제(송 태조 趙匡胤)의 이름과 같아서 지적하여 말하지 않고자 하였으므로 (匡에서 刋으로) 바꾼 것이다. (윤졸은) 또 “(안사고의『간류정속』에서) ‘휼(鷸)은 물새이니, 하늘에서 비가 내리려고 하면 운다. 옛사람들은 (그 새가) 천시(天時)를 안다고 생각하여 관(冠)의 형상으로 삼았다. 이 새의 형상으로 만든 관은 천문을 관장하는 자들에게 쓰게 하였다. 그러므로『일예기(逸禮記)』에「천문을 담당하는 자는 휼관(鷸冠)을 관으로 쓴다.」고 하였으니, 이것이 그 증거이다. 鷸은 음이 聿이며, 또 음이 術이다. 채옹(蔡邕)의『독단(獨斷)』에서「술씨관(術氏冠)」이라고 한 것은④ 또한 鷸의 음이 바뀌어 術이 되었기 때문일 뿐이니, 도술(道術)을 가리키는 것이 아니다.’⑤라고 하였습니다. 오늘날에는 (『독단』에서) 술사관 아래에 덧붙여 놓았다고 하여 그것을 또한 ‘술사관(術士冠)이라고 합니다.”라고 하였다.

공부상서(工部尙書) 두의(竇儀)가 의론하여 “신 의(儀)는 이제 술사관(術士冠)을 상세히 검토하고, 이미 옛『삼례도』에 의거하여 술씨관(術氏冠)으로 바꾸었습니다.”라고 하였다.

[術氏冠, 卽鷸冠也.『前漢書』「五行志」註云, “鷸知天將雨之鳥也, 故司天文者, 冠鷸冠.” 吳制, 差池四重, 高下有行, 畫鷸羽爲飾, 紺色. 又註云, “此術氏冠, 卽鷸冠也”, 新『圖』誤題爲術士冠. 太子詹事尹拙議云, “舊『圖』皆爲術氏冠, 仍案顔師古『刊謬正俗』云, ‘鄭子華之弟子臧出奔宋, 好聚鷸冠.’” ‘刊’字本與御名同, 不欲斥之. 故改焉. 又云, “‘鷸, 水鳥, 天將雨則鳴. 古人以知天時乃爲冠象. 此鳥形使掌天文者冠之. 故『逸禮記』曰, 「知天文者, 冠鷸冠.」此其證也. 鷸, 音聿, 亦音術. 蔡邕『獨斷』謂爲術氏冠, 亦因鷸音轉爲術耳, 非道術之謂也.’ 今謂於術士冠下添云, 亦謂之術士冠.” 工部尙書竇儀議曰, “臣儀今詳術士冠, 已依舊『圖』改爲術氏冠.”]

① 도요새[鷸]는 ~ 휼관을 관으로 썼다: 『한서』 권27 중지상, 「오행지(五行志)」 안사고(顏師古)의 주(注)에 "『일주서(逸周書)』에 '천문을 담당하는 자는 휼관을 썼다.'고 하였으니, 대체로 도요새[鷸鳥]는 천시(天時)를 알기 때문이다. 『예도(禮圖)』에서는 그것을 '술씨관(術氏冠)'이라 하였다. '鷸'의 음은 '聿'이고, 또 음이 '術'이다.[『逸周書』曰, '知天文者冠鷸冠', 盖以鷸鳥知天時故也. 『禮圖』謂之術氏冠. 鷸音聿, 又音術.]"라고 하였다.

② 안사고(顏師古)의 『간류정속(刊謬正俗)』: 본래 책 이름은 『광류정속(匡謬正俗)』인데, 송 태조 조광윤(趙匡胤)의 이름을 피휘하여 『간류정속』으로 개칭하였다.

③ 정(鄭)나라 자화(子華)의 아우 자장(子臧)이 ~ 좋아하였다: 『춘추좌전』 희공 24년 조에 보인다. "정나라 자화의 아우 자장이 송나라로 출분했는데, 휼관 모으기를 좋아하였다. 정백(鄭伯: 文公)이 이 소문을 듣고 미워하여 자객을 보내어 유인해 죽이게 하니, 8월에 자객이 진(陳)나라와 송(宋)나라 사이에서 그를 죽였다.[鄭子華之弟子臧出奔宋, 好聚鷸冠. 鄭伯聞而惡之, 使盜誘之, 八月盜殺之于陳宋之間.]"고 하였다.

④ 채옹(蔡邕)의 『독단(獨斷)』에서 「술씨관(術氏冠)」이라고 한 것은: 금본 채옹의 『독단』 권하에는 "術士冠 前圓 吳制(술사관은 앞쪽이 둥글다. 오나라의 제도이다.)"라고 하여 '術士冠'으로 되어 있다. 그런데 안사고의 『광류정속(匡謬正俗)』에는 "예(禮)의 『의복도(衣服圖)』 및 채옹의 『독단』에

서는 '述氏冠'이라 하였다.[禮之『衣服圖』及蔡邕『獨斷』, 謂爲術氏冠.]"
고 하였고, 『한서』「오행지」 안사고의 주에서도 "『예도(禮圖)』에서는
그것을 '術氏冠'이라 하였다."고 하여 안사고가 보았던 『독단』의 판본
등에는 본래 '述氏冠'으로 되어 있었는데, 후에 '述士冠'으로 바뀌었고,
윤졸(尹拙)이 의론하던 북송 초에도 '述士冠'으로 되어 있었던 듯하다.

⑤ 정(鄭)나라 자화(子華)의 아우 ~ 도술(道術)을 가리키는 것이 아니다: 이
문장은 안사고(顔師古)의 『광류정속(匡謬正俗)』 권4, '휼(鷸)' 조의 인용문
이다.

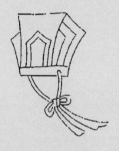

　방산관(方山冠).『후한서』「여복지 하(輿服志下)」에 "형태는 진현관(進賢
冠)과 유사하다. 앞쪽 높이는 7촌이고, 뒤쪽 높이는 3촌이며, 관끈의 길이
는 8촌으로, 진현관과 유사한데, 오채색의 섬세한 견직물로 만든다. 종묘
의 제사에서 <대여(大予)>①·<팔일(八佾)>②·<사시(四時)>·<오행(五行)>③
의 악무를 연주할 때 악인(樂人)들이 이 관을 쓴다. 관과 옷은 각각 그 오행
의 방위 색깔과 같게 한다."고 하였다. 또『한서』「경제기(景帝紀)」에 "고
묘(高廟)에서 제사 지낼 때는 <무덕(武德)>·<문시(文始)>·<오행(五行)>의 악
무를 연주한다."고 하였다.『한서』「예악지(禮樂志)」에 "<무덕>은 고제(高
帝)가 지은 것이다. <문시>는 순임금의 악무이다. <오행>은 주나라의 악
무이다. <무덕>은 무인(舞人)이 간척(干戚)을 잡고 춤을 춘다. <문시>는 무
인이 우약(羽籥)④을 잡고 춤을 춘다. <오행>의 악무는 무인의 면관과 의복
이 오행의 색을 본받은 것이다."라고 하였다.

　　[方山冠.『後漢志』云, "制似進賢. 前高七寸, 後高三寸, 纓長八寸, 似進

賢冠, 五采縠爲之. 祠宗廟, (天子)[大予]¹·八佾·四時·五行, 樂人服之. 冠衣各如其行方之色." 又「景帝紀」云, "高廟奏武德·文始·五行之舞."「禮樂志」曰, "武德, 高帝所作也. 文始, 舜舞也. 五行, 周舞也. 武德者, 舞人執干戚舞也. 文始者, 舞人執羽籥舞也. 五行舞者, 舞人冠冕衣服法五行色也."]

---

1   (天子)[大予] : 저본에는 '天子'로 되어 있으나, 『後漢書』 권40, 「輿服志下」에 의거하여 '大予'로 교감하였다.

① 대여(大予): 음악 명칭이다. 『후한서』 「명제기」에 "영평 3년 가을 8월 무신에 대악(大樂)을 대여악(大予樂)으로 바꾸었다.[永平三年] 秋八月戊辰, 改大樂爲大予樂.]"라고 하였다. 『문선(文選)』 「안연지 '삼월삼일곡 영시서'(顏延之＜三月三日曲水詩序＞)」에 "＜대여＞를 협주하여 학교에서 가르침을 펼친다.[大予協樂, 上庠肆教.]"라고 하였는데, 유량(劉良)의 주에 "대여는 음악 명칭이다.[大予, 樂名.]"라고 하였다.

② 팔일(八佾): 춤을 추는 사람들이 8열을 이루는 형태를 말한다. 천자의 예에서만 팔일무를 행한다.

③ 오행(五行): 악무의 명칭으로, 본래는 주나라의 악무였는데, 진시황 26년에 '오행(五行)'으로 개명하였다. 한대에는 역대 황제들의 종묘를 제사 지낼 때 이 악무를 추었다.

④ 우약(羽籥): 제사나 연회를 할 때 춤을 추는 무인이 잡고 있는 춤의 도구와 악기를 말한다. '우(羽)'는 꿩의 깃을 가리키고, '약(籥)'은 끈을 매단 관악기를 가리킨다.

교사관(巧士冠).『후한서』「여복지 하(輿服志下)」에 "앞쪽의 높이는 7촌
이고【어떤 본에는 5촌으로 되어 있기도 하다.】, 가운데와 뒤쪽이 서로 통해 있으
며, 관의 형태는 곧게 세워져 있다. 평상시에는 쓰지 않고, 오직 하늘에 교
(郊) 제사를 지낼 때 황문(黃門)①의 시종관 4인이 이 관을 쓴다. 노부(鹵簿)②
의 가운데에서 천자의 수레 앞에 자리해서 환자사성(宦者四星)③을 갖춘
다."고 하였다.

[巧士冠.『後漢志』云, "前高七寸【本或作五寸.】, (繞)[要]¹後相通, 直竪.
不常服, 唯郊天, 黃門從官四人冠之. 在鹵簿中, 次乘輿前, 以備宦者四星
也."]

---

1 (繞)[要]: 저본에는 '繞'로 되어 있으나,『後漢書』권40,「輿服志下」에 의거하여 '要'로 교감하
   였다.

① 황문(黃門): 후한시대 급사중의 황문령(黃門令)은 모두 환관으로 충당하는데, 이 때문에 후에 황문을 환관이라 칭했다.

② 노부(鹵簿): 황제가 출행할 때 호종하는 의장대를 말한다.

③ 환자사성(宦者四星): 옛 성상학(星相學)에서 천상과 환관이 서로 호응하는 4개의 별을 가리킨다. 『후한서』 권108, 「환자열전」에 "『역』에서 '하늘이 상을 드리우니, 성인이 그것을 본받았다.'고 하였다. 환자 4개의 별은 황제 자리의 옆에 있다. 그러므로 『주례』에 관직을 두어서 또한 그 수를 갖추었다.[『易』曰, '天垂象, 聖人則之.' 宦者四星, 在皇位之側, 故『周禮』置官, 亦備其數.]"라고 하였다.

각비관(卻非冠). 『후한서』「여복지 하(輿服志下)」에 "형태는 장관(長冠)과 유사한데, 아래 부분이 좁다. 궁전문리복야(宮殿門吏僕射)①가 이 관을 쓴다."고 하였다. 옛 『삼례도』에는 "높이가 5촌이다."라고 하였다.

[卻非冠. 『後漢志』云, "制似長冠, 下促. 宮殿門吏僕射冠之." 舊『圖』云, "高五寸."]

① 궁전문리복야(宮殿門吏僕射): 저본과 『후한서』 「여복지」에는 모두 '궁
전문리복야(宮殿門吏僕射)'로 되어 있는데, 채옹의 『독단』에는 "궁문복
야(宮門僕射)"로 되어 있다.

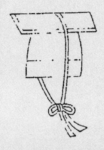

번쾌관(樊噲冠). 『후한서』「여복지 하(輿服志下)」에 "번쾌가 급하게 만든 관으로, 그 관을 쓰고서 항우 진영에 들어갔다. 너비는 9촌이고, 높이는 7촌이며, 앞뒤로 각각 4촌을 내어서 형태가 면(冕)과 유사하다. 사마전문(司馬殿門)의 위사(衞士)들이 쓴다. 어떤 사람은 '번쾌는 평소 철 방패를 들고 다녔는데, 항우가 한왕(유방)을 죽이려는 뜻이 있다는 말을 듣고, 번쾌는 치마를 찢어 방패를 싼 후, 관을 쓰고서 항우의 진영으로 들어가 한왕 곁에 서서 항우를 노려보았다.'고 하였다."고 하였다. 옛 『삼례도』에는 교사관(巧士冠)과 같아서 이미 『후한서』「여복지」의 기록에 위배되니, 감히 의거하여 따르지 않았다.

[樊噲冠. 『後漢志』云, "樊噲造次所冠, 以入項羽軍. 廣九寸, 高七寸, 前後各出四寸, 制似冕. 司馬殿門衞士服之. 或曰, '樊噲常持鐵楯, 聞項羽有意殺漢王, 噲裂裳裹楯, 冠之入羽軍, 立漢王側, 視項羽.' 舊『圖』如巧士冠, 旣違『漢志』, 不敢依從.]

각적관(卻敵冠).『후한서』「여복지 하(興服志下)」에 "앞쪽 높이는 4촌이고, 뒤쪽 높이는 3촌이며, 관끈의 길이는 4촌이다.【주(註)에 "옛『삼례도』에는 '通'이 '纓'으로 되어 있다."고 하였다.①】형태는 진현관(進賢冠)과 유사하며, 위사(衞士)들이 쓴다."고 하였다.『예』에 명문 규정이 없다.

[卻敵冠.『後漢志』云, "前高四寸, 後高三寸, 通長四寸.【註, "舊『圖』'通'作'纓'."】制似進賢, 衞士服之."『禮』無明文.]

① 주(註)에 ~ 하였다: 이곳의 '주(註)'는 『후한서』 「여복지」의 주가 아니라 섭숭의의 주이다. 저본에는 '【】'의 부호 없이 '制似進賢'과 이어져 있으나, 섭숭의 『삼례도』의 통례에 따라 '【】'의 부호를 붙였다.

옛 『삼례도』에 "장보(章甫)는 은나라 때의 관이니, 또한 '후(冔)'라고도 칭한다. 가운데 부분을 모시로 만들고 윗부분을 덮는데, 관의 윗부분 지붕을 흑색으로 한다. 10월 예를 거행할 때 이 관을 쓴다."고 하였다.

신 숭의는 생각건대, 『예기』「왕제(王制)」에 "하후씨는 수(收)를 쓰고서 제사를 지냈고, 은나라 사람은 후(冔)를 쓰고서 제사를 지냈고, 주나라 사람은 면(冕)을 쓰고서 제사를 지냈다."고 하였습니다. 또 『예기』「교특생(郊特牲)」에 "위모(委貌)는 주나라의 도이다. 장보(章甫)는 은나라의 도이다. 모퇴(毋追)는 하후씨의 도이다."라고 하였습니다. 그렇다면 장보(章甫)는 은나라에서 도를 행할 때 쓰던 관이고, 후(冔)는 은나라에서 제사를 지낼 때 쓰던 면관입니다. 조회를 볼 때와 제사를 지낼 때에 의복을 달리한다는 것은 확실히 명문 규정이 있습니다. 그런데도 양정(梁正) 등은 모두 '장보(章甫)는 후(冔)라고도 칭한다.'고 하였으니, 매우 잘못된 것입니다.【도를 행하거나 조회를 볼 때는 모두 장보를 쓰니, 다시 '후'라고 칭할 수 없음을 말한 것이다.} 이제 '가운데를 모시로 만들어 윗부분을 덮어서 관의 윗부분 지붕을 흑색으로 하는' 형태에 의거하여 별도로 장보의 하나의 법을 보존해 두었으니, 다시 '후'라는 명칭은 있을 수 없습니다. 아울러 잡되고 혼란한 여러 형태들에 대해서는 또한 다시 언급하지 않겠습니다.

[舊『圖』云, "章甫, 殷冠, 亦名冔. 紵中冒上, 黑屋. 十月行禮, 服之." 臣崇義案, 「王制」云, "夏后氏收而祭, 殷人冔而祭, 周人冕而祭." 又「郊特牲」云, "委貌, 周道也. 章甫, 殷道也. 毋追, 夏后氏之道也." 然則章甫是殷之行道之冠, 冔是殷之祭冕. 朝祭異服, 顯有明文. 而梁正等皆云, '章甫, 亦名冔', 誤之甚也.【言行道及朝皆冠章甫, 不可更名爲冔也.】今依'紵中冒上, 以黑屋'之制, 別存章甫之一法, 不可更有冔名. 兼諸狀雜亂亦不重出.]

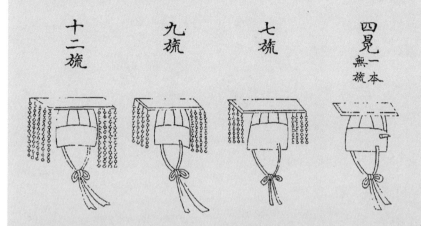

『세본(世本)』에 "황제(黃帝)가 면(冕)을 만들었다."고 하였고, 『예기』「왕제(王制)」에 "유우씨(有虞氏: 순임금)는 황면(皇冕)을 썼다."고 하였고, 『논어』「태백」에 "우임금은 무릎가리개[黻]와 면관[冕]에 아름다움을 다했다."①라고 하였다. 공자는 "주나라의 면관(冕冠)을 쓰겠다."②라고 하였다. 이는 분명 주나라 때에 이르러 면관에 처음으로 류(旒: 오채색의 옥을 꿴 술)를 매달았음을 밝힌 것이다. 옥조(藻玉)는 모두 오채색이니, 앞뒤로 각각 12개이다. 숙손통(叔孫通)이 예를 제정할 때 주나라의 법에 많이 의거하였다. 또 한나라 시대의 제도에서 고금의 면관은 대략 같았으니, 모두 너비가 8촌이고, 길이가 1척 6촌이며, 앞쪽은 둥글고 뒤쪽은 방형이었다. 한나라 때는 흰 구슬 각각 12개를 사용하였다. 삼공은 9류에 푸른 구슬을 꿰었고, 중이천석(中二千石)은 7류에 검은 구슬을 꿰었다. 그러나 면복(冕服)의 장식은 주나라 때 가장 잘 갖추어졌다. 그러므로 공자가 "주나라의 면관을 쓰겠다."고 했던 것이다.

[『世本』云, "黃帝造冕", 「王制」云, "有虞氏皇冕", 『論語』云, "禹致美乎

戯冕." 孔子曰, "服周之冕." 此明至周冕始加旒. 藻玉皆五采, 前後各十二. 叔孫通制禮多依周法. 又漢制度古今之冕略等, 俱廣八寸, 長尺六寸, 前圓後方. 漢用白玉珠各十二. 三公九旒, 青珠. 中二千石七旒, 黒珠. 然冕服之飾, 周最爲備. 故孔子有"服周之冕"云.]

① 우임금은 무릎가리개[黻]와 면관[冕]에 아름다움을 다했다: 『논어주소』「태백(泰伯)」에 "(우임금은 평소 입는) 의복을 조악하게 하여 무릎가리개와 면관(祭服)에 아름다움을 다하였다.[惡衣服而致美乎黻冕.]"고 하였는데, 형병의 소에 "무릎가리개와 면관은 모두 제복(祭服)이니, 우임금이 자신의 평상복을 만드는 비용을 줄여서 그 제복을 성대하고 아름답게 하였음을 말한다.[黻冕, 皆祭服也, 言禹降損其常服, 以盛美其祭服也.]"고 하였다.

② 주나라의 면관(冕冠)을 쓰겠다: 『논어』「위령공」에 나오는 말이다.

옛 『삼례도』에 "옛 세 관의 양(梁: 관 테두리의 앞쪽에서부터 덮어서 관의 뒤쪽까지 이르는 부분)의 수는 비록 달랐지만 모두 '진현관'이라 한다. 앞쪽의 높이는 7촌이고, 관끈의 길이는 8촌이고, 뒤쪽의 높이는 3촌이다. 1량(梁)은 일명(一命)의 하대부(下大夫)가 쓰는 것이다. 2량은 재명(再命)의 대부와 이천석이 쓰는 것이다. 3량은 삼명(三命)의 상대부(上大夫)와 공(公)·후(侯)가 쓰는 것이다. 『예』에는 기록되어 있지 않다."고 하였다. 이제 살펴보건대, 『당육전(唐六典)』에 "3품 이상은 3량, 5품 이상은 2량, 9품 이상은 1량이다."라고 하였다.

신 숭의가 살펴보건대, 후한 명제 영평 2년(59) 봄 정월 신미에 광무황제를 명당(明堂)에서 종사(宗祀)할 때, 황제 및 공경·열후들이 처음으로 관면(冠冕)을 쓰고 의상에는 패옥을 차고 코장식을 한 신발을 신고서 제사를 거행하였습니다. 또 『한관의(漢官儀)』에 "천자는 통천관을 쓰고, 제후왕은 원유관을 쓰고, 삼공과 제후는 진현관을 쓰는데, 3량이다. 경대부·상서(尚書) 이천석·박사는 2량의 관을 쓴다. 천석 이하에서 소리까지는 1량의 관을 쓴다. 천자·공경·특진(特進)·제후는 천지와 명당에 제사 지낼 때 모두 평면(平冕)을 쓴다. 천자는 12류, 삼공은 9류, 경대부·제후는 7류이다. 그 관끈은 각각 인수(印綬)의 색깔과 같게 하는데, 검은색의 웃옷에 누런빛을 띠는 진홍색의 하의를 한다."고 하였습니다. 동파(董巴)의 『여복지(輿服志)』에는 "현종(顯宗: 후한 명제)이 처음으로 면류관의 의상을 착용하고 천지를 제사 지냈는데, 상의를 검은색으로 하고 하의를 붉은색으로 하였다. 천자는 일월성신의 12장(章)의 무늬를 갖추었다. 삼공과 제후는 산과 용 이하 9장을 사용하였다. 경 이하는 화충(華蟲)의 7장을 사용하였는데, 모두 오채색으로 하였다. 천자의 경우는 수를 놓았고, 공경 이하는 모두 직물로 만들었는데, 진류(陳留) 양읍(襄邑)에서 헌상한 것이다."라고 하였고, 서광(徐廣)의 『거복(車服)』의 주에는 "후한 명제는 고례를 살펴서 그 복식의 문양을 갖추었다. 천자가 교(郊)·묘(廟)에 제사지낼 때의 옷은 상의를 검으로색으로 하의를 누런빛을 띠는 진홍색으로 하였고, 하의의 앞쪽은 세 폭 뒤쪽은 네 폭으로 하였으며, 상의에는 그림을 그려 넣고 하의에는 수를 놓았다."고 하였습니다.

[舊『圖』云, "古三冠梁數雖異, 俱曰進賢. 前高七寸, 纓長八寸, 後高三寸. 一梁, 下大夫一命所服. 兩梁再命大夫二千石所服. 三梁三命上大夫公侯

所服.『禮』不記." 今案,『唐典』, "三品已上三梁, 五品已上兩梁, 九品已上一梁." 臣崇義案, 漢明帝永平二年春正月辛未, 宗祀光武皇帝於明堂, 帝及公卿列侯始服冠冕衣裳玉佩絢屨以行事. 又『漢官儀』曰, "天子冠通天, 諸王冠遠遊, 三公諸侯冠進賢, 三梁. 卿大夫·尙書二千石·博士冠兩梁. 千石以下至小吏冠一梁. 天子·公卿·特進·諸侯祀天地·明堂皆冠平冕, 天子十二旒, 三公九旒, 卿大夫諸侯七旒. 其纓各如綬色, 玄衣纁裳." 董巴『輿服志』曰, "顯宗初服冕旒衣裳以祀天地, 上玄下纁. 乘輿備文日月星辰十二章, 三公諸侯用山龍已下九章, 卿已下用華蟲七章, 皆五采. 乘輿刺繡, 公卿已下皆織成. 陳留襄邑獻之." 徐廣『車服』註云, "漢明帝案古禮備其服章. 天子郊廟衣, 皁上絳下, 前三幅後四幅, 衣畫而裳繡."]

三禮圖集注

宮室圖

권4 궁실도

一

역주 소현숙

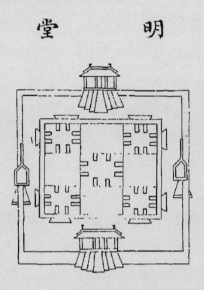

堂　　　明

（『주례』「고공기(考工記)·장인(匠人)」에) "주나라의 명당은 9척의 연(筵)①을 기준으로 하여 동서가 9연, 남북이 7연이며, 당의 높이[崇]는 1연이다. 실(室)이 다섯이며, 모든 실의 크기는 2연이다."②라고 하였다. 가공언은 정현의 주를 풀이하면서③ "명당은 정교(政敎)를 밝히는 당(堂)이다. 하나라에서는 보(步)④로 기준을 삼았으며, 은나라에서는 심(尋)⑤으로 기준을 삼고, 주나라에서는 연으로 기준을 삼았으니, 이는 3대의 왕이 서로 다르게 고친 것이다. 주나라에서는 당의 높이를 9척, 은나라에서는 3척으로 했다. 숫자로써 서로 비교해 보면,⑥ 우(禹)임금이 궁실을 낮추었기 때문에 하나라에서는 명당의 높이가 1척이 된다."라고 하였다.

또한 앞의 정현의 주에서⑦ "(하나라의 세실은) 당 위에 5실을 만드는데,⑧ 오행을 본뜬 것이다."라고 하였다. (이에 대해 가공언의 소는 다음과 같다) "종묘제도로써 명당제도를 같게 하면, 명당에도 오천제(五天帝)와 오인신(五

人神)의 자리[坐]가 있는데,⑨ 모두 오행을 본받은 것이다. 오행은 먼저 동방에서 일어나므로 동북방의 실(室)을 목(木)으로 삼았으며, 그 내용은 수(水)를 겸하였다. 동남쪽은 화실(火室)로서, 목을 겸하였다. 서남쪽은 금실(金室)로서, 화를 겸하였다. 서북쪽은 수실(水室)로서, 금을 겸하였다. 중앙의 태실(太室)에 네 개의 당이 있으며, 네 모서리에 위치한 실에도 모두 당이 있으니, 이치상 곧 그러함을 알 수 있다." 그러므로 『주례』「춘관(春官)·태사(太史)」의 '윤월'조에 대한 가공언의 소에서 "명당, 노침(路寢),⑩ 종묘는 모두 5실, 12당, 4문이 있다."라고 한 것은 바로 이것을 가리킨 것이다.⑪

네 모서리에 위치한 각 당은 모두 태실의 바깥 네 모서리에 접하여 만들었으므로, 5실의 남북 거리는 단지 2연이며 동서 거리는 각각 2연 6척으로 법도가 정해진 것이다. 청삭(聽朔)⑫은 모두 각각의 계절에 해당하는 당(堂)에서 하며 목실, 화실 등의 실에서 하지 않는다. (『예기(禮記)』「옥조(玉藻)」에서는) "만약 윤달이라면 문의 왼쪽 문짝을 닫고 그 가운데에 서서 청삭을 한다."라고 하였다.⑬ 그러므로 정현이 (『주례』「춘관·태사」의 주에서) "글에 '왕이 문에 있다.'라고 한 것은 '윤(閏)'을 말한 것"이라고 한 것이다.⑭【하나라 제도를 본받아 모든 계단은 남쪽에 세 개를 두고, 나머지 삼면에는 각각 두 개를 둔다.⑮】

["周人明堂, 度九尺之筵, 東西九筵, 南北七筵, 堂崇一筵. 五室, 凡室二筵." 賈釋注云, "明堂者, 明政敎之堂. 又夏度以步, 殷度以尋, 周度以筵, 是王者相改也. 周堂高九尺, 殷三尺. 以相參之數, 而禹卑宮室, 則夏堂高一尺."[1]

---

1 周人明堂 ~ 夏堂高一尺: 섭숭의가 정현의 주와 가공언의 소를 종합해 정리한 것이다. 이 부분에 대한 현행본 『주례』「고공기·장인」 정현의 주는 "明堂者, 明政敎之堂. 周度以筵, 亦王者相改. 周堂高九尺, 殷三尺, 則夏一尺矣, 相參之數. 禹卑宮室, 謂此一尺之堂與"이며, 가공

又上註云, "堂上爲五室, 象五行." "以宗廟制如明堂, 明堂中有五天帝·五人神之坐, 皆法五行. 以五行先起於東方, 故東北之室爲木, 其實兼水矣. 東南火室, 兼木. 西南金室, 兼火. 西北水室, 兼金矣. 以中央太室有四堂, 四角之室亦皆有堂, 乃知義然也."[2] 故賈釋『太史』"閏月"下義云, "明堂·路寢及宗廟, 皆有五室·十二堂·四門." 是也. 旣四角之堂, 皆於太室外, 接四角爲之, 則五室南北止有二筵, 東西各二筵有六尺, 乃得其度. 若聽朔皆於時之堂, 不於木火等室. '若閏月則闔門左扉, 立其中而聽朔焉.'[3] 故鄭云, "於文, 王在門謂之閏."[4]【法夏制, 凡階南面三, 三面各二.】

언의 소는 "云'明堂者, 明政教之堂'者, 以其於中聽朔, 故以政教言之. 明堂者, 明諸侯之尊卑. 『孝經緯·授神契』云, '得陽氣明朗, 謂之明堂, 以明堂義大, 故所合理廣也'…云'周度以筵, 亦王者相改'者, 對夏度以步, 殷度以尋, 是王者相改也. 云'周堂高九尺, 殷三尺, 則夏一尺矣'者, 夏無文, 以後代文而漸高, 則夏當一尺, 故云相參之數. '禹卑宮室, 謂此一尺之堂與', 言與者, 以無正文, 故言與以疑之也."이다.

2 以宗廟制如明堂 ~ 乃知義然也: 정현의 주 "堂上爲五室, 象五行也"에 대한 가공언의 소의 원문은 다음과 같다. "云'五室象五行'者, 以其宗廟制如明堂, 明堂之中有五天帝, 五人帝·五人神之坐, 皆法五行, 故知五室象五行也. 東北之室言木, 東南之室言火, 西南之室言金, 西北之室言水. 五行先起東方, 故東北方之室言木. 其實東北之室兼水矣, 東南之室兼木火矣, 西南之室兼火矣, 西北之室兼金矣. 以其中央大室有四堂, 四角之室皆有堂, 故知義然也."

3 若閏月則闔門左扉, 立其中而聽朔焉: 『예기』「옥조」의 본문은 "玄端而朝日於東門之外, 聽朔於南門之外, 閏月則闔門左扉, 立於其中."이다.

4 於文, 王在門謂之閏: 『주례』「춘관·태사」의 경문 "閏月, 詔王居門終月"에 대한 정현의 주 "門, 謂路寢門也. 鄭司農云, '『月令』, 十二月分在青陽·明堂·總章·玄堂左右之位, 惟閏月無所居, 居於門', 故於文, 王在門謂之閏."의 일부를 발췌한 것이다.

① 연(筵): 연은 실내의 바닥 위에 까는 거친 자리이면서, 고대 궁실 건축의 면적을 나타내는 단위이기도 하다. 주척(周尺) 1척은 대략 22.5~23cm이므로, 9척은 2m를 살짝 넘는다. 9연과 7연 크기의 명당은 대략 19m×15m정도의 평면에 높이 2m 정도가 된다. 이때의 크기와 높이는 명당 건축물 자체의 크기와 높이로 추정한다.

② 주나라의 명당은 ~ 크기는 2연이다: 『주례』「고공기·장인」에서 하나라의 세실(世室)과 은나라의 중옥(重屋)을 설명한 후, 주나라 명당이 두 공간과 동일한 성격을 가지고 있음을 설명하고, 명당의 형식을 서술한 부분이다. 명당은 제사를 지내는 공간이면서, 정령을 반포하거나 제후를 조회하는 곳이다. 『예기』의 「명당위(明堂位)」와 「옥조」 등에 대한 공영달의 소에 의하면 옛 『주례』와 『효경』에서는 명당을 문왕의 묘(廟)라고 했지만(其古『周禮』·『孝經』說, '明堂, 文王之廟'), 현재 통용본에서는 관련 내용을 찾을 수 없다. 명당의 형태에 대해서는 『주례』의 5실설과 『대대례기(大戴禮記)』「성덕(盛德)」 및 『월령(月令)』의 9실설로 나뉜다.("明堂者, 自古有之. 凡九室, 室四戶八牖, 共三十六戶, 七十二牖, 以茅蓋屋, 上圓下方, 所以朝諸侯. 其外有水, 名曰辟雍.")

③ 가공언은 정현의 주를 풀이하면서: 이 뒤에 나오는 인용구는 섭숭의가 정현의 주와 이에 대한 가공언의 소를 종합한 것이다. 정현의 주는 "명당은 정교를 밝히는 당이다. 주나라는 연으로 기준을 삼았는데, 또한 왕이 된 자가 서로 고친 것이다. 주나라의 당은 높이가 9척, 은나라는

3척이니 하나라는 곧 1척이 된다. 이는 서로 비교한 숫자이다. '우임금은 궁실을 낮추었다'고 했는데, 이 1척의 당을 가리키는 것인가?[明堂者, 明政教之堂. 周度以筵, 亦王者相改. 周堂高九尺, 殷三尺, 則夏一尺矣. 相參之數. 禹卑宮室, 謂此一尺之堂與]"이다. 가공언은 이 가운데 정현의 "명당은 정교를 밝히는 당이다."라는 주에 대해서는 "그곳에서 청삭을 하기 때문에 정교란 말을 사용했다.[以其於中聽朔, 故以政教言之.]"라고 풀이했으며, "주나라는 연으로 기준을 삼았는데, 또한 왕이 된 자가 서로 고친 것이다."라는 정현의 주에 대해서는 "하나라는 보를 기준으로 했으며, 은나라는 심을 기준으로 했는데, 이는 왕이 된 자가 서로 고친 것이다."라고 풀이하였다. 그리고 정현이 '주나라와 은나라의 당의 높이를 토대로 하나라의 당의 높이를 1척'으로 추론한 부분에 대해서 가공언은 '하나라의 당의 높이에 대해서는 관련 글이 없는데, 후대에는 당이 화려해지고 또한 높이가 점점 높아졌으므로 하나라의 당은 은나라보다 낮은 1척이 되어야 한다.'고 추론하고, 나아가 정현이 "'우임금은 궁실을 낮추었다'고 했는데, 이 1척의 당을 가리키는 것인가?(禹卑宮室, 謂此一尺之堂與)"라고 하여 의문사 여(與)를 사용한 것에 대해서는 '하나라 당의 경우, 확실하게 언급한 글이 없으나, 우임금이 궁실을 낮추었다는 기록(『史記』, "夏禹卑宮室, 惡衣服.")이 있어 이것이 곧 1척의 당을 지칭한 게 아닐까'라고 추론한 것이다. 한편 여기서 언급한 9척, 3척, 1척의 높이는 건축물의 높이가 아니라, 명당 건축이 서는 기단부(基壇部)의 수치로 생각한다. 왜냐하면 하나라의 1척은 건축물의 높이로서 너무 낮기 때문이다.

④ 보(步): 고대에 길이를 재는 단위로 시대마다 다르다. 『예기』 「왕제(王制)」에 의하면 주나라에서는 8척이 1보였으며(古者以周尺八尺爲步, 今以周

尺六尺四寸爲步.), 『설문해자(說文解字)』와 『구장산술(九章算術)』, 그리고 『한서(漢書)』「식화지(食貨志)」 등에 의하면 6척이 1보이다[六尺爲步]. 한 발 내디딘 거리가 규(跬)이며, 두 발짝 내디딘 거리가 보(步)이다.

⑤ 심(尋): 고대에 길이를 재는 단위로, 1심은 8척이다. 일설에는 6척, 7척이라고도 한다.

⑥ 숫자로써 서로 비교해 보면: 여기서는 '相參'을 '서로 비교해 보면'으로 해석했는데, 이밖에 '3의 승수(乘數)'라는 해석도 가능하다. 『운회(韻會)』에 "3은 상삼을 하면 삼(參)이 되며, 5는 상오를 하면 오(伍)가 된다.[三相參爲參, 五相伍爲伍.]"라고 한 것을 참고하면, 삼대 당의 높이가 각각 '9척, 3척, 1척'으로 3의 승수가 되기 때문이다.

⑦ 또한 앞의 정현의 주에서: 하후씨(夏後氏)의 세실(世室)을 언급한 "五室, 三四步, 四三尺"에 대한 정현의 주를 가리키며, 정현의 주에 이어지는 문장은 가공언의 소이다.

⑧ (하나라의 세실은) 당 위에 5실을 만드는데: 중국의 주요 건축은 높은 터[기단]의 위에 건립되었으며, 일반적으로 당, 실, 방(房) 등으로 구성되어 있다. '당'은 삼면이 벽 등으로 둘러쳐져 있고 정면만 열린 공간이며, 실은 일반적으로 당의 뒤쪽에 위치하며[前堂後室], 사면이 모두 벽 등으로 둘러쳐진 폐쇄적 공간이다. 그러므로 실에 들어가기 위해서는 반드시 당 위에 올라야만 하며, 당과 실은 문짝이 하나인 호(戶)를 이용해 서로 연결된다. 그러므로 '당 위에 5실을 만드는데'라고 한 것은 '당'이라는 앞이 열린 건축 공간 안에 다섯 개의 폐쇄된 소형 공간을 만드는 것을 이른다. 그러나 상술한 가공언의 소에 의하면 '당에 실이 있고, 실에 또 당이 있는' 구조여서, 현재로서는 당과 실의 관계를 명확히 파악하기 어렵다.

⑨ 오천제(五天帝)와 오인신(五人神)의 자리[坐]가 있는데: 명당에서 오천제에 제사하면서 오인신을 배사하는 것을 지칭한다. 가공언은 관련 부분에 대한 소에서 오천제와 오인신 이외에 오인제(五人帝)도 거론하였으며, 『주례』「춘관·대종백(大宗伯)」가공언의 소에서도 "명당에서 오천제에게 제사를 할 때, 오인제와 오인신을 배사한다.[以其告朔入明堂, 至秋總享五帝於明堂, 皆以五人帝·五人神配天.]"라고 하였다. 그러나 『예기』「제법(祭法)」공영달의 소에서는 "오시에는 모두 제(帝)와 신(神)이 있다. 또한 「월령」에서 '계추대향제'라 하였으니, 명당 제사에서 오인신과 오천제에게 제사하는 것임을 알 수 있다.[五時皆有帝及神, 又『月令』"季秋大享帝", 故知明堂之祭, 有五人神及五天帝也.]"라고 하여 오인제는 생략하였다. 오천제는 오행의 신 오제(五帝)로서, 『주례』「춘관·태직(太稷)」의 가공언의 소에 의하면 동방의 청제 영위앙, 남방의 적제 적표노, 중앙의 황제 함추뉴, 서방의 백제 백초거, 북방의 흑제 즙광기이다.(五帝者, 東方靑帝靈威仰, 南方赤帝赤熛怒, 中央黃帝含樞紐, 西方白帝白招拒, 北方黑帝汁光紀.) 오인제는 오덕제(五德帝)로서, 태호, 염제, 황제, 소호, 전욱 등을 지칭한다.(案『月令』, 四時皆陳五德之帝, 大昊·炎帝·黃帝·少昊·顓頊等五德之帝, 並五人神於上, 明知五人神爲十二月聽朔及四時迎氣而陳.) 오인신은 금·목·수·화·토 등 오행을 담당하는 오관지신(五官之神)으로, 『춘추좌전』소공(昭公) 29년 조에 대한 공영달의 소에 의하면 오행의 신인 오제(五帝)에게 배사되는 목정(木正) 구망(句芒), 금정(金正) 욕수(蓐收), 수정(水正) 현명(玄冥), 화정(火正) 축융(祝融), 토정(土正) 후토(后土) 등이다. 『주례』「춘관·대종백」정현의 주에 의하면 오인신은 오덕제인 소호씨와 전욱씨의 아들이다.(少昊氏之子曰重, 爲句芒, 食於木; 該爲蓐收, 食於金; 脩及熙爲玄冥, 食於水. 顓頊氏之子曰黎, 爲祝融·后土, 食於火土.)

⑩ 노침(路寢): 정침(正寢)으로, 천자나 제후가 정사를 돌보는 정전(正殿)이다.

⑪ 가공언의 소에서 ~ 가리킨 것이다:『주례』「춘관·태사(大史)」“閏月, 詔王居門終月”에 대한 가공언의 소이다. 가공언은 “열두 달의 청삭을 각각 12개의 당에서 하며, 윤달에는 각각 그때에 해당하는 문에서 한다.[十二月聽朔於十二堂, 閏月各於時之門.]”라고 하였다. 가공언은 또한「춘관·태사(大史)」에 대한 소(疏)에서 “「월령」의 명당 9실설에 의하면, 중앙에 대실이 있고 네 모서리에 각각 두 개의 당이 있다. 대실의 정동쪽 당은 청양(靑陽), 정남쪽 당은 명당(明堂), 정서쪽 당은 총장(總章), 정북쪽 당은 현당(玄堂)이라 부르며, 각 당의 좌우에도 각각 당이 하나씩 있어 모두 12개의 당이 된다. 맹춘(孟春)에 청양의 왼쪽 당에서부터 시작해, 계동(季冬)에 현당의 오른쪽 당까지 순차적으로 열두 달을 각각의 당에서 거할 수 있으나, 윤달에는 거할 곳이 없어 문에서 청삭을 하는 것이다.”라고 설명하였다.

⑫ 청삭(聽朔): 천자나 제후가 매달 초하루 정사를 보기 전에 하는 의례이다. 『예기』「옥조」에서 “남문의 밖에서 청삭을 한다.[聽朔於南門之外]”라고 하였는데, 정현의 주에서는 “매달 그에 해당하는 당에 나가 청삭을 한다. … 모든 청삭에는 반드시 특생(特牲)을 사용하여 그에 해당하는 제(帝)와 신(神)에게 고하고 문왕과 무왕을 배사한다.[每月就其時之堂而聽朔焉. … 凡聽朔, 必以特牲告其帝及神, 配以文王·武王.]”라고 하였다.

⑬ 만약 윤달이라면 ~ 하였다:『예기』「옥조」에서 “현단복을 입고 동문의 밖에서 조일(朝日)하고 남문 밖에서 청삭을 하는데, 윤달일 경우에는 문 앞에서 거행해야 한다.”라고 하였고, 정현의 주에서는 “윤달은 특수

한 달이기 때문에 당이 아니라 문에서 하는 것.[閏月, 非常月也. 聽其朔
於明堂門中.]"이라고 풀이했다. 윤달에 문의 왼쪽 문짝을 닫는 이유는
왼쪽은 양이므로 윤달에는 양이 되는 왼쪽 문짝을 닫고 오른쪽으로 다
니는 데서 유래한다.

⑭ 정현이 ~ 한 것이다: 『주례』「춘관·태사」에서 "閏月, 詔王居門終
月"이라고 한 것에 대한 정현의 주이다. 정현은 정사농(鄭司農: ?~83)이
"『월령』에 열두 달은 청양, 명당, 총장, 현당과 그 좌우에 위치한 당에
서 나누어서 하나, 오직 윤달만은 거할 곳이 없으므로 문에 거한다.[鄭
司農云, 『月令』十二月分在靑陽·明堂·總章·玄堂左右之位, 惟閏月無所
居, 居於門.]"라고 한 말을 인용한 후, 그러므로 "글에서 '왕이 문에 있
다.'라고 하면, 그것은 윤달을 가리키는 것"이라고 풀이하였다.

⑮ 하나라 제도를 ~ 두 개를 둔다: 『주례』「고공기·장인」에서 하후씨의
세실을 설명한 곳의 '구계(九階)'에 대한 정현의 주는 "남면에 세 개, 삼
면에 각각 두 개다.[南面三, 三面各二.]"라고 하였다.

【宮室圖04 : 02－宮寢制궁침제】

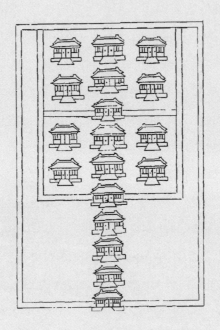

制寢宮

옛 『삼례도(三禮圖)』에서는 이 그림으로 왕궁의 오문(五門)① 및 왕과 왕후의 육침(六寢)②제를 삼았다. 오늘날에도 그것을 고쳐서 정하였다. 공영달은 『예기정의(禮記正義)』에서 『주례(周禮)』에 근거해 왕의 육침제도를 (다음과 같이) 해석했다.③ 즉, "노침은 앞에 있으며, 정침이 된다. 다섯 개의 침은 뒤쪽에 있으며, 연침(燕寢)으로 총칭한다. 이 가운데 동북쪽에 있는 곳에는 왕이 봄에 거처하며, 서남쪽에 있는 곳에는 왕이 가을에 거처하며, 동남쪽에 있는 곳에는 왕이 여름에 거처하며, 서북쪽에 있는 곳에는 왕이 겨울에 거처하며, 중앙에 있는 곳에는 왕이 6월에 거처한다. 후비(后妃) 이하는 모두 순서대로 왕의 오침에서 왕을 모신다." 또한 「내명부(內命婦)」에 대한 정현의 주(註)를 살펴보니, "삼부인 이하는 왕후의 육궁에 나누어 거처한다."라고 하였다.④ (그런데 가공언의 소에 의하면) "삼부인은 삼공과 마찬가지로 다만 부인의 예[婦禮]를 논하는 것이므로 따로 거처하지 않는다."⑤ 삼부인을 제외하고 그 이하의 구빈, 세부, 어녀 등이 따로따로 거처하는 것이다. (정현은 또한) "구빈은 각 궁에 한 명씩 거처하므로, 3명이 남는다. 세부(世婦)는 27명이 있는데, 각 궁에 세 명씩 거처하므로 9명이 남는다. 어녀(御女)는 81명으로 각 궁에 9명씩 거처하므로 27명이 남는다.⑥ (이들은) 모두 왕후가 있는 곳에서 쉬는 것이다."라고 하였다. ("모두 왕후가 있는 곳에서 쉬는 것이다."에 대해 가공언은 소에서) "왕후가 한 궁에 고정적으로 거주하는 것이 아니므로, 왕후가 가면 곧 머무는 곳이므로 따라서 쉰다는 사실을 아는 것이다." (정현이) "그 다음에 또 15일 동안 왕을 모시는 것을 한 순번으로 한다."고 한 것에 대해 (가공언은) 다음과 같이 말했다. 즉, "구빈 이하가 육궁에 나누어 거처하는데, 모두 이를 셋으로 나누어 1/3은 왕후를 수행하고, 나머지 2/3는 궁에 거처하며 5일에 한 번 교체하는 것이다. 가령 어느 달 1일 왕후를 나누어 수행하여 그달 5일에 이르면 왕후를 수행하던 자는 5일이 다 차므로, 오른쪽 삼궁에서 거처하던 자가 와서 교체로 왕후를 수행한다. 5일이 다 된 사람은 물러나서 오른쪽에 있는 삼궁으로 들어간다. 왕후를 수행하는 자가 10일이 되어 시간을 채우면 왼쪽의 삼궁에서 거처하던 사람 가운데 가장 오래된 사람이 와서 교체로 왕후를 수행한다. 날이 다 되어 교체한 사람 역시 물러나서 왼쪽의 삼궁에 거처한다. 다시 15일이 되면 삼교대가 모두 한 차례 이루어진다." 정사농은 "왕후의 정침은 앞에 있으며 다섯 개의 소침은 뒤에 있다."라고 하였다. 만약 이 말대로라면 오른쪽 삼궁, 왼쪽 삼궁의 뜻은 서로의 명확함을 드러낸 것이므로, 왕의 육침과 마찬가지로 그 제도가 스스로 드러난다.

천자의 오문은 각각 고문(皐門), 고문(庫門), 치문, 응문, 노문이라고 한다.⑦【옛 『삼례도』에서는 이 오문만을 그려 놓고 "왕궁의 오문"이라 했을 뿐 각 문의 이름이 없는데, 여기에서 특별히 첨가해서 풀어 놓는다.】

[舊『圖』以此爲王宮五門及王與后六寢之制. 今亦就改而定之. 孔『義』依『周禮』解王六寢, "路寢在前, 是爲正寢. 五在後, 通名燕寢. 其一在東北王春居之, 一在西南王秋居之, 一在東南王夏居之, 一在西北王冬居之, 一在中央王季夏居之. 凡后妃已下更與次序而上御於王之五寢."[1] 又案「內命婦」註云, "三夫人已下分居后之六宮." 其實"三夫人如三公, 從容論婦禮, 不分居. 除三夫人外, 已下分居." "九嬪每宮各一人, 餘有三人. 在二十七世婦每宮各三人, 餘有九人. 在八十一御女每宮各九人, 餘有二十七人. 在從后唯其所燕息焉." 以"后不專居一宮, 須往卽停. 故知從后所在而燕息也." "其次又上十五日而徧"者, 此謂"九嬪已下分居六宮, 皆三分之, 一分從后, 兩分居宮, 五日一番. 假令月一日分從后, 至月五日, 從后者[五][2]日滿, 則右邊三宮之中舊居宮者, 來替此從后[者],[3] 日滿者卻入在右邊三宮. 從后者至十日又滿, 則左邊三宮舊居宮者來替從后[者],[4] 日滿者亦卻居左邊三宮. 又至十五日, 卽三番總徧矣." 先鄭云, "后正寢在前, 五小寢在後." 若如此說, 可與左三宮・右三宮之義互相發明, 如王六寢, 其制自顯. 天子五門, 曰皐, 曰庫, 曰雉, 曰應, 曰路.【舊本只圖此五門曰, "王宮五門", 而無名目. 今特添釋之.】]

---

1 路寢在前 ~ 王之五寢: 『예기정의』 권4, 「곡례 하」에 보이는 문장으로, 원문은 "案『周禮』王有六寢, 一是正寢, 餘五寢在後, 通名燕寢. 其一在東北, 王春居之. 一在西北, 王冬居之. 一在西南, 王秋居之. 一在東南, 王夏居之. 一在中央, 六月居之. 凡后妃以下更以次序而上御王於五寢之中也."이다.

2 五: 저본에는 '五'가 없으나 『주례주소』 가공언의 소에 의거하여 보충하여 번역하였다.

3 者: 저본에는 '者'가 없으나 『주례주소』 가공언의 소에 의거하여 보충하여 번역하였다. 丁鼎 점교본 『新定三禮圖』(淸華大學出版部, 2006, 115쪽)에서도 '者'를 보충했다.(이하 '丁鼎 점교본'으로 줄여서 씀).

4 者: 저본에는 '者'가 없으나 丁鼎 점교본(115쪽)에 의거하여 보충하여 번역하였다.

① 오문(五門): 천자가 있는 궁궐의 다섯 개의 대문이다. 오문에 대해서는 정현과 정사농의 해석이 다른데, 이에 대해서는 역주 ⑦을 참조.

② 육침(六寢): 『주례』「천관(天官)·궁인(宮人)」에 대한 정현의 주에 의하면 "육침은 하나의 노침과 다섯 개의 소침으로 구성한다.[六寢者, 路寢一, 小寢五.]" "노침은 일을 처리하는 공간이며, 소침은 계절에 맞춰 쉬는 공간이다.[路寢以治事, 小寢以時燕息焉.]"

③ 공영달은 『예기정의(禮記正義)』에서 ~ 해석했다: 『예기정의』 권4「곡례 하(曲禮下)」에서 "천자에게는 후·부인·세부·빈·처·첩이 있다.[天子有后, 有夫人, 有世婦, 有嬪, 有妻, 有妾.]"고 한 것에 대한 공영달의 해석이다.

④ 또한 「내명부(內命婦)」에 ~ 하였다: 『주례』「천관(天官)·내재(內宰)」"上春, 詔王后帥六宮之人而生穜稑之種, 而獻之於王"에 대한 정현의 주이다. 이어 정현은 "부인 이하는 왕후의 육궁에 다음과 같이 나누어 거처한다. 즉, 각 궁마다 구빈 1인, 세부 3인, 여어 9인이 거처하며, 그 나머지(구빈 3인, 세부 9인, 여어 27인)는 왕후를 따라 그가 쉬는 곳에서 쉬는 것이다. 왕후를 따르는 자는 5일이 지나면 목욕을 한다. 그 나머지도 15일에 한 번씩 차례를 돈다. 부인은 삼공과 같아 조용히 부인의 예를 논한다.[夫人以下分居后之六宮者, 每宮九嬪一人, 世婦三人, 女御九人. 其餘九嬪三人, 世婦九人, 女御二十七人, 從后唯其所燕息焉. 從后者五日而沐浴, 其次又上十五日而遍. 夫人如三公, 從容論婦禮.]"라고 하였다.

⑤ 삼부인은 ~ 거처하지 않는다: 가공언은 "삼공이 왕과 함께 앉아서 도를 논하는데, 삼부인의 지위가 삼공과 같다. 그러므로 삼공이 왕을 모시는 것처럼 삼부인 역시 왕후를 모시기 때문에 함께 하는 것이다.[三公坐與 王論道, 三夫人尊卑與三公同。三公侍王, 三夫人亦侍後, 故取並焉者, 以 證三夫人不分居宮之義也。]"라고 해석했다.

⑥ 어녀(御女)는 ~ 남는다: 따로 거처하지 않는 것을 말한다. 다시 말해 구빈 가운데 세 명, 세부 가운데 아홉 명, 어녀 가운데 27명은 왕후와 함께 거처하는 것이다.

⑦ 천자의 오문은 ~ 노문이라고 한다: 천자의 오문에 대해서는 정사농과 정현의 주장이 다르다. 『주례』「천관(天官)·혼인(閽人)」의 "閽人, 掌 守王宮之中門之禁"에 대해 정현은 정사농(정중)의 "왕성에는 다섯 개의 문이 있는데, 바깥쪽부터 안쪽으로 고문(皐門), 치문(雉門), 고문(庫門), 응문(應門), 노문(路門)이며, 노문은 필문(畢門)이라고도 한다.[鄭司農 云, 王有五門, 外曰皐門, 二曰雉門, 三曰庫門, 四曰應門, 五曰路門. 路門 一曰畢門。]"라는 말을 인용한 후, "세 번째 문은 치문이다.[玄謂雉門, 三 門也。]"라고 하여 정사농과 다른 견해를 주장했다. 가공언도 정현의 의견을 따라 치문을 세 번째 문으로 보고 치문의 밖에 고문(皐門)과 고문(庫門)이, 치문의 안쪽에 응문과 노문이 있다고 보았다.('中門, 於外內爲 中'者, 雉門外有皐·庫, 內有應·路, 故云於外內爲中也.) 섭숭의는 정현의 설을 따른 것이다. 한편 정현은 "고(皐)라는 말은 높다[高]는 뜻이다.[皐之言 高也。]"라고 풀었다. 정현의 설에 따른 천자 5문의 그림은 사고전서본 『흠정주관의소도설(欽定周官義疏圖說)』을 참고할 수 있다.

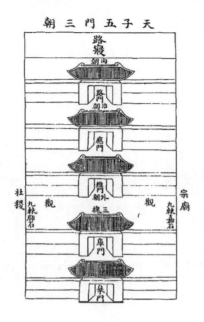

天子五門三朝

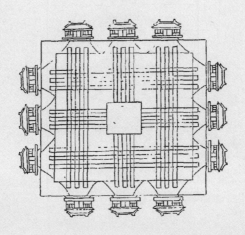

『주례』「고공기·장인(匠人)」에 "장인이 국(國) 안을 조영함에 사방
9리(里)의 길이로 하고, 옆에 세 개의 문을 낸다. 나라 안에는 가로세로 아
홉 개의 도로를 내는데, 세로로 뻗은 도로는 아홉 대의 수레(軌)①가 다닐
만한 크기로 한다. 왼쪽에 종묘를, 오른쪽에 사직을 두며, 앞쪽에 조정을,
뒤쪽에 시장을 둔다."라고 하였다. 가공언은 정현의 주를 다음과 같이 풀
이하였다. "정현은 '조영한다고 한 것은 크기[大小]를 계산하여[丈尺] 정한
것이다.② 천자는 12개의 문을 내서 12자와 통한다.'라고 하였는데, 이것
은 갑을병정 등의 10일로 어머니를 삼고, 자축인묘 등의 12진(辰)으로 아
들을 삼는 것을 가리킨다.③ (또 정현은) '국(國) 안이라고 한 것은 성의 안이
다.【경위는 도로를 지칭한다.】 가로세로 도로는 모두 아홉 대의 수레(軌)를 수
용할 수 있다. '궤'란 수레 두 바퀴 사이의 너비이다. 승거(乘車)의 폭은 6척
6촌이며,④ 몸체 옆 좌우의 각각 7촌을 더하면⑤ 모두 8척이 된다.【이것은

바퀴의 너비를 가리킨다.】 아홉 대 수레의 폭은 72척이 되므로, 이 길의 너비는 12보가 된다.⑥'라고 하였다. 왕성의 사방에는 각각 세 개의 문이 있고, 문 앞에는 세 개의 도로가 있다. 남자는 오른쪽으로, 여자는 왼쪽으로, 수레는 중앙으로 다닌다. 남북방향의 도로는 경(經)이 되며, 동서방향의 도로는 위(緯)가 되는 것이다." (정현은 또한 경문 '左祖右社, 面朝後市'에 대해) "왕궁은 세 개의 세로 방향 도로 가운데 중앙의 도로를 마주하고 있다."라고 하였다.

[「匠人」 "營國, 方九里, 旁三門. 國中九經九緯, 經塗九軌. 左祖右社, 面朝後市." 賈釋註云, "'營謂丈尺其大小. 天子十二門, 通十二子'. 謂以甲乙丙丁等十日爲母. 子丑寅夘等十二辰爲子. '國中(地中也)¹ 城內[也].【經緯謂塗也】經緯之塗, 皆容方九軌, 軌謂轍廣也. 乘車六尺六寸, 傍加七寸, 凡八尺,【是謂轍廣】. 九軌七十二尺. 則此塗十二步矣².' 王城面有三門, 門有三塗. 男子由右, 女子由左, 車從中央. 南北之道爲經, 東西之道爲緯.³" "王宮當中經."]

---

1   地中也: 저본에는 이 3글자가 있으나 『주례주소』 가공언의 소에 의거하여 연문으로 처리하였다.
2   정현의 원주는 다음과 같다. "經緯之塗, 皆容方九軌. 軌謂轍廣, 乘車六尺六寸, 傍如七寸, 凡八尺, 是謂轍廣. 九軌積七十二尺, 則此塗十一步也." 정화대 출판부 『삼례도』에서는 "則此塗十一步也"를 "則此加十一步也"로 교감하였다.
3   가공언의 원소는 "王城面有三門, 門有三塗. 男子由右, 女子由左, 車從中央. 南北之道爲經, 東西之道爲緯"로, 섭숭의는 여기서 원소의 순서를 다르게 하였다.

① 궤(軌): 수레 두 바퀴 사이의 너비이다. 『주례』「고공기·장인」 정현의 주에 "궤(軌)는 수레바퀴의 너비를 가리킨다.[軌謂轍廣]"라고 하였다.

② 조영한다고 ~ 정한 것이다: 이와 같은 정현의 주에 대해 가공언은 "장척(丈尺)은 높이에 근거하여 말한 것이며, 대소(大小)는 원근을 가지고 말한 것[云丈尺, 據高下而言. 云大小, 據遠近而說也.]"이라고 해석하였다. 그러나 역자는 대소는 크기로, 장척은 '계산한다'는 동사로 풀이하였다.

③ 갑을병정 등의 ~ 삼는 것을 가리킨다: 정현의 주 "天子十二門, 以通十二子"에 대해 가공언은 『효경원신계(孝經援神契)』의 "천자가 정사를 함에 3공, 9경, 27대부, 81원사를 두고, 문명을 신중히 하고, 그 아래에 각각 12명을 둔다.[天子卽政, 置三公·九卿·二十七大夫·八十一元士, 愼文命, 下各十二子.]"는 기록을 근거로 갑을병정 등의 10일은 어머니가 되고, 자축인묘 등의 12진(辰)은 아들이 되는 것처럼 왕성의 사면에는 각각 세 개의 문을 내어 열두 아들, 즉 열두 개의 도로와 통한다고 하였다.

④ 승거(乘車)의 폭은 6척 6촌이며: 승거는 전투용 수레인 병거(兵車)나 무기를 싣는 무거(武車)와 달리 사람이 타고 가는 수레를 지칭한다. 가공언은 여기서 언급한 폭은 사람이 타는 수레 몸체[輿]의 폭을 지칭한다고 하였다.(經言乘車, 據輿廣六尺六寸者.)

⑤ 몸체 옆 좌우의 각각 7촌을 더하면: 이에 대해 정현은 "바큇살의 안쪽이 2촌 반, 바큇살의 너비 3촌 반, 바퀴 통에 가까운 굴대의 튀어나온

부분[綆]이 2/3촌, 금(金)과 바퀴의 굴대 끝에 꽂은 비녀장 사이의 거리
는 1/3촌이 된다[旁如七寸者, 輻內二寸半, 輻廣三寸半, 綆三分寸之二,
金轄之間三分寸之一]"고 설명하였으므로, 그가 말한 7촌은 이 네 부분
을 합한 수치이다. 이 글로 미루어 이 부분은 수레 몸체 밖으로 튀어나
온 바퀴와 그 바깥 부분을 지칭함을 알 수 있다. 한편 정현의 "옆에 각
각 7촌을 더하면, 바퀏살의 안쪽이 2촌 반"에 대해 가공언은 "바퀴를
보면 바퀏살 안쪽은 9촌 남짓인데, 지금 폭 안이 2촌 반 정도라고 한 것
은 수레 몸체[輿] 아래의 바퀏살을 덮은 부분을 더하지 않은 것이다.[鄭
云, 旁加七寸者, 輻內二寸半"者, 計轂在輻內九寸有餘, 今言輻內有二寸
半者, 不加輿下覆轂者也.]"라고 해석하였다.

⑥ 이 길의 너비는 12보가 된다: 원문의 정현 주에서는 '11보'로 되어 있
다. 1보에 대해 『예기』「왕제(王制)」에서 "옛날에 주척 8척을 1보로 삼
았는데, 지금은 주척 6척 4촌을 1보로 한다.[古者以周尺八尺爲步, 今以
周尺六尺四寸爲步]."라고 하여 1보의 길이가 시대마다 달랐음을 알 수
있다. 이에 대해 정현은 '주의 1척은 10촌인데, 혹자는 주의 1척을 8촌
으로 보기도 한다. 그렇다면 1보는 64촌, 즉 6척 4촌이 된다.(按禮制, 周
猶以十寸爲尺, 蓋六國時多變亂法度, 或言周尺八寸, 則步更爲八八六十四寸.)'라
고 하였다. 여기서 정현이 72척을 11보로 한 것은 주의 1척을 8촌으로
해서 계산한 것이다. 한편, 정현은 『주례』「지관(地官)·소사도(小司徒)」
에서 "『사마법(司馬法)』에서는 6척을 1보로 했다.[『司馬法』云, 六尺爲
步.]"라고 하였는데, 6척을 1보로 하고 1척을 10촌으로 하여 계산하면,
72척은 12보가 된다.

【宮室圖04：04-九服구복①】

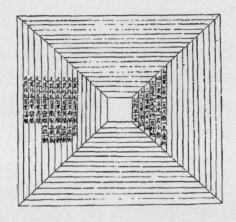

服九

주나라의 왕기(王畿)②와 구복(九服)은 합하여 사방이 일만 리(里)다. 그
러므로 여기서 구복은 왕기를 제외한 그 바깥 지역이 된다. 각각의 복(服)
은 또한 사방으로 그것을 구분한다. 기(畿)는 경계를 짓는 것이다. 흙을 쌓
아 올려 경계를 천 리로 한정하므로 왕기라고 한다. 『주례(周禮)』「하관(夏
官)·직방(職方)」에 "왕기 바깥쪽 사방 오백 리는 후복(侯服)이라 한다."고
하였는데, 가공언의 소에서는 "후(侯)라는 것은 정찰하다[候]는 뜻으로, 왕
을 위해 적의 동정을 살피기 때문이다."라고 하였다. 정현의 주에서는 "복
(服)은 왕을 섬긴다."는 뜻이라고 하였다. 「하관(夏官)·직방(職方)」에 "또
후복 바깥의 사방 오백 리는 전복(甸服)이라 한다."고 하였는데, 가공언의
소에서는 "전(甸)이란 농사를 짓는다[田]는 뜻으로, 왕을 위해 밭을 경작하
여 세금을 내는 것이다."라고 하였다. 「하관·직방」에 "또 그 바깥 사방 오
백 리는 남복(男服)이라 한다."고 하였는데, 가공언의 소에서는 "남(男)이란

맡는다[任]는 뜻이니, 왕을 위해 그 직무를 하는 것이다."라고 하였다. 「하관·직방」에 "또 그 바깥의 사방 오백 리는 채복(采服)이라 한다."고 하였는데, 가공언의 소에서는 "채(采)란 섬기는[事] 것이니, 왕을 위해 민을 섬겨 왕에게 제공하는 것이다."라고 하였다. 【「하관·직방」에 "또 그 바깥의 사방 오백 리는 위복(衛服)이라 한다."고 하였는데, 가공언의 소에서는 "위(衛)라고 한 것은 왕을 위해 지키는 것이다."라고 하였다.】③ 「하관·직방」에 "또 그 바깥의 사방 오백 리는 만복(蠻服)이라 한다."고 하였는데, 가공언의 소에서는 "만(蠻)이란 묶는다[縻]는 것이니, 정교(政敎)로써 그것을 속박하기 때문이다."라고 하였다. 또한 가공언의 소에서는 "만복은 『주례』「추관(秋官)·대행인(大行人)」에서 요복(要服)이라 불렀다.④ 요(要)란 정치로서 묶는 것을 의(義)로 삼는 것이다."라고 하였다. 사요(四要)의 안쪽은 사방 칠천 리가 된다. 그러므로 『예기(禮記)·왕제(王制)』 정현의 주에서 "주공이 요순[唐虞]의 옛 영역⑤을 수복하고, 그것을 오복으로 나누어 아홉[九]으로 삼았다. 그 요복의 안은 칠천 리이다."라고 하였다. 「하관·직방」에 "또한 그 바깥 사방 오백 리는 이복(夷服)이라 한다."고 하였는데, 가공언의 소에서는 "그 (하나의) 복이 이적(夷狄) 속에 있는 것을 이른 것이다. 그러므로 '이(夷)'라고 한 것이다."라고 하였다. 「하관·직방」에 "또 그 바깥 사방 오백 리는 진복(鎭服)이라 한다."고 하였는데, 가공언의 소에서는 "이것은 그 복이 이적에 깊이 들어가 있어서 이를 지켜야 할 필요가 있기 때문이다."라고 하였다. 「하관·직방」에 "또 그 바깥 오백 리는 번복(藩服)이라 한다."고 하였는데, 가공언의 소에서는 "(번이라고 한 것은) 그것이 가장 바깥쪽에 있어 울타리로 삼기 때문이다."라고 하였다.

[周之王畿與九服共方萬里. 故此九服, 除王畿之外. 每服而言, 又方以別之. 畿者, 限也. 樹之封疆而限千里, 故曰王畿. "其外方五百里曰侯服", "侯

者, 候也, 爲王斥候." "服者, 服事於王",[1] "又其外方五百里曰甸服", "甸, 田也, 爲王治田出稅." "又其外方五百里曰男服", "男者, 任也, 爲王任其職理." "又其外方五百里曰采服", "采, 事也, 爲王事民以供其上." "又其外方五百里曰衛服", "又其外方五百里曰蠻服", "蠻者, 縻也, 以政教縻之." 又 "蠻服, 「大行人」[2]謂之要服. 要者, 以政要束爲義.[3]" 於四要之內方七千里. 故「王制」註云, "周公復唐虞舊域, 分其五服爲九. 其要服之內七千里."[4] "又其外方五百里曰夷服." "謂此一服在夷狄之中, 故以夷言之."[5] "又其外方五百里曰鎭服." "此一服入夷狄又深, 故須鎭守之."[6] "又其外方五百里曰藩服", "以其最在外爲藩籬也."[7]

1 정현의 원주는 "服, 服事天子也"이다.
2 섭숭의는 '大司馬'라 썼는데, 원문에 따라 교감하였다.
3 가공언의 원소는 "言要, 亦是要束爲義."이다.
4 정현의 원주는 "周公復唐虞之舊域, 分其五服爲九, 其要服之內, 亦方七千里."이다.
5 가공언의 원소는 "諸言夷者, 以其在夷狄中, 故以夷言之."이다.
6 가공언의 원소는 "言鎭者, 以其入夷狄深, 故須鎭守之."이다.
7 가공언의 원소는 "言藩者, 以其最在外爲藩籬, 故以藩爲稱."이다.

① 본서의 「구복(九服)」편은 『주례(周禮)』「하관·직방」의 '구복' 관련 내용(乃辨九服之邦國, 方千里曰王畿, 其外方五百里曰侯服, 又其外方五百里曰甸服, 又其外方五百里曰男服, 又其外方五百里曰采服, 又其外方五百里曰衛服, 又其外方五百里曰蠻服, 又其外方五百里曰夷服, 又其外方五百里曰鎮服, 又其外方五百里曰藩服)과 이에 대한 가공언의 해석을 섞어 기록한 것인데, 일부 누락과 착오가 있다. 경문에서는 왕기 이외에 구복을 후복, 전복, 남복, 채복, 위복, 만복, 이복, 진복, 번복이라 하였다. 즉 채복 바깥은 위복이 된다. 그런데 섭숭의 『삼례도』에는 아래 ③에서 언급했듯이 위복이 누락되어 채복 바깥으로 만복, 이복, 진복, 번복이 펼쳐진다. 비록 요복을 첨가했지만, 본문에서 요복은 만복의 또 다른 이름이라고 했으므로, 섭숭의는 구복 가운데 팔복만을 서술한 게 된다. 위복이 누락되었으므로, 요복의 안쪽은 칠천 리가 아니라 육천 리가 되므로 요복 안쪽이 칠 천 리가 된다는 문장의 뜻과도 어긋난다.

② 왕기(王畿): 천자의 관할지로 사방 일천 리이다.(『주례』「하관·직방」, "方千里曰, 王畿"). 일천 리가 되는 사방 경계에는 흙을 돋우고 나무를 심어 경계를 표시했다.(『주례』「지관·대사도」, "制其畿方千里而封樹之").

③ 【「하관·직방」에……하였다.】: 섭숭의 『삼례도』에는 누락된 부분으로, 원문에 따라 삽입하여 해석하였다. 그래야만 요복[만복] 안쪽이 칠천 리가 되어 전체적으로도 뜻이 통한다.

④ 또한 가공언의 ~ 요복(要服)이라 불렀다: 섭숭의는 이 글귀의 전거를

『주례』「하관·대사마(大司馬)」라고 했는데, 실은 『주례』「추관(秋官)·
대행인(大行人)」에서 나온 것이다. 아마도 섭숭의는 「대사마」의 왕기와
구기(九畿)를 설명하는 대목을 염두에 둔 것으로 보이는데, 그곳에서도
'만기(蠻畿)라 썼을 뿐, '요기(要畿)'라 쓰지 않았다.

⑤ 요순[唐虞]의 옛 영역: 『예기』「왕제」 공영달의 소에서 "요순의 옛 영
역은 치수 이후의 영역을 의미한다.[復唐虞舊域, 謂治水之後舊域也.]"
라고 하였다.

圖之生相呂律

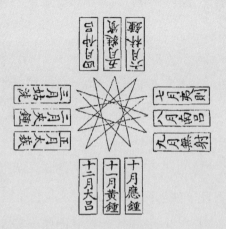

『주례』「춘관·태사(太師)」정현의 주에 "황종(黃鍾)은 초구(初九)②로서, 아래로 임종(林鍾)의 초륙(初六)③을 낳는다."고 하였고, 가공언의 소에서는 "황종은 자(子)의 자리에 있으며,④ 하나의 양효(陽爻)가 생겨 초구가 된다. 임종은 미(未)의 자리에 있으며, 두 개의 음효(陰爻)가 만들어져 초륙을 얻는 것이니, 음이기 때문에 미(未)의 위치로 물러나는 것이다. 그러므로 건괘의 내괘[乾貞]⑤는 11월 자(子)의 위치에 있으며, 곤괘의 내괘[坤貞]⑥는 6월 미(未)의 위치에 있는 것이다."라고 하였다. (정현의 주에서는 또) "임종은 또 위로 태주(太簇)의 구이(九二)⑦를 낳고, 태주는 또 아래로 남려(南呂)의 육이(六二)⑧를 낳는다.⑨ 남려는 또 위로 고선(姑洗)의 구삼(九三)을 낳으며, 고선은 또 아래로 응종(應鍾)의 육삼(六三)을 낳는다. 응종은 또 위로 유빈(蕤賓)의 구사(九四)를 낳고, 유빈은 또 위로 대려(大呂)의 육사(六四)를 낳는다. 대려는 또 아래로 이칙(夷則)의 구오(九五)를 낳으며, 이칙은 또 위로 협종(夾鍾)의 육오(六五)를 낳는다. 협종은 또 아래로 무역(無射)의 상구(上九)를 낳으며, 무역은 또 위로 중려(仲呂)의 상륙(上六)을 낳는다. 자리가 같은 것은 부부와 같으며, 자리가 다른 것은 모자 관계와 같은 것이다. 이른바 율은 아내를 취하는 것이며, 려는 아이를 낳는 것이라고 하는 것이다."라고 하였다.【정현의 "자리가 같은 것은 부부와 같으며, 자리가 다른 것은 모자 관계와 같은 것이다(同位者象夫妻, 異位者象母子)"에 대해 가공언은 다음과 같이 해석했다.】 "자리가 같다는 것은 황종의 초구가 아래로 임종의 초륙을 낳는 것처럼 모두 처음[初]의 첫 번째로서 부부일체와 같은 것을 말한 것이니, 부부를 표상한 것이다. 자리가 다르다는 것은 (모자 관계처럼)임종이 위로 태주의 구이를 낳은 것처럼, 두 번째[二]는 첫 번째와 자리가 다른 것을 말한 것이니, 이는 모자를 표상한 것이다. 율이 낳은 것은 부부가 되고, 려가 낳은 것은 모자가 된다. 십이율려에서 율이 낳은 것은 항상 자리가 같으며, 려가 낳은 것은 항상 자리가 다르다. 그러므로 율은 아내를 취한 것이라 하고, 려는 아이를 낳은 것이라고 한다."

[「太師」註云, "黃鍾初九, 下生林鍾之初六." 賈釋云, "黃鍾在子, 一陽爻生, 爲初九. 林鍾在未, 二陰爻生, 得爲初六者, 以陰故, 退位在未. 故曰, 乾貞於十一月子, 坤貞於六月未也." "林鍾又上生太蔟之九二, 太蔟又下生南呂之六二, 南呂又上生姑洗之九三, 姑洗又下生應鍾之六三, 應鍾又上生蕤賓之九四, 蕤賓又上生大呂之六四, 大呂又下生夷則之九五, 夷則又上生夾鍾之六五, 夾鍾又下生無射之上九, 無射又上生仲[1]呂之上六. 同位者象夫婦, 異位者象子母. 所謂律娶[2]妻而呂生子也."【鄭注云, "同位者象夫妻, 異位者象母子", 賈

1　정현의 원주는 '中'이다.
2　정현의 원주는 '取'이다.

疏云】[3] "同位, 謂若黃鍾之初九, 下生林鍾之初六, 俱是初之第一, 夫婦一體, 是象夫婦也. 異位, 謂[4]若林鍾上生太蔟之九二, 二於第一爲異位, 是象母子也. 但律所生者爲夫婦, 呂所生者爲母子. 十二律呂, 律所生者常同位, 呂所生者常異位.[5] 故云律娶[6]妻而呂生子也."]

3 섭숭의가 생략한 부분을 첨가하여 뜻이 통하도록 하였다.
4 가공언의 원소는 '謂' 앞에 '象子母'가 삽입되어 있다.
5 丁鼎 점교본『新定三禮圖』(淸華大學出版部, 2006, 118쪽)에서는 '位' 대신 '之'를 썼다.
6 가공언의 원소는 '取'이다.

① 율려상생: 율려란 육률(六律)과 육려(六呂)를 합한 것으로, 십이율로 총
칭한다. 십이율은 황종(黃鍾), 대려(大呂), 태주(太簇), 협종(夾鍾), 고선(姑
洗), 중려(仲呂), 유빈(蕤賓), 임종(林鍾. 함종(函鍾)이라고도 한다), 이칙(夷
則), 남려(南呂), 무역(無射), 응종(應鍾)이다. 이 가운데 육률은 양(陽)의 소
리로, 황종, 태주, 고선, 유빈, 이칙, 무역이며, 육려는 음(陰)의 소리로,
대려, 협종, 중려, 임종, 남려, 응종이다. 『주례』「춘관·태사」에 "태사
는 육률(六律)과 육동(六同)을 관장하여 음의 소리와 양의 소리를 합치시
킨다.[大師, 掌六律六同, 以合陰陽之聲.]"라고 한 데서 보듯 육려는 육동
이라고도 하는데, 이는 금문(金文) 가운데 '동(同)'자와 '여(呂)'자의 형태
가 같아 이후 두 글자를 병용한 데서 연유한다.(楊蔭瀏,『中國古代音樂史稿
(上冊)』, 人民音樂出版社, 2009(1981년 제1쇄), 43쪽 참조.)

십이율은 황종을 시작으로 반음씩 저음에서 고음으로 배열한 것인데,
육률과 육려를 번갈아 교차 배열한다. 즉 한 옥타브(8도 음정)를 열두 음
으로 나누어, 각 음 사이의 음정을 반음, 곧 일률(一律)로 쳐서 이를 저
음에서부터 차례로 황종에서 응종까지 배열한 것이다. 십이율을 줄여
'황종대려'라 부르기도 하는데, 이는 황종과 대려가 육률과 육려의 으
뜸이며, 십이율려의 처음과 두 번째이기 때문이다. 상생(相生)이란 반음
(半音)의 양률과 반음의 음려가 만나 한 음을 만드는 것을 의미한다.(정
현 주: "其相生, 則以陰陽六體爲之"). 황종대려는 전의(轉意)되어 음악이나
문사가 장엄하고 조화로운 것을 형용하기도 한다.

율려는 음률을 교정하는 표준 용기를 지칭하기도 한다. 같은 굵기의 대나무나 쇠로 만들어 길이에 따라 열두 등급의 음으로 나누었다. 낮은음을 내는 가장 긴 것을 황종, 높은음을 내는 가장 짧은 것을 응종이라 하는데, 길이의 순서에 따라 홀수에 해당하는 여섯 관을 양률(陽律), 짝수의 여섯 관을 음려(陰呂)라 한다. 후세에는 음률이나 악률의 뜻으로 쓰였다. 한편, 상생에 대해서는 역주⑨를 참조.

② 초구(初九): 괘(卦)의 가장 아래 양효(陽爻)이다.

③ 초륙(初六): 괘(卦)의 가장 아래 음효(陰爻)이다.

④ 황종은 자(子)의 자리에 있으며: 황종은 12지(支)로 구분했을 때 자(子), 즉 북쪽에 해당한다. 정현은 12지 및 북두칠성의 자루가 열두 방위를 가리키는 12월건(月建), 12성차(星次) 등으로 십이율을 다음과 같이 설명하였다. 황종은 자(子), 11월, 성기(星紀)에 해당하며, 대려는 축(丑), 12월, 현효(玄枵)에 해당하며, 태주는 인(寅), 정월, 추자(娵訾)에 해당하며, 응종은 해(亥), 10월, 석목(析木)에 해당하며, 고선은 진(辰), 3월, 대량(大梁)에 해당하며, 남려는 유(酉), 8월, 수성(壽星)에 해당하며, 유빈은 오(午), 5월, 순수(鶉首)에 해당하며, 임종은 미(未), 6월, 순화(鶉火)에 해당하며, 이칙은 신(申), 7월, 순미(鶉尾)에 해당하며, 중려는 사(巳), 4월, 실침(實沈)에 해당하며, 무역은 술(戌), 9월, 대화(大火)에 해당하며, 협종은 묘(卯), 2월, 강루(降婁)에 해당한다. 12지의 방위를 살펴보면, 자는 북쪽, 묘는 동쪽, 오는 남쪽, 유는 서쪽을 가리킨다. 그러므로 임종은 미의 자리, 즉 남서쪽에 해당한다. 이를 표로 정리하면 다음과 같다.

12律	황종	대려	태주	협종 (원종)	고선	중려	유빈	임종 (함종)	이칙	남려	무역	응종
12支 (辰)	子	丑	寅	卯	辰	巳	午	未	申	酉	戌	亥
방위	正北			正東			正南			正西		
월건	11월	12월	정월	2월	3월	4월	5월	6월	7월	8월	9월	10월
성차	星紀	玄枵	娵訾	降婁	大梁	實沈	鶉首	鶉火	鶉尾	壽星	大火	析木
	初九	六四	九二	六五	九三	上六	九四	初六	九五	六二	上九	六三

⑤ 건괘의 내괘[乾貞]: 정(貞)은 주역의 내괘(內卦), 즉 괘의 6효 가운데 아래의 세 효를 이른다. 그러므로 '건정'이란 건괘(☰)의 아래 세 효를 의미한다.

⑥ 곤괘의 내괘[坤貞]: 곤괘(☷)의 아래 세 효를 가리킨다.

⑦ 구이(九二): 역괘에서 아래로부터 둘째 효가 양효인 것을 가리킨다. 그러므로 구삼은 아래로부터 셋째 효가 양효인 것이며, 구사와 구오는 각각 네 번째 다섯 번째 효가 양효인 것이며, 상구는 가장 위의 효가 양효인 것이다.

⑧ 육이(六二): 역괘에서 아래로부터 둘째 효가 음효인 것을 가리킨다. 그러므로 육삼은 아래로부터 셋째 효가 음효인 것이며, 육사와 육오는 각각 네 번째와 다섯 번째 효가 음효인 것이며, 상륙은 가장 위의 효가 음효인 것이다.

⑨ 임종은 또 위로 ~ 육이(六二)를 낳는다: 황종에서 중려까지 십이율은 상생(上生)과 하생(下生)에 의해 관계를 형성하는데, 이는 삼분손익법(三分損益法)에 의한 것이다. 삼분손익법은 『여씨춘추(呂氏春秋)』 등에 보이는 것으로, 삼분손일(三分損一)과 삼분익일(三分益一)을 반복하여 성음을 조율하는 방법이다. 삼분익일에 의해 얻어지는 것을 '상생'이라 하고, 삼분손일에 의해 얻어지는 것은 '하생'이라 한다. 삼분손일하거나 삼분

익일을 하면 반드시 그 음으로부터 8률째의 음을 얻게 된다. 즉 기본음 황종을 궁(宮)으로 삼고 삼분손익법에 의해 나열하면 정현이 언급한 황종[初九]→임종[初六]→태주[九二]→남려[六二]→고선[九三]→응종[六三]→유빈[九四]→대려[六四]→이칙[九五]→협종[六五]→무역[上九]→중려[上六]의 순으로 얻어진다. 이처럼 삼분손익법에 부합하는 것을 상생(相生)이라 한다.

『주례(周禮)』「춘관(春官)·대사악(大司樂)」에서 "무릇 악은 원종(圜鍾)을 궁(宮)으로 삼고, 황종(黃鍾)을 각(角)으로 삼으며, 태주(太蔟)를 치(徵)로 삼고, 고선(姑洗)을 우(羽)로 삼는다.① 동지일에 지상의 원구(圓丘)②에서 팔면(八面)의 북[靁鼓]③과 땡땡이 북[靁鼗],④ 고죽(孤竹)으로 만든 관(管),⑤ 운화(雲和)의 금슬⑥ 등을 연주하고 운문(雲門)⑦의 춤을 춘다. 만약 악이 여섯 번 변하면,⑧ 바로 천신(天神)⑨이 모두 내려온다"라고 하였다. 이에 대해 정현은 다음과 같이 주석했다. "천신은 북신(北辰)⑩을 주관하는데(지기는 곤륜을 주관하고 인귀는 후직을 주관한다.) 먼저 연주하여 악(樂)으로써 그 신을 이르게 하고, 푸른색 옥벽[蒼璧]⑪으로 그에게 예를 다하였다(정현의 원주: "옥으로 예를 다해 강신의 제사를 지낸다, 그리고 뒤이어 노래와 함께 여러 악기를 연주하여[合樂] 신을 제사한다.⑫ 『대전(大傳)』에 '왕은 반드시 그 선조가 유래한 곳에 큰 제사인 체제를 지내야 한다'고 했고, 『제법(祭法)』에도") '주나라 사람들은 제곡(帝嚳)⑬에게 체제(禘祭)⑭를 지내고 교사(郊祀)⑮에서는 후직(后稷)⑯을 배사했다'고 한 것이다. 이것이 원구에서 하늘에 제사하고, 제곡을 배사했다고 하는 것이다. 원종은 협종이다. 협종은 방심(房心)⑰의 기(氣)에서 만들어진다. 방심은 대신(大辰)[18]이니, 천제의 명당[19]이다." 가공언은 석씨(石氏)의 『성경(星經)』[20]
「천궁(天宮)」편의 주 "방심은 천제의 명당이다. 명당은 정사가 나오는 곳
이다."를 인용하고, 이어 『공양전(公羊傳)』의 "대화(大火)[21]는 대신(大辰)이
다"라는 구절을 인용하였다. 가공언은 또 "협종은 묘(卯)의 자리[22]에 있고,
방심의 기에서 나와 대신이 되며, 하늘이 해를 내는 곳이 명당이 된다. 그
러므로 협종으로 하늘의 궁[天宮][23]을 삼는 것이다."라고 하였다. 또 정현
은 "이 세 가지(십이율의 원종, 함종, 황종을 의미)를 궁으로 삼은 것은 성류(聲
類)[24]로써 그것을 구한다."라고 했는데, 이는 천·지·인의 세 궁은 각각 성
류를 사용하여 그것을 구하는 것을 말한다. 가공언은 이 정현의 주에 대해
다음과 같이 설명하였다. "십이율이 상생하여 60에서 끝이 나는 것은[25] 황
종을 첫머리로 하고, 남려에서 끝나는 것과 같다. 지금 이 세 가지를 궁으
로 삼고, 각각 본래의 궁 위에서 상생하면 각, 치, 우가 된다. 거칠고 섬세
함이 다른 것은, 혹은 먼저 생기고 뒤에 쓰이든가, 혹은 뒤에 생기고 먼저
쓰이기 때문이다. 그러므로 성류로써 이를 구한다고 한 것이다." 또한 정
현은 "천궁 협종은 음(陰)의 소리로서, 그 상생은 양수(陽數)로부터 한다."
라고 했는데, 이에 대해 가공언은 "그 협종과 무역은 서로 짝이 되어 합치
되는 것이다. 협종은 려(呂)로서, 음이다. 무역은 율(律)로서, 양이다. 하늘
은 양이기 때문에 궁 뒤에 여덟 번의 상생을 거쳐 다시 양수로부터 한다."
라고 해석했다. 이는 무역의 수를 따르는 것이다. 그리하여 정현이 그 말
("그 상생은 양수(陽數)로부터 한다") 다음에 "그 양(陽)은 무역이다."라고 한 것
이다. 정현의 주 "무역은 위로 중려를 낳는데, 중려는 땅의 궁[地宮]과 같
은 자리이므로 쓰지 않는다."에 대해 가공언은 다음과 같이 해석하였다.
즉, "지궁은 임종이다. 임종은 스스로 유빈과 합치된다. 그러나 중려와 임
종은 동일하게 남방의 자리에 있다. 그러므로 자리가 같다고 말한 것이다.

하늘은 존귀하고 땅은 낮기 때문에 같은 자리에 있는 것을 기피하여 쓰지 않는 것이다." 가공언은 정현의 주석인 "'중려가 위로 황종을 낳는다.'라고 한 것에 대해 황종은 각(角)이다."라고 하였다. 그리고 "정현의 주 '황종은 아래로 임종을 낳는데, 임종은 땅의 궁이니 또한 쓰지 않는다.'에 대해 또한 싫어해서 쓰지 않는다."라고 하였다. 가공언은 "'임종은 위로 태주를 낳는다.'라는 정현의 주에 대해 태주는 치(徵)이다."라고 하였다. 가공언은 "'태주는 아래로 남려를 낳으며, 남려는 무역과 같은 자리이므로 또한 쓰지 않는다.'라는 정현의 주에 대해, 남려는 위로 고선을 낳는데, 고선은 우(羽)이다. 하늘에 제사를 지낼 때 4성(聲)이면 충분하다."라고 하였다. 큰북과 큰 땡땡이 북은 각각 8면이며, 고죽(孤竹)은 외따로 자라는 대나무이고, 운화(雲和)는 산의 이름이다.㉖

["凡樂, 圜鍾爲宮, 黃鍾爲角, 太蔟爲徵, 沽洗爲羽. 靁鼓靁鼗,¹ 孤竹之管, 雲和之琴瑟, 雲門之舞, 冬至日, 於地上之圜丘奏之. 若樂六變, 則天神皆降." 註云, "天神則主北辰, 先奏是樂以降其神, 禮之以蒼璧.² '周人禘嚳而郊稷'. 此祭天圜丘, 以嚳配之. 圜鍾, 夾鍾也. 夾鍾生於房心之氣. 房心爲大辰, 天帝之明堂." 疏引石氏『星經』「天宮」之註云, "房心爲天帝之明堂, 布政之所出." "大火爲大辰."³ "夾鍾在夘位, 生於房心之氣爲大辰,⁴ 天出日之處爲明堂, 故以夾鍾⁵爲天之宮." 又註云, "以此三者用聲類求之."⁶ 謂以天地人三宮, 各用

---

1   현행본『주례』에서 '鼗'는 모두 '鞀'로 썼다.
2   정현의 원주는 "天神則主北辰, 地祇則主昆侖, 人鬼則主後稷, 先奏是樂以致其神, 禮之以玉而祼焉, 乃後合樂而祭之."이다.
3   가공언의 원소는 "『公羊傳』云, '大辰者何? 大火也. 大火爲大辰, 伐爲大辰, 北辰亦爲大辰.'"이다.
4   '在夘位, 生於'는 섭숭의가 첨가한 부분이다.
5   가공원의 원소는 '圜鍾'으로 썼다. 협종은 원종의 또 다른 이름이다.
6   정현의 원주는 "以此三者爲宮, 用聲類求之."이다. 丁鼎 점교본『新定三禮圖』(淸華大學出版部, 2006, 120쪽)도 이를 따랐다.

聲類求之. "若十二律相生, 終於六十, 卽以黃鍾爲首, 終於南呂. 今此三者爲宮. 各於本宮上, 相生爲角徵羽. 麤細殊[7]品, 或先生後用, 後生先用, 故云, 聲類求之也." 註又云, "天宮夾鍾陰聲, 其相生從陽數"者, "其夾鍾與無射相[8]配合之物. 夾鍾是呂, 陰也. 無射是律, 陽也. 天是陽, 故宮後歷八相生, 還從陽數." 是從無射數也. 故下云, "其陽無射." "無射上生仲[9]呂, 仲呂與地宮同位, 而不用." "地宮林鍾也, 林鍾自與蕤賓合, 但仲呂與林鍾同在南方,[10] 故云同位. 以天尊地卑, 故嫌同位而不用也. '仲呂上生黃鍾', 黃鍾爲角也."[11] "'黃鍾下生林鍾, 林鍾地宮, 又嫌[12]不用', (亦嫌不用也)"[13] "'林鍾上生太蔟', 太蔟爲徵也." "'太蔟下生南呂, 南呂[14]與無射同位, 又不用.' 南呂上生姑洗, 姑洗爲羽. 祭天四聲足矣." 靁鼓靁鼗[15]各八面, 孤竹, 竹特生者. 雲和, 山名.[16]

7 가공언의 원소는 '須'로 썼다.
8 가공언의 원소는 '相'이 없다.
9 정현의 원주와 가공원의 원소는 '中'으로 되어 있다. 이하 두 사람은 '仲呂'를 모두 '中呂'로 썼다.
10 가공언의 원소는 '位'가 추가되어 있다.
11 丁鼎 점교본 『新定三禮圖』(清華大學出版部, 2006, 121쪽)에서는 '黃鍾爲宮也'로 썼다.
12 가공언의 원소는 '嫌'이 없다.
13 가공언의 원소는 "亦嫌不用也."가 추가되어 있다.
14 가공언의 원소는 '南呂'를 생략하였다.
15 정현의 원주는 '雷鼓'와 '雷鼗'로 썼다.
16 丁鼎 점교본 『新定三禮圖』(清華大學出版部, 2006, 121쪽)는 이 부분을 섭숭의 주로 처리했다.

① 원종(圓鍾)을 궁(宮)으로 ~ 우(羽)로 삼는다: 십이율 가운데 원종은 협종 (夾鍾)으로도 불리며, 음의 소리인 육려(六呂) 가운데 하나이다. 방위는 묘(卯), 절후는 2월에 해당한다. 황종, 태주, 고선은 양의 소리인 육률(六 律)로, 각각 양률의 첫째, 둘째, 셋째 율에 해당한다. 궁(宮), 각(角), 치(徵), 우(羽)는 5성(五聲)이다. 십이율은 모두 궁이 될 수 있는데, "모든 궁이 낳 은 것 가운데 탁한 것은 각이 되고, 맑은 것은 치나 우가 된다.[凡宮之所 生, 濁者爲角, 淸者爲徵羽也.]" 여기서는 상성(商聲)이 없는데, 정현은 이 에 대해 "제사에서는 부드러움을 중히 여기는데, 상성은 강하기 때문이 다.[此樂無商者, 祭尚柔, 商堅剛也.]"라고 그 이유를 설명하였다.

② 원구(圓丘): 태단(泰壇)이라고도 하며, 하늘을 제사 지내기 위해 하늘의 형상을 한 둥근 언덕 형태로 쌓아 올린 단이다. '圜丘'라고도 쓴다

③ 팔면의 북[靁鼓]: 靁는 雷로도 쓴다. 정현의 주에 의하면 "뇌고는 팔면 의 북으로 천신에게 제사 지낼 때 사용했다.[雷鼓, 八面鼓也. 神祀, 祀天 神也.]" 편고(片鼓: 한쪽 면만 가죽을 댄 북) 여덟 개를 모아서 틀에 매단 것 으로, 앞뒤로 각각 세 개, 양 측면에 각각 한 개씩 배치하여 8면의 북이 되게 했다.

④ 땡땡이 북[靁鼗]: 뇌도는 작은북 네 개를 십자(十字) 모양으로 엇갈리게 겹쳐서 긴 나무자루에 북통 중간을 꿴 악기이다. 북통마다 양쪽 중앙에 가죽끈을 달아 자루를 흔들면 끈이 북면을 때려 소리가 난다. 靁鼗 이 외에 雷鞉, 雷鞀 등으로 쓴다.

⑤ 고죽(孤竹)으로 만든 관(管): 정현에 의하면 고죽은 홀로 외따로이 성장한 대나무를 지칭한다.(『주례(周禮)』, "孤竹, 竹特生者.") 함께 무리지어 자라는 대나무는 총죽(叢竹)이라고 한다.

⑥ 운화(雲和)의 금슬: '운화'는 산 이름으로, 이 산에서 나는 재료로 금슬(琴瑟)을 제작했다. 이로부터 금슬비파(琴瑟琵琶) 등의 현악기(弦樂器)를 통칭하는 말로도 사용되었다.

⑦ 운문(雲門): 산의 이름이면서, 춤의 이름이기도 하다. 함지(咸池), 대소(大韶), 대하(大夏), 대호(大濩), 대무(大武) 등과 함께 주나라의 '6악무(樂舞)' 가운데 하나로 황제(黃帝) 때 만들어진 것이라고 전한다. 황종대려(黃鍾大呂)의 악과 짝이 되어 5제(五帝) 및 일월성신 등에게 제사 지낼 때 사용되었다.

⑧ 악이 여섯 번 변하면: 정현에 따르면 악이 변한다는 것은 악을 다시 연주하는 것을 말한다.(『주례』 정현 주, "變猶更也, 樂成則更奏也.") 가공언에 의하면, 천지나 조정에 네 개의 표(表)를 세운 후 춤추는 자[舞人]가 남쪽의 표에서 두 번째 표로 향하는 것이 1성(成)이며, 1성이면 곧 1변(變)이 된다. 이렇게 해서 북쪽의 네 번째 표까지 가면 3성이 되며, 다시 춤추는 자가 북쪽에서부터 남쪽으로 방향을 바꾸어 앞에 한 과정을 다시 반복하여 남쪽의 표로 돌아오면 모두 6성이 된다. 6성은 6변이므로 6성이 되면 천신이 모두 강림하는 것이다.(言六變八變九變者, 謂在天地及廟庭而立四表, 舞人從南表向第二表爲一成, 一成則一變. 從第二至第三爲二成, 從第三至北頭第四表爲三成. 舞人各轉身南向於北表之北, 還從第一至第二爲四成, 從第二至第三爲五成, 從第三至南頭第一表爲六成, 則天神皆降.)

⑨ 천신(天神): 『주례』 정현의 주에 의하면 천신은 5제(帝)와 일월성신(日月星辰)을 가리킨다.(天神, 五帝及日月星辰也.)

⑩ 북신(北辰): 북극성을 가리킨다. 천제는 북극에 거처한다.(『주례』정현 주, "天皇大帝, 在北極者也.")

⑪ 푸른색 옥벽[蒼璧]: 옥벽은 가운데 구멍이 뚫린 원형 옥이다. 푸른색 옥벽은 하늘에 제사 지낼 때 사용했다.(『주례』「춘관(春官)·대종백(大宗伯)」, "以蒼璧禮天.")

⑫ 정현의 원주: 이 부분의 정현 주는 "먼저 연주하는 것은 악으로써 그 신을 이르게 하기 위함이며, (그 신이 이르면) 옥으로 예를 다해 강신의 제사를 지내며, 곧 뒤이어 노래와 함께 여러 악기를 연주하여 신을 제사한다.[先奏是樂以致其神, 禮之以玉而祼焉, 乃後合樂而祭之.]"이다. 이에 대해 가공언은 다음과 같이 서술했다. 즉, "주나라 예에서는 모든 제사에 먼저 악을 연주하여 신이 내려오게 하고, 이어 음식물 등을 진헌한다. 이것이 끝나면 곧 노래와 함께 여러 악기를 연주하는 것이다.[周之禮, 凡祭祀, 皆先作樂下神, 乃薦獻. 薦獻訖, 乃合樂也.]"

⑬ 제곡(帝嚳): 중국 상고시대 삼황오제(三皇五帝)의 5제 가운데 하나. 『사기(史記)』에 의하면 고신씨(高辛氏)라고 하며, 황제(黃帝)의 증손자로 전욱(顓頊)을 이어 제위에 올랐다. 현재 하남성(河南省)으로 추정되는 박(亳)에 도읍하였다.

⑭ 체제(禘祭): 큰 제사로서 천신(天神), 인귀(人鬼), 지기(地祇) 등에 하는 제사를 모두 '체'라 불렀다.(『주례』정현 주, "『爾雅』云, '禘, 大祭', 不辨天神·人鬼·地祇, 則皆有禘稱也.")

⑮ 교사(郊祀): 도성의 교구(郊區)에서 지내는 제사이다. 남교(南郊)에서는 동지에 제천을, 하지에는 북교(北郊)에서 제지(祭地)를 했다.

⑯ 후직(后稷): 주나라의 시조로, 제곡의 아들이다. 어머니 강원(姜嫄)이 거인의 발자국을 밟고 임신하여 아들을 낳자 상서롭지 못하다 하여 들판

에 버려 '기(棄)'란 이름을 얻었다. 순임금 때 후직이라는 벼슬을 했기 때문에 시조의 이름이 되었다. 농업과 곡물의 신으로 숭앙받았다.

⑰ 방심(房心): 이십팔수의 동쪽 일곱 별[東方七宿] 가운데 방수(房宿. 房星이라고도 한다)와 심수(心宿)를 가리킨다. 명당을 상징하는 별이다. 방수는 동방칠수 가운데 넷째 별로, 전갈좌의 북서쪽 모서리에 해당하며, 거마(車馬)를 상징한다. 심수는 동방칠수 가운데 다섯째 별로, 세 개의 별로 이루어져 있다. 주성(主星)은 상성(商星), 순화(鶉火), 대화(大火), 대신(大辰) 등으로도 불린다.

⑱ 대신(大辰): 동방칠수 가운데 방수, 심수, 미수(尾宿)의 합칭(合稱)이다. 또는 심수, 즉 대화를 가리키는데, 여기서는 후자로 쓰였다.

⑲ 명당: 제사를 지내는 공간이면서, 정령을 반포하거나 제후를 조회하는 곳이다.

⑳ 『성경(星經)』: 고대의 천문과 점성(占星)에 관한 것을 기록한 책이다. 감공(甘公)과 석신(石申)이 지었다고 하여 『감석성경』으로 불린다. 상하 두 권으로 구성되어 있다. 그 내용이 『사기(史記)』나 『한서(漢書)』에 인용된 『성경』의 문장과 다른 점 등으로 미루어 현재 전하는 『성경』은 당대인들의 집일서(輯佚書)로 추정하기도 한다. 가공언의 소에서 보듯 당대에 석신의 성경은 『석씨성경』으로 불렸다, 『석씨성경』과 『감씨성경』은 『수서(隋書)·경적지(經籍志)』("石氏 『星經簿讚』一卷, 『星經』二卷, 甘氏 『四七法』一卷"), 『신당서(新唐書)·예문지(藝文志)3』("石氏 『星經簿讚』一卷") 등에 언급되어 있다.

㉑ 대화(大火): 이십팔수 가운데 하나인 심수를 지칭한다.

㉒ 묘(卯)의 자리: 정동(正東)을 중심으로 15도 안의 범위를 말한다.

㉓ 하늘의 궁(天宮): 『주례』 정현 주에 의하면 십이율 가운데 협종은 천궁,

임종은 지궁(地宮), 황종은 인궁(人宮)이 된다.(天宮夾鍾……林鍾地宮……人宮黃鍾.) 가공언의 『주례』 소에 의하면 임종은 미(未)의 자리에 있는데, 팔괘 가운데 곤(坤) 역시 미에 위치한다.(林鍾在未, 八卦坤亦在未, 故云坤之位.) 그러므로 곤의 위치에 있는 임종이 지궁이 된다.

㉔ 성류(聲類): 성(聲)은 궁(宮)·상(商)·각(角)·치(徵)·우(羽)의 5성을 가리킨다. 5성은 5음(音)이라고도 한다.

㉕ 십이율이 상생하여 60에서 끝이 나는 것은: 십이율은 상생(上生)과 하생(下生)에 의해 관계가 형성되는데, 이는 삼분손익법(三分損益法)에 의한 것이다. 삼분익일(三分益一)에 의해 얻어지는 것을 '상생'이라 하고, 삼분손일(三分損一)에 의해 얻어지는 것은 '하생'이라 한다. 삼분손일하거나 삼분익일을 하면 반드시 그 음으로부터 8률째의 음을 얻는다. 즉 기본음 황종을 궁(宮)으로 삼고 삼분손익법에 의해 나열하면 정현이 언급한 황종[初九]→임종[初六]→태주[九二]→남려[六二]→고선[九三]→응종[六三]→유빈[九四]→대려[六四]→이칙[九五]→협종[六五]→무역[上九]→중려[上六]의 순으로 얻어진다. 이처럼 삼분손익법에 부합하는 것을 상생(相生)이라 한다.

㉖ 큰북과 큰 땡땡이 ~ 산의 이름이다: 정현과 달리 정사농(鄭司農)은 뇌고와 뇌도를 6면의 북으로 보았다. 그리고 정현이 운화를 산의 이름으로 본 것과 달리 정사농은 지명으로 보았다. 섭숭의는 정현의 설을 따랐다.

方 丘 樂

(『주례(周禮)』「춘관(春官)·대사악(大司樂)」에서)① "무릇 악은 함종(函鍾)을 궁(宮)으로 삼고, 태주(太蔟)를 각(角)으로 삼으며, 고선(姑洗)을 치(徵)로 삼고, 남려(南呂)를 우(羽)로 삼는다.② 하지일에 못 위의 방구[澤中之方丘]③에서 육면(六面)의 북[靈鼓]과 땡땡이 북[靈鼗],④ 손죽(孫竹)⑤으로 만든 관(管), 공상(空桑)⑥의 금슬 등을 연주하고 함지(咸池)⑦의 춤을 춘다. 만약 악이 여덟 번 변하면,⑧ 곧 지기(地祇)들이 모두 나온다."라고 하였다. 이에 대해 정현은 다음과 같이 주석했다. "(천신은 북신(北辰)을 주관하며) 지기는 곤륜⑨을 주관하는데 (인귀는 후직을 주관한다.) 먼저 연주하여 악(樂)으로써 그 신을 이르게 하고, 노란색 옥종[黃琮]⑩으로 그에게 예를 다하는 것이다.(정현의 원주: "옥으로 예를 다해 강신의 제사를 지낸다. 그리고 뒤이어 노래와 함께 여러 악기를 연주하여[合樂] 그를 제사한다.) 함종은 임종(林鍾)이다. 임종은 미(未)의 기운에서 생겨난다. 미는 곤(坤)의 자리이다. 혹자는 '천사(天社)⑪가 동정(東井)⑫과 여귀(輿鬼)⑬의 바깥에 있다.'라고 하는데, 천사란 땅의 신[地神]이다." 가공언은 석씨(石氏) 『성경(星經)』⑭의 "천사의 여섯 별[六星]은 여귀의 남쪽이다."를 인용한 후, 다음과 같이 서술하였다. "이것은 그 여

귀의 바깥이다. 천사는 곤(坤)의 자리로, 모두 땅의 신이다. 그러므로 임종을 땅의 궁[地宮]으로 삼는 것이다." 가공언은 "'임종은 위로 태주를 낳는다.'라는 정현의 주에 대해, 태주는 각이 된다."라고 하였다. 또한 "'태주는 아래로 남려를 낳는다.'라는 정현의 주에 대해서는, 남려는 우가 된다. 앞에 낳고 뒤에 쓰는 것이다."라고 하였다. 가공언은 "'남려는 위로 고선을 낳는다.'라는 정현의 주에 대해, 고선은 치가 된다. 뒤에 낳고, 앞에 쓰는 것이다. 땅에 대한 제사[祭地]에서는 4성(聲)이면 충분하다."라고 하였다.⑮ 정현은 "영고와 영도는 육면이다. 손죽은 대나무가 뿌리의 끝에서 나는 것이다."라고 했다. 가공언은 이에 대해 "『모시전(毛詩傳)』에 '매(枚)는 줄기이다.'라고 했는데, 줄기란 곧 몸체이다. 그것을 '손(孫)'이라 한 것은 자손과 같아서이다. 그러므로 가지가 뿌리 끝에서 나오는 것임을 알 수 있다. 공상(空桑)도 산의 이름이다.⑯" 가공언은 "위에서 천신은 여섯 번 변한다고 말했는데, 여기서 지기는 여덟 번 변한다고 하고, 아래에서 인귀는 아홉 번 변한다고 한 것은, 모두 영이(靈異)에 근거하여 말한 것이다. 다만 영이가 크면 쉽게 감응하고, 영이가 작으면 감응에 이르기 어렵기 때문이다."라고 하였다.

["凡樂, 函鍾爲宮, 太蔟爲角, 姑洗爲徵, 南呂爲羽. 靈鼓靈鼗,[1] 孫竹之管, 空桑之琴瑟, 咸池之舞. 夏至日, 於澤中之方丘奏之. 若樂八變, 則地祇[2]皆出." 註云, "地祇則主崐崘,[3] 先奏是樂以致其神, 禮以黃琮.[4] 函鍾, 林鍾也. 林鍾生於未之氣. 未, 坤之位. 或曰, 天社在東井輿鬼之外, 天社, 地神也." 疏引

1 현행본 『주례』는 '鼗'가 아닌 '鞀'로 썼다.
2 현행본 『주례』는 '示'를 썼다.
3 현행본 정현 주는 '昆侖'으로 되어 있다
4 정현의 원주는 "天神則主北辰, 地祇則主昆侖, 人鬼則主後稷, 先奏是樂以致其神, 禮之以玉而祼焉, 乃後合樂而祭之."이다.

『星經』, "天社六星, 輿鬼之南", "是其輿鬼外也. 天社坤位, 皆是地神. 故以林鍾爲地宮也." "'林鍾上生太蔟', 太蔟爲角." "'太蔟下生南呂', 南呂爲羽. 先生後用也." "'南呂上生姑洗', 姑洗爲徵. 後生先用. 祭地[5]四聲足矣." "靈鼓靈鼗六面. 孫竹, 竹枝根之末生者." "案『毛傳』云, '枚,[6] 幹也.' 幹卽身也. 以其言孫, 若子孫然. 故知枚[7]根末生者也. 空桑亦山名." "上言天神六變, 此地祇言八變, 下人鬼言九變者, 皆據靈異而言. 但靈異大者易感. 小者難致故也."[8]]

5   가공언의 원소는 '祭地'가 생략되어 있다.
6   가공언의 원소는 '枝'로 되어 있다.
7   가공언의 원소는 '枝'로 되어 있다.
8   가공원의 원소는 "天神六變, 地祇八變, 人鬼九變者……今此三者, 六變已上, 則據靈異而言. 但靈異大者易感, 小者難致. 故天神六變, 人鬼九變也."이다.

① 이 문장은 앞서 나온 『주례』「춘관·대사악」의 '원구악'에 이어지는 것
으로 방구에서 제례 때 행하는 악에 대한 설명이다.

② 함종(函鍾)을 궁(宮)으로 ~ 남려(南呂)를 우(羽)로 삼는다: 십이율 가운데
함종은 임종(林鍾)으로도 불리며, 음의 소리인 육려(六呂)의 첫 번째이
다. 방위는 미(未), 절후는 6월에 해당한다. 태주와 고선은 양의 소리인
육률(六律)로, 각각 양률의 둘째, 셋째 율에 해당하며, 남려는 음의 소리
로 육려의 둘째에 해당한다. 궁(宮), 각(角), 치(徵), 우(羽)는 5성이다. 여
기서도 원구악과 마찬가지로 5성 가운데 상성(商聲)이 없는데, 제사는
부드러움을 중시하여 강한 상성이 어울리지 않기 때문이다.(『주례』 정현
주, "此樂無商者, 祭尙柔, 商堅剛也").

③ 못 위의 방구[澤中之方丘]: 땅에 제사 지내기 위해 못 안에 만든 네모난
형태의 단으로, 방택(方澤)이라고도 한다. '하늘은 둥글고 땅은 네모나
다(天圓地方)'는 중국 전통의 우주관에 따라 하늘에 제사하는 단은 둥글
게, 땅에 제사하는 단은 네모난 형태로 만들었다.

④ 육면(六面)의 북[靈鼓]과 땡땡이 북[靈鼗]: 정현에 의하면 영고(靈鼓)와
영도(靈鼗)는 모두 육면이다. 반면, 정사농(鄭司農)은 영고와 영도를 사면
의 북과 땡땡이 북으로 보았다.(『주례』 정현 주, "鄭司農云……靈鼓靈鼗, 四
面.")

⑤ 손죽(孫竹): 본문 말미에 언급한 정현의 주에 의하면 "손죽은 뿌리의 끝
에서 나오는 대나무(孫竹, 竹枝根之末生者)"이다. 이에 대해 청나라 단옥

재(段玉裁)는 "지근(枝根)은 뿌리가 가로로 나는 것[根之橫生者]이며, 손
죽은 당시의 죽편(竹鞭)과 같은 것"이라고 했다.

⑥ 공상(空桑): 산의 이름이다.

⑦ 함지(咸池): 음악의 이름. 『예기(禮記)·악기(樂記)』 정현의 주에 의하면,
"황제(黃帝)가 지은 것을 요임금이 증수했다.[黃帝所作樂名, 堯增修而用
之.]"고 한다.

⑧ 악이 여덟 번 변하면: 정현에 따르면 악이 변한다는 것은 악을 다시 연
주하는 것을 말한다.(『주례』 정현 주, "變猶更也, 樂成則更奏也."). 가공언의
소에 의하면, 천지나 조정에 네 개의 표(表)를 세운 후 춤추는 자[舞人]
가 남쪽의 표에서 두 번째 표로 향하는 것이 1성(成)이며, 1성이면 곧
1변(一變)이 된다. 이렇게 해서 북쪽의 네 번째 표까지 가면 3성이 되며,
춤추는 자가 북쪽에서부터 남쪽으로 방향을 바꾸어 앞에 한 과정을 다
시 반복하여 남쪽의 표로 돌아오면 모두 6성이 된다. 그리고 다시 남쪽
머리에서 북쪽을 향하여 두 번째 표에 이르면 7성이 되며, 여기에서 세
번째 표에 이르면 8성이 되어 모두 여덟 번 변하는 것이 된다.(在天地及
廟庭而立四表, 舞人從南表向第二表爲一成, 一成則一變. 從第二至第三爲二成, 從
第三至北頭第四表爲三成. 舞人各轉身南向於北表之北, 還從第一至第二爲四成, 從
第二至第三爲五成, 從第三至南頭第一表爲六成, …更從南頭北向第二爲七成, 又從
第二至第三爲八成, 地祇皆出.)

⑨ 곤륜: 중국의 서북쪽에 위치했다고 전하는 곤륜산을 가리킨다. 崑崙은
昆侖, 崑崙 등으로도 쓴다.

⑩ 노란색 옥종[黃琮]: 종(琮)은 가운데 구멍이 뚫린 네모기둥 형태의 상서
로운 옥이다. 노란색 옥종은 땅에 제사 지낼 때 사용했다.(『주례』「춘관·
대종백(大宗伯)」, "以黃琮禮地.")

⑪ 천사(天社): 남극의 별 이름.

⑫ 동정(東井): 이십팔수의 남쪽 일곱 별[南方七宿] 가운데 하나인 정수(井宿)의 별칭이다. 옥정(玉井)의 동쪽에 있어 이런 이름이 붙었다.

⑬ 여귀(輿鬼): 이십팔수의 남쪽 일곱 별[南方七宿] 가운데 하나인 귀수(鬼宿)이다.

⑭ 『성경(星經)』: 고대의 천문과 점성(占星)에 관한 것을 기록한 책이다. 감공(甘公)과 석신(石申)이 지었다고 한다. 『석씨성경』과 『감씨성경』은 『수서(隋書)·경적지(經籍志)』에 언급되어 있는데("石氏『星經簿讚』一卷, 『星經』二卷, 甘氏『四七法』一卷"), '원구악'에서 가공언이 인용한 것은 『석씨성경』이므로, 이곳의 『성경』 역시 『석씨성경』이 될 것이다.

⑮ 땅에 대한~ 충분하다: 역주 ② 참조

⑯ 공상(空桑)도 산의 이름이다: 원구악에서 운문의 금슬을 연주했는데, 운문이 지명이 아니라 산의 이름인 것과 마찬가지로, 공상도 산의 이름이라는 의미이다.

『주례』「춘관(春官)·대사악(大司樂)」에서^② "무릇 악은 황종(黃鍾)을 궁(宮)으로 삼고, 대려(大呂)를 각(角)으로 삼으며, 태주(太蔟)를 치(徵)로 삼고, 응종(應鍾)을 우(羽)로 삼는다.^③ 종묘 안에서 사면(四面)의 북[路鼓]과 땡땡이 북[路鼗],^④ 음죽(陰竹)^⑤으로 만든 관(管), 용문(龍門)^⑥의 금슬 등을 연주하고 구덕(九德)의 노래^⑦를 부르고 대소(大磬)^⑧의 춤을 춘다. 만약 악이 아홉 번 변하면,^⑨ 곧 인귀(人鬼)가 예를 얻을 것이다."라고 하였다. 이에 대해 정현은 다음과 같이 주석했다. "인귀는 후직을 주관한다. 먼저 연주하는 것은 악(樂)으로써 그 신을 이르게 하기 위해서이며, 규찬(圭瓚)^⑩으로 신의 강림을 제사^⑪하는 것이다." 이에 대해 가공언은 "이것은 가을의 협제(祫祭)^⑫를 말한 것이다. 알 수 있는 것은, 다만 은나라 사람들은 세 계절[三時]^⑬에 협제를 지냈으며, 주나라 예에서는 오직 맹추인 7월에만 협제를 지냈다는 것이다."라고 하였다. 정현은 "황종은 허위(虛危)^⑭의 기에서 생기며, 허위는 종묘이다."라고 주를 달았다. 이에 대해 가공언은 다음과 같이 서술하였다. 즉, "황종은 자(子)의 자리에 있으며, 자 위에 허위가 있으니 곧 허위의 기에서 생기는 것이다." 또한 "『성경(星經)』^⑮에는 '허위는

종묘를 주관한다.'라고 했는데, 이는 허위가 종묘가 되기 때문이다."라고
하였다. 그러므로 가공언은 "'황종은 인궁(人宮)이다. 황종은 아래로 임종
을 낳는데, 임종은 지궁이므로 이를 피한다.'라고 한 정현의 주에 대해, 취
하지 않는 것이다."라고 하였다. 가공언은 "'임종은 위로 태주를 낳는다.'
라는 정현의 주에 대해, 태주가 치가 되니 먼저 낳고 뒤에 쓰이는 것이다."
라고 하였다. 정현은 "태주는 아래로 남려를 낳고, 남려는 천궁의 양과 자
리가 같으니 또한 이를 피한다."라고 하였으니, 또한 취하지 않은 것이다.
정현은 "남려는 위로 고선을 낳으며, 고선과 남려는 합치되는 것이니 또
한 이를 피한다."라고 하였다. 가공언은 "'고선은 아래로 응종을 낳는다.'
라는 정현의 주에 대해, 응종은 우가 된다."라고 하였다. 가공언은 "'응종
은 위로 유빈을 낳는데, 유빈은 지궁으로 임종의 양이다.'라고 한 정현의
주에 대해, 임종은 지궁으로 유빈과 서로 짝이 된다. 그러므로 또한 이를
피하는 것이다."라고 하였다. 가공언은 "'유빈은 위로 대려를 낳는다.'라
는 정현의 주에 대해, 대려는 각이다. 금슬[絲]⑯이 많아 뒤에 생기고 먼저
쓰이는 것이다. 인귀를 제사하는 것은 사성으로 충분하다."라고 하였다.
정현은 "노고와 노도는 사면으로 된 북이다. 음죽은 산의 북쪽에서 자라
는 것이다. 용문도 산의 이름이다."라고 하였다.

["凡樂, 黃鍾爲宮, 大呂爲角, 太蔟爲徵, 應鍾爲羽. 路鼓路鼗,¹ 陰竹之管,
龍門之琴瑟, 九德之歌, 大磬之舞,² 於宗廟之中奏之. 若樂九變, 則人鬼可得
而禮矣." 註云, "人鬼則主后稷. 先奏是樂以致其神, 而以圭瓚祼神也."³ "此

---

1 현행본 『주례』는 '鼗'가 아닌 '鞀'로 썼다.
2 현행본 『주례』는 '九磬'로 썼다. 그러나 정현이 주에서 '大韶'로 쓰는 게 맞다고 하였으므로
   사고전서본 『삼례도』에서는 이를 따른 것으로 추정한다.
3 정현의 원주는 "天神則主北辰, 地祇則主昆侖, 人鬼則主後稷, 先奏是樂以致其神, 禮之以玉
   而祼焉, 乃後合樂而祭之."이다.

謂秋祫.[4] 知者,[5] 但殷人祫以三時, 周禮唯用孟秋之月爲之." "黃鍾生於虛危之氣, 虛危爲宗廟." 賈釋云, "黃鍾在子, 子上有虛危, 是生於虛危之氣也." 又 "『星經』云, '虛[6]主宗廟.' 是虛危爲宗廟也[7]." 故 "'黃鍾爲人宮. 黃鍾下生林鍾, 林鍾爲[8]地宮, 避[9]之.' 不取也." "'林鍾上生太蔟', 太蔟爲徵, 先生後[10]用也." "太蔟下生南呂, 南呂與天宮之陽同位, 又避之", 亦不取也. "南呂上生姑洗, 姑洗南呂之合, 又避之." "'姑洗下生應鍾', 應鍾爲羽." "'應鍾上生蕤賓, 蕤賓地宮之陽[11]', 以林鍾是地宮, 與蕤賓相配合, 故又避之." "'蕤賓上生大呂', 大呂爲角, 以絲多後生先用也. 祭人鬼四聲足矣." "路鼓路鼗四面鼓. 陰竹, 生於山北者. 龍門, 亦山名."]

4 가공언의 원소는 '秋祫'이 아닌 '祫祭'로 썼다.
5 가공언의 원소에는 이 두 글자가 없다.
6 가공언의 원소는 '虛危'로 썼다.
7 가공언의 원소는 '故爲宗廟之宮也'이다.
8 사고전서본 『삼례도』에는 '犯'으로 되어 있으나, 그럴 경우 뜻이 통하지 않는다. 현행본 『주례주소』에 따르면 가공언의 원소는 '爲'로 되어 있으며, 정현의 주에는 '爲'도 생략되었다.
9 정현 원주는 '避'를 모두 '辟'으로 썼다. 이하 동일하다.
10 가공언의 원소는 '爲'가 첨가되어 있다.
11 정현 원주는 "蕤賓地宮林鍾之陽也"이다.

① 체협(禘祫): 제왕이 시조에게 하는 성대한 제사. 본문에서는 종묘 제사로 한정하여 설명하고 있다.

② 이 문장은 앞서 나온『주례(周禮)』「춘관(春官)·대사악(大司樂)」'방구악'에 이어지는 것으로 종묘에서 제례 때 행하는 악에 대한 설명이다.

③ 황종(黃鍾)을 궁(宮)으로 ~ 응종(應鍾)을 우(羽)로 삼는다: 십이율 가운데 황종과 태주는 양의 소리인 육률(六律)의 첫 번째와 두 번째 율이다. 황종의 방위는 자(子), 절후는 11월에 해당하며, 태주의 방위는 인(寅), 절후는 정월에 해당한다. 응종과 대려는 음의 소리인 육려(六呂)의 세 번째와 네 번째 율이다. 방위와 절후는 각각 해(亥)와 축(丑), 그리고 10월과 12월에 해당한다. 궁(宮), 각(角), 치(徵), 우(羽)는 5성(聲)이다. 원구악과 방구악과 마찬가지로 종묘의 체협악도 오성 가운데 상성(商聲)이 없는데, 제사는 부드러움을 중시하여 강한 상성이 어울리지 않기 때문이다.(『주례』 정현 주, "此樂無商者, 祭尙柔, 商堅剛也.").

④ 사면(四面)의 북[路鼓]과 땡땡이 북[路鼗]: 정현에 의하면 노고(路鼓)와 노도(路鼗)는 모두 사면이다. 반면, 정사농(鄭司農)은 노고와 노도를 양면의 북과 땡땡이 북으로 보았다. (『주례』 정현 주, "鄭司農云⋯⋯路鼓路鼗, 兩面."). 한편 가공언은 종묘 제사에서 사면의 북을, 제지에서 육면의 북을, 제천에서 팔면의 북을 사용하는 것은 존격이 높아지기 때문이라며, 존격이 높을수록 북의 면수가 올라간다고 보았다.("宗廟尊於晉鼓等, 故知加兩面爲四面。祭地尊於宗廟, 故知更加兩面爲六面. 祭天又尊於祭地, 知更加面面

爲八面.")

⑤ 음죽(陰竹): 산의 남쪽은 양(陽)이며, 북쪽은 음(陰)이므로(『이아(爾雅)』: "山南曰陽, 山北曰陰"), 음죽은 산의 북쪽에서 자라는 대나무이다.

⑥ 용문(龍門): 산의 이름이다. 가공언은 『주례소(周禮疏)』에서 "우가 용문을 뚫었다.[禹鑿龍門]"라고 했으므로 용문은 산 이름이 확실하다고 하였다.

⑦ 구덕(九德)의 노래: 구공(九功)의 덕을 칭송한 노래이다. 정현의 주에 의하면, "『춘추전(春秋傳)』에서 언급한 수, 화, 금, 목, 토, 곡(穀)을 육부(六府)라 하며, 정덕(正德), 이용(利用), 후생(厚生)을 삼사(三事)라 하며, 육부와 삼사를 합해 구공(九功)이라 하는데, 구공의 덕은 모두 노래할 수 있으니, 이것이 곧 구가이다."[『春秋傳』所謂水火金木土穀謂之六府, 正德利用厚生謂之三事, 六府三事謂之九功, 九功之德皆可歌也, 謂之九歌也.]

⑧ 대소(大韶): 순임금의 음악으로 大韶로도 쓴다. 현행본 『주례』에서는 구소(九韶)로 썼는데, 정현은 주에서 "九韶는 大韶로 써야 한다."라고 하였다. 이에 대해 가공언은 『주례』「지관(地官)·대사도(大司徒)」에서 언급한 6악[운문(雲門), 대함(大咸=咸池), 대소(大韶), 대하(大夏), 대호(大濩), 대무(大武)] 가운데 '구소'는 없고 '대소'가 있기 때문에 정현이 그렇게 이야기한 것이라고 보았다. 한편, 구소(九韶)는 구소(九韶)로도 쓰는데, 순임금 시절의 악곡으로 전하며, 아홉 곡으로 이루어져 이런 이름이 붙었다고 한다.

⑨ 악이 아홉 번 변하면: 정현에 따르면 악이 변한다는 것은 악을 다시 연주하는 것을 말한다(『주례』 정현 주, "變猶更也, 樂成則更奏也."). 가공언의 소에 의하면, 천지나 조정에 네 개의 표(表)를 세운 후 춤추는 자[舞人]가 남쪽의 표에서 두 번째 표로 향하는 것이 1성(成)이며, 1성이면 곧

1변(變)이 된다. 이렇게 해서 북쪽의 네 번째 표까지 가면 3성이 되며, 춤추는 자가 북쪽에서부터 남쪽으로 방향을 바꾸어 앞에 한 과정을 다시 반복하여 남쪽의 표로 돌아오면 모두 6성이 된다. 그리고 다시 남쪽 머리에서 북쪽을 향하여 두 번째 표에 이르면 7성이 되며, 여기에서 세 번째 표에 이르면 8성이 되며, 세 번째 표에서 북쪽 머리의 첫 표에 이르면 아홉 번 변하는 것이 된다.(在天地及廟庭而立四表, 舞人從南表向第二表爲一成, 一成則一變. 從第二至第三爲二成, 從第三至北頭第四表爲三成. 舞人各轉身南向於北表之北, 還從第一至第二爲四成, 從第二至第三爲五成, 從第三至南頭第一表爲六成,…更從南頭北向第二爲七成, 又從第二至第三爲八成, 地祇皆出, 若九變者, 又從第三至北頭第一爲九變, 人鬼可得禮焉.)

⑩ 규찬(圭瓚): 울창주(鬱鬯酒)를 담는 구기[勺] 모양의 술그릇으로, 자루가 옥규(玉圭) 모양이다. 강신(降神)할 때 사용한다. 규는 근례(覲禮)와 제례(祭禮) 등에서 참여자들이 상서로움과 신분을 표시하기 위하여 사용하던, 위쪽 끝이 삼각형 모양으로 뾰족한 옥으로 된 홀(笏)이다. 위쪽을 뾰족하게 한 것은 봄에 만물이 자라나기 시작하는 것을 상징한 것이다.(『주례』「춘관·대종백(大宗伯)」 정현 주, "圭銳象春物初生.") 찬은 고대에 제사를 지낼 때 울창주를 삼는 술그릇이다. 규찬의 구체적인 모습은 [尊彝圖14 : 10-圭瓚] 참조.

⑪ 규찬(圭瓚)으로 신의 강림을 제사: 가공언은 천지는 지존(至尊)이므로 그 제례에서 술을 사용하지 않고 옥을 사용하며, 종묘에서는 술을 사용하여 신의 강림을 제사[祼]한다고 하였다.(『주례』 가공언 소, "禮之以玉據天地, 則'蒼璧禮天, 黃琮禮地'是也. 而祼焉據宗廟, 肆獻祼是也.")

⑫ 협제(祫祭): 천자나 제후가 종묘에서 조상의 신주를 함께 모아서 지내는 합제(合祭)이다.

⑬ 세 계절[三時]: 세 계절은 봄, 여름, 가을을 가리킨다. 『춘추좌전』 환공 (桓公) 6년 조 두예의 주, "三時, 春夏秋."

⑭ 허위(虛危): 이십팔수의 북방 일곱 별[北方七宿] 가운데 넷째 별 허수(虛宿)와 다섯째 별 위수(危宿)를 지칭한다.

⑮ 『성경(星經)』: 고대의 천문과 점성(占星)에 관한 것을 기록한 책이다. 감공(甘公)과 석신(石申)이 지었다고 한다. 『석씨성경』과 『감씨성경』은 『수서(隋書)·경적지(經籍志)』에 언급되어 있는데("石氏『星經簿讚』一卷, 『星經』二卷, 甘氏『四七法』一卷"), '원구악'에서 가공언이 인용한 것은 『석씨성경』이므로, 이곳의 『성경』 역시 『석씨성경』이 될 것이다.

⑯ 금슬[絲]: 8음(音)의 하나로, 금(琴), 슬(瑟), 비파 등의 현악기를 지칭한다.(『주례』 「춘관(春官)·대사(大師)」, "皆播之以八音, 金·石·土·革·絲·木·匏·竹." 정현 주, "絲, 琴瑟也.")

『예기(禮記)』「상복소기(喪服小記)」②에 "별자(別子)는 시조가 된다."③
라고 하였다. 공영달은 이에 대해 다음과 같이 말하였다. 즉 "이는 제후 적
자의 동생은 정적(正適)④과 다른 것을 이른다. 그러므로 별자라고 하는 것
이다. '시조가 된다.'라고 한 것은 이 별자의 자손이 경대부가 되는 것이니,
그 별자를 세워 시조로 삼는 것을 일컫는다." 정현은 "별자라고 부르는 것
은, 공자(公子)⑤는 선군(先君)⑥을 제사[禰]⑦할 수 없기 때문이다."라고 하
였다. 공영달은 "정현이 '이것은 위의 문장에서 서자로서 왕이 된 자[庶子
王]라고 한 것⑧을 풀이한 것이다.'라고 하였다. 지금 제후의 서자(庶子)⑨를
곧 별자라고 일컫는데, 이는 따로 시조가 된다. 만약 적자인 세자를 세우

지 않으면, 서자와 공자가 선군을 아버지로 제사하는 뜻을 얻을 수 있다. 지금 별자라고 한 것은 분명히 적자가 있기 때문이다. 그러므로 정현이 '이를 별자라고 일컫는 것은, 공자가 선군을 아버지로 제사할 수 없기 때문이다.'라고 한 것이다." 공영달은 또한 "『예기』에서 '별자를 계승한 자가 대종이 된다.'라고 했는데, 이는 별자의 대대로 이어지는 장자가 항상 별자를 계승하여 족인(族人)들에게 백세(百世)토록 옮기지 않는 대종이 된다는 것을 가리키는 것"이라고 하였다.

["別子爲祖". "此謂諸侯適子之弟, 別於正適, 故稱別子. '爲祖'者,[1] 謂此別子子孫爲卿大夫者, 立此別子爲始祖也." 註云, "謂之別子者, 公子不得禰先君也.""(鄭云)'此決上[2]庶子王', 今諸侯庶子乃謂之別子, 是別爲始祖.[3] 若其世子不立, 庶子公子得有禰先君之義. 今云'別子', 明適子在. 故(云[4])'謂之別子者, 公子不得禰先君也'". 又(孔疏)云, "'繼別爲大[5]宗', 此謂別子之世[6]長子, 恆繼別子, 與族人爲百世不遷之大宗."]

---

1 공영달의 원소는 앞에 "別與後世爲始祖"의 문장이 있다.
2 공영달의 원소는 '文'이 첨가되어 있다.
3 공영달의 원소는 앞에 "若稱庶子及公子"의 문장이 있다.
4 공영달의 원소대로 넣어야 뜻이 통한다.
5 『예기』 경문에는 '大'가 없으며, 공영달이 첨가한 것이다.
6 공영달의 원소는 '世'가 첨가되어 있다.

① 대종자(大宗子): 종법에서 적장계를 일컫는 대종이다. 그 밖의 계열은 소종이라 한다.

② 『예기(禮記)』「상복소기(喪服小記)」:「상복소기」는 『의례(儀禮)』「상복 (喪服)」의 전(傳)을 풀이한 것으로(『예기집설(禮記集說)』「상복소기」, "朱子曰, 「小記」是解「喪服」傳."), 상복의 소소한 의리를 기록한 것이다.(『예기집설』 「상복소기」, "鄭『目錄』云,「喪服小記」者, 以其記喪服之小義也").

③ 별자(別子)는 시조가 된다: 이 문장은 『예기』「대전(大傳)」에도 나온다. 이 부분의 전체 문장은 "별자는 시조가 되며, 별자를 계승한 자가 대종 이 된다.(別子爲祖, 繼別爲宗)"이다. 별자는 고대 종법제도에서 제후의 적 장자 이외의 아들을 지칭한다. 서자(庶子)라 부르기도 한다. (『예기』「대 전」, 공영달의 소, "別子謂諸侯之庶子也.")

④ 정적(正適): 정처 소생의 장자. 정적(正嫡, 正的), 정출(正出)이라고도 한다.

⑤ 공자(公子): 군주의 비적장자이다. 적장자인 세자(世子) 이외의 제후의 모든 아들을 가리킨다.(『의례』「상복」 정현의 주, "公子, 君之庶子也.")

⑥ 선군(先君): 돌아가신 아버지. 선고(先考), 선공(先公), 선대부(先大夫), 선 부(先父) 등과 같다.

⑦ 제사[禰]: 녜(禰)는 아버지, 또는 아버지를 모신 사당, 즉 친묘(親廟)이다. 여기서는 '아버지를 제사하다.'는 동사로 쓰였다.

⑧ 위의 문장에서 서자로서 왕이 된 자[庶子王]라고 한 것: '위의 문장'은 본문의 "별자위조(別子爲祖)" 바로 앞에 나오는 "王者禘其祖之所自出,

以其祖配之, 而立四廟, 庶子王亦如之”를 가리킨다. 정현은 ‘庶子王’에
대해 “세자가 폐질이 있어 세울 수 없다면 서자를 세운다.[世子有廢疾
不可立, 而庶子立.]”라고 하였다.

⑨ 서자(庶子): 제후의 정처 소생의 적자 이외의 모든 아들을 지칭한다.(『의
례』「상복」가공언 소, “君之適夫人第二己下, 及八妾子皆名庶子.”) 별자로도 부
른다.

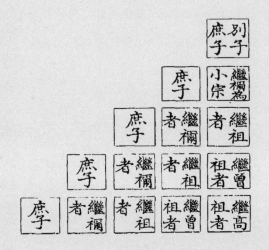

『예기(禮記)』「상복소기(喪服小記)」②에 "아버지[禰]를 계승한 자가 소종(小宗)이 된다."라고 하였다. 공영달은 이에 대해 "여기서 아버지란 별자의 서자를 지칭한다. 이 서자가 낳은 장자가 그 서자를 계승하여 형제들에게 소종이 된다."라고 하였다. 그러므로 "아버지[禰]를 계승한 자가 소종이 된다."③라고 한 것이다. 공영달은 "이를 소종이라고 한 것은 5세(世)가 되면 옮기는 종(宗)이 있으니, 대종에 비할 때 소종이 되는 것이다."라고 하였다. 이 문장("繼禰者爲小宗")의 바로 다음에 "5세가 되면 옮기는 종이 있으니,④ 고조를 계승한 자이다."라고 한 것이 바로 그것이다. 공영달은 "5세는 위로 고조로부터 아래로 현손(玄孫)의 아들까지를 이른다. (이 현손의 아들은) (예에) 부합하여 옮기는 것이니,⑤ 족인(族人)들에게 종이 되지 못한다."라고 하였다. 그러므로 (공영달이 다음과 같이 말한 것을) 알 수 있다. 즉 "5세가 되면 옮겨 종이 되는 것은 고조를 계승한 자의 아들이니, 그 고조를 계승한 자는 5세가 다 안 되므로 종이 된다. (고조를 계승한 자의 아들이 이미 5세가 되면, 예에 부합하여 옮기게 된다.) 그러나 『예기』의 글이 소략하여 오직 "고조를 계승한다."라고 했는데, 실제로 이것은 고조를 계승한 자의 아들이다.

["繼禰者爲小宗", "禰謂別子之庶子, 其庶子所生長子, 繼此庶子, 與兄弟爲小宗." 故云, "繼禰爲小宗也. "謂之小宗者, 以其五世則遷, 比大宗爲小也." 卽下云 "有五世則遷之宗, 其繼高祖者也." "五世, 謂上從高祖, 下至玄孫之子. (此玄孫之子)¹卽合遷徙, 不得與族人爲宗也." 知(孔疏云)"此五世則遷之宗, 是繼高祖者之子,² 以其繼高祖者之身, 未滿五世, 而猶爲宗.³ 『記』文略, 唯云, "繼高祖者", 其實是繼高祖者之子也."]

---

1 공영달의 원소는 "此玄孫之子"가 생략되어 있다.
2 사고전서본 『삼례도』에는 "是繼高祖之子者"로 되어 있으나, 여기서는 공영달의 원소로 수정했다. 그렇게 해야 문맥도 통한다.
3 앞에 "其繼高祖者之子, 則已滿五世, 禮合遷徙, 但"이 생략되어 있다.

① 소종자(小宗子): '소종'으로, 종법에서 적장계를 일컫는 대종 이외의 계열을 일컫는다. 소종에는 넷이 있다. 즉, 고조를 계승하거나, 증조를 계승하거나, 할아버지를 계승하거나, 아버지를 계승한 것이다.(『예기』「상복소기」정현 주, "小宗有四, 或繼高祖, 或繼曾祖, 或繼祖, 或繼禰, 皆至五世則遷.")

② 『예기(禮記)』「상복소기(喪服小記)」: 「상복소기」는 『의례(儀禮)』「상복(喪服)」의 전(傳)을 풀이한 것으로(『예기집설(禮記集說)』「상복소기」, "朱子曰, 「小記」是解「喪服」傳."), 상복의 소소한 의리를 기록한 것이다.(『예기집설』「상복소기」, "鄭『目錄』云, 「喪服小記」者, 以其記喪服之小義也.")

③ 아버지[禰]를 계승한 자가 소종(小宗)이 된다: 이 문장은 『예기』「대전(大傳)」에도 나오는 것으로, 앞 장에서 언급한 "別子爲祖, 繼別爲宗"에 이어지는 부분이다. 대종의 집안에는 대종을 세습하는 적장자 이외에 그의 동생들인 서자가 있다. 이 서자는 서자의 계승자에게는 곧 아버지[禰]가 된다. 그 아버지를 계승한 자 역시 적장자로, 그 후손들에게는 소종이 되는 것이다. 소종이라고 한 것은 백세토록 옮기지 않는 대종에 비해 5세가 되면 옮기므로 소종이라고 한 것이다.

④ 5세가 되면 옮기는 종이 있으니: 나로부터 시작하여 나에서 부친[父], 부친에서 할아버지[祖], 할아버지에서 증조, 증조에서 고조까지가 4세이다. 4세는 고조를 함께 하며, 5세는 고조의 형제이다. 6세를 넘어서면 친(親)이 다하여 소속 명칭이 없다.(『예기』「대전」정현의 주, "四世共高祖, 五世高祖昆弟, 六世以外, 親盡無屬名.") 그러므로 5세가 다하면 옮기는

것이다.

⑤ (이 현손의 아들은) ~ 옮기는 것이니: 『예기』「대전」정현의 주에 의하면, "현손의 아들은 성(姓)이 고조와 다르다.[玄孫之子, 姓別於高祖.]" 그러므로 옮기는 것이다.

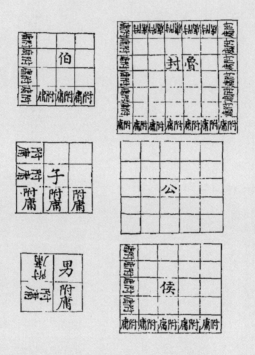

四 等 附 庸

『주례』「지관(地官)·대사도(大司徒)」 정현의 주에② "무릇 제후에게는 목(牧), 정(正), 수(帥), 장(長)③ 및 덕 있는 자[有德者]가 있으니, 곧 부용이 있다. 그 봉록이 있는 것을 마땅히 취하여야 한다.④"라고 하였다. 가공언의 소에서는 "그러므로 목, 정, 수, 장은 모두 제후에게 공이 있는 자이니, 부용을 얻어 그것을 봉록으로 한다.⑤ 또한 제후의 유덕자는 비록 목, 정, 수, 장은 되지 못하지만, 역시 한전(閒田)⑥을 얻어 부용으로 삼으며, 이것을 봉록으로 한다.⑦"라고 하였다. 또한 정현의 주에는 "공작은 부용이 없으며, 후작의 부용은 9동(同)⑧이며, 백작의 부용은 7동이며, 자작의 부용은 5동이며, 남작의 부용은 3동이다. (자리로)나아가면 이것을 취하고 (자리에서) 물러나면 돌려주는 것이다."라고 하였다. 가공언의 소에서는 "정현이 '공작은 부용이 없다.'라고 한 것은 천자의 왕토[畿]는 사방 일천 리이며, 상공(上公)⑨의 영역은 사방 오백 리로 땅이 매우 넓기 때문이다. 그러므로 공작은 부용이 없는 것이다. 정현이 '후작의 부용은 9동'이라고 한 것은, 후작 가운데 공적이 있어 공작의 땅을 받는 것을 가리킨다. 그러나 공작의 전지(田地)는 오백 리로, 이 땅을 정방형으로 나누면[開方]⑩ 각각 5동씩이 되므로 전체는 5×5로 25개의 동이 된다. 후작은 사백 리이므로, 이를 정방형으로 나누면 각각 4동씩이 되므로 전체는 4×4로 16개의 동이 된다. 여기에 9동을 더하면 25동이 되어 공작과 같아진다. 그러므로 후작의 부용은 9동이 되는 것을 아는 것이다. 정현이 '백작의 부용은 7동이다.'라고 한 것은 백작의 땅은 삼백 리이므로 (이를 정방형으로 나누면 각각 3동이되어) 전체는 3×3로 9동이 된다. 여기에 7동을 더하면 16동이 되어 후작과 같아진다. 자작의 본래 땅은 4동인데, 공적이 있어 백작의 땅 5동을 받으면 (9동이 되어)백작의 땅과 같아진다. 남작 가운데 공적이 있어 자작의 땅을 받으면, 원래 1동에 3동을 더하게 되어 자작과 같아진다. 자리로 나아가면 한전을 취해 부용으로 삼으며, 자리에서 물러나면 이를 다시 한전으로 돌려주는 것이다. 그러므로 정현이 '나아가면 곧 취하고, 물러나면 곧 돌려주는 것이다.'라고 한 것이다." (가공언은 정현의 "주나라 법에 의하면 노나라는 부용을 얻을 수 없다. 그러므로 '이를 사여한 것이다.'라고 말한 것이다.[魯於周法不得有附庸, 故言錫之也.]"라는 주에 대해 다음과 같이 말하였다.) 즉, "노나라는 비록 후작이지만, 왕의 동모제(同母弟)이므로 상공처럼 오백 리의 땅을 받아 상공과 같아진 것이다. 또한 성왕(成王)은 주공(周公)이 (전법(典法)을 제정한)공로가 있다고 여겨 노나라에게 후, 백, 자, 남 등 네 등급의 부용을 주

었다." 문장 말미에 정현이 "24개의 부용"⑪이라고 했는데, 이는 곧 사등
부용의 수이다.⑫

[「大司徒職」註云, "凡諸侯爲牧正帥長及有德者, 乃有附庸. 爲其有祿者
當取焉." (賈疏云)"然則¹牧正帥長皆是諸侯有功者, 得有附庸爲祿.² 又諸侯
有德者, 雖不爲牧正帥長, 亦得取閒田爲附庸以爲祿也.³ 又註云, "公無附
庸, 侯附庸九同, 伯附庸七同, 子附庸五同, 男附庸三同. 進則取焉, 退則歸
焉." (賈疏云)"('公無附庸'者), 以天子畿方千里, 上公方⁴五百里, 地極大⁵, 故公
無附庸. '侯附庸九同'者, 謂⁶侯有功進受公地, 但公五百里, 開方之,⁷ 百里者,
五五二十五. 侯四百里, 開方之四四十六. 加九同則爲二十五同, 與公等. 故知
侯附庸九同也. '伯附庸七同'者, 伯地三百里, 三三而九. 加七同則爲十六, 與
侯等. 子本地四同, 有功進受伯地五同, 與伯等.⁸ 男有功進⁹受子地, 男本一
同, 加三同, 與子等. 進則取閒田爲附庸, 退則歸之閒田. 故(鄭注)云, '進則取
焉, 退則歸焉.'"¹⁰ (賈疏云)"魯雖侯爵, 以其是王子母弟, 得如上公受五百里之
地, 與上公等. 又成王以周公¹¹之勳, 賜魯以侯伯子男四等附庸." 下(鄭玄)註
"附庸二十四",¹² 是此四等附庸之數也.]

1 　가공언의 원소는 '然則'은 없고 '此'가 있다.
2 　가공언의 원소는 "此牧正帥長皆是有功諸侯乃得爲之, 有功卽有附庸"이다.
3 　가공언의 원소는 "亦得有附庸"이다. 丁鼎 점교본 『新定三禮圖』(淸華大學出版部, 2006, 130
　　쪽)의 경우 "亦得取閒田爲附庸以爲祿也"에서 '祿'이 빠져 있다.
4 　가공언의 원소는 '方'이 없다.
5 　가공언의 원소는 '大'가 없다.
6 　가공언의 원소는 '謂' 대신 '以其'로 되어 있다.
7 　가공언의 원소는 '方'이 있다.
8 　이 구절 가공언의 원소는 "'子附庸五同男附庸三同'者, 以其子有功進受伯地, 加五同與伯等"
　　이다.
9 　가공언의 원소는 '進'이 없다.
10 　이 부분 가공언의 원소는 "云'進則取焉, 退則歸焉'者, 進則取焉謂附庸者, 退則歸焉者謂爲閒
　　田者也"이다.
11 　가공언의 원소는 '制典法'이 삽입되어 있다.
12 　정현의 원주는 "附庸二十四, 言得兼此一等矣"이다

① 사등부용(四等附庸): 네 등급의 부용이다. 네 등급은 후(侯), 백(伯), 자(子), 남(男)을 가리킨다. 부용은 큰 제후국에 종속된 작은 나라이다. 『예기(禮記)』「왕제(王制)」에는 "전지(田地)가 50리가 안 되면 천자에게 직접 조회하지 못하고 제후에게 의부(依附)하여 전하기 때문에 부용이라고 한다.[天子之田方千里, 公·侯田方百里, 伯七十里, 子·男五十里. 不能五十里者, 不合於天子, 附於諸侯, 曰附庸.]"고 하였다. 반면, 가공언은 『주례(周禮)』「지관(地官)·대사도」의 소에서 "주나라 법에서는 100리가 되지 않는 곳을 부용으로 삼았다.[周法不滿百里乃爲附庸]."라고 하였다.

② 『주례』「지관(地官)·대사도(大司徒)」 정현의 주에: 여기서 정현이 주를 단 구절은 "凡建邦國, 以土圭土其地而制其域. 諸公之地, 封疆方五百里, 其食者半. 諸侯之地, 封疆方四百里, 其食者參之一. 諸伯之地, 封疆方三百里, 其食者參之一. 諸子之地, 封疆方二百里, 其食者四之一. 諸男之地, 封疆方百里, 其食者四之一."이다.

③ 목(牧), 정(正), 수(帥), 장(長): 『예기』「왕제」에 "다섯 나라로 속(屬)을 삼는데, 속마다 장(長)을 두고, 열 나라로 련(連)을 삼는데 련마다 수를 두고, 서른 개의 나라로 졸(卒)을 삼는데 졸마다 정을 두고, 210개의 나라로 주(州)를 삼는데 주마다 백(伯)을 둔다.[五國以爲屬, 屬有長, 十國以爲連, 連有帥, 三十國以爲卒, 卒有正, 二百一十國以爲州, 州有伯.]"라고 하였다. 이에 대해 정현은 "은나라에서는 주의 우두머리를 백이라 하고,

하나라와 주나라에서는 주의 우두머리를 목(牧)이라고 불렀다.[殷之州
長曰伯, 虞夏及周皆曰牧.]"라고 풀이했다. 그러므로 여기서 언급한 목,
정, 수, 장은 모두 행정 단위의 우두머리를 지칭한다. 가공언도 『주례』
「지관·대사도」에서 『예기』「왕제」의 글을 인용한 후 "백은 곧 목(伯卽
牧也)이다."고 하였다.

④ 그 봉록이 있는 것을 마땅히 취하여야 한다[爲其有祿者當取焉]: 이에
대한 가공언의 소는 "한전(閒田)을 취하여 부용으로 삼고, 이것을 봉록
으로 한다.[謂取閒田爲附庸以爲祿也.]"이다.

⑤ 그러므로 목, 정, 수, 장은 ~ 그것을 봉록으로 한다: 이 부분에 대한 가
공언의 소는 "목, 정, 수, 장은 모두 제후에게 공이 있는 자로서, 그 공
으로 이를 얻은 것이니, 공이 있으면 부용이 있는 것이다.[牧正帥長皆
是有功諸侯乃得爲之, 有功卽有附庸.]"이며 부용을 봉록으로 한다는 언
급은 없다. '부용을 봉록으로 한다.'는 내용은 섭숭의가 추론해 삽입한
것 같다.

⑥ 한전(閒田): 아직 사람을 봉(封)하지 않은 토지를 지칭한다(『예기』「왕제」
공영달 소: "若未封人, 謂之閒田.")

⑦ 역시 한전(閒田)을 얻어 ~ 봉록으로 한다: 가공언의 원소는 "역시 부용
을 얻는다.[亦得有附庸.]"로, 한전 등의 언급은 없다. 섭숭의가 정현의
주 "그 봉록이 있는 것을 마땅히 취하여야 한다[爲其有祿者當取焉]"에
대한 가공언의 소 "謂取閒田爲附庸以爲祿也"를 참고하여 삽입한 것으
로 추정한다.

⑧ 동(同): 토지의 면적 단위로 사방 100리의 땅을 가리킨다.(『주례』「지관·
대사도」 가공언 소, "凡言同者皆百里地, 百里則爲國.")

⑨ 상공(上公): 주나라에서 8명(命)의 삼공(三公: 太師, 太傅, 太保)에 1등급[命]

을 더 올려 주면 상공이 된다.(『예기』「왕제」 공영달의 소, "三公八命, 身著鷩冕, 若加一命, 則爲上公.")

⑩ 정방형으로 나누면[開方]: 개방은 제곱근이나 세제곱근 등을 구하는 연산 방식, 혹은 정방형을 의미한다. 여기서는 정방형으로 나눈다는 의미로 사용되었다.

⑪ 24개의 부용: 가공언은 정현이 언급한 '24개의 부용'에 대해, "노나라의 땅은 원래 오백 리이며, 사방에 각각 100리를 더하면 4×5로 20동이 된다. 네 모서리에 또 각각 100리를 더하면 4동이 된다. 그러므로 24개의 부용이 된다. 이는 주공이 덕이 있기 때문에 후작의 9동, 백작의 7동, 자작의 5동, 남작의 3동을 모두 겸한 것을 말한다.[魯本五百里, 四面各加百里. 四五二十, 卽二十同, 四角又各百里, 爲四同, 故云附庸二十四. 言周公有德, 兼侯九同, 伯七同, 子五同, 男三同.]"라고 설명하였다. 그렇게 되면 노나라는 오백 리의 봉지 25동과 사등부용에 의한 24동을 더하여 모두 49동이 된다. 이는 칠백 리의 전지 크기이다. 그러므로 『예기』「명당위(明堂位)」에서 성왕이 주공을 봉한 곡부의 땅이 사방 칠백 리라고 한 것이다.(成王以周公爲有勳勞於天下. 是以封周公於曲阜, 地方七百里, 革車千乘.)

⑫ 이는 곧 사등부용의 수이다: 가공언은 주공이 덕이 있어 후작의 9동, 백작의 7동, 자작의 5동, 남작의 3동을 모두 겸하였기 때문에 정현이 "이 사등을 겸하였다.[兼此四等]"라고 말한 것이라고 보았다. 섭숭의는 후작, 백작, 자작, 남작의 9동, 7동, 5동, 3동을 모두 합하면 24동이 되기 때문에 '24개의 부용을 사등부용의 수'로 설명한 것이다.

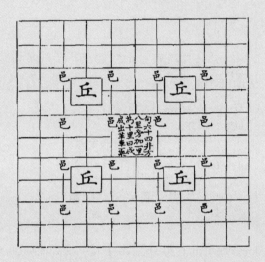

井 田

소사도(小司徒)는 대사도를 도와 도비(都鄙)①의 세 등급의 채지(采地)②를 정전(井田)③으로 만드는 것을 담당한다.④ 그러므로 『주례(周禮)』 「지관(地官)・소사도」[經]에 다음과 같이 이야기 한 것이다.⑤ "9부(夫)를 정(井)으로 하고,⑥ 4정을 읍(邑)으로 하며,⑦ 4읍을 구(丘)로 하고,⑧ 4구를 전(甸)으로 하고,⑨ 4전을 현(縣)으로 하며,⑩ 4현을 도(都)로 한다.⑪" (가공언은 위 경문에 바로 이어지는 "以任地事而令貢賦, 凡稅斂之事"에 대해 다음과 같이 해석하였다.) "모든 사람들에게 할 일을 시키고, 지사(地事)⑫를 경영케 하고, 공물과 군부(軍賦)를 내게 하고, 병거를 내고 요역을 하게 하는 것이다.⑬ 또한 채지 가운데 각 1정의 전지에서 1부(夫)의 세를 관에 납입시킨다.⑭" 그런데 이 도비는 왕기 안[畿內]⑮의 땅이므로, 소사도는 아울러 그 경계를 나누는 것이다.⑯ 그러므로 정현은 『맹자(孟子)』「등문공장(滕文公章)」의 다음 말을 인용하였다. 즉, "어진 정치란 반드시 경계로부터 시작한다. 경계가 바르지 않으면 정전이 고르지 않고, 공물과 봉록 또한 같지 않다. 그러므로 폭군과 간특한 관리는 반드시 그 경계를 바르게 하는 것을 게을리한다. 경계가 이미 바르면 전지를 나누고 봉록을 제정하는 것은 자리에 앉아서도 할 수 있는 것이다." 이 그림⑰은 1전(甸)의 전지이니, 현(縣)과 도(都)의 제도 역시 (이것을 미루어) 알 수 있다.

[小司徒佐大司徒掌都鄙三等之采地, 而爲井田. 故『經』云, "九夫爲井, 四井爲邑, 四邑爲丘, 四丘爲甸, 四甸爲縣, 四縣爲都." "以任役萬民, 使營地事, 而貢軍賦, 出車役. 又采地之中, 每一井之田出一夫之稅, 以入於官.¹" 但此都鄙是畿內之地, 小司徒並營其境界. 故(鄭玄引)『孟子』曰, "夫仁政必自經界始. 經界不正, 井地不均, 穀²祿不平, 是故暴君汙³吏必慢其經界. 經界旣正, 分田制祿可坐而定也." 此圖一甸之田, 則縣都之法亦可見矣.]

---

1 가공언의 원소는 "采地之中, 皆爲井田之法, 一井之田, 一夫稅入於官"이다. 丁鼎 점교본 『新定三禮圖』(淸華大學出版部, 2006, 132쪽)에서는 '一井之田'을 '一井田之'로 썼다.
2 가공언의 원소는 '賈'으로 썼다.
3 가공언의 원소는 '奸'으로 썼다.

① 도비(都鄙): 왕기(王畿) 내의 공경 및 대부의 채읍, 그리고 왕의 자제의 식읍을 가리킨다.(『주례』「천관(天官)·대재(大宰)」 정현의 주, "都鄙, 公卿大夫 之采邑, 王子弟所食邑.")

② 채지(采地): 채지는 채읍(采邑), 즉 경과 대부의 봉읍(封邑)이다.

③ 정전(井田): 정전은 왕기(王畿) 내 채지의 제도로서(『주례』「고공기(考工 記)·장인(匠人)」 정현의 주, "此畿內采地之制."), 형태가 '정(井)' 자와 비슷해 이름이 붙은 고대 중국의 토지제도이다.(『주례』「지관·소사도」 정현의 주, "其制似井之字, 因取名焉.") '정'은 아홉 명의 농부가 경작할 수 있는 전지 로(『주례』「고공기·장인」), 사방 1리의 땅이다.(『주례』「지관·소사도」 정현의 주, "九夫爲井者, 方一里, 九夫所治之田也.") 1리는 300보로, 이 1리가 900무 의 정전이며, 아홉 등분 가운데 한 전지가 공전이다.(『춘추곡량전(春秋穀 梁傳)』선공(宣公)15년(기원전 594), "古者, 三百步爲里, 名曰井田. 井田者, 九百畝, 公田居一.")

④ 소사도는 대사도를 도와 ~ 담당한다: 소사도는 『주례』「지관」의 하나 로 대사도 아래 관직이다. 경문에 의하면 소사도의 직무는 "국가를 건 설하는 교법을 담당하여 국중(國中)이나 사방의 교(四郊), 도비 등의 가 정에서 정전법에 맞추어 아홉 가구의 수를 헤아리며, 귀천, 노소, 폐질 등을 판별한다. 또 세금이나 부역의 시행과 면제, 제사, 음식, 상례 등 에서 금지하는 법령들을 판단한다.(小司徒之職, 掌建邦之教法, 以稽國中及四 郊都鄙之夫家九比之數, 以辨其貴賤老幼廢疾. 凡征役之施舍, 與其祭祀飮食喪紀之

禁令.) 섭숭의는 소사도의 여러 직무 가운데 도비의 정전 제도와 관련한 부분만 여기서 언급한 것이다.

⑤ 9부(夫)를 정(井)으로 ~ 4현을 도(都)로 한다: 이 구절의 앞에 "곧 토지를 구획하여 경계를 짓고, 전야를 정과 목으로 정하여[乃經土地而井牧其田野]"가 생략되었다. 이 전체 경문에 대해 정현은 "도비를 만드는 것을 가리키며, 채지에서 정전을 만드는 법은 향수(鄕遂)와 달리 다시 나라[國]를 세우는 것이므로 소사도가 이를 담당해 5구와 5도의 경계를 세우는 것[此謂造都鄙也. 采地制井田, 異於鄕遂, 重立國. 小司徒爲經之, 立其五溝五塗之界.]"이라고 하였다. 즉 향수(鄕遂)와 공읍(公邑)에도 모두 수로를 만드는 구혁(溝洫)의 제도가 있는데, 이 구절은 정전에 대한 것이므로 정현이 이 문장을 도비와 관련된 것으로 본 것이다.

⑥ 9부(夫)를 정(井)으로 하고: 부(夫)는 한 남성이 받을 수 있는 100무의 전지를 말한다. (『주례』「고공기」, "市朝一夫" 참조). 그러므로 1정은 아홉의 농부가 경작할 수 있는 900무, 즉 1리이다.

⑦ 4정을 읍(邑)으로 하며: 1읍은 사방 2리이다.(정현의 주, "方二里")

⑧ 4읍을 구(丘)로 하고: 1구는 16정으로, 사방 4리이다.(정현 주, "方四里")

⑨ 4구를 전(甸)으로 하고: 1전은 64정으로 사방 8리이다. 전은 승(乘)이라고도 한다. 승이란 병거(兵車)로 장곡 1승을 내기 때문이다.(『예기(禮記)』「교특생(郊特牲)」 정현의 주, "四丘, 六十四井, 曰甸, 或謂之乘. 乘者, 以於車賦, 出長轂一乘.") 정현은 『주례』「지관·소사도」의 주에서 또한 "전 옆에 각각 1리를 더하면 사방 10리가 되며, 이것이 1성(成)이다. 1성은 모두 100정으로 900부가 여기를 경작하며 이 가운데 64정의 576부(夫)가 전지의 세를 내며, 36정의 324부가 도랑을 다스린다.[甸方八里, 旁加一里, 則方十里, 爲一成. 積百井, 九百夫. 其中六十四井, 五百七十六夫, 出

田稅. 三十六井, 三百二十四夫, 治洫.]"라고 하였다.

⑩ 4전을 현(縣)으로 하며: 1현의 면적에 대해 정현은 사방 20리라고 하였으며(四甸爲縣, 方二十里), 가공언은 사방 16리라고 하였는데, 이치상 후자가 맞다.

⑪ 4현을 도(都)로 한다: 1도의 면적에 대해 정현은 사방 40리라고 했으며(四縣爲都, 方四十里.), 가공언은 32리라고 했는데(四縣爲都, 都方三十二里.), 이치상 후자가 맞다.

⑫ 지사(地事): 정현은 "지사란 농·목·형우를 가리킨다.[地事, 謂農牧衡虞也]"라고 하였다, 이에 대해 가공언은 채지에도 9직(職)이 있는데, 정현이 이 세 가지만 거론한 것은 원문에 '지사'라고 했기 때문이라고 보았다. '농'은 세 가지 농사로 9곡을 생산하는 것이며, '목'은 교외에서 조수 등을 기르는 것이며, '형우'는 산택(山澤)의 재목을 키우는 것이다.(가공언 소, "農則三農生九穀, 牧則數牧以蕃鳥獸, 衡虞則虞衡作山澤之材"). 『주례』 「천관(天官)·대재(大宰)」에서 언급한 지사는 이 세 가지 이외에도 원포(園圃)에서 초목을 키우는 일이 있다.

⑬ 공물과 군부(軍賦)를 ~ 하는 것이다: 이에 해당하는 경문은 "공부를 내게 한다.[而令貢賦]"이다. 정현은 "공은 아홉 가지 곡식과 산택의 재목[貢, 謂九穀山澤之材也.]"으로, 부는 "병거(兵車)와 보병[徒]을 내고 요역을 담당하는 것[賦, 謂出車徒給繇役也.]"으로 보았다. 가공언의 경우, "공은 『주례』 「천관·대재」에서 언급한 아홉 가지의 공물[九貢]을 지칭하며, 부는 군부(軍賦)로서, 수레와 보병을 내는 것 등[貢則九職之貢, 賦謂軍賦, 出車徒之等.]"이라고 하였다. 한편 가공언은 정현이 9공을 다 언급하지 않은 것은 앞의 지사에서 9직(九職)을 다 언급하지 않았기 때문에 여기서도 마찬가지로 한 것이라고 해석했다.

⑭ 또한 채지 가운데 ~ 납입시킨다: 경문 "모두 세를 부과하고 거두는 일이다.[凡稅斂之事]"에 대한 가공언의 소이다.

⑮ 왕기 안[畿內]: 천자의 관할지로 사방 천리이다.(『주례』「하관(夏官)·직방(職方)」, "方千里曰, 王畿") 천리가 되는 사방 경계에는 흙을 돋우고 나무를 심어 경계를 표시했다.(『주례』「지관·대사도」, "制其畿方千里而封樹之.")

⑯ 그런데 이 도비는 ~ 나누는 것이다: 정현의 주에서 "乃經土地而井牧其田野, 九夫爲井, 四井爲邑, 四邑爲丘, 四丘爲甸, 四甸爲縣, 四縣爲都, 以任地事而令貢賦, 凡稅斂之事."라고 한 것에 대한 가공언의 소를 섭숭의가 자신의 말로 풀어 쓴 것이다. 그런데 의미가 명확하지 않다. 가공언의 원소는 "그런데 이 도비는 왕기 안의 땅이므로 소사도가 장인과 함께 이를 담당한다.[但此都鄙是畿內之國, 小司徒與匠人共掌之.]"라고 하여 섭숭의와 강조점이 다르다. 이 부분에 대한 가공언의 전체 해석을 요약해 보면 다음과 같다. 즉, '『주례』「고공기·장인」에서 "장인이 도비 안에서 전지의 수로(水路)인 구혁(溝洫)을 만든다고 하였는데(가공언 소, "匠人於都鄙之中營造溝洫". 고공기의 원문은 "匠人爲溝洫"이라 하여 '도비'라고 특정하지 않았다), 소사도 역시 구(丘), 전(甸), 현(縣), 도(都)의 경계에 근거해 5구(溝)와 5도(塗)를 세운다. 그런데 도비는 왕기 안의 땅에 위치하므로 소사도가 장인과 함께 이 일을 담당한다."라고 한 것이다. 구혁 및 5구 5도에 대해서는 [宮室圖04 : 13-遂] 참조.

⑰ 이 그림: 본문 속 표제어 아래 그림을 가리킨다. 여기서는 4읍(邑)이 1구(丘)가 되고, 4구가 1전 (甸)이 되는 형상을 보여 주고 있다. 본문과 관련한 그림으로는 사고전서본 『흠정주관의소도설(欽定周官義疏圖說)』(참고도판)을 참고할 수 있다

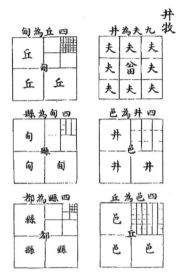

참고도판

遂
同 溝
　 洫

遂	遂	遂	遂	遂	遂	遂	遂	遂	遂
洫									溝
洫									溝
洫									溝
洫									溝
洫									溝
洫									溝
洫									溝
洫									溝
洫	遂	遂	遂	遂	遂	遂	遂	遂	溝

『주례(周禮)』「지관(地官)·수인(遂人)②」에 "(수인은) 무릇 야(野)를 다스리는데, 부(夫)③와 부 사이에는 수(遂)가 있으며, 수 위에는 경(徑)이 있다. 10부에는 구(溝)가 있으며, 구 위에는 진(畛)이 있다. 100부에는 혁(洫)이 있으며, 혁 위에는 도(塗)가 있다. 일천 부에는 회(澮)가 있으며, 회 위에는 도(道)가 있다. 일만 부에는 천(川)이 있으며, 천 위에는 로(路)가 있다. 이렇게 하여 왕기(王畿)④에 이른다." 정현은 이에 대해 다음과 같이 주를 달았다. "10부는 2린(鄰)의 전지이다.⑤ 100부는 1찬(酇)의 전지이다. 일천 부는 2비(鄙)의 전지이다. 일만 부는 4현(縣)의 전지이다. 수, 구, 혁, 회는 모두 천까지 물을 통하게 하는 것이다. 수의 너비와 깊이는 각각 2척이고, 구는 수의 곱절이며, 혁은 구의 곱절이다. 회는 너비가 2심(尋)이며, 깊이

는 2린(仞)이다.⑥ 경, 진, 도(塗), 도(道), 로⑦는 모두 수레와 보병[車徒]을 국도(國都)로 통하게 한다. 경은 소와 말이 다닐 수 있고, 진은 대거(大車)⑧가 다닐 수 있으며, 도(塗)는 승거(乘車)⑨ 1궤(軌)⑩가 다닐 수 있으며, 도(道)는 승거 2궤가, 그리고 로는 승거 3궤가 다닐 수 있다.⑪ 도(都)의 야도(野塗)는 환도(環塗)⑫와 같아야 한다.⑬ (『주례』「고공기(考工記)·장인(匠人)」에 "환도는 7궤이다"라고 했다.)⑭ 일만 부는 사방 33.5리가 조금 못 된다.⑮ 9로써 사방 1동(同)에 적용해⑯ 남쪽의 전지를 그려 보니,⑰ 수는 세로 방향, 구는 가로 방향, 혁은 세로 방향, 회는 가로 방향이며, 아홉 개의 회[九澮] 다음에는 천(川)이 그 바깥을 에두르고 있다." 가공언은 이를 다음과 같이 해석하였다. "(수는 세로 방향이다.)⑱ 그 전지[其田]⑲를 남북으로 잘게 나누면, 1줄 건너 1부(夫)가 된다. 10부는 머리 쪽에서 가로 방향의 구가 되며, 10구는 즉 백부로, 동쪽 경계에서 남북방향의 혁이 된다. 10혁이 되면 남쪽 경계에서 가로 방향의 회가 되며, 9개의 회가 되면 사방의 경계에서 커다란 천[大川]이 된다. 이[此] 천 역시 사람이 만든 것이다. 비록 구체적인 수치[丈尺之數]는 없지만 대개 회의 곱절이 될 것이다. 여기에서 언급한 천은 『주례』「고공기·장인」의 '회수(澮水)'에서 정현이 주석한 천과 다르다.⑳ 그것은 100리 사이에 있는 하나의 천으로, 역시 대천을 말한 것이다. 양정(梁正)㉑이 '九而方一同'을 계산하여 곱한[積] 것은 1동이 되니, 곧 9만 부의 전지이다. 여기 6수(六遂)의 그림을 그렸으니, 6향(六鄕)의 제도 역시 분명할 것이다.

[「遂人職」, "凡治野, 夫間有遂, 遂上有徑. 十夫有溝, 溝上有畛. 百夫有洫, 洫上有塗. 千夫有澮, 澮上有道. 萬夫有川, 川上有路, 以達于畿." 註云, "十夫, 二鄰之田. 百夫, 一酇之田. 千夫, 二鄙之田. 萬夫, 四縣之田. 遂溝洫澮, 皆所以通水於川也. 遂廣深各二尺, 溝倍之, 洫倍溝. 澮廣二尋深二仞. 徑

畛塗道路皆所以通車徒於國都也. 徑容牛馬, 畛容大車, 塗容乘車一軌, 道容二軌, 路容三軌. 都之野塗與環塗同, 可也. (『匠人』'環塗七軌'[1]) 萬夫者, 方三十三里少半里. 九而方一同, 以南畮[2]圖之, 則遂從, 溝橫, 洫從, 澮橫, 九澮而川周其外焉." 賈釋, "(遂, 從者)[3] [4]南北細分, 是一行隔爲一夫. 十夫則於首爲橫溝, 十溝卽百夫, 於東畔爲南北之洫. 十洫則於南畔爲橫澮, 九澮則於四畔爲大川. 此川亦人造, 雖無丈尺之數, 蓋亦倍澮耳. 此川與「匠人」澮水所注川者異. 彼百里之間一川, 謂大川也." 案梁正計"九而方一同", 積是一同, 則九萬夫之田也. 圖施於六遂, 則六鄕之制亦明矣.]

1 정현의 원주는 이 구절이 없다.
2 현행본『주례』는 '畝'로 되어 있다.
3 가공언의 소는 "遂, 從者"가 없다.
4 가공언의 소는 앞에 '其田'이 첨가되어 있다.

① 수(遂): 전지 사이에 배수를 위한 작은 도랑으로 구혁(溝洫)과 같은 것이다. 너비와 깊이가 모두 2척이다.

② 수인(遂人): 『주례』「지관」의 관직. 서주와 춘추시대에는 국(國)과 야(野)로 대립되는 향수(鄕遂)제도를 두었다. 교의 안[郊內]에는 향을 두고 국인들의 거주구역으로 삼았으며, 교의 바깥[郊外], 즉 야(정현 주, "郊外曰野")에는 수를 두고 야인들의 거주구역으로 삼았다. 그러므로 경문에서 "수인이 야를 다스린다."고 한 것이다. 한편 정현은 『주례』「추관(秋官)」에 대한 주에서 왕성으로부터 200리 떨어진 지점에서 300리까지의 사이를 야의 지리적 범위로 보았다.("地距王城二百里以外至三百里曰野.") 다섯 현(縣)을 통괄하는 행정구역도 '수'이다.(『주례』「지관·수인」, "五縣爲遂.")

③ 부(夫): 한 남성이 받을 수 있는 100무(畝)의 전지이다.

④ 왕기(王畿): 천자의 관할지로 사방 천리이다.(『주례』「하관(夏官)·직방(職方)」, "方千里曰, 王畿.")

⑤ 10부는 ~ 전지이다: 『주례』「지관·수인」에 의하면, 야(野)에서는 5가(家)가 1린, 5린이 1리, 4리가 1찬, 5찬이 1비, 5비가 1현, 5현이 1수가 된다. 그러므로 2린은 10가의 전지이다.

⑥ 회는 너비가 ~ 2린(仞)이다: 심과 린은 모두 길이를 재는 단위이다. 일반적으로 린은 깊이를 잴 때 사용한다. 구체적인 수치에 대해서는 다양한 견해가 존재했다. 심은 8척, 7척, 6척 등의 주장이 존재하며, 린 또한

8척, 7척, 5척 6촌, 4촌 등 다양한 설이 제기되었다. 정현은 수의 너비와 깊이가 각각 2척이라 했고, 회는 2의 4승이 되므로, 깊이와 너비가 모두 16척이 된다. 그러므로 정현은 1심과 1린을 각각 8척으로 본 것이다.

⑦ 경, 진, 도(塗), 도(道), 로: 이 다섯은 5도(五塗)로 통칭한다. 수로인 수, 구, 혁, 회, 천은 5구(五溝)로 통칭한다.

⑧ 대거(大車): 소가 모는 우거(牛車)이다.(『주례』「고공기·주인(輈人)」 정현의 주, "大車, 牛車也.")

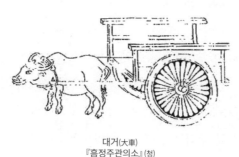

대거(大車)
『흠정주관의소』(청)

⑨ 승거(乘車): 전투용 수레인 병거(兵車)나 무기를 싣는 무거(武車)와 달리 사람이 타고 가는 수레를 지칭한다. 정현은 『주례』「고공기·장인(匠人)」에서 승거의 폭을 6척 6촌으로 보았는데, 가공언에 의하면 여기서 폭은 사람이 타는 수레 공간[輿]의 폭을 지칭한다.(經言'乘車', 據輿廣六尺六寸者.)

⑩ 궤(軌): 수레 두 바퀴 사이의 너비이다.(『주례』「고공기·장인」 정현의 주, "軌

謂轍廣.") 그러므로 1궤란 1대의 수레이다.

⑪ 경은 소와 말이 ~ 3궤가 다닐 수 있다: 이 부분에 대해 가공언은 승거의 두 바퀴 사이 폭을 8척으로 보고, 로는 3대의 승거, 도(道)는 2대의 승거, 도(塗)는 1대의 승거가 다닐 수 있으며, 진(畛)은 조금 작아서 수레 바퀴 사이가 6척인 1대의 대거가 다닐 수 있지만, 경(徑)은 수레가 다닐 수 없을 정도로 폭이 좁아서 겨우 우마와 사람이 걸어 다닐 수 있을 정도라고 설명하였다.(凡道皆有三塗, 川上之路則容三軌, 道容二軌, 塗容一軌, 軌皆廣八尺. 其畛差小, 可容大車一軌, 軌廣六尺. 自然徑不容車軌, 而容牛馬及人之步徑.)

⑫ 환도(環塗): 성 주위를 둥글게 에두르며 난 길로(『주례』「고공기·장인」정현의 주, "環塗, 謂環城之道."), 성을 에두르는 것이 고리 모양 같아서 붙여진 이름이다.(가공언 소, "謂繞城道如環然, 故謂之環也.")

⑬ 도(都)의 야도(野塗)는 환도(環塗)와 같아야 한다: 정현은 『주례』「고공기·장인」의 경문 "環塗以爲諸侯經塗, 野塗以爲都經塗"에 대해서도 "제후의 환도는 5궤이며, 제후의 야도 및 도의 환도와 야도 모두 3궤이다."라고 유사한 주석을 했다. 이 밖의 「고공기·장인」경문과 정현의 주를 종합해 보면, 국(國)의 경도(經塗: 郊內의 길), 환도, 야도(郊外의 길)는 각각 9궤, 7궤, 5궤이며, 제후의 그것은 각각 7궤, 5궤, 3궤이다. 그렇다면 도의 그것은 각각 5궤, 3궤, 1궤가 되어야 하지만 정현은 '도의 야도와 환도는 모두 3궤로서 같다'라고 하였다. 이에 대해 가공언은 『예기(禮記)』「내칙(內則)」의 "길은 모두 세 갈래가 있어서(정현 주, "道中三塗") 남자는 오른쪽으로, 여자는 왼쪽으로, 그리고 수레는 중앙으로 다닌다.[道路, 男子由右, 女子由左, 車從中央.]"를 근거로 남자, 여자, 수레가 각각 1궤를 차지하므로, 야도는 1궤가 아닌 3궤가 될 수밖에 없다고 해

석했다.

⑭ (『주례(周禮)』~ 7궤이다"라고 했다): 현행본 정현 주에는 이 부분이 없다.

⑮ 일만 부는 ~ 조금 못 된다: 이에 대한 가공언의 풀이는 다음과 같다. 즉 "서북쪽 모퉁이에서 동쪽 끝까지 10혁(洫)이 있다. 1혁은 100부이므로 10혁은 일천 부가 된다. 일천 부는 일만 보(步)가 되며, (1리가 300보이므로) 일만 보는 33리하고도 100보가 된다. 100보는 반(半) 리에서 약간 모자라는 것이다." 가공언은 이런 계산은 "9회를 총괄하여 말한 것[以九澮總而言之]"이라 했는데, 일천 부에 1회가 있으므로, 9회가 있으면 일만 부가 된다는 것이다. 회는 가로 방향으로 존재하므로, 아래로 9회가 있어도 서북쪽에서 동쪽까지의 길이는 변함이 없지만, 세로 방향으로는 9개의 회가 추가되어 길이가 달라져야 한다. 그럼에도 사방[方]이라 한 것은 이해하기 어렵다.

⑯ 9로써 사방 1동(同)에 적용해: 동(同)은 토지의 면적 단위로 사방 100리의 땅을 가리킨다(『주례』「지관·대사도(大司徒)」 가공언의 소, "凡言同者皆百里地, 百里則爲國.") 이 문장에 대해서는 「고공기·장인」의 정전법에 대한 가공언의 소를 참고할 필요가 있다. 그는 상술한 정현의 주를 언급한 후 "만약 9로써 1동에 적용하면, 100리 안에 81개의 회가 존재한다.[若以九而方一同, 則百里之內, 九九八十一澮.]"라고 설명하고 있다.

⑰ 남쪽의 전지를 그려 보니: 가공언은 정현이 굳이 '남쪽의 전지'를 거론한 것에 대해 『시경(詩經)』에 "지금 남쪽 전지로 가자[今適南畝]", 혹은 "남동쪽의 전지[南東其畝]" 등이 언급되어 있기 때문이라고 보았다.

⑱ (수는 세로 방향이다.): 가공언의 원소에는 없다.

⑲ 그 전지[其田]: 정현이 언급한 '남쪽의 전지'이다.

⑳ 여기에서 언급한 천은 ~ 과 다르다: 가공언이 언급한 「고공기·장인」의

원문은 "九夫爲井, 井間廣四尺, 深四尺, 謂之溝. 方十里爲成, 成間廣八尺, 深八尺, 謂之洫. 方百里爲同, 同間廣二尋, 深二仞, 謂之澮."이다. 가공언이 '다르다'고 한 이유는 여기에서 언급한 것은 기내의 채지제도[정전법] 속 회수이기 때문이다. 가공언은 "정전법에서는 수와 혁및 천은 가로 방향이며, 구와 회는 세로 방향[井田之法, 畎縱遂橫, 溝縱洫橫, 澮縱自然川橫.]"이라고 하였다.

㉑ 양정(梁正): 생존 연대 미상. 섭숭의(聶崇義) 이전에『삼례도(三禮圖)』9권을 찬집하였으나, 이 책은 현재 일실되었다. 섭숭의가『삼례도』편찬당시 그의 책을 참고하였다(『송사(宋史)』「열전(列傳)·유림(儒林)1·섭숭의전」, 12795쪽).『송사』의 기록을 참고하면 수대 이후의 인물로 추정되나, 후한 이후의 인물로 보는 주장도 있다.(王鍔,「宋聶崇義『新定三禮圖』的價値和整理-兼評丁鼎先生整理的『新定三禮圖』」,『孔子研究』2008년 2기, 79쪽 주1 참조.)

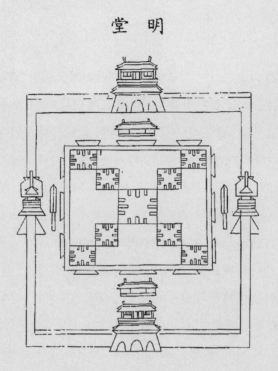

堂 明

이것은 주나라 법을 고친 진나라 제도로서, 9실(室), 36호(戶), 72유(牖),
12계단②으로 한 것이다.③ 지금 「월령(月令)」④에서는 진나라 법을 채택하
고 있다. 그러므로 그 제도를 보존하여 이를 '궁실도(宮室圖)'편의 말미에
그려 놓는다.

[此秦制改周法, 爲九室三十六戶七十二牖十二階. 今以『月令』是秦法, 故
存其制, 圖之於後.]

① 明堂: 섭숭의(聶崇義)는 [宮室圖04 : 01-明堂]에서 이미 '명당'을 다루었음에도 불구하고, 같은 장의 마지막 항목에 다시 '명당'을 수록했다. 그 이유를 당시의 『월령』이 9실설을 채택하고 있기 때문이라고 하였다. 명당의 형태에 대해서는, 이미 앞에서 언급한 『주례(周禮)』의 5실설과 ([宮室圖04 : 01-明堂]), 『대대례기(大戴禮記)』 「성덕(盛德)」 및 『월령』의 9실설로 나뉜다.("明堂者, 自古有之. 凡九室, 室四戶八牖, 共三十六戶, 七十二牖, 以茅蓋屋, 上圓下方, 所以朝諸侯. 其外有水, 名曰辟雍.")

② 12계단: 주나라 제도에 의하면 명당은 5실(室)과 12당(堂), 그리고 9개의 계단[階]이 있어야 한다. 9계(階)는 [宮室圖04 : 01-明堂] 참조.

③ 주나라 법을 ~ 한 것이다: 하나의 실마다 네 개의 호와 여덟 개의 유가 있으므로 9실의 경우 모두 36개의 호와 72개의 유가 있게 된다. 문(門)이 궁전이나 성 등의 출입구를 지칭한다면, 호는 당과 실의 출입구이다.(『玉篇』 「門部」, "門, 人所出入也. 在堂室曰戶, 在區城曰門.") 형태상으로 문은 문짝이 두 개이며, 호는 문의 반절로 문짝이 하나이다.(『일체경음의[一切經音義]』, "一扇曰戶, 兩扉曰門.") 유는 창(窗)이다. 춘추전국시기에는 건축물의 북쪽에 난 창은 '향(向)'으로, 남쪽에 난 창은 '유'로 불리었지만, 한대 이후 창으로 통칭되었다.(宋立民, 『春秋戰國時期室內空間形態硏究』, 中國建築工業出版社, 2012, 86쪽 참조.)

④ 「월령(月令)」: 『예기(禮記)』의 편명으로, 『여씨춘추(呂氏春秋)』 '십이월기(十二月紀)'의 첫 부분만을 뽑은 것이다. 『여씨춘추』에서는 맹춘기에

서 계동기까지 열두 달의 편마다 앞머리에 모두 월령을 두고, 열두 달 동안 시행하는 정령(政令)을 설명하였다. 정현은 『예기목록(禮記目錄)』에서 "주공(周公)이 『예기』를 지었다고 하나 내용 중에 관직의 명칭이나 절기에 따라 행하는 일 등이 주나라의 법제와 맞지 않는 경우가 많다.[言周公所作, 其中官名時事多不合周法.]"라고 하였다. 공영달(孔穎達)은 『예기정의(禮記正義)』「월령」에 대한 소(疏)에서 관명과 복식, 그리고 수레 등의 구체적인 사례를 통해 서술된 내용들이 주나라 법에 맞지 않고 진나라 제도에 가깝다고 지적하였다. 섭숭의가 「월령」의 명당제도를 주나라 법이 아니라 진나라 제도라고 한 것도 이런 사례에 속한다고 할 수 있다.

三禮圖集注

投壺圖

권5 투호도

—

역주 김용천

투호(投壺)는 대부와 사가 빈객과 연회로 술을 마시면서 재주와 기예를 강론하는 예(禮)이다.① 그러므로 『예기』「투호」에 "주인은 화살[矢]을 받들고, 사사(司射)는 산가지통[中]을 받드는데, 사람을 시켜서 호(壺)를 잡게 한다."고 하였다. 정현의 주에는 "사(士)는 사슴의 형상을 장식한 산가지통[鹿中]②을 사용한다."고 하였으니, 이 '투호'가 대부와 사의 예(禮)임을 밝힌 것이다. 대부는 외뿔소의 형상을 장식한 산가지통[兕中]③을 사용할 수 있는데, 이를 말하지 않은 것은 문장을 생략한 것이다.

『춘추좌전』에 진(晉)나라 제후가 제(齊)나라 제후와 연회를 하면서 투호를 하였다고 하였다.④ 이 (『예기』「투호」는) 반드시 대부와 사의 예를 말한 것이다. 제후의 예가 아님을 알 수 있는 것은, 살펴보건대 『의례』의 「연례(燕禮)」와 「대사의(大射儀)」에서는 일을 진행할 때마다 "공(公: 제후)에게 고한다."고 하였는데, 이곳 『예기』「투호」에서는 "주인(主人: 대부·사)이 빈에게 고한다."고 했기 때문이다. 그러므로 제후의 예가 아님을 알 수 있다. 사사(司射)는 왼쪽의 주인과 오른쪽의 빈객에게 화살이 갖추어졌음을 고하고, 번갈아가면서 던질 것을 청한다

사람마다 4개의 화살[矢]과 4개의 산가지[筭]를 사용하는데, 또한 세 차례 투호를 하고 그친다.⑤ 산가지의 수는 활쏘기를 할 때의 산가지의 수와 같게 한다. (司射가 화살이 갖추어졌음을) 고하고 (번갈아가면서 던질 것을) 청하며, 음악의 절주에 따르도록 하고, 이기지 못한 사람에게 먼저 술을 마

시게 하고, 그런 후에 말[馬]⑥을 많이 세운 사람에게 축하를 해주는 것이 한결같이 사례(射禮)와 같다. 투호에 사용하는 음악은 또한 사례의 음악과 서로 겸해야 비로소 갖추어진다.

[壺者, 大夫·士與客燕飮·講論才藝之禮. 故『記』云, "主人奉矢, 司射奉中, 使人執壺", 注云, "士則鹿中也.", 明此投壺是大夫·士之禮也. 大夫得用兕中, 不言者略之也. 『左傳』說晉侯與齊侯燕, 設投壺. 此必言大夫·士禮, 知非諸侯者, 案「燕禮」·「大射」每事云, "請於公", 此『記』言"主人請賓", 故知非諸侯也. 每人四矢·四筭, 亦三番而止. 數筭如數射筭, 告請之, 令聽樂之節, 先飮不勝, 後慶多馬, 一如射禮. 其所用樂, 亦與射樂相兼乃備.]

① 투호(投壺)는 ~ 강론하는 예(禮)이다: 이 문장은 정현(鄭玄)의 『예기목록 (禮記目錄)』에 의거한 것이다. 정현의 『예기목록』에 "「투호」라고 제목을 붙인 것은 주인과 빈객이 연회로 술을 마시면서 재주와 기예를 강론하는 예를 기록했기 때문이다. 이 편은 유향의 『별록』에서는 길례(吉禮)에 속해 있는데, 또한 실제로는 「곡례(曲禮)」의 정편(正篇)이다.[名曰 「投壺」者, 以其記主人與客燕飮, 講論才藝之禮. 此於『別錄』屬吉禮, 亦實 「曲禮」之正篇也.]"라고 하였다.

② 사슴의 형상을 장식한 산가지통[鹿中]: '중(中)'은 사례(射禮)나 투호(投壺)의 예를 행할 때 산가지를 담는 기구이다. 『예기정의』「투호(投壺)」 공영달의 소에 "'중(中)'은 산가지를 담는 기물로서, 중(中)의 글자 형태를 하고 있다. 나무를 깎아서 만드는데, 형상이 마치 외뿔소나 사슴이 엎드려 있는 듯하다. 등 위에 둥근 우리를 세워서 산가지를 담는다.['中', 謂受算之器. 中之形. 刻木爲之, 狀如兕鹿而伏, 背上立圓圈, 以 盛算也.]"고 하였다. '녹중(鹿中)'은 나무를 새겨서 만드는데, 사슴이 앞다리를 꿇고 있는 형상이다. 사슴의 등 위에 구멍을 뚫어서 그곳에 8개의 산가지를 담을 수 있다. 『의례』「향사례(鄉射禮)」에 "사슴 형상의 산가지통[鹿中]은 적흑색의 칠을 하고, 사슴의 앞발은 꿇고 있으며, 등 위에는 구멍이 뚫려 있는데 구멍 안에는 8개의 산가지를 넣을 수 있다.[鹿 中, 髤, 前足跪, 鑿背, 容八筭.]"고 하였다. '녹중'은 사(士)의 투호나 활쏘기에 사용한다. 『의례』「향사례·기(記)」에 "사(士)는 사슴 형상의 산가

지통[鹿中]을 사용하고, 획자(명중 여부를 외치는 사람)는 흰색 깃털에 붉은
색 깃털을 섞어서 만든 깃발[翿旌]을 들어 올리며 '명중시켰습니다.'라
고 외친다.[士, 鹿中, 翿旌以獲.]"고 하였다.

③ 외뿔소 형상을 장식한 산가지통[兕中]: '시중(兕中)'은 외뿔소의 가죽으
로 만든 것으로, 산가지를 담는 기물이다. 대부가 투호나 활쏘기를 할
때 사용한다. 『의례』「향사례·기(記)」에 "대부는 외뿔소 형상의 산가
지통[兕中]을 사용하고, 획자(명중 여부를 외치는 사람)는 대부들의 등급
에 각자 맞는 잡색 깃발[物]을 들어 올리며 '명중시켰습니다.'라고 외친
다.[大夫, 兕中, 各以其物獲.]"고 하였다.

④ 『춘추좌전』에 ~ 하였다: 진나라 제후가 제나라 제후와 투호를 한 것은
『춘추좌전』소공(昭公) 3년 조에 보인다. "진나라 제후가 제나라 제후
와 함께 연회에서 술을 마실 때 중항목자(中行穆子)가 예의 진행을 도왔
다. 투호(投壺)를 할 때 진나라 제후가 먼저 화살을 던졌다. 목자는 '술이
회수(淮水)처럼 풍성하고, 고기가 지산(坻山)처럼 쌓였다. 우리 군주께
서 화살을 던져 호(壺)에 맞히시면 제후의 우두머리가 되실 것이다.'라
고 하였는데, 진나라 제후의 화살이 호에 적중하였다.[晉侯以齊侯宴, 中
行穆子相. 投壺, 晉侯先, 穆子曰, '有酒如淮, 有肉如坻注', 寡君中此, 爲諸
侯師.' 中之.]"고 하였다. 대부나 사뿐 아니라 제후도 투호의 예를 거행
했다는 증거이다. 그러나 『예기』「투호」는 대부와 사의 투호를 기록한
것이다.

⑤ 세 차례 투호를 하고 그친다: 『예기』「투호」정현의 주에 "세 번 말을
세우는 것은 투호는 사례(射禮)와 마찬가지로 세 차례를 하고 그치기 때
문이다. 세 차례 (투호를) 하는 것은 한쪽이 반드시 세 번 이길 필요는 없
기 때문이다.[三立馬者, 投壺如射, 亦三而止也. 三者, 一黨不必三勝.]"라

고 하였고, 진호(陳澔)는 "투호와 사례는 모두 세 차례를 하고 그친다. 이길 때마다 말 하나를 세우는데, 가령 세 번 모두 이기면 말 셋을 세우고, 두 번 이기면 말 둘을 세운다. 주인 쪽이 단지 한 번 이겼다면 말 하나를 세우고 곧바로 주인의 말 하나를 들어서 빈객의 말 둘에 더해 준다. 이긴 자가 즐거움이 되도록 돕는 것이다.[投壺與射禮, 皆三番而止, 每番勝則立一馬, 假令賓黨三番俱勝, 則立三馬, 或兩勝而立二馬, 其主黨但一勝, 立一馬, 卽舉主之一馬, 益賓之二馬, 所以助勝者爲樂也.]"라고 하였다.(『禮記集說』「投壺」)

⑥ 말[馬]: '馬'는 '碼'의 옛글자로, 투호를 할 때 승부를 계산하는 도구를 말한다. 이긴 사람의 산가지 앞에 말 하나를 세워서 3개의 말이 되면 승리한다. 아래 [投壺圖05 : 03-三馬] 참조.

【投壺圖05：01-壺호】

壺

　　『예기』「투호」에 "산가지[筭]는 길이가 1척 2촌이다. 호(壺: 호리병)①는 목의 길이가 7촌이고, 배의 길이가 5촌이고, 입지름이 2촌 반이고, 용량이 1두 5승이다. 호 안에 팥을 채워두는데, 화살이 튀어 나오기 때문이다. 호는 (주인과 빈의) 자리에서 화살 2개 반의 거리가 되는 곳에 둔다.②"고 하였다.

　　["[筭, 長尺二寸.]¹ 壺, 頸修七寸, 腹修五寸, 口徑二寸半, 容斗五升. 壺中實小豆焉, 爲其矢之躍而出也. 壺去席二矢半."]

1　[筭 長尺二寸]: 저본에는 이 5글자가 없으나, 『禮記』「投壺」에 의거하여 보충하였다.

① 호(壺: 호리병): 연음을 하면서 투호를 할 때 사용하는 기물이다. 육덕명
의 『경전석문』 권14, 「예기음의(禮記音義)」에 "'호(壺)'는 기물의 이름으
로 화살을 그 안에 넣으니, 활쏘기 등을 할 때 사용하는 것이다.[壺, 器
名, 以矢投其中, 射之類.]"라고 하였다.

② 호는 ~ 되는 곳에 둔다: 『예기』「투호」 정현의 주에 "호(壺)에서 앉은
자리까지는 화살 2개 반의 거리이니, 당 위에서 빈객과 주인의 자리까
지는 비스듬한 줄로 각각 7척이 된다.[壺去坐二矢半, 則堂上去賓席·主
人席邪行各七尺也.]"고 하였다. 그러나 화살의 길이는 투호를 행하는
장소에 따라 다르기 때문에 호와 주인·빈의 자리 사이의 거리도 이에
따라 달라진다. 아래 [投壺圖05 : 02-矢] 참조.

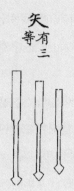

『예기』「투호」에 "(투호의) 화살은 산뽕나무[柘]나 멧대추나무[棘]로 만드는데, 그 껍질을 벗겨내지 않는다."고 하였으니, 질기고 무거움을 취한 것이다. 구설(舊說)에는 화살의 크기는 7분(分)이라고 하였고, 어떤 이는 그 껍질과 마디를 제거한다고 하였다.

그 호(壺: 호리병)는 빈과 주인의 자리 앞에 놓는데, 비스듬한 줄로 (빈과 주인의) 자리에서 각각 화살 2개 반의 거리가 되는 곳에 둔다. 투호를 하는 장소는 3곳이 있다. 낮에는 실(室)에서 하고, 저녁에는 당(堂)에서 하고, 밤에는 정(庭: 뜰)에서 하는데, 각각 밝은 장소를 따르는 것이다. 화살[矢]에는 5부(扶)·7부·9부의 (세 등급 길이가) 있다. 길이의 수치는 각각 장소의 넓고 좁음에 따라서 사용한다. 실(室)의 안은 가장 좁으니, 화살의 길이는 5부(20촌)이다. 당(堂)의 위는 조금 넓으니, 화살의 길이는 7부(28촌)이다. 정[庭] 안은 더욱 넓으니, 화살의 길이는 9부(36촌)이다. 네 손가락의 폭을 '부(扶)'라고 하니, 너비 4촌이다. 5부는 2척이고, 7부는 2척 8촌이고, 9부는 3척 6촌이다. 비록 화살에는 길고 짧음이 있지만, 호(壺)를 두는 위치는 모두 빈·주인의 자리에서 각각 화살 2개 반의 거리가 되게 한다. 그렇다면 실 안에서는 (빈·주인의) 자리에서 5척이 되는 곳에 두고, 당 위에서는 자리에서 7척이 되는 곳에 두고, 뜰 안에서는 자리에서 9척이 되는 곳에 두는 것이다.

["矢, 以柘若棘, 毋去皮", 取其堅且重也. 舊說云, 矢大(小)[七]¹分, 或言去其皮節. 其壺置於賓主筵前, 邪行各去席二矢半. 投壺有三處, 日中則於室, 日晚則於堂, 太晚則於庭, 各隨光明也. 矢有五扶·七扶·九扶. 長短之數, 各隨廣狹行用. 室中最狹, 矢長五扶, 堂上差寬, 矢長七扶, 庭中彌寬, 矢長九扶. 四指曰扶, 廣四寸. 五扶則二尺, 七扶則二尺八寸, 九扶則三尺六寸. 雖矢有長短, 而度壺皆使去賓主之席各二矢半也. 然則室中則去席五尺, 堂上則去席七尺, 庭中則去席九尺.]

---

1 (小)[七]: 저본에는 '小'로 되어 있으나, 『禮記』 「投壺」 정현의 주에 의거하여 '七'로 교감하였다.

　이기지 못한 사람에게 술을 마시게 하는 일이 끝나면, 사사(司射)는 이긴 사람을 위해 말[馬]을 세우도록 청하는데, 산가지[籌]를 풀어놓는 곳 앞에 세운다. 1개의 말은 2개의 말을 따른다.① 반드시 3개의 말을 사용하는 것은 투호는 활쏘기와 마찬가지로 또한 3개의 말을 차지하는 것으로 시합을 그치기 때문이다. 한쪽씩 말 3개를 사용하니, 반드시 3번을 이길 필요가 없다. 한 번 이긴 사람은 두 번 이긴 사람에게 말을 주어서 합친다. 3개의 말[馬]은 곧 이긴 횟수를 표시하는 산가지이다. 별도로 이 3개의 산가지를 꺼내어서 승리를 기록한다. 산가지를 '말[馬]'이라 한 것은 기예가 이와 같아서 장수를 맡은 사람이 말을 탈 수 있다고 말하는 것과 같은 것이다. 활쏘기와 투호는 모두 무예를 익히는 것이니, 합악(合樂)에 이어서 향사례를 거행한다.② 산가지[籌]의 길이는 1척 4촌인데, 이곳(『예기』「투호」)에서는 산가지의 길이가 1척 2촌이라고 하였다.③ 어떤 사람은 투호는 활쏘기 가운데 사소한 것이므로 산가지의 길이가 약간 짧다고 하였다.

　[飮不勝者畢, 司射請爲勝者立馬, 當其所釋籌之前. 一馬從二馬. 必三馬者, 投壺如射, 亦三馬止也. 三者一黨, 不必三勝. 其一勝者, 并馬於再勝者.

三馬, 卽勝筭也. 別出此三筭以紀勝. 筭謂之馬者, 若云技藝如此, 任爲將帥得乘馬也. 射與投壺, 皆所以習武, 因合樂鄉射. 筭長尺四寸, 此云筭長尺二寸, 或者投壺射之細, 故筭差短.]

① 1개의 말은 2개의 말을 따른다: 투호를 할 때, 이길 때마다 산가지 하나를 얻는데, 3개의 산가지를 얻으면 승리하게 된다. 한쪽이 산가지 1개를 얻고, 다른 쪽이 산가지 2개를 얻었다면, 산가지 1개를 얻은 사람은 산가지 1개를 산가지 2개를 얻은 사람에게 주어서 산가지를 합친다. 결국 2번 승리한 사람은 산가지 3개를 얻게 되어 승리를 하는 것이다. 『예기』 「투호」 정현의 주에 "3개의 말을 세우는 것은 투호는 사례(射禮)와 같아서 또한 3번에 그치기 때문이다. 3번 하는 것은 한쪽이 반드시 3번을 이길 필요는 없기 때문이다. 한 번 이긴 사람이 두 번 이긴 사람에게 그 말을 합해 주어서 축하를 하는 것은 한 번 이기는 것으로는 축하 받을 수 없음을 밝히는 것이다. [三立馬者, 投壺如射, 亦三而止也. 三者, 一黨不必三勝. 其一勝者幷其馬於再勝者以慶之, 明一勝不得慶也.]"라고 하였다.

② 활쏘기와 투호는 ~ 향사례를 거행한다: '향사례'는 활쏘기 시합을 하는 것으로, 오례(五禮) 가운데 가례(嘉禮)에 속한다. 향사례에는 두 가지가 있다. 하나는, 제후의 향대부(鄕大夫)는 3년마다 대비(大比)를 시행하여 현명한 자와 유능한 자를 선발할 때 그들을 빈(賓)으로 예우하고 그들과 함께 술을 마시는 향음주례(鄕飮酒禮)를 거행한다. 이때 음주의 예를 마친 후 향사례를 실시한다. 또 하나는 주장(州長)이 봄과 가을에 예(禮)로써 백성을 모아 놓고 주의 학교[州序]에서 거행하는 향사례이다. 이 두 가지 경우 모두, 당상(堂上)에서 슬(瑟)을 타면서 『시』 「소남(召南) 등의

시편을 노래하고 당하(堂下)에서 종(鐘)·경(磬)을 치면서 『시』「주남(周南)」의 시편을 합주하여 합악(合樂)을 하는 향음주례(鄕飮酒禮)를 거행한 후에 향사례(鄕射禮)를 실시하여 활쏘기를 익힌다.

③ 이곳(『예기』「투호」)에서는 ~ 하였다: 『예기』「투호」에 "산가지는 길이가 1척 2촌이다.[筭, 長尺二寸.]"라고 하였다. 『의례』「향사례·기(記)」에서는 "(산가지의 길이는) 1척인데, 손잡이가 있다. 손잡이 부분은 깎아 내어 희게 만든다.[長尺, 有握, 握素.]"고 하였다. 정현의 주에서는 "'소(素)'는 깎아 낸다는 뜻이다. 밑동 부분을 1부(膚: 4촌) 깎아 내는 것이다.['素', 謂刊之也. 刊本一膚.]"라고 하였다. 따라서 본래 산가지의 길이는 1척 4촌인데, 밑동 부분을 4촌 깎아 내어 손잡이로 만들기 때문에 이 부분을 제외하면 1척이 된다는 뜻이다.

【投壺圖05：04-特縣鍾특현종】

이 특현종(特縣鐘)①은 황종의 율관에 2.5배를 하여 만든 것을 말한다.②
(『주례』「고공기·부씨(鳧氏)」에) "부씨(鳧氏)는 종(鐘)을 제작한다. 종의 아가
리 양쪽 모서리[欒]를 '선(銑)'이라 한다.③【(『주례』「고공기·부씨」 가공언의 소
에) "'난(欒)'과 '선(銑)'은 같은 물건인데, 모두 종의 아가리 양쪽의 모서리를 말한다. 옛
날의 악기이니, 악률을 조율하는 종으로서 형태는 오늘날의 방울[鈴]과 유사하지만 완전
히 둥글지는 않다."고 하였다.】 선(銑: 종의 아가리 양쪽 모서리)의 사이를 '우(于: 종
의 아래쪽 끝자락)'라고 하고,④ 우(于)의 위쪽을 '고(鼓: 종의 몸체 하단부. 종을 치
는 곳)'라고 하고,⑤ 고(鼓)의 위쪽을 '정(鉦: 종의 몸체 상단부. 鼓의 윗부분)'이라
하고,⑥ 정(鉦)의 위쪽을 '무(舞: 종의 몸체 꼭대기)'라고 한다.⑦【(『주례주소』「고
공기·부씨」 정현의 주에) "이 4가지는 종의 몸체이다."라고 하였다. (가공언의 소에서는)
"아래에 설명하는 용(甬)과 형(衡)이 종의 몸체가 아님과 대비한 것이다. '우(于)'는 종의
입술 위의 소맷부리이다. 종의 입술은 두텁게 펼쳐져서 소맷부리처럼 생겼다."고 하였
다. '고(鼓)'는 치는 곳이다.】 무(舞)의 위쪽을 '용(甬: 종의 손잡이)'이라 하고,⑧ 용
(甬)의 위쪽을 '형(衡: 종의 손잡이 끝부분의 평면)'이라 한다.⑨【(『주례주소』「고

공기·부씨」 정현의 주에) "이 두 가지 명칭은 종의 손잡이이다."라고 하였다.】 (용 아래의 둥근 형태의) 종을 매다는 부속물을 '선(旋: 종을 매다는 고리)'이라 하고, (선을 꿰는 끈 형태의) 선충(旋蟲)을 '간(幹)'이라고 한다.⑩【(『주례주소』「고공기·부씨」 정현의 주에) "'선(旋)'은 종의 손잡이에 붙어 있으니, 종을 매다는 부속물이다. (정중은) '선충(旋蟲)이라고 한 것은 선(銑)에 동물[蟲]의 문양으로 장식을 하기 때문이다.'라고 하였다."고 하였다. (가공언의 소에서는) "한나라 법에서는 종의 선(旋) 위에 구리로 준웅(蹲熊: 웅크리고 있는 곰) 및 반룡(盤龍: 용이 서려 있는 문양)·벽사(辟邪: 악귀를 물리치는 동물)를 새겨서 만들었다. 옛날의 법도 또한 마땅히 그러했을 것이다."라고 하였다. 용(甬)과 형(衡)의 길이를 3분하면, 2/3는 위쪽에 있고 1/3은 아래쪽에 있다. 선(銑)은 용(甬)의 중앙에 해당하니, 이는 정 가운데이다. '선(銑)'은 둥근 고리이니, 형태가 벽선(璧羨: 타원형의 벽옥)과 같으니, (벽선은) 종을 따라서 명칭을 취한 것이다. 이 종의 선(旋)은 안쪽 지름이 1촌이다.】 종의 몸체 위에 둘러친 띠를 '전(篆)'이라 하고,⑪ 전(篆)의 사이에 (융기한 鍾乳를) '매(枚)'라고 하는데, 매(枚)는 경(景)이라고도 한다.⑫【(『주례』「고공기·부씨」 정현의 주에) "띠[帶: 篆]는 사이에 끼우는 것이다. 우(于)·고(鼓)·정(鉦)·무(舞)·용(甬)·형(衡)의 사이에 끼우는 것이니, 모두 4곳이다. 모두 4곳이라는 것은 가운데 두 곳이 위아래 경계와 통하여 4곳이 된다는 뜻이다. 한나라 때의 종유(鍾乳: 枚)는 고(鼓)와 무(舞) 사이에 끼웠으니, 곳마다 9개의 종유[枚]가 있다. 앞뒤의 양면이 있으니, 면마다 모두 (4×9) 36개의 종유가 있다."고 하였다.】 우(于) 위쪽의 종을 쳐서 마모된 부분을 '수(隧)'라고 한다."고 하였다.【(『주례』「고공기·부씨」 정현의 주에) "'미(攠)'는 종을 치는 곳이다. '미(攠)'는 해졌다[弊]는 뜻이다. '수(隧)'는 고(鼓)의 안에 있으니, 그 고의 두께를 6등분하여 1/6로 만든다. 깊고 둥글며, 움푹 파여서 빛이 나니, 부수(夫隧)⑬와 유사함이 있다."고 하였다. 『주례』「추관·사훤씨(司烜氏)」에서 부수(夫隧)는 거울과 같다고 하였으니, 이 움푹 파이고 둥근 것은 오래도록 치면 빛이 생긴다. 그러므로 '부수(夫隧)와 유사하다.'고 한 것이다. '窒'는 음이 '攜(휴)'이

다.】

　「율력지(律曆志)」에는 다음과 같이 말했다. "율관(律管)에 각각 2.5배를 하여 종을 만든다. 황종의 율관은 길이가 9촌이다. 그 종을 만들 때는 높이 2척 2.5촌, 두께 8분으로 한다.【주(注)에서는 두께를 10분강으로 생각했다.】양쪽 난(欒: 종의 아가리 양쪽 모서리, 銑)의 사이는 지름 1척 4촌 10/16분이다. 정(鉦: 종의 몸체 상단부. 鼓의 윗부분)의 아래 띠[帶: 篆]는 가로 지름 1척 1촌 2와 8/16분이다.【그 선(銑: 欒)의 길이를 10등분하여 2분을 제거하고 정(鉦)의 길이를 만드는 것이다.⑭ 고(鼓: 종의 몸체 하단부, 于의 윗부분, 종을 치는 곳.) 사이의 길이는 한 변이 8촌 4와 6/16분이다.【이는 정(鉦)의 길이로 양쪽 선(銑) 사이의 길이를 만들고(8/10분. 銑의 큰 지름),⑮ 또 2/10분을 제거하여 그것으로 고(鼓) 사이의 길이를 만든다는 뜻이다.(6/10분. 銑의 작은 지름)⑯】 무(舞: 종의 몸체의 꼭대기) 사이의 길이는 한 변이 4/10분이니, 가로 지름은 8촌 4와 6/16분이다.【이는 고(鼓) 사이의 길이로 무(舞)의 길이(가로길이)를 만든다는 뜻이다.(6/10분. 舞의 큰 지름) 이는 무(舞)는 위와 아래 사이가 좁아서 가로의 지름으로 세로의 길이[修]를 삼고, 세로의 길이로 너비[廣]를 삼는 것을 말한다.⑰】 무(舞: 종의 몸체 꼭대기)의 너비는 지름 5촌 6과 4/16분이다.【이는 선(銑)의 길이의 6/10분(銑의 작은 지름, 鼓의 길이)에서 다시 또 2/10분을 제거하여 무(舞)의 너비(세로 길이)를 만든다는 뜻이다.(4/10분. 舞의 작은 지름)】 종유(鍾乳)를 '매(枚)'라고도 하고 또 '경(景)'이라고도 하니, 한 가지 사물에 3가지 명칭이 있는 것이다. (종유는) 고(鼓)와 무(舞) 사이에서 끼고 있는데, 모두 대전(帶篆: 종의 몸체 위에 둘러친 띠)의 사이에 있으며, 곳마다 9개의 종유가 있다.【좌우 전(篆) 사이와 고(鼓)의 밖에 한 곳과 2개의 정(鉦)과 무(舞)의 밖에 한 곳이 있다. 무릇 '사이[間]'라고 말한 것은 또한 세로의 전(篆) 사이에 끼워져 있기 때문이다. 도상으로 나타낸 것이 그것이다.】 '용(甬: 종의 손잡이)'은 길이가 5촌 6분여이고, 너비가 3촌이고, 두께가 1촌 6분여이다. '형(衡: 종의 손잡이 끝부분의 평면)'은 길이가 2촌 8분여이고, 너비가 1촌 8분이고, 두께는 용과 동일하다. '용'과 '형'은 총 길이가 8촌 4와 6/16분이다."【곧『주례』「고공기·부씨」의 경문에서 "정(鉦)의 길이로 용(甬)의 길이를 만든다."는 것으로, 정현의 주에서는 "형(衡)을 합해서 계산한 것이다."라고 하였다.】

[此特縣鐘, 謂黃鍾律倍半而爲之者也. "鳧氏爲鐘. 兩欒謂之銑."【欒銑一物, 俱謂鐘口兩角. 古之樂器, 應律之鍾, 狀如今之鈴, 不圜.】銑間謂之于, 于上謂之鼓, 鼓上謂之鉦, 鉦上謂之舞.【"此四者, 鐘之體." "對下甬·衡非鐘體也. 于, 鐘脣之上袪也. 鐘脣, 厚褰袪然也." '鼓', 所擊處.】舞上謂之甬, 甬上謂之衡.【"此二名者鐘柄."】鐘縣謂之旋, 旋蟲謂之幹.【"旋屬鐘柄, 所以縣之也. 旋蟲者, 旋以蟲爲飾也." "漢法鐘旋之上以銅篆作蹲熊及盤龍·辟邪. 古法亦當然. 三分甬衡之長, 二在上, 一在下, 以旋當甬之中央, 是其正也. 旋卽環也. 形如璧羨, 隨鐘取稱, 此鐘旋內徑一寸."】鐘帶謂之篆, 篆間謂之枚, 枚謂之景.【"帶所以介其間也. 介在于·鼓·鉦·舞·甬·衡之間, 凡四(介間也).¹ 凡四者, 則中貳通上下畔爲四處也. 漢時鐘乳俠鼓與舞, 每處有九鐘, 有兩面, 面皆三十六."】于上之攠謂之隧.【"攠所擊之處. 攠, 弊也. 隧在鼓中 六分其厚, 以其一爲之. 深而圜之, 窐而生光, 有似夫隧." 司烜氏夫隧若鏡, 此窐圜擊久而有光. 故云'似夫隧.' '窐', 音攜.】「律曆志」云, "以律各倍半而爲鐘. 黃鍾管長九寸. 其爲鐘也, 高二尺二寸半, 厚八分.【注意厚十分强.】兩欒之間, 徑一尺四寸十六分分之十. 鉦之下帶橫徑一尺一寸二分十六分分之八.【謂十分其銑間, 去二以爲鉦者也.】鼓間方八寸四分十六分分之六.【此謂以其鉦爲之銑間, 又去二分以爲之鼓間者也.】舞間方(舞之)四, 橫徑八寸四分十六分分之六.【此謂以其鼓間爲之舞脩者也. 此謂舞上下促, 以橫徑爲脩, 舞從爲廣也.】舞廣徑五寸六分, 十六分分之四.【此謂銑

---

1 (介間也): 저본에는 '介間也'의 3글자가 있으나, 『周禮「考工記·鳧氏』 정현의 주에 의거하여 衍文으로 처리하였다.

間之六分, 又去二分, 以爲舞廣者也.】鍾乳謂之枚, 亦謂之景, 一物而三名. 俠鼓與舞, 皆在帶篆之間, 每處有九.【其篆間鼓外, 二鉦與舞外各一. 凡言'間'者, 亦爲縱篆以介之. 所圖者是也.】甬長五寸六分餘, 博三寸, 厚一寸六分餘. 衡長二寸八分餘, 博一寸八分, 厚與甬同. 其甬衡共長八寸四分十六分分之六."【卽經云"以其鉦之長爲甬之長", 注云"幷衡數", 是也.】】

① 특현종(特縣鍾): '특현(特縣)'은 동쪽 한 면에만 종(鍾)이나 경(磬) 등의 악기를 걸어 두는 것으로, 사(士)의 악기를 걸어 두는 법이다. 종을 걸어 두면 '특현종'이라 하고, 경을 걸어 두면 '특현경'이라 한다.『주례』「춘관·소서(小胥)」에 "(소서는) 악현(樂縣)의 위치를 바로잡는다. 왕은 궁현(宮縣), 제후는 헌현(軒縣), 경·대부는 판현(判縣), 사(士)는 특현(特縣)이다.[正樂縣之位. 王宮縣, 諸侯軒縣, 卿大夫判縣, 士特縣.]"라고 하였다. 정중(鄭衆)은 '궁현'은 사방에 악기를 걸어 두는 것이고, '헌현'은 그 가운데 한 방향의 악기를, '판현'은 두 방향의 악기를, '특현'은 세 방향의 악기를 각각 제외시키는 것이라고 하였다. 정현은 '헌현'은 남쪽의 악기를 제외하고, '판현'은 다시 북쪽의 악기를 비워 두는 것이며, '특현'은 동쪽에만 악기를 걸어 두는데, 혹 계단 사이에 걸어 두기도 한다고 하였다.['樂縣', 謂鍾磬之屬縣於筍·簴者. 鄭司農云, '宮縣四面縣, 軒縣去其一面, 判縣, 又去其一面, 特縣又去其一面.' 玄謂, '軒縣', 去南面, 辟王也. '判縣', 左右之合, 又空北面. '特縣', 縣於東方, 或於階間而已.]"

② 황종의 율관에 ~ 만든 것을 말한다: 황종(黃鍾)의 관(管)은 그 길이가 9촌인데, 종을 만들 때는 여기에 2.5배를 하여 높이 2척 2.5촌으로 만든다는 뜻이다.

③ 종의 아가리 양쪽 모서리[欒]를 '선(銑)'이라 한다: 종은 질그릇을 만들어 형태를 합친 것인데, 합쳐진 가장자리에 모서리가 있다. 이 모서리를 '난(欒)'이라 부르는데, 또 '선(銑)'이라고도 부른다. 정요전(程瑤田)의

『고공창물소기(考工創物小記)』「부씨위종장구도설(鳧氏爲鐘章句圖說)」에 "종의 몸체는 두 부분으로 나뉘는데, 하단부의 '고(鼓)'와 상단부의 '정(鉦)'이 그 대략이다. 그 몸체는 길쭉하여 완전한 원형이 아니다. 그러므

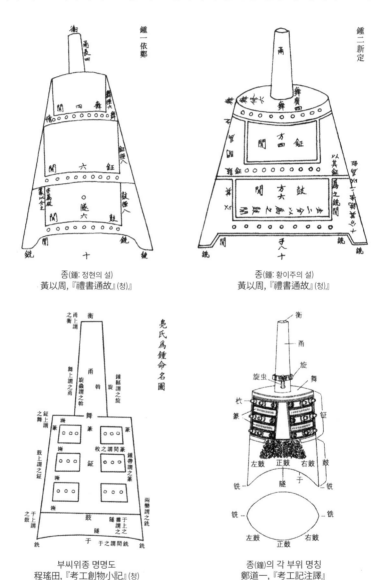

종(鍾: 정현의 설)
黃以周, 『禮書通故』(청)

종(鍾: 황이주의 설)
黃以周, 『禮書通故』(청)

부씨위종 명명도
程瑤田, 『考工創物小記』(청)

종(鍾)의 각 부위 명칭
鄭道一, 『考工記注譯』

로 양쪽 가장자리에 모서리가 있어서 양란(兩欒)이 된다. 전체 길이에서 광택이 난다. 그러므로 이를 '선(銑)'이라고 한다.【『설문해자』에 따르면 '선(銑)'은 금 가운데 윤기가 나는 것이다.】[鍾體分二段, 下鼓上鉦, 其大致也. 其體橢而不正圜, 故兩邊有稜, 爲兩欒, 通長生光澤, 故謂之銑.【『說文』銑金之澤者】]"라고 하였다.

④ 선(銑: 종의 아가리 양쪽 모서리)의 사이를 '우(于: 종의 아래쪽 끝자락)'라고 하고: '선(銑)'은 종의 아가리의 양쪽 모서리이고, 양쪽 모서리 사이는 종의 아래쪽 끝자락인데, 이를 '우(于)'라고 한다. 정요전의 『고공창물소기』「부씨위종장구도설(鳧氏爲鐘章句圖說)」에 "양쪽의 선(銑)은 종의 아래쪽에 모서리가 난 곳이다. 서로 떨어져 있는 사이는 곧 종의 직경인데, 그 몸체는 넓고 평평하지 않다. 그러므로 '우(于)'라고 한다.[兩銑下垂角處, 相距之間, 卽鍾口大徑, 其體于然不平, 故謂之于.]"고 하였다. 『예기』「문왕세자(文王世子)」 정현의 주에 의하면 '于'는 '迂'와 통하는 글자로 '넓다[廣]' 혹은 크다[大]는 뜻이다.("于讀爲迂, 迂猶廣也, 大也.")

⑤ 우(于)의 위쪽을 '고(鼓: 종의 몸체 하단부. 종을 치는 곳)'라고 하고: '우(于)'의 위쪽은 종의 몸체 하단부로서 치는 곳이므로 '고(鼓)'라고 한다. 정요전의 『고공창물소기』「부씨위종장구도설」에 "우(于)의 위쪽은 종의 몸체의 하단부로서 치는 곳이다. 그러므로 '고(鼓)'라고 한다.[于上爲鍾體下段擊處, 故謂之鼓.]"고 하였다.

⑥ 고(鼓)의 위쪽을 '정(鉦: 종의 몸체 상단부. 鼓의 윗부분)'이라 하고: 정요전의 『고공창물소기』「부씨위종장구도설」에 "고(鼓)의 위쪽은 종의 몸체의 상단부로, 정면이다. 그러므로 '정(鉦)'이라고 한다.[鼓上爲鍾體之上段, 正面也, 故謂之鉦.]"고 하였다.

⑦ 정(鉦)의 위쪽을 '무(舞: 종의 몸체 꼭대기)'라고 한다: 정요전의 『고공창물

소기』「부씨위종장구도설」에 "정(鉦)의 위쪽은 종의 (몸체의) 꼭대기로서, 덮는 것이 마치 무(廡: 지붕)와 같다. 그러므로 '무(舞)'라고 한다.[鉦上爲鍾頂, 覆之如廡, 故謂之舞.]"고 하였다.

⑧ 무(舞)의 위쪽을 '용(甬: 종의 손잡이)'이라 하고: '용(甬)'은 종 위쪽의 손잡이이다. 정요전의 『고공창물소기』「부씨위종장구도설」에 "무(舞)의 위쪽은 종의 꼭대기와 연결되어 나와 있으니, 종의 손잡이이다. 대통[筩]처럼 생겼다. 그러므로 이를 '용(甬)'이라 한다.[舞上連鍾頂而出之, 鍾柄也. 爲筩, 故謂之甬.]"고 하였다.

⑨ 용(甬)의 위쪽을 '형(衡: 종의 손잡이 끝부분의 평면)'이라 한다: 종의 손잡이 끝의 평면 부분을 말한다. 정요전의 『고공창물소기』「부씨위종장구도설」에 "용(甬)의 위쪽 끝은 바르고 평평하다. 그러므로 '형(衡: 저울대)'이라고 한다.[甬末正平, 故謂之衡.]"고 하였다.

⑩ 종을 매다는 ~ '간(幹)'이라고 한다: '선(旋)'은 용(甬)의 부속물로, 종을 매달기 위해 설치한 고리이다. 왕인지(王引之)에 따르면 용(甬)의 아래쪽 부분, 용의 길이의 약 1/3을 차지하는 곳에 반월형의 끈이 있는데, 그 위에 동물의 형상을 장식한다. 이를 '간(幹)' 혹은 '선충(旋蟲)'이라 칭한다. 끈으로 둥근 고리를 꿰어서 그것으로 종을 매다는데, 이를 '선(旋: 고리가 끈 안에서 빙빙 돌기 때문에 명칭으로 삼은 것이다.)'이라 칭하고, 또 '종현(鍾縣)'이라고도 칭한다.(楊天宇, 『周禮譯注』, 827쪽 참조) 정요전의 『고공창물소기』「부씨위종장구도설」에 "종은 용(甬)에 매달려 있는데, 움직이면서 가만히 있지 않으니, 이를 '선(旋: 돌다)'이라 한다. 용(甬) 위에는 반드시 동물과 같은 형상의 물건이 있는데, 용(甬)과 선(旋) 사이에서 통괄하니, 이를 '간(幹)'이라 한다.[鍾縣於甬, 變動不居, 謂之旋. 甬上必有物如蟲, 以管攝乎旋, 謂之幹.]"고 하였다.

⑪ 종의 몸체 위에 둘러친 띠를 '전(篆)'이라 하고: 정현과 황이주에 의하
면, '종대(鍾帶: 종의 띠)'는 선(旋)과 고(鼓) 사이와 고(鼓)와 무(舞) 사이에
끼워서 띠의 형상을 하고 있는데, 이를 '전(篆)'이라 한다.

⑫ 전(篆)의 사이에 ~ 경(景)이라고도 한다: 전(篆) 사이에 융기한 종유(鍾乳)
가 있는데, 이를 매(枚)라고 하며, '경(景)'이라고도 한다. 정요전의 『고
공창물소기』「부씨위종장구도설」에 의하면 융기한 매에 광택이 있기
때문에 '경(景: 빛)'이라고 한다.(枚隆起有光, 故又謂之景焉.)

⑬ 부수(夫隧): 『주례』「추관·사훤씨(司烜氏)」 정현의 주에는 '부수(夫隧)'를
'양수(陽遂)'라고 하였는데, 금수(金燧)라고도 한다. 태양 아래에서 불을
취하는 공구로, 쑥이나 두툼한 모직물 등 태우기 쉬운 물건을 태양 아
래에 놓고, 광선을 양수 바닥에 모으면 쑥 등을 태울 수 있다. 일설에는
구리로 만든 오목한 거울로, 태양을 향해 불을 취하는 기구라고 한다.

⑭ 그 선(銑: 欒)의 길이를 ~ 만드는 것이다: 선(銑: 종의 아가리 양쪽 모서리)의
길이는 종의 몸체(鼓+鉦) 길이가 된다. 정요전의 『고공창물소기』「부씨
위종장구도설」에 "그 선(銑)을 10등분 하고, 그런 후에 10분의 선(銑)에
서 2분을 제거하고 8/10분을 얻어서 종의 몸체 상단부의 정(鉦)을 만들
고, 제거한 2/10는 하단에서 고(鼓)를 만든다.[十分其銑, 然後以十分之
銑, 去二得八, 爲鐘體上段之鉦, 所去之二, 在下段爲鼓也.]"고 하였다.

⑮ 정(鉦)의 길이로 양쪽 선(銑) 사이의 길이를 만들고(8/10분, 銑의 큰 지름):
양쪽 선(銑: 종의 아가리 양쪽 모서리) 사이의 길이는 종의 아가리 부분의 가
로 지름으로, 이를 '대경(大徑: 큰 지름)'이라 한다. 종은 완전한 원형이 아
니므로 대경(大徑)과 소경(小徑)의 구분이 있다.(楊天宇, 『周禮譯注』, 828쪽
참조) 정요전의 『고공창물소기』「부씨위종장구도설」에 "양쪽 선(銑) 사
이의 길이는 곧 정(鉦)의 길이로 만든다. 정(鉦)의 길이는 8/10분이니, 양

쪽 선(銑) 사이의 길이 역시 8/10분이다. 이것이 종의 아가리 부분의 대경(大徑: 큰 지름)이다. 양쪽 선(銑) 사이에서 2/10분을 제거하여 양쪽 고(鼓) 사이의 길이를 만든다. 선(銑) 사이의 길이는 8/10분이고, 고(鼓) 사이의 길이는 6/10분이다. 이것이 종의 아가리 부분의 소경(小徑: 작은 지름)이다. 이렇게 하면 종의 아가리 부분의 가로 세로 길이를 얻을 수 있다.[兩銑之間, 卽以其鉦爲之. 鉦八, 銑間亦八也, 是爲鍾口大徑. 去銑間之二分, 以爲兩鼓間. 銑間八, 鼓間六也, 是爲鍾口小徑. 如是則鍾口縱橫之度得矣.]"고 하였다.

⑯ 2/10분을 제거하여 그것으로 고(鼓) 사이의 길이를 만든다는 뜻이다(6/10분, 銑의 작은 지름): '고(鼓: 종의 몸체 하단부, 于의 윗부분, 종을 치는 곳.)'의 사이는 곧 종의 아가리 부분의 소경(小徑: 작은 지름)이다. 선(銑)의 길이를 10등분 하여 8로 정(鉦)의 길이를 만들고, 다시 2/10분을 제거하여 고(鼓)를 만들므로, '고'의 길이는 6/10분이 된다.

⑰ 고(鼓) 사이의 길이로 ~ 말한다: '무(舞)'는 타원형이므로 길이[修]와 너비[廣]가 있다. 고(鼓) 사이의 길이는 6/10분인데, 무(舞)의 길이도 또한 6/10분이다. 여기서 2/10분을 제거하여 4/10분으로 무의 너비를 만든다. 그러나 여기서 '길이[修]'는 실제로는 가로의 길이이고, 너비[廣]는 세로의 길이이다. 정요전의 『고공창물소기』「부씨위종장구도설」에 "고(鼓) 사이의 길이 6/10분으로 무(舞)의 길이[修: 가로 길이] 6/10분을 만드니, 이것이 종의 꼭대기 부분의 대경(大徑: 큰 지름)이다. 그 2/10분을 제거하여 무(舞)의 너비[廣: 세로길이] 4/10분을 만드니, 이것이 종의 꼭대기 부분의 소경(小徑: 작은 지름)이다. 이렇게 하면 종의 꼭대기 가로세로의 길이를 얻을 수 있다.[以其鼓間六爲舞修六, 是爲鍾頂大徑. 去其二分以爲舞廣四, 是爲鍾頂小徑. 如是則鍾頂縱橫之度得矣.]"라고 하였다.

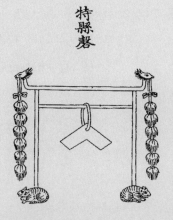

옛 『삼례도』에서 『악경(樂經)』을 인용하여 "황종의 경은 앞쪽 길이가 3율이니, 2척 7촌이다. 뒤쪽의 길이가 2율이니, 1척 8촌이다."라고 하였으니, 이는 특현(特縣)의 대경(大磬)에 박(鎛)①과 종(鐘)을 배합하여 함께 걸어 두는 경우를 말한 것이다. 살펴보건대, 『주례』「고공기·경씨(磬氏)」에 "고(股: 경의 짧은 쪽의 변)의 길이는 2가 된다."고 하였으니, 뒤쪽의 길이가 2율(1척 8촌)이 됨을 가리킨다. "고(鼓: 경의 긴 쪽의 변, 경을 치는 부분)의 길이는 3이 된다."고 하였으니, 앞쪽의 길이가 3율(2척 7촌)이 됨을 가리킨다.② 또 "그(股) 너비로 1을 삼는다."고 하였으니, 고(股)의 너비가 1율(9촌)이 됨을 가리킨다. (「고공기·경씨」의) 아래 경문에서 "그 고(股)의 너비를 3등분하여 그 1등분을 제거하여 고(鼓)의 너비를 만들고, 고(鼓)의 너비를 3등분하여 그 1등분을 제거하여 경의 두께를 만든다."고 하였다. 또 "경씨(磬氏)는 경(磬)을 제작하는데, (股의 상변과 鼓의 상변이 서로 교차하는 곳의) 각도[倨句]는 1.5곱자(135도)이다."라고 하였다. 정현은 "반드시 먼저 하나의 곱자로 헤아려서 구(句: 鼓. 길이 2척 7촌)를 만들고 하나의 곱자로 고(股: 길이 1척 8촌)를 만들어서 그 현(弦: 가상의 직선. 1척 2촌 7분여)을 구한다. 이어서 1.5곱자(1척 3촌 반)로 그 가상의 직선과 맞부딪치면, 경(磬)의 각도가 된다."고 하였다. 그렇다면 황종의 경은 고(股)의 길이 1척 8촌, 너비 9촌, 두께 2촌이고, 고(鼓)의 길이 2척 7촌, 너비 6촌, 두께 2촌이 된다. 양쪽 현(弦) 사이의 길이는 3척 3촌 7.5분이다. 또 (「고공기·경씨」에) "(경이 발하는 성음이) 너무 높으면 경의 옆면[旁]을 마모시키고, 너무 낮으면 경의 양 끝[端]을 마모시킨다."고 하였다.【('耑'의) 음은 '端(단)'이다.】 정현은 "'너무 높다[太上]'는 것은 성음이 너무 맑다(높다)는 뜻이니, (경을) 얇고 넓게 하면 소리가 탁해진다. '너무 낮다[太下]'는 것은 성음이 너무 탁하다(낮다)는 뜻이니, (경을) 짧고 두껍게 하면 소리가 맑아진다.③"고 하였다. 제후의 대부는 특현경을 사용한다. 천자의 대부가 종을 겸하여 배합하는 것 및 공자가 위(衞)나라에 있을 때 쳤던 경④은 모두 편경(編磬)을 가리키니, 이곳의 대경(大磬)이 아니다.⑤

[舊『圖』引『樂經』云, "黃鍾磬前長三律, 二尺七寸, 後長二律, 一尺八寸." 此謂特縣大磬配鑄鐘者也. 案『周禮』「磬氏」云, "股爲二", 後長二律者也, "鼓爲三", 前長三律者也. 又曰"其博爲一", 謂股博一律也. 下云, "參分其股博, 去一以爲鼓博. 參分其鼓博, 以其一爲之厚." 又"磬氏爲磬, 倨句一矩有半", 鄭云, "必先度一矩爲句, 一矩爲股, 以求其弦. 旣而以一矩有半觸其弦, 則磬之倨句也." 然則黃鍾之磬股長一尺八寸, 博九寸, 厚二寸, 鼓長二尺七寸, 博六寸, 厚二寸. 兩絃之間, 三尺三寸七分半. 又曰, "已上則摩其旁, 已下則摩其耑.【音端】" 後鄭云, "太上, 聲清也. 薄而廣則濁. 太下, 聲濁也. 短而厚則清也." 諸侯之大夫特縣磬. 天子之大夫兼有鐘及孔子在衞所擊皆謂編磬, 非此大磬也.]

① 박(鎛): 고대의 악기 이름으로, 청동으로 만들었으며, 춘추전국시대에
성행하였다. 『의례』「대사의(大射儀)」 정현의 주에 의하면, '박'은 종과
유사한데 크며, 음악을 연주할 때 박을 쳐서 절도를 삼는다.("如鍾而大,
奏樂以鼓爲節.")

② 『주례』「고공기·경씨(磬氏)」에 ~ 3율(2척 7촌)이 됨을 가리킨다: 『주
례』「고공기·경씨」에 "경씨는 경(磬)을 제작하는데, (股의 상변과 鼓의 상
변이 서로 교차하는 곳의) 각도[倨句]는 1.5곱자[矩: 135도]이다. 고(股)의 너
비로 1을 삼으니, 고(股)의 길이는 2가 되고, 고(鼓)의 길이는 3이 된다.
고(股)의 너비를 3등분하여 1등분을 제거하여 고(鼓)의 너비로 삼고, 고
(鼓)의 너비를 3등분하여 1등분을 제거하여 경(磬)의 두께로 삼는다.[磬
氏爲磬, 倨句一矩有半. 其博爲一, 股爲二, 鼓爲三. 參分其股博, 去一以爲
鼓博, 參分其鼓博, 以其一爲之厚.]"라고 하였다. '倨句'에서 '倨'는 조금
구부러진 부분을 가리키고, '句'는 많이 구부러진 부분을 가리키니, 倨
句'는 곧 각도를 말한다. 본래 곱자는 직각으로 90도이지만 구부러져
서 둔각형을 이루게 된다. 따라서 '一矩有半' 곧 1.5곱자는, 90도+45도
=135도가 되는 것이다. '경(磬)'의 몸체는 고(股: 짧은 쪽의 변)와 고(鼓: 긴
쪽의 변)의 두 부분으로 구성된다. '고(股)'는 너비는 넓고 길이는 짧으며,
'고(鼓)'는 너비는 좁고 길이는 길다. 이 '고(鼓: 치다)'는 경쇠를 치는 부분
이므로 그렇게 칭하는 것이다. '其博爲一'에서 '博(너비)'은 '股의 너비'
를 말한다. '股爲二, 鼓爲三.' 이하는 '股의 너비'를 기준으로 삼아서 股

와 鼓의 길이와 너비의 비율을 설명한 것이다. 예를 들면 '股爲二'는 股의 너비를 1로 삼아서 그 2배로 股의 길이를 만든다는 뜻이다.

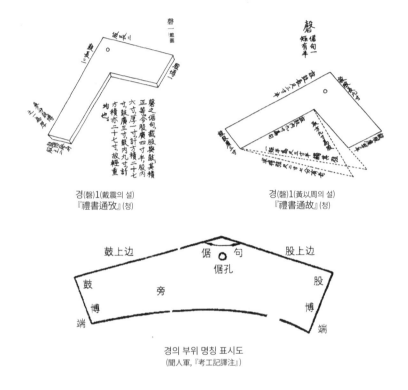

경(磬)1(戴震의 설)
『禮書通攷』(청)

경(磬)1(黃以周의 설)
『禮書通故』(청)

경의 부위 명칭 표시도
(聞人軍, 『考工記譯注』)

③ '너무 높다[太上] ~ 맑아진다: 경의 성음은 경의 두께가 증가함에 따라 높아지고, 면적이 증가함에 따라 낮아진다. 성음이 너무 높으면 경의 양옆을 마모시켜 경을 얇고 넓게 만들어서 성음을 낮게 만든다. 성음이 너무 낮으면 경의 양 끝을 마모시켜 경을 짧고 두껍게 만들어서 성음을 높게 만든다.

④ 공자가 위(衛)나라에 있을 때 쳤던 경: 『논어』「헌문(憲問)」에 나오는 말이다. "공자가 위나라에서 경(磬)을 치고 있었다. 삼태기를 짊어진 사

람이 공자의 문 앞을 지나가다가 말했다. '마음에 근심이 있구나, 경을 치는 소리여!' 이윽고 '비루하다, 경을 치는 소리여! 자신을 알아주는 사람이 없으면, 그만둘 일이지. 물이 깊으면 옷을 입은 채로 건너고, 물이 얕으면 옷을 걷고 건너는 법이라네.' 공자가 말했다. '과단성이 있구나. 어려울 일이 없겠구나.'"[子擊磬於衛. 有荷蕢而過孔氏之門者曰, '有心哉! 擊磬乎!' 旣而曰, '鄙哉 硜硜乎! 莫己知也, 斯己而已矣. 深則厲, 淺則揭.' 子曰, '果哉! 末之難矣.']

⑤ 모두 편경(編磬)을 가리키니, 이곳의 대경(大磬)이 아니다: 여러 개의 종(鐘)이나 경(磬)을 함께 악기걸이에 걸어 두는 것을 '편종(編鐘)'·'편경(編磬)'이라 하고, 하나의 악기를 단독으로 걸어 두는 것을 '특종(特鐘)'·특경(特磬)'이라 한다. 대체적으로 작은 악기는 여러 개를 함께 걸어 두지만, 큰 악기는 단독으로 걸어 둔다. 따라서 이곳의 '특현경(特玄磬)'은 경 하나를 단독으로 걸어 두는 큰 경쇠, 즉 '대경(大磬)'이라 한 것이다. 이는 앞의 옛 『삼례도』에서 『악경』을 인용하여 박(鎛)과 종(鐘)을 배합하여 함께 걸어 둔다고 한 것을 비판하는 것이다.

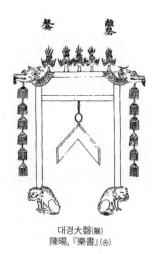

대경大磬(驛)
陳暘, 『樂書』(송)

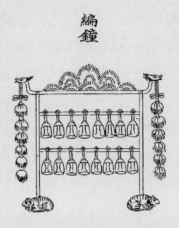

編
鐘

　　종 16매를 엮어서 함께 하나의 악기걸이[簨簴]에 걸어 두고, 장식을 한
다. 『주례』「고공기·재인(梓人)」에 "입술은 두텁고, 입은 좁고 깊으며, 눈
은 돌출되고, 귀는 짧고, 가슴은 크고, 뒤쪽 몸은 기울어 작으며【'爥'는 어
떤 본에는 또 '曜'로 되어 있는데 모두 음은 '哨(초)'이다.】, 몸체는 크고, 목은 짧다.
이러한 형상의 동물을 라(臝)의 등속이라고 칭한다. (이러한 동물은) 항상 힘
이 있는데 달릴 수 없으니, 그 소리가 크고 우렁차다. 힘이 있는데 달릴 수
없으니, 무거운 짐을 짊어지는 데에 적합하다. 소리가 크고 우렁차니, 종
에 어울린다. 이러한 동물들로 종(鐘)을 걸어 두는 악기걸이[簴]의 조각 장
식을 만든다. 이 때문에 걸려 있는 종을 치는 것인데 악기걸이에서 소리가
나는 것처럼 들린다."고 하였다. 『예기』「명당위」정현의 주에 "가름대
나무를 '순(簨)'이라고 하니, 인(鱗)의 등속①으로 장식을 한다. 세로 기둥을
'거(虡)'라고 하니, 나(裸)의 등속②이나 우(羽)의 등속③으로 장식을 한다."
고 하였다.

　　[編鐘十六枚, 同在一簨簴, 飾.「梓人職」云, "厚脣, 弇口, 出目, 短耳, 大

臀, 燿後【'燿'本又作'曜', 皆音哨.】, 大體, 短脰. 若是者謂之羸屬. 恆有力而不能
走, 其聲大而宏. 有力而不能走, 則於任重宜. 大聲而宏, 則於鐘宜. 若是者以
爲鐘簴. 是故擊其所縣而由其簴鳴." 鄭注「明堂位」云, "橫者簨, 飾之以鱗屬.
植曰簴, 飾之以羸屬·羽屬."】

① 인(鱗)의 등속: 비늘이나 등딱지로 몸을 가리는 동물로, 물고기나 거북
등을 말한다.

② 나(裸)의 등속: 깃털이나 비늘·등딱지 등 몸을 가리는 것이 없는 동물
로, 기린(麒麟)·미록(麋鹿)·호표(虎豹) 등의 동물을 가리킨다.

③ 우(羽)의 등속: 깃털로 몸을 가린 동물로, 날짐승을 가리킨다.

『주례』「춘관·소서(小胥)」에 "무릇 종·경을 걸어 둘 때 절반을 걸어 두는 것을 '도(堵)'라고 하고, 전체를 걸어 두는 것을 '사(肆)'라고 한다."고 하였는데, 정현의 주에서 "종·경을 엮어서 걸어 둘 때, 2×8=16매를 하나의 악기걸이에 걸어 두는 것을 '도(堵)'라고 한다. 종 1도와 경 1도를 함께 걸어 두는 것을 '사(肆)'라고 한다.①"고 하였다. 16매의 수는 8음(音)에서 나왔으니, 2배로 하여 걸어 두므로 16매가 된다. '순(簨)'은 아래쪽의 가름대나무이다. '순'의 위쪽의 판을 '업(業)'②이라 한다. 가장자리에 세로로 세운 기둥을 '거(虡)'라고 한다.

『주례』「고공기·재인(梓人)」에 "부리가 날카롭고, 입술이 열려 있고, 눈동자가 작고, 목이 길고, 몸체가 작고, 배가 홀쭉하다. 이러한 형상의 동물을 우(羽)의 등속이라 칭한다. (이러한 동물은) 항상 힘이 없는데 민첩하니, 가벼운 짐을 짊어지는 데에 적합하다. 그 소리가 맑고 가벼워서 멀리까지 들이니, 경(磬)에 어울린다. 이러한 동물로 경을 걸어 두는 악기걸이의 조각 장식을 만든다. 그러므로 걸려 있는 경을 치는데 마치 악기걸이에서 소리가 나는 것처럼 들린다. 머리는 작은데 키는 크고, 몸체는 동글동글하여 비대하다. 이러한 동물을 인(鱗)의 등속이라 하니, 이러한 동물들로 악기걸이의 조각 장식을 만든다.”라고 하였다.

무릇 경(磬)은 동쪽에 있는 것을 ‘생경(笙磬)’이라 한다. ‘생(笙)’은 낳는다는 뜻이니, 낳고 기르는 처음을 말한다. 서쪽에 있는 것을 ‘송경(頌磬)’이라 한다. ‘용(庸)’으로 쓰기도 하는데, ‘용(庸)’은 공(功)의 뜻이니, 공이 이루어져 칭송할 수 있다는 뜻이다.③ 천자는 궁현(宮縣)이고, 제후는 헌현(軒縣)이고, 경·대부는 판현(判縣)이고, 사는 특현(特縣)이다.④ 『제도(制度)』에 “용의 머리가 뒤를 돌아보며 벽옥을 머금고 있는 형상을 새겨서 장식을 한다. 벽옥 아래에는 모우(牦牛)의 꼬리털이 있어 악기걸이를 문식한다. 날짐승과 들짐승이 모두 뺨을 높이 치켜들고 있다.”라고 하였다. 『시』「소아·유고(有瞽)」⑤에 “악기걸이 판을 설치하고, 악기걸이 기둥을 설치하니, 숭아(崇牙)⑤에 새의 깃이 꽂혀 있네.”라고 하였다.

[「小胥職」云, “凡縣鐘磬, 半爲堵, 全爲肆”, 注云, “鐘磬編縣之, 二八十六枚, 而在一簨簴, 謂之堵, 鐘一堵, 磬一堵, 謂之肆.” 十六枚之數, 起於八音, 倍而設之. 故十六也. 簨者, 下橫者也. 簨上板曰業, 其邊植者爲簴.「梓人職」云, “銳喙, 決吻, 數目, 顅脰, 小體, 騫腹, 若是者謂之羽屬. 恆無力而輕, 則於任輕宜. 其聲淸揚而遠聞, 於磬宜. 若是者以爲磬簴, 故擊其所縣, 而由其簴鳴. 小首而長, 摶身而鴻, 若是者謂之鱗屬, 以爲簨.” 凡磬在東曰笙. 笙, 生也, 言生養之始也. 在西曰頌, 或作庸. 庸, 功也, 功成可頌也. 天子宮縣, 諸侯軒縣, 卿大夫判縣, 士特縣. 『制度』曰, “爲龍頭(及顧)[反顧]¹銜璧. 璧下有旄牛尾飾簨簴. 鳥獸皆開動頄.” 『詩』云, “設業設簴, 崇牙樹羽.”]

---

1 (及顧)[反顧]: 저본에는 ‘及顧’로 되어 있고 通志堂藏板本도 마찬가지이며, 胡廣의 『書經大全』「書經大全圖說」에는 ‘及領口’로 되어 있어 모두 문맥이 어색하다. 『玉海』권109,「音樂」에 의거하여 ‘反顧’로 교감하였다.

① 종·경을 엮어서 걸어 둘 때 ~ '사(肆)'라고 한다: 종 혹은 경 16매를 하나
의 악기걸이에 걸어 두는 것을 '도(堵)'라고 하고, 종과 경 각각 16매를
각각의 악기걸이에 걸어 두어 2줄을 나란히 세우는 것을 '사(肆)'라고
한다는 뜻이다.

② 업(業): '업'은 판을 말한다. 종이나 경 등을 걸어 두는 악기걸이 위쪽의
장식물로, 톱니 모양 등을 새겨서 장식하고 흰색으로 흙으로 바른다.

③ 경(磬)은 ~ 칭송할 수 있다는 뜻이다: 대사례를 거행할 때 동쪽에 진설
하는 경을 '생경', 서쪽에 진설하는 경을 '송경'이라 한다. 『의례』 「대
사의」에 "생경(笙磬)은 앞면이 서쪽을 향하도록 하고, 그 남쪽에 생종
(笙鍾), 그 남쪽에 박(鎛)의 순서로 모두 북쪽에서 남쪽으로 진설한다.…
송경(頌磬)은 서쪽 계단의 서쪽에 앞면이 동쪽을 향하도록 진설하고, 그
남쪽에 종(鍾), 그 남쪽에 박(鎛)의 순서로 모두 북쪽에서 남쪽으로 진
설한다.[樂人宿縣于阼階東, 笙磬西面, 其南笙鍾, 其南鎛, 皆南陳…西階
之西, 頌磬東面, 其南鍾, 其南鎛, 皆南陳.]"라고 하였다. 정현의 주에는
"'생(笙)'은 생(生)과 같다. 동쪽은 양(陽)의 가운데이니, 만물이 그로써
생장한다. … 그래서 동쪽의 종과 경을 '생(笙)'이라 하는데, 모두 엮어
서 걸어 놓는다.…공을 이룸을 칭송하는 것을 '송(頌)'이라고 한다. 서쪽
은 음(陰)의 가운데이니, 만물이 완성되는 곳이다. … 그래서 서쪽의 종
과 경을 '송(頌)'이라 일컫는다. '['笙'猶生也. 東爲陽中, 萬物以生.…是以
東方鍾磬謂之笙, 皆編而縣之.…言成功曰'頌'. 西爲陰中, 萬物之所成.…

是以西方鍾磬謂之'頌'.]"고 하였다.

④ 천자는 궁현(宮縣)이고 ~ 사는 특현(特縣)이다: [投壺圖05：04-特縣鍾]
역주 ① 참조.

⑤ 숭아(崇牙): 편종이나 편경 등의 악기를 걸어 두는 악기걸이 상단 끝 부
분에 새긴 톱니 형상의 장식을 말한다. 또 악기걸이를 의미하기도 한
다. 『모시정의』「주송(周頌)·유고(有瞽)」공영달의 소에 "거(虡: 악기걸이
의 세로 기둥)는 양쪽 끝에 세운 기둥이고, 순(栒: 악기걸이의 가름대나무)은
거에 가로로 꽂아서 연결한 것이다. 거(虡) 위쪽에 커다란 판을 올려서
설치하니, 순(栒)에 붙어 있다. 그 판 위쪽에 숭아(崇牙)를 새겨서 장식
하는데, 톱니처럼 들쑥날쑥한 모양[捷業]이다. 그러므로 '업(業)'이라 한
것이다. '아(牙)'는 곧 업(業)의 위쪽 이빨이다.[虡者立於兩端, 栒則橫入
於虡. 其栒之上加施大板, 則著於栒. 其上刻爲崇牙, 似鋸齒捷業然, 故謂
之業. 牙卽業之上齒也.]"라고 하였다.

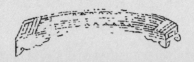

瑟

　『세본(世本)』에 "포희씨(庖犧氏)는 50현의 (슬을) 만들었다. 황제(黃帝)가 소녀(素女)①로 하여금 슬(瑟)을 타게 했는데, (그 소녀는) 슬픔을 스스로 이겨 내지 못하였다. 이에 이를 파하고 25현의 슬을 만들었다. 2균(均)의 소리를 갖추었다.②"고 하였다. 『이아』「석악(釋樂)」에 "대슬(大瑟)을 쇄(灑)라고 한다."고 하였는데, 곽박(郭璞)의 주에는 "길이는 8척 1촌, 너비는 1척 8촌으로 27현이다."라고 하였다. 옛 『삼례도』에는 "아슬(雅瑟)③은 길이 8척 1촌, 너비 1척 8촌으로 23현이다. 평소 사용하는 것은 19현인데, 그 나머지 4현은 '번(畨)'이라고 한다. '번(畨)'은 남는다[贏]는 뜻이다. 송슬(頌瑟)은 길이 7척 2촌, 너비 8촌으로 25현인데, 모두 사용한다."라고 하였다. 『예기』「악기(樂記)」에 "「청묘(淸廟)」를 연주하는 슬(瑟)은 누인 붉은색 명주실로 현을 만들고, 슬의 바닥 구멍으로 소리를 소통하게 한다."고 하였으니, 「청묘」의 시를 노래할 때 타는 슬은 누인 붉은색 명주실로 현을 만든다는 뜻이다. 누이지 않으면 현이 팽팽하여 소리가 맑고, 누이면 실이 부드러워 소리가 탁하기 때문이다. '월(越)'은 슬 바닥의 구멍이다. 웅씨(熊氏)④는 "슬은 본래 양쪽 끝에 구멍이 있어서 소리를 소통시켜 서로 연결하여 소리를 느려지게 한다. 슬의 구멍이 작으면 소리가 빨라지고, 크면 소리가 느려진다. 그러므로 소통시키는 것이다."라고 하였다.

　[『世本』云, "庖犧氏作五十弦. 黃帝使素女鼓瑟, 哀不自勝. 乃破爲二十五

弦. 具二均聲.”『爾雅』云, “大瑟謂之灑”, 郭云, “長八尺一寸, 廣一尺八寸, 二十七弦.” 舊『圖』云, “雅瑟長八尺一寸, 廣一尺八寸, 二十三弦. 其常用者十九弦. 其餘四弦謂之畨. 畨, 贏也. 頌瑟長七尺二寸, 廣尺八寸, 二十五弦, 盡用.”「樂記」云, “「清廟」之瑟, 朱弦疏越”, 謂歌「清廟」之詩所彈之瑟, 練朱絲爲弦. 不練則體勁聲清, 練則絲熟聲濁. 越, 瑟底孔. 熊氏以爲瑟本兩頭, 有孔, 通疏相連, 使聲遲也. 以瑟孔小則聲急, 大則聲遲, 故疏之.]

① 소녀(素女): 전설상의 신녀(神女)로 슬과 노래를 잘했다고 한다. 『사기』
「효무본기」에 "태제(泰帝: 太昊 伏羲氏)가 소녀로 하여금 50현의 슬을 타
게 하였는데 슬퍼하자, 태제가 금지하여 그치게 하였다. 그러므로 그
슬을 없애고 25현의 슬을 만들었다.[泰帝使素女鼓五十弦瑟, 悲, 帝禁不
止, 故破其瑟爲二十五弦.]"고 하였다.

② 2균(均)의 소리를 갖추었다: 궁(宮)·상(商)·각(角)·변징(變徵)·징(徵)·우
(羽)·변궁(變宮)의 7음을 12율에 균등하게 배정하여 궁음(宮音)을 만들
어 각각의 음에 7종류의 음계를 만드는 것을 '칠균(七均)'이라 한다. 『신
당서』권21, 「예악지(禮樂志)」에 "2변(變)을 더해 순환하여 끊어짐이 없
다. 그러므로 1궁·2상·3각·4변징·5징·6우·7변궁이니, 그 소리가 탁
(濁)에서 청(淸)에 이르러 1균(均)이 된다.[加以二變, 迴圈無間. 故一宮·
二商·三角·四變徵·五徵·六羽·七變宮, 其聲縣濁至淸爲一均.]"고 하였
다. 사마광(司馬光)의 『자치통감』294 「후주기(後周紀)5」에서는 "12율
이 돌아가며 서로 궁이 되어 7조(調)를 낳는 것이 1균(均) 이다.[十二律
旋相爲宮以生七調爲一均.]"라고 하였다.

③ 아슬(雅瑟): '대슬(大瑟)'이라고도 한다. 금슬을 탈 때는 반드시 『시』를
동반하여 노래했는데, 『시』에는 '아(雅)'와 '송(頌)'이 있다. 따라서 금
슬에도 '아'와 '송'의 구별이 있었던 것이다. 정정(丁鼎), 『신정삼례도』,
154쪽 참조.

④ 웅씨(熊氏): 북주(北周)의 경학자 웅안생(熊安生)을 말한다. 장락(長樂) 부

성(阜城) 사람으로, 자는 식지(植之)이다. 오경에 정통했고 특히 삼례(三禮)에 밝았다. 『예기의소(禮記義疏)』, 『주례의소(周禮義疏)』, 『효경의소(孝經義疏)』 등을 저술했지만 망실되어 전하지 않는다. 마국한(馬國翰)의 『옥함산방집일서(玉函山房輯佚書)』에 『예기웅씨의소(禮記熊氏義疏)』 4권이 집일되어 있다.

琴

　『금조(琴操)』[①]에 "복희(伏羲)가 (금을) 만들었다."고 하였고, 『광아(廣雅)』에 "금은 길이 3척 6촌 6분이니 366일을 본뜬 것이고, 너비 6촌이니 육합(六合: 천지·사방)을 본뜬 것이다."라고 하였다. 또 응소(應劭)의 『풍속통(風俗通)』에는 "7현(絃)은 칠성(七星)을 본받은 것이다."라고 하였다. 『예기』「악기」에는 "순임금이 5현의 금(琴)을 제작하여 「남풍(南風)」을 노래하였다."고 하였다. 옛 『삼례도』에는 "주나라 문왕이 또 2현을 더하였으니, 소궁(少宮)과 소상(少商)이다. 채백개(蔡伯喈: 132~192)[②]는 다시 2현을 늘렸다. 그러므로 9현이 있게 된 것이다. 2현은 대차(大次)이고, 3현은 소차(小次)이고 4현은 더욱 작다."고 하였다. 채옹(蔡邕)의 본전(本傳)에는 이러한 문장이 없으니, 옛 『삼례도』가 무엇에 의거하여 이러한 말을 했는지 알지 못하겠다. 또 환담(桓譚: B.C. 24~56)[③]의 『신론(新論)』에 "오늘날 금은 4척 5촌인데, 사시와 오행을 본받은 것이다."라고 하였다.【또한 누인 붉은색 명주실로 현을 만든다.】

　[『琴操』曰, "伏羲造", 『廣雅』云, "琴長三尺六寸六分, 象三百六十六日, 廣六寸, 象六合." 又『風俗通』曰, "七絃法七星." 『禮』「樂記」曰, "舜作五弦之琴以歌「南風」." 舊『圖』云, "周文王又加二弦, 曰少宮·少商. 蔡伯喈復增二弦. 故有九弦者. 二弦大次, 三弦小次, 四弦尤小." 蔡邕本傳無文, 未知舊『圖』據何爲說. 又桓譚『新論』云, "今琴四尺五寸, 法四時五行."【亦練朱絲爲弦.】]

① 『금조(琴操)』: 『수서』「경적지」에는 "『금조』 3권, 진(晉) 광릉상(廣陵相) 공연(孔衍)의 찬"으로, 『구당서』「경적지」에는 "『금조』 2권, 환담(桓譚)의 찬 ; 『금조』 3권, 공연(孔衍)의 찬"으로 저록되어 있다.

② 채백개(蔡伯喈: 132~192): 채옹(蔡邕)을 말한다. 후한 말의 대표적인 경학자로, 진류(陳留) 어현(圉縣) 사람이다. 175년, 유교 경전을 직접 돌에 새겨 희평석경(熹平石經)을 세웠다. 『독단(獨斷)』, 『채중랑집(蔡中郎集)』을 저술하였다. 비백체(飛白體)의 창시자이기도 하다.

③ 환담(桓譚: B.C. 24~56): 자는 군산(君山)으로 거문고에 능하고 오경에 밝았으며, 유흠(劉歆)·양웅(楊雄)에게서 배웠다. 『신론(新論)』 29편을 지었다.

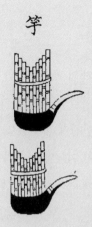

竽

『주례』「춘관·생사(笙師)」에 "(생사는) 우(竽)와 생(笙)을 가르쳐서 불게 하는 일을 관장한다.【('歙'의) 음은 '吹(취)'이다.】"고 하였는데, 정중은 "'우(竽)'는 36황(簧: 떨림판)이다."라고 하였다. 「춘관·생사」 가공언의 소에서 인용한『통괘험(通卦驗)』①에 "'우'는 길이가 4척 2촌이다."라고 하였는데, 정현의 주(注)에는 "'우'는 관악기의 일종으로, 대나무로 만든다. 형태는 들쑥날쑥한데, 새의 날개를 본뜬 것이다. 새는 화금(火禽)②이니, 화의 수는 7이다. 동지 때 분다. 겨울에는 수(水)의 기운이 세력을 떨치는데, 수(水)의 수는 6이니, 6×7=42이다. 우(竽)의 길이는 여기에서 치수를 취한 것이다."라고 하였다. 우(竽)는 생(笙)을 본떴는데, 36개의 관으로, 궁(宮) 음의 관(管)이 중앙에 있다.

[『周禮』「笙師」, "掌教歙【音吹】竽·笙", 先鄭云, "竽, 三十六簧", 賈疏引『通卦驗』云, "竽長四尺二寸." 注云, "竽, 管類, 用竹爲之. 形參差, 象鳥翼, 鳥, 火禽, 火數七. 冬至之時吹之. 冬水用事, 水數六, 六七四十二. 竽之長取數於此也." 竽象笙, 三十六管, 宮管在中央.]

① 『통괘험(通卦驗)』: 전한 애제·평제 때 만들어진 역위(易緯)의 저작으로, 음양재변(陰陽災變)의 효험을 기술한 책이다. 그 내용은 팔괘(八卦)의 기(氣)의 변화가 자연계와 인간계의 운명을 결정하고, 자연계와 인간 사회의 변화 역시 팔괘의 기가 이치에 부합하여 변화하는 것임을 주장한다. 하지만 그 내용이 황당하고 미신적인 색채로 가득하여 『수서』「경적지」에도 저록되지 못했다. 그 후 마단림(馬端臨)의 『문헌통고』「경적고(經籍考)5」와 『송사』「예문지(藝文志)」에 "『역통괘험(易通卦驗)』2권, 정현의 주"로 비로소 저록되었다. 현재 집일본으로 『설부(說郛)』본, 『고미서(古微書)·역위(易緯)』본 등이 전해진다.(『中國緯書綜考』, 57~58쪽 참조)

② 화금(火禽): 오행설에서 새는 화에 속하므로 '화금'이라 한 것이다.

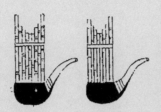

笙

옛 『삼례도』에 "생(笙)은 길이가 4척이다. 각각의 관은 들쭉날쭉하니, 또한 새의 날개처럼 생겼다."라고 하였다. 『예기』「명당위」에 "여왜(女媧)의 생황(笙簧)"이라고 하였다. 『이아』「석악(釋樂)」에 "큰 생을 '소(巢)'라고 하고, 작은 생을 '화(和)라고 한다."고 하였는데, 곽박의 주에서는 "포(匏) 안에 관(管)을 나열하여 꽂고, 관의 끝에 황(簧: 떨림판)을 끼운다. 큰 것은 19황(簧)이고, 작은 것은 13황이다."라고 하였다. 양정(梁正)은 옛날의 우(竽)와 생(笙)은 오늘날의 우와 생과 같지 않았을 것으로 생각했는데, 아마도 잘못된 듯하다. 그러므로 고금의 법을 모두 도상으로 나타내었다.

[舊『圖』云, "笙長四尺. 諸管參差, 亦如鳥翼." 『禮記』云, "女媧之笙簧." 『爾雅』云, "大笙謂之巢, 小者謂之和", 郭注云, "列管匏中, 施簧管端. 大者十九簧, 小者十三簧." 梁正意疑古之竽笙與今世竽笙不同, 恐誤. 故皆圖古今之法.]

『주례』「춘관·소사(小師)」에 "(소사는) 훈(壎)을 가르치는 일을 관장한다."고 하였는데, 정현의 주에는 "'훈'은 흙을 구워서 만드는데, 크기가 기러기 알만 하다."고 하였으니, 이를 아훈(雅壎)이라고 한다. 『이아』「석악(釋樂)」곽박(郭璞)의 주에는 "(훈은) 크기가 거위 알만 한데, 위쪽은 뾰족하고 아래쪽은 평평하며, 모양은 저울추처럼 생겼으며, 6개의 구멍이 있다. 작은 것은 크기가 달걀만 하다."라고 하였으니, 이를 송훈(頌壎)①이라고 한다. (훈은) 구멍이 모두 6개인데, 위쪽에 1개, 앞쪽에 3개, 뒤쪽에 2개이다. 또 『주례』「춘관·생사(笙師)」에 "(생사는) 훈(壎) 부는 법을 가르치는

일을 관장한다.”고 하였고, 『세본(世本)』에는 “포신공(暴辛公)②이 훈을 제
작했다.”고 하였으니, (훈은) 둘레가 5촌, 길이가 3촌 4분이다.[『周禮』「小
師」, “掌教塤”, 註云, “塤燒土爲之, 大如雁卵”, 謂之雅塤. 郭璞『爾雅』注云,
“大如鵝子, 銳上平底, 形如稱錘, 六孔. 小者如雞子”, 謂之頌塤. 凡六孔, 上
一, 前三, 後二. 又「笙師」, “掌[教]¹吹塤”, 『世本』云, “暴辛公作塤”, 圍五
寸半, 長三寸四分.]

---

1 [教]: 저본에는 ‘教’가 없으나, 『周禮』「春官·笙師」에 의거하여 보충하였다.

① 송훈(頌塤): '훈'은 흙을 구워서 만든 취악기이다. 마단림의 『문헌통고
(文獻通考)』「악(樂) 8」에 "옛날에 아훈이 있었는데 기러기 알만 하고,
송훈은 달걀만 하니, 그 소리가 높고 탁하였다. 『시』의 아(雅)와 송(頌)
에 합주했기 때문에 (그런 명칭이 생긴 것이다).[古有雅塤如雁子, 頌塤如雞
子, 其聲高濁. 合乎雅頌故也.]"라고 하였다.

② 포신공(暴辛公): 전국시대에 대부 신(辛)이 포읍(暴邑)에 봉해져 포국(暴
國)을 세웠는데, 그의 작위가 공(公)이었기 때문에 포신공(暴辛公)이라 칭
했다고 한다. 포신공은 훈을 잘 불었다고 한다.

篪

옛『삼례도』에 "아지(雅篪)는 길이 1척 4촌이고, 둘레 3촌이며, 위쪽의 구멍[翹]은 길이 1촌 3분으로 둘레에 스스로 어울리게 한다. 구멍은 9개이다. 송지(頌篪)는 길이 1척 2촌이다."라고 하였다. 『이아』「석악(釋樂)」곽박의 주에는 "'지(篪)'는 대나무로 만드는데, 길이는 1척 4촌이고, 둘레는 3촌이다. 하나의 구멍이 위쪽으로 1촌 3분 나 있는데, '교(翹)'라고 칭한다. 가로로 분다. 작은 것은 1척 2촌이다. 『광아』에는 '구멍이 8개이다.'라고 하였다."고 하였다. 정중(鄭衆)은 "(지는) 7개의 구멍이 있다."고 하였고[①] 『주례주소』「춘관·생사(笙師)」가공언의 소에는 "9개의 구멍·7개의 구멍은 모두 잘못된 것이니, 8개의 구멍이라고 해야 한다."고 하였다.[②]

[舊『圖』云, "雅篪長尺四寸, 圍三寸, 翹長一寸三分, 圍自稱, 九孔. 頌篪尺二寸." 郭璞『爾雅』注云, "篪以竹爲之, 長尺四寸, 圍三寸, 一孔上出寸三分, 名翹. 橫吹之. 小者尺二寸. 『廣雅』云, '八孔.'" 先鄭云, "七孔." 賈疏云, "九·七皆誤, 當云八孔."]

① 정중(鄭衆)은 ~ 하였고: 『주례』「춘관·생사(笙師)」 정현의 주에 "정중은 '우(竽)는 36개의 떨림판[簧]이 있고, 생(笙)은 13개의 떨림판이 있다. 지(篪)는 7개의 구멍[孔]이 있다.'고 하였다.[鄭司農云, '竽, 三十六簧, 笙, 十三簧. 篪, 七孔.]"라고 하였다.

② 『주례주소』「춘관·생사(笙師)」 가공언의 소에는 ~ 하였다: 『주례』「춘관·생사(笙師)」 가공언의 소에 "『광아』에 '지(篪)는 대나무로 만드는데, 길이는 1척 4촌이다. 8개의 구멍이 있는데, 하나의 구멍이 위쪽으로 1촌 3분 나 있다.'고 하였다. 『예도(禮圖)』에 '지(篪)는 9개의 구멍이 있다.'고 하였다. 정중은 '7개의 구멍이 있다.'고 하였는데, 대체로 기록한 자가 잘못한 것이니, 마땅히 8개의 구멍이라고 해야 한다. 혹 정중이 따로 본 바가 있을 수도 있다.[『廣雅』, '篪, 以竹爲之, 長尺四寸. 八孔, 一孔上出寸三分.' 『禮圖』云, '篪, 九空.' 司農云'七孔', 蓋寫者誤, 當雲八孔也. 或司農別有所見.]"라고 하였다.

【投壺圖05：14-篴적】

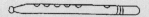

『주례』「춘관·생사(笙師)」에 "(생사는) 적(篴) 부는 법을 가르치는 일을 관장한다."고 하였는데, 두자춘(杜子春: ?~?)①은 "오늘날 부는 것은 5개의 구멍이 있는 대나무로 만든 적(篴)이다."라고 하였다. 또 한나라 때 구중(丘仲)②이 적(笛)을 만들었는데, 길이는 2척 4촌으로 6개의 구멍이 있다. '적(笛)'은 씻는다[滌]는 뜻이니, 사악하고 더러운 것을 씻어서 없애버리는 것이다.

[『周禮』「笙師」, "掌[敎]¹吹篴", 杜子春云, "今時所吹五空竹篴." 又漢丘仲作笛, 長二尺四寸, 六孔. 笛者, 滌也, 所以滌蕩邪穢也.]

1　[敎]: 저본에는 '敎'가 없으나, 『周禮』「春官·笙師」에 의거하여 보충하였다.

① 두자춘(杜子春: ?~?): 전한 말에서 후한 초의 경학자로, 하남(河南) 구지(緱氏) 사람이다. 유흠(劉歆)에게 『주례』를 배웠으며, 정중(鄭衆)과 가규(賈逵)는 그의 제자이다. 후한시대 『주례』의 전수에 커다란 역할을 하였다. 청대 마국한(馬國翰)의 『옥함산방집일서(玉函山房輯佚書)에 『주례두씨주(周禮杜氏注)』가 집일되어 있다.

② 구중(丘仲): 전한 무제 때의 악관으로, 응소(應劭)의 『풍속통의(風俗通義)』 등에 의하면 길이 2척 4촌, 7개의 구멍이 있는 적(笛)을 만들었으며, 또 강적(羌笛)을 발명했다고 한다.

籥

『주례』「춘관·생사(笙師)」에 "(생사는) 약(籥) 부는 법을 가르치는 일을 관장한다."고 하였다. 정현(鄭玄)은 "'약(籥)'은 적(篴)과 유사한데, 3개의 구멍이 있다."라고 하였다.

[『周禮』「笙師」, "掌教吹籥." 後鄭云, "籥如篴三空."]

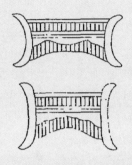

簫

옛 『삼례도』에 "아소(雅簫)는 길이 1척 4촌으로, 24개의 관(管)이 있다."고 하였다. 『이아』「석악(釋樂)」 곽박의 주에 "(大簫: 雅簫는) 23개의 관(管)이 있다. 송소(頌簫)는 1척 2촌으로 16개의 관이 있다."고 하였다.[①] 『주례주소』「춘관·소사(小師)」 가공언의 소에서 인용한 『통괘험(通卦驗)』에 "소(簫)는 길이가 1척 4촌이다."라고 하였는데, 『통괘험』의 정현 주에는 "소의 관(管)은 새의 날개를 본떴는데, 새[鳥]는 화(火)이다. 화는 수 7을 이루고, 수 2를 낳으니, 2×7=14이다. 소의 길이는 여기에서 유래한 것이다."라고 하였다. 또 응소의 『풍속통(風俗通)』에 "순임금이 소(簫)를 만들었는데, 봉황의 날개를 본떴다."고 하였다.【한나라 때 엿을 파는 사람들이 또한 이 소를 불었다.】

[舊『圖』云, "雅簫長尺四寸, 二十四管." 郭璞『爾雅』注, "二十三管. 頌簫尺二寸, 十六管." 賈疏引『通卦驗』云, "簫長尺四寸." 注云, "簫管形象鳥翼. 鳥爲火, 火成數七, 生數二, 二七一十四, 簫之長由此也." 又『風俗通』云, "舜作竹簫, 以象鳳翼."【漢時賣飴餳者, 亦吹之.】]

① 『이아』「석악(釋樂)」 곽박의 주에 ~ 하였다: 『이아』「석악」에 "대소(大
簫: 雅簫, 큰 퉁소)를 '언(言)'이라 한다. 소소(小簫: 頌簫, 작은 퉁소)를 '교(筊)'
라고 한다.[大簫謂之言, 小者謂之筊.]"고 하였는데, 곽박(郭璞)의 주에
"(대소는) 23개의 관을 엮은 것으로, 길이는 1척 4촌이다. (소소는) 16개의
관을 엮은 것으로, 길이는 1척 2촌이다.[編二十三管, 長尺四寸. 十六管,
長尺二寸.]"라고 하였다.

『이아』「석악(釋樂)」에 "축을 치는 방망이를 '지(止: 축 공이)'라고 한다."고 하였는데, 곽박의 주에는 "'축(柷)'은 검은 옻칠을 한 나무통과 유사한데【('桶'의) 음은 '動'이다.】, 사방으로 각각 2척 4촌이며, 깊이 1척 8촌이다. 가운데에 방망이 자루가 있는데, 밑바닥까지 연결되어 밀었다 당겼다하여 좌우로 부딪치게 한다. '지(止)'는 방망이의 명칭이다."라고 하였다. 『상서』「익직(益稷)」에 "축(柷)과 어(敔)로 합주하게 하거나 그치게 한다."

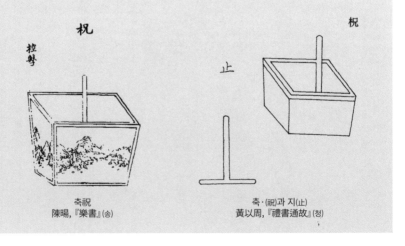

축柷
陳暘, 『樂書』(송)

축·(柷)과 지(止)
黃以周, 『禮書通故』(청)

고 하였는데, 정현의 주에는 "축은 형상이 검은 옻칠을 한 나무통과 유사한데, 방망이가 있다. 합악을 할 때 그 안에 방망이를 던져서 부딪치게 한다."고 하였다. 정현의 주에 따라야 한다. 오늘날 태상악(太常樂)을 연주할때도 사람들이 그 방망이를 집어 던져서 친다.

[『爾雅』云, "鼓柷謂之止", 郭璞注云, "柷如漆桶【音動.】, 方二尺四寸, 深一尺八寸. 中有椎柄, 連底挏之令左右擊. '止'者, 椎名." 『書』曰, "合止柷敔", 鄭氏注云, "柷狀如漆筩, 而有椎. 合樂之時, 投椎其中而撞之." 宜從鄭注. 今太常樂, 亦人執其椎, 投而擊之.]

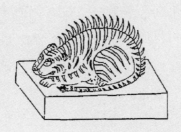

『이아』「석악(釋樂)」에 "어(敔)를 연주하는 채를 '진(籈)'이라 한다."고 하였는데, 곽박의 주에는 "'어(敔)'는 엎드린 호랑이의 형상과 유사하며, 등 위에 17개의 빗살 모양을 조각하고, 길이 1척의 나무채로 친다. '진(籈)'은 그 채의 명칭이다."라고 하였다. 이제 당나라 예에서는 (진을) 길이 2척 4촌 되는 대나무를 쪼개서 10개의 가닥으로 만들고, 어의 등에서 횡으로 친다. 또 『상서』「고요모(皐陶謨)」 정현의 주에 "'어'는 나무로 만든 호랑이의 형상이다. 등 위에 (호랑이 형상의) 조각이 있는데, 그것을 연주하여 음악을 그치게 하는 것이다."라고 하였다.

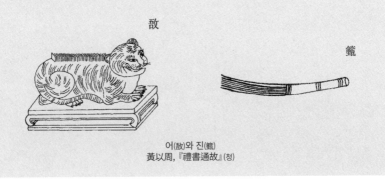

어(敔)와 진(籈)
黃以周, 『禮書通故』(청)

[『爾雅』云, "鼓敔謂之籈", 郭注云, "敔如伏虎, 背上有二十七鉏鋙刻, 以木長尺櫟之. '籈'者, 其名也." 今唐禮用竹長二尺四寸破爲十莖, 於敔背橫櫟之. 又鄭注云, "敔, 木虎也. 背有刻, 所以鼓之, 以止樂."]

牘

『주례』「춘관·생사(笙師)」에 "(생사는) "독(牘)을 치는 법을 가르친다."고 하였는데, 정중(鄭衆)은 "'독(牘)'은 대나무로 만드는데, 큰 것은 너비 5~6촌이고 길이는 7척이다. 짧은 것은 길이 1~2척이다. 그 끝에는 2개의 구멍이 있으며, 검붉은 옻칠을 하여 문양을 그려 넣었고, 양손으로 잡고서 땅을 찧는다."고 하였다.【('髹'의) 음은 '休(휴)'이다.】.

[『周禮』「笙師」, "教其舂牘", 先鄭云, "'牘'以竹, 大五六寸, 長七尺, 短者一二尺. 其端有兩空, 髹畫, 以兩手築地."【音休.】]

【投壺圖05：20-應응】

　『주례』「춘관·생사(「笙師」)」에 "(생사는) 응(應)을 치는 법을 가르친다."
고 하였는데, 정중은 "'응'은 길이는 6척 5촌인데, 그 안에 방망이가 들어
있다."고 하였다.

　[「笙師」, "教其春應", 先鄭云, "應長六尺五寸, 其中有椎."]

『주례』「춘관·생사(笙師)」에 "(생사는) 아(雅)를 치는 법을 가르치는 일을 관장한다."고 하였는데, 정중은 "'아'는 형상이 검은 옻칠을 한 통과 유사한데 주둥이가 좁고, 크기는 사람 손 두 주먹[二圍]① 정도이고, 길이는 5척 6촌이며, 양의 가죽으로 덧씌운다. 양쪽으로 끈이 있고, 성글게 그림을 그려 넣는다."고 하였다. 또 정현은 "독(牘)·응(應)·아(雅)의 악기에 대해서 그 치는 법을 가르친다고 한 것은 이들 악기로 땅을 찧는 법을 가르친다는 뜻이다. 생사(笙師)가 이를 가르치므로 3가지 악기는 뜰[庭]에 있음을 알 수 있다. 빈(賓)이 술에 취해서 뜰을 나갈 때 「해하(祴夏)」②의 악장을 연주하는데, 이 3가지 악기로 땅을 찧으면서 걸음의 절도를 삼게 하니, 예를 잃지 않도록 함을 밝히는 것이다."라고 하였다.【祴는 음이 '垓(해)'이다.】 또 『예기정의』「악기(樂記)」에 "아(雅)로써 빠름을 조절한다."고 하였는데, 공영달의 소에는 "'아(雅)'는 악기의 이름이다. 춤을 추는 사람이 속도가 빠르면 이 아(雅)의 악기를 연주하여 절제시킨다."라고 하였다.

[「笙師」, "掌敎舂雅", 先鄭云, "雅狀如漆筩, 而弇口, 大二圍, 長五尺六寸, 以羊韋鞔之. 有兩紐, 疏畫." 又後鄭謂, "牘·應·雅, 敎其舂者, 謂以築地. 笙師敎之, 則三器在庭可知也. 賓醉而出, 奏「祴夏」, 以此三器築地爲之行節, 明不失禮也."【祴, 音垓.】又「樂記」云, "訊疾以雅", 孔疏云, "雅, 樂器名. 舞者訊疾, 奏此雅器, 以節之也."]

① 사람 손 두 주먹[圍]: '위(圍)'는 둘레의 길이를 재는 단위로, 그 길이에 대한 정설은 없다. 양손 혹은 두 팔을 합한 길이라고도 한다.

② 「해하(祴夏)」: 고대의 악장인 '구하(九夏)' 가운데 하나다. 구하는 「왕하(王夏)」, 「사하(肆夏)」, 「소하(昭夏)」, 「납하(納夏)」, 「장하(章夏), 「제하(齊夏)」, 「족하(族夏)」, 「개하(祴夏)」, 「오하(驁夏)」로, 모두 문(門)과 정(庭)에서 연주하는 악장이다. 『주례주소』「춘관·종사(鍾師)」 정현의 주에 "두자춘이 말했다. '祴'는 '陔鼓'라고 할 때의 '陔'의 뜻으로 읽는다.… 빈객이 술에 취해서 뜰을 나갈 때 「해하」를 연주한다.'[祴, 讀爲陔鼓之陔…客醉而出奏.]"고 하였고, 가공언의 소에는 "빈객이 술에 취해 나갈 때 연주를 하는 것은 그가 예를 잃을까 염려되기 때문이다. 그러므로 「해하」를 연주하여 절제시켜서 예를 잃지 않도록 한다.[賓醉將出奏之, 恐其失禮, 故陔切之, 使不失禮.]"라고 하였다.

相

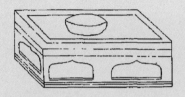

　　『예기정의』「악기(樂記)」에 "상(相)으로 무질서한 음악을 다스린다."
고 하였는데, 정현의 주에는 "'상(相)'은 곧 부(拊)이니, 또한 그것으로 음악
을 조절한다. '부(拊)'는 가죽으로 표면을 만들고 강(糠: 쌀겨)을 채워 넣는
다. '강'은 일명 '상(相)'이라고도 하며, 그로 인해 명칭을 삼은 것이다."라
고 하였다. 공영달의 소에는 "'난(亂)'은 다스린다는 뜻이다. '다스린다.'고
말하는 것은 음악을 연주할 때 부(拊)를 쳐서 음악을 보조하여 돕기 때문
이다."라고 하였다.

　　[「樂記」云, "治亂以相", 注云, "相, 卽拊也, 亦節樂. 拊者, 以韋爲表, 裝
之以糠. '糠', 一名相, 因以爲名焉." 孔疏云, "亂, 理也, 言理, 奏樂之時, 擊拊
而輔相於樂也."]

三禮圖集注

射侯圖 上

권6 사후도상

—

역주 최진묵

　활쏘기는 황제(黃帝) 때부터 시작되었다. 그러므로 『주역』 「계사전」
에 황제9사①에 대해 말하면서 "옛날에 현목(弦木)으로 활[弧]을 만들고, 섬
목(剡木)으로 화살[矢]을 만들었는데, 활과 화살의 날카로움이 천하를 위압
했다."라고 하였다. 또 『세본(世本)』②에는 황제의 신하인 휘(揮)가 활[弓]
을 만들고 이모(夷牟)③가 화살을 만들었다고 하였다. 활과 화살이 여기에
서 시작된 것이다. 『우서』④에서는 "사후의 예로써 밝힌다."⑤고 하였고,
『전』에는 "마땅히 사후의 예를 행할 때 선악의 가르침을 명확히 한다."라
고 하였다. 그렇다면 사후[射侯: 활쏘기 과녁]는 요순 시기에 (이미) 나타난
것이다. 하나라와 은나라에는 (관련) 문장이 남아 있지 않지만, 주나라에
이르러서는 크게 완비되었다. 그러므로 『예기』에는 천자·제후·경대부의
대사(大射)·빈사(賓射)·연사(燕射)에 관한 글과 각기 사용하는 과녁에 대한
내용이 있다. 『의례』 「향사례·기(記)」에 "군주는 국중(國中)에서 활쏘기를
한다."고 하였다. 정현의 주에서는 "'국중'은 성중(城中)이다. 연사를 말하
는 것이다. '교외에서'라는 것은 대사하는 것을 말하는 것이다. '경계에서'
라는 말은 인접한 국의 국군과 활쏘기를 하는 것이니 곧 빈사를 말하는 것
이다."라고 하였다. 『주례』 「천관(天官)·사구(司裘)」에서는 "왕의 대사례
에서는 호후, 웅후, 표후를 제공한다. (과녁에는) 다 곡(鵠)【'鵠'의 음은 古와
毒의 반절이다.】을 설치한다."라고 하였다. 이것은 이른바 가죽으로 만든 과
녁[皮侯]⑥을 말하는 것이다. 피후라는 것은 호랑이, 곰, 표범 등의 가죽으

로 과녁의 측면을 장식하는 것이며, 역시 그 곡은 사각형으로 만든다. 왕이 천지에 제사하고 종묘에 제사할 때 활쏘기를 하는 데, (피후는) 제후 경대부 사를 뽑아 활쏘기를 할 때 쓰는 과녁이다. 또한 『주례』「하관(夏官)·사인(射人)」에서 "왕은 여섯 명의 짝이 되는 사수[六耦][7]를 쓰며, 오정,[8] 삼정, 이정 등 세 종류 과녁을 사용한다."라고 하는 것은 내조한 제후들을 위한 빈사의 예를 말한 것이다. 또 『의례』「향사례·기」에 "무릇 과녁 중에서 천자의 웅후(熊侯)는 백색 바탕이며, 제후의 미후(麋侯)는 적색 바탕이며, 대부의 포후(布侯)는 호랑이나 표범을 그려 넣는다. 사의 포후에는 사슴이나 돼지를 그려 넣는다."라고 하였다. 이런 수후(獸侯)들은 연사 시에 펼쳐 놓은 과녁인 것이다. 무릇 과녁은 앞면이 당(堂)을 향하여 펼친다. 후도 90궁인 것은 포(布) 3장 6척을 쓴다.【이것이 바로 대후이다.】 대후는 상간(上个)[9] 하간(下个) 각기 3장 6척이다.【상간은 최상폭, 하간은 최하폭이다. 3장 6척이라고 함은 각기 좌우에 설(舌) 부분을 제외하고 말하는 것이다.】 중간은 1장 8척이다. 【『의례』「대사의」에 "측량하는 임무를 가진 양인(量人)이 이보(貍步)[10]로써 후도를 측량한다."고 하였다. 정현의 주에서는 "살쾡이는 어떤 동물인가? 걸음을 뗄 때마다 멈추고 원근을 살피고 한번 공격하면 곧 적중이다. 따라서 이것을 가지고 후도를 측량하는 모습으로 삼은 것이다."라고 하였다. 또 『의례』「향사례·기」에서 "후도 50궁인데, 궁 2촌으로 후중(侯中)을 삼는다."고 한 것은 『주례』「고공기」에서 궁을 6척으로 한다는 것으로, 보(步)와 상응한다는 것이다. 궁이라는 것은 과녁에서 취한 수이고 활 쏘는 도구에 해당되므로 후도는 궁에서 취한 것이다. 옛날에 포의 폭은 너비가 2척 2촌이므로[11] 2촌을 봉(縫)으로 삼고 모든 포의 폭은 2척으로 계산하였다. 그러므로 후 90궁, 궁 2촌으로 후중을 삼는다고 한 것이다. 2 곱하기 9는 18이다. 그러므로 후중의 길이는 1.8척이다.】 후중에는 포 9폭을 쓰며, 폭은 1장 8척이다. 【총 16장 2척이 된다.[12]】 후중을 두 배 하여 궁(躬)[13]으로 삼는다. 궁은 몸이다. 상궁(上躬: 과녁 윗부분의 궁)은 위로 상간(上个)에 접하고, 아래로는 중과 접한다. 하궁(下躬: 과녁 아랫부분의 궁)은 위로 중에 접하고, 아래로는 하간(下个)에 접한다. 모두 3장 6척이다.【상간과 하간은 총 14장 4척이 된다.】 배궁은 좌우 설이 된다. 【이것은 최상폭을 말한다. 총계 7장 2척이 된다. 좌우의 설은 위로 두 개의 간이다. 궁의 양쪽에 있는 것을 간이라고 하는데, 좌우에서 나오면 설(舌)이라고도 한다. 궁 바깥으로 양쪽 상(廂)은 1장 8척이 나온다.】 아래의 설은 위의 설의 반이다.[14]【좌우로 각각 9척이 나오고 위쪽 설은 즉 궁 아래 설에서 반이다. 위 아래 설 공히 5장 4척 5촌 3이다. 총 공용 포는 36장이다.】 상강과 하강에서 설심(舌鬂)이 나온다. 운(繝: 가는 끈)[15]은 1촌이다.【('繝'의) 음은 筍이다.】 강(綱)[16]이라는 것은 식(植)[17]에 과녁을 묶어 두는 것이다. 위아래에서 각기 설 1심(鬂)[18]이 나온다는 것은 사람의 긴 손의 마디와 같은 것이다. 운이라는 것은 과녁을 유지하는 묶는 끈같은 것이다. 역시 유(維: 벼리)라고도 한다. 그러므로 정현이 말하기를 "그 비스듬히 만든 궁과 설의 각이 유가 된다. 또 유(維)라고 한다."[19]라고 하였다. 옛 『삼례도』에서는 다만 세 개의 과녁만 저록하여 법칙으로 삼기에는 부진하다. 비록 번잡하게 해설을 하더라도 난변으로 돌아갈 뿐이다. 지금 세 개의 과녁 이외에도 다시 12건이 증가되었으니, 처음부터 15개의 과녁을 나누어 상하 두 권으로 하였다. 정(正)과 곡(鵠)의 차이를 다하고, 가죽과 머리의 상태를 드러내고자 하기 때문이다. 경전에 의거하여 의미를 펼침을 환하게 볼 수 있을 것이다. 또 옛 『삼례도』에서는 "윗 끈은 모두 12개이고, 아랫 끈은 모두 10개이다. 그러나 세 개 과녁에서 그 수는 똑같다."라고 하였다. 이 설 역시 잘못된 것이다. 알다시피 90궁, 70궁, 50궁의 과녁은 장척의 넓고 좁음이 다르다. 운(繝), 뉴(紐)의 묶음 방식도 당연히 다르다. 세 개의 과녁이 하나의 원리로 되어 있다고 보는 것은 도대체 어디에 근거한 것인가? 하물며 대후(大侯)의 위쪽 설이 7장 2척이고, 12뉴로 말한 바를 계산하며, 위쪽 설의 양쪽 끝은 4개의 뉴이고, 나머지는 8개의 뉴가 된다. 포(布)는 7장 2척의 사이에 9척마다 하나의 뉴가 있기에, 과녁이 느슨해져 상하가 정지되지 않으니, 이 역시 올바른 주장이 아니므로 지금 취하지 않는다. 그 운과 뉴의 개수는 과녁의 대소에 의해서 취하는 것이 옳을 것이다. 그리고 음악의 절주, 곡의 차등, 정에 색칠하기, 짐승의 털가죽, 각각 과녁의 그림에 따라서 해석해야 한다.

[射之所起, 在於黃帝. 故『易繫』黃帝九事云, "古者弦木爲弧, 剡木爲矢, 弧矢之利以威天下." 又『世本』以黃帝臣揮作弓, 夷牟作矢. 是弓矢起於此矣. 『虞書』曰, "侯以明之."『傳』云, "當行射侯之禮, 以明善惡之教." 則射侯見於堯舜. 夏殷無文, 至周大備. 故禮有天子諸侯卿大夫大射賓射燕射之文, 各張其侯.「鄕射記」曰, "君國中射." 注云, "國中, 城中. 謂燕射也. 於郊, 謂大射也. 於竟【音境.】, 謂與鄰國君射, 卽賓射也."「天官·司裘」, "王大射, 則供【音供.】虎侯熊侯豹侯, 設其鵠【古毒反.】", 此所謂皮侯也. 皮侯者, 謂用虎熊豹之皮各飾侯側, 亦方制其鵠. 王將祀天地祭宗廟以射, 選諸侯卿大夫士所射之侯也. 又「夏官·射人」"王以六耦, 射五正三正二正之三侯者, 謂來朝諸侯賓射之侯也." 又「鄕射·記」云, "凡侯, 天子熊侯, 白質 ; 諸侯麋侯, 赤質 ; 大夫布侯, 畫以虎豹 ; 士布侯, 畫以鹿豕." 此獸侯者, 燕射所張之侯也. 凡侯以嚮堂爲面. 侯道九十弓者, 用布三丈六尺【此謂大侯也.】. 大侯上个【讀爲搢公幹之幹.】下个各三丈六尺【上个, 最上幅 ; 下个, 最下幅也. 三丈六尺各除左右出舌而言也.】. 中丈八尺【「大射」, "量人量侯道以貍步." 注云, "貍之伺物, 每擧足者, 正視遠近, 爲發必中也. 是以量侯道取象焉." 又「鄕射·記」云, "侯道五十弓, 弓二寸以爲侯中"者, 以「考工記」弓之下制六尺, 與步相應. 弓者, 侯之所取數, 宜於射器, 故侯道取於弓也. 古者布幅廣二尺二寸, 以二寸爲縫, 諸幅皆以二尺計之. 此侯九十弓, 弓二寸以爲侯中. 二九十八, 故中丈有八尺也.】侯中用布九幅, 幅有丈八尺【總十六丈二尺.】. 倍中以

爲躬. 躬, 身也. 上躬上接上个, 下接中; 下躬上接中, 下接下个. 皆三丈六尺
【與上个下个總十四丈四尺.】. 倍躬以爲左右舌【此謂最上幅. 通數七丈二尺者也. 左
右舌, 卽上兩个也. 在躬兩傍謂之个, 左右出謂之舌, 躬外兩廂各出丈八尺.】. 下舌半上
舌【左右各出九尺, 上舌則半者於躬下舌. 上下舌共五丈四尺五寸三, 總共用布三十六丈
也.】. 上綱與下綱出舌尋. 緇, 寸【音筠.】. 綱者所以繫侯於植者也. 上下各出舌
一尋者, 亦人張手之節也. 緇者, 籠綱維持侯者也. 亦謂之維. 故鄭云"其邪制
躬舌之角者爲維, 亦曰維"耳. 舊『圖』唯著三侯, 取法不盡. 雖繁解說, 難辨指
歸. 今於三侯之外更增十二件, 通前十五侯分爲上下卷. 所以盡正鵠之差, 見
皮首之狀. 依經申義, 煥然可觀. 又舊『圖』云："上紐皆十二, 下紐皆十. 而三
侯數同." 此說亦失. 知者, 九十七十五十弓之侯, 丈尺廣狹不同, 緇紐籠繫宜
異. 今三侯一揆, 何所據乎? 且以大侯上舌七丈二尺, 以十二紐所說計之, 上
舌兩端共使四紐, 餘有八紐. 布在七丈二尺之間, 每九尺一紐, 則侯之緩縱上
下不停, 旣非正文, 今亦不取. 其緇紐之數, 但依侯大小取稱爲是. 其於樂之節
奏, 鵠之等衰, 正之采緇, 獸之毛物, 各隨侯圖而解之.

① 황제 9사: 『주역(周易)』「계사전 하(繫辭傳下)」에 있는 한 장의 명칭이 다. 이 장에서 서술한 것은 황제와 요순이 "의상을 늘어뜨리고 천하를 다스렸다."는 문장 아래 아홉 가지 일이다.

② 세본: 황제로부터 전국시대까지의 제왕, 제후, 경대부들의 세계(世系)와 씨성, 또한 제왕의 도읍, 시법(諡法) 등을 기록한 책으로, 「제계(帝系)」 「왕후세(王侯世)」 등 전체 15편으로 구성되었다고 알려져 있지만, 남송 대 거의 일실되었고, 현재는 여타 문헌에 일부 문장 등이 남아 있는 것 을 모은 8종 집본이 남아 있다.

③ 이모(夷牟): 『세본』에 대한 송충(宋衷)의 주석에는 휘와 이모가 황제의 신이라는 것 이외에 다른 설명은 없다. 다만 장주(張澍)는 시(矢)는 전 (箭)과 같다고 보충하고 있다.

④ 우서: 『상서(尙書)』「우서(虞書)·익직(益稷)」을 말한다.

⑤ 사후의 예로써 명확히 밝힌다: 이 구절의 앞부분은 "신하의 도리를 깨 닫지 못한다면"이라는 구절이다. 따라서 이 문장은 사후의 의례로써 명확히 신하들에게 교훈을 준다는 의미로 이해된다.

⑥ 피후: 『주례』 가공언의 소에서는 천자에 세 종류 과녁이 모두 호랑이 곰 표범의 가죽을 사용하므로 피후라고 부른다고 해석하고 있다.

⑦ 육우: 耦는 '偶'와 같은 의미의 글자이다. 사례를 할 때 반드시 두 사람 이 계단에 올라 동시에 활을 쏘게 되는데, 이렇게 상대하여 활을 쏘므 로 '耦'라고 한 것이다. 육우는 6명의 맞사수를 말한다.

⑧ 오정: 과녁 중에는 곡이 있고, 곡 중에는 정이 있다. 오정이라는 것은 이 정을 다섯 가지 색채 즉, 주색(朱色: 붉은색), 백색, 청색, 황색, 흑색으로 과녁의 정부분을 색칠한 것을 말한다. 삼정은 여기에서 흑색과 황색을 빼고, 이정은 오직 주색과 연록색 두 가지 색만을 사용하는 것을 말한다.

⑨ 간(个): 설(舌)이라고도 한다. 후중의 위아래에 각각 포폭을 유지하는 부분이 있는데, 위아래 양쪽 끝단과 좌우 양쪽에서 과녁을 넘는 부분을 상하좌우 "간"이라고 부른다.

⑩ 이보(貍步): 대사례를 행할 때 과녁까지의 거리 즉 후도(侯道)를 측량하는 기구이며, 대체로 길이 6척이다. 궁(弓)과 같은 길이이다. 『주례』「하관·사인」에서 "若王大射, 則以貍步張三侯"라는 구절에 대한 정현의 주에 "살쾡이는 (다른 동물을) 잘 잡는 동물이다. 가다가 멈추고 하는 것이 곧 측량하는 모습과 유사하여 이 동작을 후도를 측량하는 법으로 삼은 것이다."라고 하였다.

⑪ 포의 폭은 ~ 2척 2촌이므로: 『운몽진간』에 나오는 포의 규격은 2척 2촌이 일반적이었고, 장가산한간 『이년율령』에도 똑같이 적용되었지만, 이와 다르게 2척 5촌도 존재했던 것으로 확인된다.

⑫ 16장 2척: 9(폭)×18척 (1장 8척) = 162(척)이 된다.

⑬ 궁(躬): 후중의 상하 각 폭에 접하는 부분을 말한다. '倍中以爲躬'이란 말은 중을 두 배 하면 궁이 된다. 즉 궁의 길이가 중의 두 배라는 뜻이다. '배중'은 송본(宋本)에서는 원래 '倍射'로 되어 있는데, 『주례』「하관·재인(梓人)」에 의거하여 고쳤다.

⑭ 원문은 '下舌半上舌'인데, 이 의미는 과녁의 아랫부분 좌우 설의 길이는 윗부분 좌우 설 길이의 반이라는 뜻이다.

⑮ 운(縜): 과녁의 상하좌우 설에는 모두 끈으로 묶고, 식이라는 나무로 양쪽을 고정한다. 설 위에 끈을 관통하는 매듭[紐]을 사용하는데 이것을 운이라고 부른다.

⑯ 강(綱): 벼리라고 번역하는 단어로, 과녁을 나무에 묶어 두는 굵은 끈이다.

⑰ 식(植): 과녁의 양쪽에 세우는 나무로, 과녁을 고정하는 역할을 한다.

⑱ 심(尋): 길이의 단위로 8척을 말한다.

⑲ 이 구절은 『의례』 대사의(大射儀)에서의 정현의 주석이다. 원문의 앞부분 "躬舌之角"은 판본에 따라 "射舌之角"으로 되어 있기도 하다. 이때 사설(射舌)은 솔귀라고 하여 포목으로 된 과녁의 모서리를 말한다. 또한 원문의 뒷 부분 "亦曰維"은 반복적이어서 의아한데, 『의례』에서는 "或曰維當爲縜"으로 되어 있는 것을 고려하면, 일부 글자의 탈루가 있었던 것으로 의심된다.

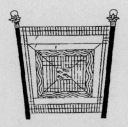

『주례』「천관·사구(司裘)에 "(사구는) 왕이 대사례(大射禮)를 거행할 때, 호후[호피 과녁]를 공급하는 일을 관장한다."라고 하였다. 왕의 대사례는 왕이 사교(四郊)에서 오제에게 제사하거나 원구에서 호천(昊天)에 제사하거나 선왕을 제사할 때 제사를 돕는 자를 선발하기 위한 것이다. 그러므로 사방의 교외의 소학 가운데에서 왕이 제후 및 군신들과 함께 대사례를 행하는 것이다. 호피과녁이라는 것은 포(布)로 만든 과녁의 가장자리를 호랑이 가죽으로 장식한 것을 말한다. 그 과녁의 중심 역시 호랑이 가죽으로 사각형으로 제작하여 과녁의 중심부에 붙인다. 그 (활 쏘는 자와) 과녁 간의 거리는 90궁(弓)[1]으로 하고, 과녁의 중심부분[侯中]은 1궁마다 2촌으로 한다.[2] 중심부분이 곧 과녁의 몸체이다. 과녁의 몸체 부분은 너비 1장 8척이고, 과녁을 삼분의 일로 나누면 곡(鵠: 중심)[3]은 그 한 부분이다. 그러므로 곡의 사각형은 (각기) 6척인 것이다. 이것이 (바로) 왕이 활을 쏠 때 사용하는 과녁이다. 『주례』「고공기·재인(梓人)[4]」에 "가죽과녁을 펼쳐서 과녁의 중심에 부착한다."[5]고 한 것과 같은 것이다. 과녁은 위는 넓고 아래는 좁게 만드니, 대체로 사람에게서 모양을 따온 것이다. (사람이) 팔을 벌리면 8척, 발을 벌리면 6척이 되기 때문이다. 이것은 형상의 비율을 취한 것이다. 음악은 「추우(騶虞)」⑥ 9절로 한다.

[「司裘」王大射則共虎侯. 言王大射者, 謂王將祀五帝於四郊, 昊天於圓丘, 及享先王選助祭者. 故於四郊小學之中, 王與諸侯及羣臣等行大射之法也. 虎侯者, 謂以虎皮飾其布侯之側, 其鵠亦以虎皮方制之, 著於侯中. 其侯道九十弓, 弓二寸以爲侯中. 中亦身也. 侯身廣丈八尺, 三分其侯而鵠居一焉. 則鵠方六尺矣. 此王之所射之侯也. 與「梓人」張皮侯而棲鵠共爲一事. 侯制上廣下狹, 蓋取象於人張臂八尺, 張足六尺. 是取象率焉. 樂以「騶虞」九節.]

① 90궁(弓): 『의례』「향사례」 가공언의 소에 의하면, 6尺을 1보(步)라 하고 궁(弓)의 고제(古制)는 6척이므로 대략 보와 상응한다고 하였다.

② 과녁의 중심부분[侯中]은 1궁마다 2촌으로 한다: '후중(侯中)은 과녁의 중심부를 말한다. 이것의 크기는 활 쏘는 자와 과녁 간의 거리에 따라 달라진다. 그 비례관계는 대략 1궁(弓: 6尺)에 과녁 중심부의 한 변을 2촌으로 한다. 그러므로 90궁의 거리에는 과녁 중심부의 크기는 1장 8척이 되는 것이다. 70궁의 거리에는 1장 4척, 50궁의 거리이면 1장이 되는 것이다.

③ 곡(鵠: 중심): 본래는 거위를 닮은 물새 종류를 말하는 것으로, 종종 '고니'로 번역된다. 울음소리가 '곡곡(鵠鵠)'하고 체형은 거위보다 큰 것으로 알려져 있다. 정현도 『의례』 대사편의 주에서 곡을 새 이름으로 보았다.

④ 재인(梓人): 악기걸이, 음식기, 과녁 등을 전문적으로 제작하는 장인을 말하며, 넓게는 일반적으로 목공이나 건축의 공정을 담당하는 공인을 말한다.

⑤ 가죽과녁을 ~ 부착한다: 『주례』「고공기·재인」에 "張皮侯而棲鵠, 則春以功. 張五采之侯, 則遠國屬. 張獸侯, 則王以息燕."이라는 구절의 일부이다. 여기에서 피후(皮侯)는 호(虎), 웅(熊), 표(豹)의 짐승가죽으로 만든 과녁을 말한다. 활 쏘는 자와 과녁과의 거리를 말하므로 궁이라고 한 것이다. 『주례』「천관·사구」의 정현 주에 의하면 호피 과녁은 90궁

으로 하고, 곰가죽 과녁은 70궁, 표범가죽 과녁은 50궁으로 한다.

⑥ 「추우(騶虞)」: 『시』「국풍·소남(召南)」 편의 시 명칭이다. 상상 속의 신령한 동물로 알려져 있지만, 천자의 동물과 동산을 관리하고 사냥하는 관리를 뜻하기도 한다. 한편 『묵자』「삼변(三辯)」 편에 의하면 '주 성왕(成王)이 옛 음악을 바탕으로 스스로 새 음악을 지어 추우라고 이름 지었다.'는 기록이 있다. 혹은 「추오(騶吾)」라고도 한다.

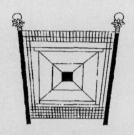

　　왕의 대사례를 거행할 때, 사구(司裘)는 또한 웅피[곰 가죽] 과녁을 공급한다. 이것은 제사를 도울 때 제후가 쏘는 과녁이다. 이 역시 웅피로 가장자리를 장식한 것으로 그 곡(鵠)을 사각형으로 만든 것이다. 과녁의 거리는 70궁이고, 과녁의 중심은 1궁마다 2촌으로 하니 너비는 1장 4척이 된다. 또한 과녁을 삼분으로 나누면 곡은 그중 하나가 된다. 곧 곡의 사각형은 한 변이 4척 6촌 3분의 2가 되는 것이다. 가공언(賈公彦)의 소에서 "과녁의 너비가 1장 4척인데 (그중에서) 1장 2척을 취해서 (이를) 삼분하면 4척을 얻는다. 또(계산에 넣지 않은) 2척 안에서 1척 8촌을 취하고 (그것을 다시 삼분하면) 6촌을 얻는데, (결국) 2촌만 남게 된다. 1촌을 삼분하는데, 2촌은 총 6분이 된다. (여기에서) 2분을 취한다. 3분에서 2분은 3분촌의 2가 되는 것이다. 즉 대반촌(大半寸)[1]이다. 그러므로 곡의 사각형은 4척 6촌의 3분의 2가 되는 것이다."[2]고 하였다. 또 『주례』「고공기·재인」에서는 "과녁은 광(廣: 너비)과 숭(崇: 높이)이 있는 사각형이다."라고 하였다. 여기에서 '숭'은 높이이다. 상하를 '숭'이라 하고, 옆으로의 길이를 '광'이라고 한다. 즉 "호피 과녁은 중심이 1장 8척이고, 웅피 과녁의 중심은 1장 4척이며, 표미

(豹麋: 표범과 큰 사슴) 과녁의 중심은 1장이 되며 모두 사각형이다."라고 말할 수 있다. 그러므로 "너비와 높이가 있는 사각형이다."라고 말할 수 있다. 또 제후가 화살을 쏠 때 음악은 「이수(貍首: 삵괭이 머리)」[③] 7절을 쓴다.

[王大射, 司裘亦共熊侯. 此助祭諸侯所射之侯也. 亦以熊皮飾侯側 兼方制其鵠. 侯道七十弓, 弓二寸以爲侯中, 廣丈四尺. 亦三分其侯而鵠居其一. 則鵠方四尺六寸大半寸者. 賈釋云, 以侯廣丈四取丈二, 三分之, 得四尺. 又於二尺之內取尺八寸, 得六寸, 有二寸在. 寸爲三分. 二寸, 總六分, 取二分. 二分於三分爲三分寸之二也. 三分寸之二, 卽是大半寸也. 故云鵠方四尺六寸大半寸, 又梓人爲侯廣與崇方, 崇高也. 上下爲崇, 橫度爲廣. 則虎侯中丈八尺, 熊侯中丈四尺, 豹麋侯中一丈, 皆方. 故云"廣與崇方也." 又射之諸侯, 樂以「貍首」七節.]

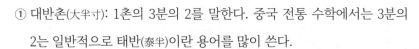

① 대반촌(大牛寸): 1촌의 3분의 2를 말한다. 중국 전통 수학에서는 3분의 2는 일반적으로 태반(泰牛)이란 용어를 많이 쓴다.

② 곡의 사각형은 ~ 것이다: 가공언의 주석을 수식으로 표현하면 다음과 같다.

14(尺)÷3= (12÷3)+(1.8÷3)+(0.2÷3) = 4.6척+ 2/3(尺).

③「이수(貍首: 살쾡이 머리)」:『한비자』「팔설(八說)」, 『공자가어』「변악(辨樂)」 등에서 제후가 사례(射禮)를 거행할 때 부르는 노래로 소개하고 있다.

왕의 대사례에서 사구는 또한 표후를 공급한다. 이것은 제사를 도울 때 경대부(卿大夫)와 사(士)가 쏘는 과녁이다. 역시 표범가죽으로 과녁의 측면을 장식하는 것이며, 동시에 표범가죽으로 그 곡(鵠)을 사각형으로 만든다. 과녁의 거리는 50궁이므로 궁 2촌을 과녁의 중심으로 하며, 너비는 1장으로 하고, 역시 그 과녁을 3등분하여 곡은 그중 하나를 차지한다. 즉 곡의 사각형은 3척 3촌 3분의 1(33⅓촌)이다. 가공언(賈公彦) 해석에서 말하기를 "과녁의 너비 1장 내에서 9척을 취해 3척을 얻는다. (나머지) 1척에서 (다시) 9촌을 취해 3촌을 얻는다. (나머지) 1촌을 3분으로 나누어 1분을 취한다. 즉 (나머지) 2분 중의 1분은 3분촌으로 계산하면 3분촌의 1이 된다. 즉 3분의 1촌이다." 그러므로 말하기를 "곡의 사각형은 3척 3촌과 3분의 일이다."라고 하는 것이다. 곡이라고 하는 것은 간곡(鳱鵠)①에서 따온 것이다.【앞 글자 간은 고古와 한寒의 반절反切이고, 뒷 글자 곡은 고古와 옥沃의 반절이다.】 간곡은 작은 새인데 민첩하고 약아서(영리해서) 맞추기 어렵다. 그러므로 적중해서 맞추면 준(儁, 우수함)이라고 하고, 곡을 맞춘 자는 교(較)라고 한다. 교라는 말은 곧바르다[직直]는 뜻이다. 활을 쏘면 곧바르게 나가기 때문에 그 뜻을 나타내는 것이고, 호랑이 곰 표범은 사나움이 엎드려 있음을 보이는 것이다. (이것은) 사납고 패려한 제후들을 능히 엎드리게 할 수 있음을 말한 것이다. 사슴[麋]은 미혹이다. 사슴가죽으로 과녁을 만드는 것은 미혹한 제후를 능히 토벌할 수 있음을 보이는 것이다.② (활을) 쏜다는 것은 대례이다. 그러므로 세 개의 과녁[호후, 웅후, 표후]에서 얻는 의미가 매우 많다. 또한 과녁까지의 거리가 90궁, 70궁, 50궁으로 하여 원근이 각각 세 개로 나눠진 것은 인간에게는 존비가 있기 때문에 세 개로 나눈 것이다. 존자는 멀리 쏘며 비자는 가까이 쏘게 되는 것이다. 『예기』「사인」에서 말하기를 "고, 경, 대부는 채빈(采蘋)을 음악으로 하여 5절 연주하고, 사는 채번(采繁)③을 음악으로 5절을 연주한다."고 하였다.【사는 대사례는 없으나, 빈사(賓射)나 연사례(燕射禮)만 있다. 사는 택할 만한 신하가 없으므로 대사례가 없는 것이다.】

[王大射, 司裘亦共豹侯. 此助祭卿大夫幷士所射之侯也. 亦以豹皮飾侯側, 兼以豹皮方制其鵠. 侯道五十弓, 弓二寸以爲侯中, 廣一丈, 亦三分其侯而鵠居其一. 則鵠方三尺三寸少半寸者, 賈釋云, 以侯廣一丈內取九尺, 得三尺. 一尺取九寸, 得三寸. 一寸分爲三分, 取一分. 則一分於二分爲三分寸之三分寸之一, 則是少半寸. 故云鵠方三尺三寸少半寸也. 謂之鵠者, 取名於鳰鵠.【上古寒切, 下古沃切.】鳰鵠, 小鳥, 捷點難中. 是以中之爲雋, 而取鵠之言較. 較者, 直也. 射所以直已志. 虎熊豹示伏猛, 言能伏得猛厲諸侯也. 麋者, 迷也. 以麋皮爲侯, 示能討擊迷惑之諸侯也. 射者, 大禮. 故於三侯之上取義衆多. 又侯道九十, 七十, 五十弓遠近三等者, 以人有尊卑, 分爲三節, 尊者射遠, 卑者射近故也. 射人云, 孤卿大夫, 樂以采蘋五節, 士, 樂以采繁五節.【士無大射, 而有賓射, 燕射之禮. 以士無臣可擇, 故無大射之禮.】]

① 간곡(鵾鵠):『자서(字書)』에는 '鵾'이 雁(기러기)과 같다고 설명하고 있다. 또한 鵠은 작은 새가 아니다. 일설에는 곡은 새 중에서 큰 새로 힘이 있어 멀리 날기 때문에 그것을 맞추기 어렵다고 한다.

② 사납고 ~ 보이는 것이다.: 본래『주례정의』와『논형』등에 나온 말을 인용한 것이다.

③ 채번(采繁):『시경』「국풍·소남」에 있는 시로 '흰쑥을 뜯는다'는 의미이다. 제사를 지내기 위한 흰쑥을 뜯기에, 대부의 아내가 직분을 잃지 않고 법도를 잘 따르고 있음을 읊은 것이다. 채빈(采蘋) 역시 개구리밥[수초]을 따서 광주리에 담고 가마솥에 삶아 제물로 올린다는 것으로, 대부의 아내가 직분을 잃지 않음을 읊은 것이다. 물론 이들 시에 등장하는 인물이 궁녀인지, 부인(夫人)인지, 노비인지에 대해서는 논쟁이 있다.

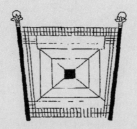

『주례』「천관·사구」에서 "제후는 웅후와 표후를 공급한다."고 하였다. 이것은 기내제후들이 대사례에서 장차 선조에 제사 지낼 때 역시 여러 신하들과 함께 활쏘기를 하고 선비를 선택한다는 것을 말한다. 웅후는 즉 제후가 직접 스스로 활 쏘는 과녁이다. 표후는 제사를 돕기 위해 선발된 신하가 활 쏘는 과녁이다. 역시 곰과 표범의 가죽으로 그 가장자리를 장식하며 사각형으로 곡을 만든다. 그 과녁까지의 거리[侯道]와 곡(鵠)의 위치는 모두 왕의 웅후와 표후와 같게 한다.

[司裘云, 諸侯則共熊侯豹侯, 此謂畿內諸侯大射, 將祀先祖, 亦與羣臣射, 以擇士. 熊侯, 則諸侯自射者也. 豹侯, 所選助祭臣下所射者也. 亦以熊豹皮各飾其侯側, 方爲之鵠. 其侯道, 鵠居皆與王之熊侯豹侯同.]

【射侯圖上06：05-麋侯미후(畿內有采地 卿大夫所射)】

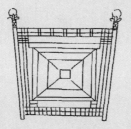

『주례』「천관·사구」에 "경대부에는 미후를 제공한다."고 하였다. 이
것은 왕이 경, 대부 및 기내에 채읍이 있는 자들의 조회를 받고 장차 선조
에 제사를 지낼 때 대사례를 행한다는 것을 말한다. 미후를 펼쳐서 군주와
신하가 함께 활쏘기를 하는 것이다. 역시 사슴의 가죽으로 그 가장자리를
장식하며 그 가죽으로 곡을 사각형으로 만들어 과녁의 중앙에 붙인다. 과
녁까지의 거리는 50궁으로 하고 과녁의 너비와 곡의 한 변 등의 길이에 관
한 수치는 왕의 표후와 같게 한다.

[「司裘」云, 卿大夫則供麋侯. 此謂王朝卿大夫畿內有采地者, 將祭先祖,
亦行大射之禮. 張麋侯, 君臣共射焉. 亦以麋皮飾侯側, 又以皮方制其鵠, 著於
侯中. 其侯道亦五十弓. 侯廣鵠方丈尺之數,亦與王之豹侯同.]

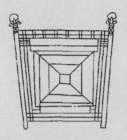

　　기내의 제후가 장차 선조에 제사 지낼 때 역시 대사례를 지내고 세 종류의 과녁에 활을 쏘는 것은 천자와 똑같다. 기내제후는 존자와 가까이 있기 때문에 천자와 똑같이 세 종류의 과녁을 사용할 수 없다. 다만 두 종류의 과녁을 사용할 뿐이다. 기외제후는 존자와 멀리 있기 때문에 (세 종류를) 사용할 수 있다. 세 종류의 과녁이 비록 같아 보여도 사용하는 가죽은 다를 뿐이다. 즉「대사례」에서 (말한) 대후는 90, 삼후 70, 간후 50이 바로 그것이다. 대사례에서 곧바로 90, 70, 50이라고만 말하고 '궁(弓)'자를 언급하지 않았지만, 『의례』「향사례·기」정현의 주에서 말한 것을 살펴보니 "대후 90궁, 삼후 70궁, 한후 50궁"으로 되어 있으니 이것으로 '궁'자가 붙는다는 것을 알 수 있다. 또「대사(大射)」의 주에서 말하기를 "삼은 삼으로 읽는다. 삼은 혼합한다는 뜻이다. 간(干)은 안(豻)으로 읽는다. 안(豻)은 오랑캐의 개라는 뜻이다. 기외제후는 스스로 대후를 쏘니 곧 웅후이다. 대후라고 말하는 것은 천자의 대후와 90궁이 똑같이 때문이다. 그 삼후는 제사를 도울 때 쏘는 것이다. 대후는 천자와 비록 같다고 하더라도 그 삼후 안후 두 과녁에서 사용하는 가죽은 다르다.

[畿外諸侯將祭先祖, 亦行大射而射三侯, 與天子同. 畿內諸侯近尊, 不得同於天子三侯, 但射二侯而已. 畿外諸侯遠尊, 故得申也. 三侯雖同, 而用皮別耳. 卽大射, 大侯九十, 糝侯七十, 犴侯五十是也. 大射直言九十 七十 五十, 不云弓者, 案鄕射記注云, 大侯九十弓, 糝侯七十弓, 犴侯五十弓. 是有弓可知也. 又大射注云, 參讀曰糝, 糝雜也. 干, 讀曰犴. 犴, 胡犬也. 畿外諸侯自射大侯, 卽熊侯也. 云大侯者, 與天子大侯同九十弓也. 其糝侯, 助祭者所射也. 大侯與天子雖同, 其糝犴二侯用皮爲別.]

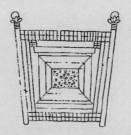

이것은 기내제후 경대부가 군주의 제사를 도울 때 (대사례 중의) 활을 쏠 때 사용하는 과녁 삼후이다. 삼이라는 것은 섞다[雜]라는 뜻이다. 잡후라 는 것은 표범이 사슴보다 존귀하므로 표범가죽으로 곡을 만들고 사슴으 로 가장자리를 장식한다는 것을 밝힌 것이다. 순수하게 표범이나 사슴만 을 쓰지 않은 것은 천자보다 낮은 경대부이기 때문이다. 그 후도[과녁까지 의 거리]는 70궁으로 하고 후광[과녁의 너비]과 곡의 크기 등 수치는 천자 의 웅후와 똑같이 한다.

[此謂畿外諸侯卿大夫, 助祭於君, 所射之糝侯也. 糝, 雜也. 雜侯者, 以豹 尊於麋, 明以豹爲鵠, 以麋爲飾耳. 不純用豹麋者, 下天子卿大夫故也. 其侯道 七十弓. 侯廣鵠方丈尺之數, 並與天子熊侯同.]

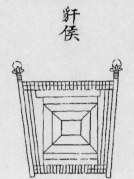

안후(豻侯)는 기외제후의 사들이 군주를 도와 제사를 지낼 때 (대사례 중에) 활쏘는 과녁이다. 안(豻)①은 오랑캐 지역의 들개이다. 안피로써 과녁을 장식하고 역시 사각형으로 곡을 만든다. 그 후도[과녁까지의 거리]는 50궁이며 후광과 곡의 사각형 등은 천자의 표후와 똑같이 한다.

[豻侯者, 外諸侯之士助君祭所射之侯也. 豻, 胡地野犬. 以豻皮飾侯, 亦方制爲鵠. 其侯道五十弓, 侯鵠方廣並與天子豹侯同.]

① 안(豻): '豻'은 '犴'자 혹은 '干'자와 통하며 북방 호 지역에서 살던 들개
를 말한다. 발음으로는 '한'과 '간'도 같이 쓰인다.

五正侯

천자의 빈사(賓射)①에서는 5정(正), 3정, 2정의 과녁에 활을 쏜다. 제후가 왕에 조회할 때 (빈객이 되어) 이 세 종류의 과녁을 펼치고 이와 더불어 같이 활을 쏘는데, 이를 빈사라고 말한다. 5정의 과녁은 90궁(弓)②이고, 이 역시 그 과녁을 삼분의 일로 나누면 정은 그중에 하나를 차지한다. 무릇 정을 그린다면 5정은 5가지 채색으로 하고, 3정은 3가지 채색으로 하며, 2정은 2가지 채색으로 한다. 5채라는 것은 먼저 중앙에 주색을 색칠해 넣는데, 사방은 2척이 된다. 다음을 백색, 그다음은 창색(蒼色), 그다음은 황색, 그다음은 흑색을 칠한다. 모든 척촌을 채운다면 크기는 곡과 같이 된다. 창(蒼)은 청색이다. 활을 쏜다는 것은 상극과 상벌(相伐)하는 일이다. 그러므로 남방을 근본으로 하고 그 바깥의 백색 청색 등은 모두 상극의 순서가 된다. 또 여기에 오색 구름 문양을 그려서 그 옆을 장식한다. 음악은 <추우(騶虞)>③ 9절을 연주한다.

[天子賓射, 射五正, 三正, 二正之侯. 若諸侯朝會於王, 張此三侯與之共射, 謂之賓射. 五正之侯九十弓, 亦三分其侯, 正居一焉. 凡畫正, 五正五采,

三正三朵, 二正二朵. 五朵者, 先從中畫朱, 方二尺. 次白, 次蒼, 次黃, 次黑.
皆充尺寸使大如鵠. 蒼卽青也. 以射者是相克相伐之事, 故還以南方爲本, 其
外白青等, 皆相克爲次也. 又畫此五色雲氣, 以飾其側. 樂以騶虞九節.]

① 빈사(賓射): 『주례』「춘관·대종백」에는 "以賓射之禮 親故舊朋友"라고
서술하고 있다.

② 궁(弓): 활을 쏠 때 사용하는 길이의 단위이다. 『의례』「향사례」가공
언의 소에 의하면, 6척을 1보라 하였고, 궁의 고제(古制)는 6척이므로
대략 보와 상응한다고 하였다.

③ 추우(騶虞): 웅후에서와 똑같이 이 음악을 연주한다. 추우는 『시』「국
풍·소남」의 한 시의 명칭이다. 상상 속의 신령한 동물로 알려져 있지
만, 천자의 동물과 동산을 관리하고 사냥하는 관리를 뜻하기도 한다.
한편 『묵자』「삼변편」에 의하면 '주성왕이 옛 음악을 바탕으로 스스로
새 음악을 지어 추우라고 이름 지었다'는 기록이 있다. 혹은 추오(騶吾)
라고도 한다.

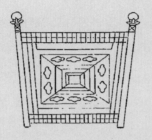

이 삼정(三正)은 70궁(弓)의 과녁이다. 역시 과녁을 삼분의 일로 나누면 정은 그중의 일을 차지한다. 삼정의 후는 현색[玄, 검은색]과 황색을 빼며, 나머지는 오정과 똑같다.① 역시 주색, 백색, 청색 이 세 가지 색으로 운기(雲氣)를 그려 그 옆을 장식한다. 이것이 제후가 왕을 조회할 때 빈객이 되어 활을 쏘는 과녁인 것이다. 무릇 운기를 그릴 때는 단색[丹, 붉은색]을 써서 땅을 만든다. 단은 적색보다 엷게 한다. 그러므로 단색의 위에 적색의 구름이 드러나게 된다. 제후는 자신의 국에서는 삼정이나 이정의 과녁을 쓴다. 음악은 <이수(貍首)>② 7절을 연주한다.

[此三正七十弓之侯. 亦三分其侯, 正居一焉. 三正之侯去玄黃, 餘同五正. 還以朱白靑三色畫雲氣, 以飾其側. 此是諸侯朝王爲賓所射之侯也. 凡畫雲氣用丹爲地. 以丹淺於赤也. 故於丹上得見赤色之雲. 諸侯於已國射三正 二正之侯. 樂以貍首七節.]

① 삼정의 후는 ~ 똑같다.: 의미는 삼정의 후와 오정의 후를 비교하면, 삼
   정의 후에서 흑색과 황색을 제거하고 오직 주색 백색 청색의 세 가지
   색만 사용한다는 뜻이다.

② 이수(貍首): 『한비자(韓非子)』 「팔설(八說)」, 『공자가어(孔子家語)』 「변악
   (辨樂)」 등에서 제후가 사례(射禮)를 행할 때 부르는 노래로 소개하고 있
   다.

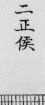

이 이정후는 50궁의 과녁이다. 이 역시 과녁을 삼등분하면, 정은 그중 하나를 차지한다. 이정후는 또 백색과 청색을 제거하고 다만① 주색과 연록색[綠]만을 사용한다. 역시 주색과 연록색 두 색으로 운기를 그려 그 옆을 장식한다. 이것은 경대부가 왕을 찾아가 만나[聘會]②같이 활을 쏠 때 사용하는 과녁이다.

[此二正五十弓之侯. 亦三分其侯, 正居其一. 二正之侯又去白青, 直用朱綠而已. 還用朱綠二色畫雲氣, 以飾其側. 此卿大夫聘會於王, 共射之侯也.]

① 다만: 원문은 '直'자를 썼는데, '只' 혹은 '僅'과 같은 의미이다.

② 빙회(聘會): 천자와 제후, 혹은 제후들 사이에 사자를 파견하여 방문하는 것을 말한다.

三禮圖集注

射侯圖
下

권7 사후도하

역주 최진묵

【射侯圖下07：01-獸侯수후(熊首)】

『주례』「고공기·재인(梓人)」에 "수후(獸侯)를 펼치면, 왕은 그것으로 (신하들과) 연사(燕射)①의 예를 행한다."고 하였는데, 정현의 주에는 "'수후' 는 짐승의 문양을 그려 넣어 과녁을 만든 것이다. 『의례』「향사례·기」에 '무릇 (연사를 할 때의) 과녁[侯]은, 천자의 경우 웅후(熊侯: 곰의 머리를 그려 넣은 과녁)를 사용하는데 질(質: 사방 4촌)②을 흰색으로 하고, 제후의 경우 미후 (麋侯: 큰사슴의 머리를 그려 넣은 과녁)를 사용하는데 질을 붉은색으로 한다.'고 하였다."라고 하였다. '질을 흰색으로 한다.[白質]'는 것은 대합가루[蜃灰] 로 칠을 하여 흰색으로 질을 만든다는 뜻이다. 정(正)에 곰(熊)의 머리 형상 을 그려 넣는데, 또한 정곡을 본떠서 과녁을 3등분하여 1/3을 차지하는 너 비로 만들며,③ 또한 각각 과녁의 가장자리에 구름 문양을 그려 넣어 장식 을 한다. '연(燕)'은 왕이 사신을 위로하면서 신하들과 술을 마신 후 활쏘기 하는 것을 가리킨다. '식(息)'은 왕이 농민을 쉬게 하고 만물을 휴식하게 한 후 또한 이 연사의 예를 행하여 왕이 스스로 활쏘기 하는 것을 가리킨다. 이 (연사를 행할 때 과녁과 활쏘는 사람 사이의 거리는) 활 50개의 길이로 하고, 곰의 머리를 그려 넣은 과녁을 사용한다.

[「梓人」云, "張獸侯, 則王以息燕", 注云, "獸侯, 畫獸爲侯. 「鄕射·記」曰, '凡侯, 天子熊侯白質, 諸侯麋侯赤質.'" '白質'者, 謂以蜃灰塗之, 使白爲地. 正面畫其熊之頭狀, 亦象正鵠, 三分其侯而處其一. 亦各畫雲氣飾其側. '燕', 謂王勞使臣, 與羣臣飮酒而射也. '息', 謂王休農息老物之後, 亦行此燕射之 禮, 王自射. 此五十弓, 熊首之侯也.]

① 연사(燕射): 천자·제후가 연음을 한 후에 거행하는 사례(射禮)를 말한다. 손이양(孫詒讓)은 "'연사'는 왕이 제후나 신하들과 연음을 한 것을 기회로 활쏘기를 하는 것이다.['燕射'者, 王與諸侯諸臣因燕而射.]"라고 하였다.(『주례정의』 권44, 1812쪽 참조.)

② 질(質: 사방 4촌): 과녁[侯]의 한가운데를 '곡(鵠)'이라고 하고, 또 곡의 한가운데를 '정(正)'이라 하고, 또 정의 한가운데를 '질(質)' 혹은 '적(的)'이라 한다. 정중(鄭衆)은 "사방 10척을 '후(侯)'라 하고, 4척을 '곡(鵠)'이라 하고, 2척을 '정(正)'이라 하고, 4촌을 '질(質)'이라 한다.[方十尺曰侯, 四尺曰鵠, 二尺曰正, 四寸曰質.]"고 하였다.(『주례』 「천관·사구(司寇)」 정현의 주)

③ 정(正)에 곰(熊)의 머리 형상을 ~ 너비로 만들며: 『주례』 「고공기·재인(梓人)」에 따르면 '곡(鵠)'의 크기는 과녁의 중앙[侯中]의 너비를 3등분하여 1/3을 차지하는 너비로 만든다. 이는 대사의(大射儀)의 경우를 말한 것이다. 빈사(賓射)의 경우, 과녁의 중앙 너비를 3등분하여 1/3을 차지하는 너비로 정(正)을 만든다. 연사(燕射)의 경우, 과녁의 중앙 너비를 3등분하여 1/3을 차지하는 너비로 동물의 형상을 그려 넣는다. 그러므로 정곡(正鵠)을 본떴다고 한 것이다.

'제후의 미후(麇侯: 큰사슴의 머리를 그려 넣은 과녁)는 질(質)을 붉은색으로 한다.'는 것은 붉은색으로 칠을 하여 붉은색으로 바탕색을 만든다는 뜻이다. 정(正)에 큰사슴의 머리 형상을 그려넣는다. 반드시 그렇게 하는 것임을 알 수 있는 것은, 살펴보건대 「이수(貍首)」①의 시는 조회하러 오지 않은 자의 머리를 쏜다는 내용이니, 곰[熊]·큰사슴[麇] 이하 모두 정(正)에 그 머리를 그려넣기 때문이다. 왕이 연회를 베풀어 위로할 때, 제후는 이 50궁(弓) 거리의 큰사슴의 머리를 그려넣은 과녁을 쏘니, 또한 과녁의 가장자리에는 구름의 문양을 그려 넣는다.

[諸侯麇侯赤質, 謂以赤塗之使赤爲地. 正面畫其麇之頭狀, 必知然者, 案貍首者, 射不來者之首也. 明熊·麇以下, 皆正面畫其頭也. 王燕勞之時, 諸侯射此五十弓麇首之侯也, 亦畫雲氣飾其側.]

① 「이수(貍首)」: 「이수」는 일시(逸詩)인 「증손(曾孫)」을 가리킨다. '이(貍)'
라는 글자는 '오지 않는다[不來]는 뜻이다. 그 시에 "조회하러 오지 않는
제후의 머리를 쏜다.[射諸侯首不朝者]"라는 말이 있어서 그것으로 인해
편의 이름을 지은 것인데, 후세에 잃어버리고 「증손」이라고 하였다. 증
손은 그 장의 첫머리 말이다. 활쏘기를 할 때에 이 「이수」를 연주한다.

경·대부의 포후(布侯)에는 호랑이와 표범을 그려 넣는다. '포후'라고 말한 것은 그 바탕을 채색으로 하지 않고, 곧바로 베 위의 정(正)에 호랑이와 표범의 머리 모양을 그려 넣고, 또 과녁의 가장자리에 구름 문양을 그려 넣기 때문이다. 왕이 연사를 거행하면, 경·대부는 이 50궁 거리의 호랑이와 표범의 머리를 그려 넣은 과녁을 쏜다. 연사를 할 때 반드시 이 곰·호랑이·표범의 머리를 그려 넣은 과녁을 쏘는 것은 윗사람과 아랫사람이 서로 범하지 않음을 잊지 않도록 하기 위한 것이다. 이 세 가지 동물은 모두 용맹하여 구차하게 서로를 내려다보지 않음을 말한 것이다. 군주와 신하 사이의 도리에서 행할 수 있는 것을 진헌하고 행할 수 없는 것을 버리게 하며,① 구차하게 따를 수 없을 경우 얼굴을 맞대고 간언을 하는 것이 이 동물들과 유사하다. 그러므로 이러한 동물의 머리를 그려 넣어 사용하는 것이다.

[卿·大夫布侯, 畫以虎豹. 言'布侯'者, 謂不采其地, 直於布上正面畫虎豹頭狀, 亦畫雲氣飾其側. 王燕射, 則卿·大夫射此五十弓虎豹首之侯也. 燕射必

射此熊虎豹之首者, 不忘上下相犯也. 言此三獸皆猛, 不苟相下. 若君臣之道獻可者·替否者, 不苟相從, 輒當犯顏而諫, 似此獸也. 故用之.]

① 행할 수 있는 것을 진헌하고 행할 수 없는 것을 버리게 하며: 『춘추좌전』 소공 12년 조에서 안영(晏嬰)이 제나라 경공(齊景公)에게 한 말이다. "군주와 신하의 관계도 마찬가지입니다. 군주가 가능하다고 말해도 가능하지 않은 점이 있으면, 신하는 그 가능하지 않음을 진헌하여 가능함을 이루도록 하고, 군주가 가능하지 않다고 말해도 가능한 점이 있으면 신하는 그 가능함을 진헌하여 그 가능하지 않음을 버리게 하는 것입니다.[君臣亦然, 君所謂可而有否焉, 臣獻其否, 以成其可, 君所謂否而有可焉, 臣獻其可, 以去其否.]"

　왕의 연사(燕射)에서 사(士)가 50궁 거리의 사슴과 돼지의 머리를 그려 넣은 포후(布侯)를 쏘는 것은, 또한 그 바탕을 채색하지 않고 곧바로 베 위에 사슴과 돼지의 머리를 그려 넣고 구름 문양으로 과녁의 가장자리를 문식하는 것을 말한다. 제후가 반드시 큰사슴의 머리를 그려 넣은 과녁을 쏘고, 사가 사슴과 돼지의 머리를 그려 넣은 과녁을 쏘는 것은 뜻이 군주와 신하가 서로 길러주는 데에 있는 것이다.

　살펴보건대, 『예기』「내칙」에 "큰사슴·사슴·돼지는 모두 편육으로 만들어 콩잎에 싸서 먹는다."고 하였으니, 모두 먹을 수 있는 음식이다. 그러므로 서로 길러 주는 것임을 알 수 있다. 천자와 제후는 곰과 큰사슴의 머리를 그려 넣은 과녁을 혼자서 쏘고, 경·대부·사는 호랑이·표범·사슴·돼지의 머리를 그려 넣은 과녁을 함께 쏘니, 이른바 군주는 한 마리를 그려 넣고, 신하는 두 마리를 그려 넣는다는 뜻으로 양은 홀수이고 음은 짝수이기 때문이다.[1] 이 연사(燕射)에서는 천자 이하 존귀한 사람과 비천한 사람이 모두 하나의 과녁을 사용한다. 그 후도(侯道: 활 쏘는 사람과 과녁 사이의 거리) 또한 모두 50궁의 거리로 하는데, 50개의 궁마다 각기 2촌의 비율을 취하여 과녁의 중심[侯中]을 만든다. 사방 1장을 함께 사용하는 것은 존귀한 사람을 낮추어 비천한 사람에게 더해 주는 의리이니, 연례는 마음을 기쁘게 하는 것을 위주로 하기 때문이다.

[王燕射, 士射五十弓鹿豕之布侯者, 亦謂不采其地, 直於布上面畫鹿豕頭狀及畫雲氣以飾其側. 諸侯必射麋, 士必射鹿豕者, 志在君臣相養也. 案「內則」云, "麋鹿豕皆有軒", 並是可食之物, 故知相養也. 天子·諸侯特射熊麋之首, 卿·大夫·士兼射虎豹鹿豕之首, 所謂君畫一臣畫二, 陽奇陰偶之數也. 此燕射, 自天子已下尊卑皆用一侯, 其侯道又皆五十弓, 弓二寸以爲侯中. 同方一丈者, 降尊就卑之義, 以燕禮主於歡心故也.]

① 이른바 군주는 ~ 때문이다.: 『예기』 「교특생」에 "군주가 남쪽을 향하
는 것은 양(陽)을 대하는 의리이다. 신하가 북쪽을 향해 있는 것은 군주
를 대하는 의리이다.[君之南鄕, 答陽之義也. 臣之北面, 答君也.]"라고 하
였다. 이는 군주는 양이고 신하는 음이라는 말이다. 또 하늘은 1로서 수
(水)를 낳고, 땅은 2로서 화(火)를 낳으니, 1은 양의 수이고 2는 음의 수
이다.(『의례주소』, 271쪽, 가공언의 소 참조)

【射侯圖下07：05-鼓足고족】

『예기』「명당위(明堂位)」에 "하후씨는 족고(足鼓)를 사용했다."고 하였는데, 정현의 주에는 "'족(足)'은 4개의 다리를 뜻한다."①고 하였다.

["夏后氏謂之鼓足", 鄭注云, "足謂四足."]

① '족(足)'은 4개의 다리를 뜻한다: 그러나 황이주(黃以周)는 오늘날 『예기』「명당위」에 '고족(鼓足)'으로 되어 있는 것은 '족고(足鼓)'의 잘못이며, '족고'는 다리가 달려 있지만 북을 받치는 기둥이 없는데, 섭숭의의 『삼례도』에서 기둥을 그려 넣은 것은 잘못이라고 하였다.[今作'鼓足', 誤. 足鼓設足而不柱, 舊『圖』足鼓有柱, 非也](『예서통고』 권49, 2590쪽 참조.)

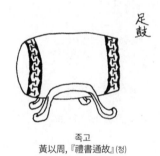

족고
黃以周, 『禮書通故』(청)

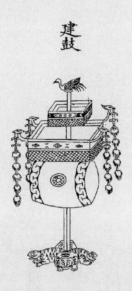

『의례』「대사의(大射儀)」에 "건고(建鼓)는 동쪽 계단의 서쪽에 진설하는데, 치는 면이 남쪽을 향하도록 하여 놓는다."라고 하였는데, 정현의 주에 "'건(建)'은 세운다[樹]는 뜻이다. 나무로 북을 관통시켜 얹어 놓고, 받침대(跗)에 세운다. '남고(南鼓)'는 치는 면이 남쪽을 향하도록 한다는 뜻이다."라고 하였다. 가공언의 소에서는 "주나라에서는 '현고(縣鼓)'①라고 했는데, 이제 '건고(建鼓)'라고 말하는 것은 은나라의 법을 쓰기 때문이다."라고 하였다. 활쏘기를 위주로 하고, 음악을 간략히 하기 때문에 전 왕조의 북을 사용하는 것이다. 이 또한 제후·경·대부가 활쏘기를 할 때에 사용하는 북이다.

[「大射」云, "建鼓在阼階西, 南鼓", 注云, "建猶樹也. 以木貫而載之, 樹之跗也. '南鼓', 謂所伐面也." 賈釋云, "周人縣鼓, 今言建鼓, 用殷法也." 主於射, 略於樂, 故用先代鼓. 此亦諸侯·卿·大夫射之所用也.]

① 현고(縣鼓): 주나라 때 묘당(廟堂)에서 사용하던 커다란 북을 말한다. 악기걸이[簨簴]에 걸어 둔다. 『예기』「명당위」에 "종묘의 당 아래에서는 현고(縣鼓)를 서쪽에 놓고, 응고(應鼓)를 동쪽에 놓는다.[廟堂之下, 縣鼓在西, 應鼓在東.]"라고 하였다.

　『주례』「춘관·소사(小師)」에 "(소사는) 고(鼓)와 도(鼗)를 연주하는 법을 가르치는 일을 관장한다."고 하였는데, 정현의 주에는 "음을 내는 것을 '고(鼓)'라고 한다. '도(鼗)'는 북처럼 생겼는데 작으니, 그 손잡이를 잡고 흔들면, 옆의 귀가 돌면서 스스로를 친다."고 하였다. 또『의례』「대사의(大射儀)」 정현의 주에 "'도(鼗)'는 북처럼 생겼는데 작으며, 손잡이가 있다. 빈객이 도착하면 흔들어서 음악을 연주한다."고 하였다. 또『주례』「춘관·시료(眂瞭)」에 "(시료는) 모든 음악을 연주할 때 도(鼗)를 흔들고 송경(頌磬)과 생경(笙磬)①을 치는 일을 관장한다."고 하였다. 경(磬)에 대해서는 '격(擊: 치다)'이라고 하였고, 도(鼗)에 대해서는 '파(播)'라고 하였으니, '파(播)'는 곧 흔든다는 뜻임을 알 수 있다. '도(鼗)'는 음악을 절주하는 도구이다. 빈객이 도착해야 비로소 음악이 연주된다. 그러므로 빈객이 도착하면 (도를) 흔들어서 음악을 연주한다는 것을 알 수 있다. 또 '도(鼗)는 인도한다

[導]는 뜻이니, 북소리를 인도하여 한 번의 가창을 조절하여 끝맺는 도구이다.

[「小師職」, "掌敎鼓鼗", 注云, "出音曰鼓. 鼗如鼓而小, 持其柄搖之, 旁耳還自擊." 又「大射」注云, "鼗如鼓而小, 有柄. 賓至, 搖之奏樂也." 又「眡瞭」, "掌凡樂事播鼗, 擊頌磬·笙磬." 磬言'擊', 鼗言'播', 播卽搖之, 可知也. 鼗所以節樂. 賓至, 乃樂作, 故知賓至搖之, 以奏樂也. 又鼗, 導也, 所以導鼓聲或節一唱之終也.]

① 송경(頌磬)과 생경(笙磬): 동쪽에 진설하는 경을 '생경'이라 하고, 서쪽에
진설하는 경을 '송경'이라고 한다. 『주례』「춘관·시료」 정현의 주에
"경이 동쪽에 있으면 '생(笙)'이라고 한다. '생(笙)'은 낳는다[生]는 뜻이
다. 서쪽에 있으면 '송(頌)'이라고 한다.[磬在東方曰'笙'. '笙', 生也. 在西
方曰'頌'.]"라고 하였다.

　『주례』「지관·고인(鼓人)」에 "(고인)은 천신(天神)을 제사 지낼 때 뇌고
(雷鼓)를 친다."고 하였는데, 정현은 "'뇌고'는 8면의 북이다. '신사(神祀)'는
천신을 제사 지낸다는 뜻이다."라고 하였다. 가공언의 소에서는 "단지 천
신일 경우에만 모두 뇌고를 사용한다."고 하였다.

　[「大司徒·鼓人職」曰, "雷鼓鼓神祀", 後鄭云, "雷鼓, 八面鼓也. 神祀, 祀
天神也." 賈釋云, "但是天神皆用雷鼓."]

『주례』「지관·고인(鼓人)」에 "(고인은) 지기(地祇)를 제사 지낼 때에 영고(靈鼓)를 친다."고 하였는데, 정현은 "'영고'는 6면의 북이다. '사제(社祭)'는 지기를 제사 지낸다는 뜻이다."라고 하였다. 가공언의 소에서는 "단지 지기의 경우에만 모두 영고를 사용한다."고 하였다.

["靈鼓鼓社祭", 後鄭云, "'靈鼓', 六面鼓也. '社祭', 祭地祇也." 賈釋云, "但是地祇, 皆用靈鼓."]

　(『주례』「지관·고인(鼓人)」에) "(고인은) 종묘의 제사를 지낼 때 노고(路鼓)
를 친다."고 하였는데, 정현은 "'노고'는 4면의 북이다. '귀향(鬼享)'은 종묘
에서 제사를 지낸다는 뜻이다."라고 하였다.

　["路鼓鼓鬼享", 後鄭云, "路鼓', 四面鼓也. '鬼享', 享宗廟也."]

【射侯圖下07：11-鼖鼓분고】

　　분고(鼖鼓)는 양면의 북이다. 『주례』「지관·고인(鼓人)」에 "군대를 지휘할 때에는 분고를 친다."고 하였는데, 정현의 주에는 "큰 북을 '분(鼖)'이라고 하니, 길이가 8척이다."라고 하였다. 살펴보건대, 『주례』「고공기·운인(韗人)」에 "북은 길이는 8척이고, 북의 한 면의 직경은 4척이니,【북의 면을 말한다.】 북의 중앙 둘레는 1/3을 더하여서 만든다. 이를 '분고(鼖鼓)'라고 한다."고 하였는데, 정현의 주에는 "'중앙 둘레에 1/3을 더한다.'는 것은 한 면의 둘레보다 더하는데 (한 면의 둘레 직경보다) 1/3을 더한다는 뜻이다. 한 면의 직경은 4척이므로, 그 둘레는 12척이다. 1/3인 4척을 더하면, 중앙의 둘레는 16척이 되니, 직경은 5척 3촌과 1/3촌이 된다. 이제 또한 20 조각의 목판을 합하면, 중앙의 높이 융기한 부분[弯]의 직경은 6척 2/3분이다.①"라고 하였다.

　　『주례』「춘관·박사(鎛師)」에 "무릇 군영에서 3차례 야간 순찰을 돌며 북을 치는데, 모두 (박사가) 북치는 일을 관장한다. 평상시 궁성의 경계를 서면서 북을 칠 때에도[守鼜] 그와 마찬가지로 한다."고 하였으니, 이 분고를 치는 것이다. 그러므로 정현의 주에 "'수척(守鼜)'은 경계하며 지킬 때 치는 북이니, 분고(鼖鼓)를 치는 것이다. 두자춘은 '하룻밤에 세 차례 치는 것은 경계를 서면서 치는 북이다.'라고 하였다."고 하였다. 또 『주례』「춘관·시료(眡瞭)」 정현의 주에 "두자춘(杜子春)은 '鼜'을 '憂戚'이라고 할 때의 '戚(슬퍼하다)'의 뜻으로 읽었으니, 야간에 경계를 서면서 지킬 때 치는 북을 가리킨다. 북을 치는데 소리가 긴박하고 빠르다. 그러므로 '척(戚)'이라고 한 것이다."라고 하였다. 또 『주례』「지관·고인(鼓人)」에 "무릇 출정을 했을 때 야간에 분고를 친다."고 하였다. 『사마법(司馬法)』에 "날이 저물 때 4차례 북을 치는 것을 '대척(大鼜)'이라 하고, 한밤중에 3차례 북을 치는 것을 '신계(晨戒)'라고 하고, 동틀 무렵에 5차례 북을 치는 것을 '발구(發昫)'라고 한다."고 하였는데, 『주례』「지관·고인」에 "군대가 전쟁에 임해서 전진할 때에는 북을 쳐서 사기를 진작시킨다."고 하였는데, 정현의 주에 "움직이고 또 행진하려는 것이다."라고 하였으니, 모두 분고(鼖鼓)를 치는 것을 가리킨다.

[鼖鼓, 兩面鼓.「鼓人職」曰, "鼖鼓鼓軍事.", 注云, "大鼓曰'鼖', 長八尺." 案「韗人」云, "鼓長八尺, 鼓四尺【謂鼓面也.】, 中圍加三之一, 謂之鼖鼓", 注云, "中圍加三之一者, 加於面之圍以三分之一也. 面四尺, 其圍十二尺, 加以三分之一, 四尺則中圍十六尺, 徑五尺三寸三分寸之一也. 今亦合(十二)[二十]1板, 穹六寸三分寸之二耳." 卽「鎛師」云, "凡軍之夜, 三鼜皆鼓之. 守鼜亦如之", 卽此鼖鼓也. 故注云, "守鼜, 備守鼓也. 鼓之以鼖. 杜子春

---

1 (十二)[二十]: 저본에는 '十二'로 되어 있으나 北京大 整理本 『周禮註疏』에 의거하여 '二十'으로 교감하였다.

曰, '一夜三擊, 備守鼜也.'" 又「(瞽矇)[眡瞭]²」注, "杜讀'鼜'爲'憂戚'之'戚',
謂夜戒守鼓也. 擊鼓聲疾數, 故曰'戚'." 又「鼓人」曰, "凡軍旅夜鼓鼜."
『司馬法』曰, "昏鼓四通, 爲大鼜. 夜半三通, 爲晨戒. 旦明五通, 爲發昫."
"軍動則鼓其衆", 注云, "動且行", 俱謂鼓鼖鼓也.]

---

2 (瞽矇)[眡瞭]: 저본에는 '瞽矇'으로 되어 있으나, 아래의 문장은 「春官·瞽矇」이 아니라 「春
   官·眡瞭」 정현의 주이다. 이에 따라 교감하였다.

① 궁(穹)은 6척 2/3촌이다: 분고는 중앙의 배 부분은 크고 넓으며, 양쪽 끝은 작고 좁다. 따라서 분고는 가운데가 융기한 형태를 띤다. '궁(穹)'은 바로 북의 중앙 배 부위의 높게 융기한 모습을 말한다.

『주례』「지관·고인(鼓人)」에 "사역을 시킬 때에는 고고(皋鼓)를 친다."
고 하였는데, 정현의 주에는 "북의 길이는 1장 2척이다."라고 하였다. 살
펴보건대, 『주례』「고공기·운인(韗人)」에 "(운인은) 고고(皋鼓)를 제작하는
데, 길이는 1심(尋)① 4척이고, 북의 면의 직경은 4척이며, 중앙부분은 구
부러져 경쇠처럼 꺾여 있다."고 하였는데, 정현의 주에는 "사역을 시킬 때
에는 고고(皋鼓)를 친다. '경절(磬折)'은 중간 부분이 구부러져 가지런하지
못하다는 뜻이다.② 중앙부분의 둘레는 분고(賁鼓)와 동일한데,③ 경쇠처럼
꺾이는 것이 다르다."라고 하였다.

[「鼓人職」曰, "皋鼓鼓役事", 注, "鼓, 長丈二尺." 案「韗人」云, "爲皋鼓,
長尋有四尺, 鼓四尺, 倨句磬折", 注, "以皋鼓鼓役事. '磬折', 中曲之不參正
也. 中圍與賁鼓同, 以磬折爲異."]

① 1심(尋): 고대에 길이를 재는 단위로, 1심은 8척이다. 일설에는 6척, 7척이라고도 한다.

② '경절(磬折)'은 ~ 못하다는 뜻이다: '경절(磬折)'은 북의 형태가 마치 경쇠처럼 꺾여서 둔각형을 이룬다는 뜻이고, '중곡(中曲)'은 가운데 부분에서 구부러진다는 뜻이다. 따라서 고고(鼛鼓)의 북은 양쪽 끝부분에서 중앙으로 가면서 점차 불룩 튀어나온 형태가 되어서 양쪽 끝 면의 직경보다 중앙의 직경이 더 크게 된다.

③ 중앙부분의 둘레는 분고(鼖鼓)와 동일한데: 앞의 [射侯圖下07 : 11-鼖鼓] 참조.

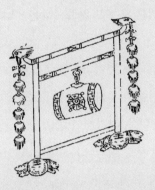

『주례』「지관·고인(鼓人)」에 "금주(金奏)를 연주할 때에는 진고(晉鼓)를 친다."고 하였는데, 정현의 주에는 "'진고'는 길이가 6척 6촌이다. '금주(金奏)'는 음악이 연주될 때 편종을 치는 것을 말한다."고 하였다. 3가지 북은 모두 가죽 면의 직경이 4척이고, 둘레는 1장 2척이다. 살펴보건대, 『주례』「고공기·운인(韗人)」에 "길이는 6척 6촌이고,[①] 좌우 양쪽 끝의 너비는 6촌이고, 중앙 부분의 너비는 1척이며,[②] (중앙 부분의) 두께는 3촌이다.[③] 중앙의 높이 융기한 부분[穹]은 (양쪽 끝의 북의 면에 비해) 1/3이 더 높이 나와 있다. 북의 판면은 3곳에서 곧고 평평하다."라고 하였는데, 정현의 주에는 "중앙의 높이 융기한 부분[穹]은 북의 한 면 직경의 1/3에 해당한다. 그렇다면 북의 한 면의 직경은 4척이니, 목판의 높이 융기한 부분은 1척 3촌 1/3분이 된다. 이를 두 배로 하면, 2척 6촌 2/3분이 되니, 북의 한 면 직경 4척을 더하면, 높이 융기한 부분[穹]의 직경은 6척 6촌 2/3분이 된다. 이 북은 20개의 목판을 합하여 만든 것이다. '목판 위의 삼정(三正)'이라는 것은, '정(正)'은 곧다[直]는 뜻이다. 세 곳에서 곧다[三直]는 것은 중앙의 높이 융기한 부분 위에서 한 곳이 곧게 평평하고, 양쪽 끝 두 곳에서 또 곧게 평평해서 각각 2척 2촌을 차지하여 휘어져 있지 않는다."라고 하였다.

[「鼓人職」曰, "晉鼓鼓金奏", 注云, "晉鼓, 長六尺六寸. 金奏謂樂作擊編鐘也." 三鼓皆革面四尺, 圍丈二. 案「韗人」云, "長六尺有六寸, 左右端廣六寸, 中尺, 厚三寸. 穹者三之一, 上三正", 注云, "穹隆者, 居鼓面三分之一, 則鼓面四尺者, 版穹一尺三寸三分寸之一也. 倍之爲二尺六寸三分寸之二, 加鼓四尺, 穹徑六尺六寸三分寸之二. 此鼓合二十板. 板上三正者, 正, 直也. 三直者, 穹上一直, 兩端又直, 各居二尺二寸, 不弧曲也."]

① 길이는 6척 6촌이고: 북의 형태가 중앙이 불룩 튀어나와서 배 부위는 크고 양쪽 끝은 작다. 이 때문에 북의 몸체가 구부러져 꺾이는 부분이 있다. 따라서 이곳의 길이 6척 6촌은 북의 양쪽 사이의 길이가 아니라 북의 몸체의 구부러져 꺾이는 부분의 길이다.

② 좌우 양쪽 끝의 너비는 6촌이고, 중앙 부분의 너비는 1척이며: 북의 몸체는 20 조각의 목판을 합쳐서 만든다. 한 조각 목판의 양쪽 끝 너비는 6촌이므로, 그 둘레는 1장 2척이 된다. 북의 한 면의 직경은 4척이며, 중앙 부분의 너비는 1척이다. 따라서 북의 배 부분의 둘레는 길이가 1장 2척이고, 배 부분의 직경은 6척 6과 2/3촌이다.

③ (중앙 부분의) 두께는 3촌이다: 손이양에 의하면, 북의 몸체를 구성하는 목판은 중간 부분이 두껍고, 양쪽 끝으로 가면서 점차 얇아지므로, 3촌은 중간 부분의 두께라고 하였다. (손이양, 『주례정의』 권79, 3298쪽 참조.)

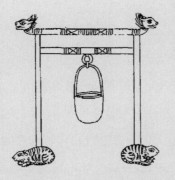

　　『주례』「지관·고인(鼓人)」에 "금순(金錞)①으로 북의 소리를 조율한다."고 하였는데, 정현의 주에는 "'순(錞)'은 순우(錞于)이다. 둥글어서 절구 공이의 머리[碓頭]처럼 생겼으며, 위쪽은 크고 아래쪽은 작다. 음악이 연주되면 울려서 북과 서로 조화를 이룬다."고 하였다.

　　[「鼓人」, "以金錞和鼓", 注云, "'錞', 錞于也. 圓如碓頭, 大上小下, 樂作鳴之, 與鼓相和."]

① 금순(金錞): '순우(錞于)'라고도 한다. 청동으로 만든다. 형태는 대롱처럼
생겼는데, 위쪽은 둥글고 아래쪽은 비어 있으며, 꼭대기에 끈이 있어서
매어서 걸어 둘 수 있으며, 물건으로 쳐서 소리를 낸다. 군중(軍中) 사금
(四金) 가운데 하나이다. 춘추시대에 등장해서 전국시대를 거쳐 후한 전
기까지 성행했다. 제사를 지낼 때에 사용하였는데, 주로 군대에서도 사
용하였다. 『주례』「지관·고인(鼓人)」에 "금순(金錞)을 흔들어서 음악
을 연주할 때의 북소리와 조화시키고, 금탁(金鐲)을 흔들어서 행군할 때
의 북소리를 절제시키고, 금요(金鐃)를 흔들어서 퇴군할 때의 북소리를
중지시키고, 금탁(金鐸)을 흔들어서 (군령을 전할 때) 일제히 북소리를 울
리도록 한다.[以金錞和鼓, 以金鐲節鼓, 以金鐃止鼓, 以金鐸通鼓.]"고 하
였다.

『주례』「지관·고인(鼓人)」에 "금탁(金鐲)[1]으로 북소리를 절제한다."고 하였는데, 정현의 주에는 "'탁(鐲)'은 징이다. 형태는 작은 종처럼 생겼는데, 행군할 때 울려서 북소리의 절주로 삼는다."고 하였다. 공사마(公司馬)[2]가 잡는다.【'공사마'는 오장(伍長)이다.】

　[「鼓人職」曰, "以金鐲節鼓", 注云, "'鐲', 鉦也. 形如小鐘, 軍行則鳴之, 以爲鼓節." 公司馬執之.【公司馬, 伍長也.】]

① 금탁(金鐲): 정(鉦: 징)으로서, 작은 종처럼 생겼다. 군중(軍中) 사금(四金) 가운데 하나이다. 군대의 행진 중에 금탁을 울려서 북소리를 절제시켰다.

② 공사마(公司馬): 관직 명칭으로, 군중의 오장(伍長)을 말한다. 『주례』 「하관·대사마」에 "공사마는 탁(鐲)을 잡는다."라고 하였다. 정현의 주에 "두자춘은 '공사마는 5인으로 오(伍)를 삼으니, 오(伍)의 사마를 말한다.'고 하였다. 나(정현)는 생각건대, … '오장(伍長)'를 공사마라고 하는 것은 비록 신분이 낮지만 그 호칭을 (사마와) 똑같이 하는 것이다.[杜子春云, '公司馬, 謂五人爲伍, 伍之司馬也. 玄謂…伍長謂之公司馬者, 雖卑, 同其號.]"라고 하였다.

『주례』「지관·고인(鼓人)」에 "금요(金鐃)①로 북소리를 그치게 한다."
고 하였는데, 정현의 주에 "'요(鐃)'는 방울처럼 생겼는데, 추가 없고, 손잡
이가 있어 이를 잡고서 울려서 북치는 것을 그치게 한다."고 하였다. 『주
례』『하관·대사마(大司馬)』에 "요를 울려 후퇴하게 하는데, 졸장(卒長)이
요를 잡고서 울린다."고 하였다.【('졸장'은) 백 명을 통솔하는 우두머리이다.】『예
기』「악기」에 "금요를 반복해서 울려 다스린다."고 하였다. '복(復)'은 반
복한다는 뜻이다. '난(亂)'은 다스린다는 뜻이다. '무(武)'는 금요를 가리킨
다. 악무가 끝날 때 춤추는 사람들은 반드시 이 금요를 반복해서 울려서
다스리고, 물러나고자 할 때 또한 이 금요를 쳐서 제한을 하는 것이다.

[「鼓人」, "以金鐃止鼓", 注云, "'鐃'如鈴, 無舌, 有秉, 執而鳴之, 以止擊
鼓."「司馬職」曰, "鳴鐃且卻, 卒長執之."【百夫長也.】「樂記」曰, "復亂以武",
'復', 謂反復也. '亂', 理也. '武', 謂金鐃也. 謂舞畢之時, 舞人必反復鳴此金鐃,
而治理之, 欲退之時, 亦擊此金鐃以限之.]

① 금요(金鐃): 방울처럼 생겼는데 추가 없고, 손잡이가 있는데 이를 잡고
서 소리를 울려 북소리를 중지시킨다. 군중(軍中) 사금(四金) 가운데 하
나이다. 퇴군할 때에 이 금요를 사용하여 북소리를 멈추게 한다. 『주
례』「지관·고인」 가공언의 소에 "진군할 때에는 북을 치고, 퇴군할
때에는 금요의 소리를 울린다.[進軍之時, 擊鼓, 退軍之時, 鳴鐃.]"고 하
였다.

【射侯圖下07：17-金鐸금탁】

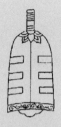

『주례』「지관·고인(鼓人)」에 "금탁(金鐸)①으로 일제히 북을 치게 한다."고 하였는데, 정현의 주에 "'탁'은 큰 방울이니, 이를 흔들어서 일제히 북을 치게 하는 것이다. 「하관·대사마」에 '사마가 탁을 흔든다.'라고 하였다."고 하였으니, 양사마(兩司馬)②가 잡고서 흔들어 일제히 북을 치도록 한다. '양사마'는 25인의 우두머리이다. 『예기』「악기(樂記)」에 "천자가 끼고서 흔든다."고 하였는데, 정현의 주에는 "왕이 대장과 함께 춤추는 자를 끼고서 탁을 흔들어 절도로 삼게 하는 것이다."라고 하였다.

[「鼓人」, "以金鐸通鼓", 注, "'鐸', 大鈴也, 振之以通鼓. (夏官)[司馬職曰]¹, '司馬(執)[振]²鐸'", 謂兩司馬執振之, 以通鼓. 兩司馬者, 二十五人之長也."「樂記」曰, "天子夾振之", 注云, "王與大將夾舞者, 振鐸以爲節也."]

---

1 (夏官)[司馬職曰]: 저본에는 '夏官'으로 되어 있으나, 『周禮』「地官·鼓人」정현의 주에 의거하여 '司馬職曰'로 교감하였다.
2 (執)[振]: 저본에는 '執'으로 되어 있으나, 『周禮』「地官·鼓人」정현의 주에 의거하여 '振'으로 교감하였다.

① 금탁(金鐸): 커다란 방울[大鈴]로, 금속으로 추를 만든다. 군중(軍中) 사
　금(四金) 가운데 하나이다. 군중에서 이 금탁을 울려서 북을 치도록 명
　한다. 주로 군대에서 행군을 하거나 사냥을 할 때 사용하였다.

② 양사마(兩司馬): 관직 명칭으로, 1량(兩) 25인의 우두머리로, 작위는 중
　사(中士)이다. 『주례』 「하관·서관(序官)」에 "25인이 량이니, 양사마는
　모두 중사이다.[二十五人爲兩, 兩司馬皆中士.]"라고 하였다.

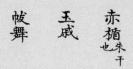

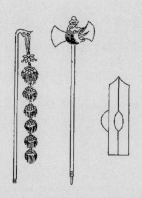

(『주례』「지관·고인(鼓人)」에) "병무(兵舞)①와 불무(帗舞)②"라고 하였는데, 정현은 "'병(兵)'은 방패와 도끼이다. '불(帗)'은 오채색의 비단을 잘라서 만드는데, 손잡이가 있다.【('秉'은) 음이 '柄(병)'이다.】 모든 춤을 추는 자들이 잡는다."라고 하였다. 「지관·고인」에 "(모든 작은 신들을 제사 지낼 때, 고인은 북을 쳐서) 병무와 불무의 절주로 삼게 한다."라고 하였다. 또『주례』「지관·무사(舞師)」에 "병무를 가르쳐 (무인들을) 이끌고 가서 산천의 제사를 지낼 때 춤을 추게 하고, 불무를 가르쳐서 (무인들을) 이끌고 가서 사직의 제사를 지낼 때 춤을 추게 하는 일을 관장한다."고 하였다.

["兵舞·帗舞", 後鄭云, "'兵', 謂干戚也. '帗', 列五朵繒爲之, 有秉.【音柄.】 皆舞者所執." 「大司徒」「鼓人」曰, "凡祭祀百物之神, 鼓兵舞·帗舞." 又「舞師職」, "掌教兵舞, 帥而舞山川之祭祀, 教之帗舞, 帥而舞社稷之祭祀."]

① 병무(兵舞): 천지의 소신(小神)들을 제사 지낼 때 추는 춤을 말한다. 손으로 방패와 도끼[干戚]를 잡고 춤을 춘다. 불(帗)·우(羽)·황(皇)·모(旄)·간(干)·인(人)의 여섯 가지 소무(小舞) 가운데 간무(干舞)가 이에 속한다.

② 불무(帗舞): 여섯 가지 소무(小舞) 가운데 하나로, 춤을 추는 사람이 불(帗: 오채색의 비단으로 만든 춤의 도구)을 들고서 춤을 춘다. 사직에서 제사를 지낼 때 사용한다.

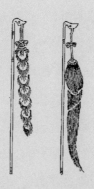

(『주례』「지관·무사(舞師)」에) "우무(羽舞)① · 황무(皇舞)②"라고 하였다. 살펴보건대, 「지관·무사」 정현의 주에 "'우(羽)'는 흰 새의 깃을 갈라서 만드는데, 형태는 불(帗)과 같다."고 하였다. 『시』「진풍(陳風)·완구(宛丘)」에 "겨울도 없이 여름도 없이, 해오라기 깃 일산을 지니고 있네."라고 하였으니, '치(値)'는 지닌다[持]는 뜻이다. '노우(鷺羽)'는 곧 노도(鷺翿)이다.【'도(翿)'는 가린다[翳]는 뜻이다.】 춤을 추는 사람이 지닌 것으로 지휘를 하거나 또 자신의 몸을 가린다는 뜻이다. 『주례』「춘관·악사(樂師)」 정현의 주에 "'황(皇)'은 오채색의 깃을 섞어서 만드는데 그 색이 봉황의 색과 같음을 말한다."고 하였다. 『주례』「춘관·약사(籥師)」에 "(약사는) 국자(國子)들이 새의 깃을 들고 피리를 불면서 춤을 추는 법을 가르치는 일을 관장한다. 제사를 지낼 때에는 북을 쳐서 새의 깃을 들고 피리를 불면서 춤을 추는 악무의 절주로 삼게 한다."라고 하였는데, 정현의 주에는 "북을 치는 것은 항

상 악무의 절도로 삼게 하려는 것이다."라고 하였다. 또 『주례』「지관·무사」에, "(무사는) 우무를 가르쳐 (무인들을) 이끌고 가서 사방의 제사를 지낼 때 춤을 추게 하고, 황무를 가르쳐 (무인들을) 이끌고 가서 가뭄과 더위를 그치게 하는 제사를 지낼 때 춤을 추게 하는 일을 관장한다."고 하였는데, 정현의 주에는 "'사방의 제사'는 사망(四望)③을 가리킨다. '가뭄과 더위를 그친다.'는 것은 우제(雩祭)를 가리킨다. '한(暵)'은 더위를 가리킨다."고 하였다.【('暵'의) 음은 '漢(한)'이다.】

["羽舞·皇舞." 案「舞師」注云, "'羽', 析白羽爲之, 形如帗. 「陳·宛丘」詩曰, '無冬無夏, 値其鷺羽'", '値'者, 持也. '鷺羽', 卽鷺翿,【'翿', 翳也.】謂舞者所持, 以指麾, 又蔽翳其身也. 「樂師」注云, "'皇', 謂雜五采羽, 如鳳凰色, 持以舞." 「籥師」, "掌教國子舞羽吹籥. 祭祀則鼓羽籥之舞", 注云, "鼓之者, 恆爲之節也." 又「舞師」, "掌教羽舞, 帥而舞四方之祭祀, 教皇舞, 帥而舞旱暵之事", 注云, "'四方祭', 謂四望. '旱暵', 謂雩也. '暵', 謂熱氣."【音漢.】]

① 우무(羽舞): 여섯 가지 소무(小舞) 가운데 하나이다. '우(羽)'는 춤을 출 때에 잡는 도구로, 깃대에 깃털을 묶어서 장식을 하고 이를 잡고서 춤을 춘다. 사망(四望)의 산천을 제사 지낼 때에 사용한다.

② 황무(皇舞): 여섯 가지 소무(小舞) 가운데 하나이다. 기우제나 사망의 산천에 제사를 지낼 때 사용한다. 가공언은 『주례』「춘관·악사(樂師)」정현의 주에는 "'황'은 오채색의 깃을 섞어서 봉황의 색처럼 만드는데, 이를 잡고서 춤을 춘다.['皇', 雜五采羽如鳳皇色, 持以舞.]"고 하였다.

③ 사망(四望): 천자가 사방을 향하여 멀리 산천을 바라보면서 제사 지내는 것을 말한다. 『주례』「춘관·대종백(大宗伯)」에 "나라에 커다란 변고가 있으면 상제에게 여제(旅祭)를 지내고 사방의 산천에 망사(望祀)를 지낸다.[國有大故, 則旅上帝及四望.]"고 하였는데, 가공언의 소에서는 "하나하나 직접 가서 제사를 지낼 수 없기 때문에 사방을 향해 바라보면서 제단을 쌓고 멀리서 제사 지낸다. 그러므로 '사망'이라고 한다.[不可一往就祭, 當四向望而爲壇遙祭之, 故云'四望'也.]"고 하였다. 손이양(孫詒讓)은 '사망(四望)'이라는 것은 방향을 나누어 바라보면서 제사 지내는 것에 대한 명칭이다. 통칭하면 모든 산천의 제사는 모두 '망(望)'이라고 한다고 하였다.[四望者, 分方望祭之名, 通言之, 凡山川之祭皆曰'望'.] 『주례정의』권35, 1417쪽 참조.

찾아보기

ㄱ

가선장식[純] 56

각비관(郤非冠) 272

각적관(郤敵冠) 275

갖옷[裘] 56

거(簴) 407

건고(建鼓) 490

건화관(建華冠) 258

계(紒) 160

고(股) 399

고(鼓) 390

고고(鼛鼓) 502

고산관(高山冠) 250

고족 488

곡(鵠) 443

곤면(袞冕) 45, 63

관변(冠弁) 232

관변복(冠弁服) 45, 91

굉(紘) 64

교묘(郊廟) 283

교사(郊祀) 324

교사관(巧士冠) 270

구(屨) 56

구망(句芒) 52

구망(木正) 52

구복(九服) 306

국의(鞠衣) 131, 150

궐적(闕狄) 131

궐적(闕翟) 147

규찬 333

규항(缺項) 202

금부선(金附蟬) 246

금순(金錞) 507

금요(金鐃) 511

금탁(金鐲) 509

금탁(金鐸) 513

길관(吉冠) 207

끈[纁] 69

끈장식[總] 56

ㄴ

난(欒) 388

노고(路鼓) 497

노침(路寢) 288

뇌고 495

뉴(紐) 64

ㄷ

단(簞) 227
단의(褖衣) 131, 159
대경(大磬) 400
대구(大裘) 56
대장(大章) 46
대종 341
도(堵) 407
도고 492
도상(圖象) 30
독(牘) 434

ㄹ

류(旒) 56
리(纚) 167

ㅁ

말[馬] 376
매(枚) 389
매듭[就] 64
멍에[駕] 171
면관(冕冠) 45, 221
면판 54
명당(明堂) 287, 369
모퇴(毋追) 236
무관(武冠) 260
무사관(武士冠) 198
미후 444, 462, 480

ㅂ

박(鎛) 399
방산관(方山冠) 267
번쾌관(樊噲冠) 274
법관(法冠) 255
별면(鷩冕) 45, 69
별자(別子) 340
보 63
보요(步搖) 133
부(副) 134
부(扶) 382
부용 348
분고(鼖鼓) 498
분미 63
불 63
불무(帗舞) 515
비백(飛白) 29

ㅅ

사(笥) 227
사(肆) 407
산(山) 63
산가지[筭] 380
산제(山題) 246
삼가(三加) 218
삼정후 471
삼후 465
생경(笙磬) 408
생황(笙簧) 419
석(舃) 56

석주선기념박물관 61

선(銑) 388

선충(旋蟲) 389

성경(星經) 319

성신 63

소장(小章) 46

소종(小宗) 344

솔기 장식[總] 194

송경(頌磬) 408

송소(頌簫) 428

송훈(頌塤) 420

수(收) 238

수(綬) 56

수(遂) 361

수레(軌) 302

수후 477

순(簨) 404

순의(純衣) 163

술씨관(術氏冠) 263

숭아(崇牙) 408

십이율 322

아(雅) 436

아소(雅簫) 428

아슬(雅瑟) 411

아훈(雅塤) 420

악기걸이[簴] 404

안후 464, 466

약(籥) 427

양정(梁正) 368

어(敔) 432

여러 색(현색과 황색) 126

연(延) 64

연(筵) 287

염(袡) 163

영고(靈鼓) 496

오문(五門) 296

5성(五聲) 322

오인신(五人神) 287

오정후 468

5제(帝) 323

오천제(五天帝) 287

옥장식[珈] 138

옥조(藻玉) 279

옥조[玉繅] 97

옥조[繅玉] 98

왕기(王畿) 306, 354, 356

왕성(王城) 302

요적(揄狄) 131

요적(搖翟) 145

욕수(蓐收) 52

욕수(金井) 52

용(甬) 391

용(龍) 63

우무(羽舞) 517

웅후 443, 461

원구(圜丘) 318

원구악 318

월(月) 63

위모(委貌) 232

위변복(韋弁服) 45, 83

육려 314

육률(六律) 314, 322

육침(六寢) 296
율관(律管) 390
율려상 311, 314
응(應) 435
이수(狸首) 456, 471
이정후 473
인귀 333
일 63

ㅈ

작변(爵弁) 116, 221
장관(長冠) 253
장보(章甫) 277
재관(齋冠) 253
적(篴) 425
전욱(顓頊) 324
전의(展衣) 131, 156
전통(展筒) 242
정(鉦) 391
정성(鄭聲) 29
정전 354
제곡(帝嚳) 324
제복(祭服) 139
조 63
조복(朝服) 91, 232
족고(足鼓) 488
종이 63
지(止) 430
지(箎) 423
진(籈) 432
진고(晉鼓) 504

진현관(進賢冠) 200

ㅊ

차(次) 134, 139
채번 459
채빈 459
채의(采衣) 193
체제(禘祭) 324
체협(禘祫) 333
초의(宵衣) 167
추우(騶虞) 468
축(柷) 430
축융(祝融) 52
축융(火正) 52
취면(毳冕) 45, 72, 97
측주(側注) 250
치면(絺冕) 45, 76
치포관(緇布冠) 202

ㅋ

코장식[絢] 56

ㅌ

태고관(太古冠) 200
투호(投壺) 375
특현종(特縣鐘) 388

ㅍ

관의 54
편(編) 134, 139
폐슬[韠] 56
포후 444, 482
표후 443, 458, 461
피변(皮弁) 119, 222
피변복(皮弁服) 45, 87
피체(髲髢) 159

ㅎ

합악(合樂) 384
해치관(獬豸冠) 255
현관(玄冠) 91, 232
현단(玄端) 94
현면(玄冕) 79

현명(水正) 52
현의(玄衣) 56
협(篋) 225
협제 333
호후 443
화 63
화금(火禽) 417
화충(華蟲) 63, 283
환자사성(宦者四星) 270
황금당(黃金璫) 260
황무(皇舞) 517
후(翭) 239
후직(后稷) 324
후토(土正) 52
훈(塤) 420
휘의(褘衣) 131, 138
휼관(鷸冠) 263
흉관(凶冠) 207

저자 소개

섭숭의 聶崇義

섭숭의는 북송 초기 하남 낙양 출신으로, 예학 특히 '삼례(三禮)'에 정통했던 인물이다. 후한·후주·북송 등의 왕조에서 20년 동안 학관(學官)을 맡으면서 예전(禮典)의 일을 함께 관장했다. 후주 세종 현덕 3년에 당시까지 전해지던 각종 『삼례도』를 수집·고증하여 교(郊)·묘(廟)에 사용할 제기(祭器)와 옥기(玉器)를 도상으로 그리기 시작했다. 그 작업은 북송 태조 건륭 2년에 완성되어 『삼례도』의 이름으로 상주되었으며, 이후 국자감의 강당 벽에까지 그려져 전국으로 유포되었다. 송대 이후 예도(禮圖) 나아가 예제(禮制)의 변화와 전개과정을 고찰하고자 할 때, 『삼례도집주』는 그 출발점이 된다. 또 송대 이전 대부분의 예도가 망실된 현 상황에서 이를 완정한 형태로 담고 있는 섭숭의 『삼례도집주』는 사료적 가치의 측면에서도 매우 귀중한 자료라고 할 수 있다.

역주자 소개

김용천 金容天

동국대학교 대학원 사학과에서 석사 및 박사학위를 받았으며, 현재 대진대학교 역사문화콘텐츠학과 교수로 재직 중이다. 저서로『전한후기 예제담론』(2007),『중국고대 상복의 제도와 이념』(2007)이 있으며, 역서로『후한 유교국가의 성립』(2011),『삼국지의 정치와 사상』(2017) 등이 있고,『의례 역주』(2015),『예기천견록 2』(2022),『주례주소(1·2·3)』(2023)를 주해하였다. "『석거예론』의 분석과 전한시대 예치이념"(2007), "전국시대 선양론의 전개와 입현공치"(2017), "기장 '수복'의 규정과 예학적 논쟁"(2019), "당대 복제담론과 변례"(2021) 등 다수의 논문이 있다.

소현숙 蘇鉉淑

중국사회과학원 역사학박사로서, 현재 원광대학교 학술연구교수로 재직 중이다. 저서로『東魏北齊莊嚴紋樣硏究—以佛敎石造像及墓葬壁畫爲中心』(2008)이 있고, 공저로『돌, 영원을 기록하다—고대 중국인의 삶과 죽음』(2018)이 있으며, 역서로『죽음을 넘어—죽은 자와 산 자의 욕망이 교차하는 중국 고대 무덤의 세계』(2019)가 있다.「東魏武定年間白石半跏思惟像硏究」(2017),「唐 高宗의 阿育王像 複製와 流布—道宣의 역할 및 諸州官寺制의 기능을 중심으로」(2021) 등의 논문이 있다.

차서연 車瑞娟

한국전통문화대학교 전통미술공예학과를 졸업하고, 단국대학교 전통의상학과에서 석사 및 박사학위를 받았으며, 태동고전연구소에서 한학을 공부했다. 조선 학자들의 복식에 대한 관점을 연구하고 있으며, 글로만 쓰인 복식을 그림으로 구현하는 연구로 폭을 넓히고자 한다. 『임원경제지』에서 복식 부분인 「섬용지」와 직물 부분인 「전공지」의 역자로 참여했다. 박사학위 논문으로 다산학술재단에서 우수논문상을 수상했고, 「성재(性齋) 허전(許傳)의 심의(深衣) 연구」(2021), 「조선시대 야복(野服)에 대한 고찰」(2022) 등의 논문이 있다.

최진묵 崔振默

현재 연세대학교 중국연구원 연구교수로 재직 중이다. 서울대학교 동양사학과를 졸업하고, 동 대학원에서 「한대 수술학(數術學) 연구」로 박사학위를 받았다. 서울대학교 인문학연구원에서 HK 연구교수로 문명연구를 수행하면서, 『제국, 문명의 거울』(공저) 『동서양의 접점: 이스탄불과 아나톨리아』(공저) 등을 출간하였다. 주요 논문으로 「오경과 육경: 악경의 위상과 관련하여」, 「상해박물관장 초죽서 '내례'를 통해 본 고대 인륜의 형성과정」, 「중국 고대 망기술(望氣術)의 논리와 그 활용」 등이 있다.

삼례도집주 三禮圖集注

【一】